岩 波 文 庫

33-185-3

神　秘　哲　学

——ギリシアの部——

井 筒 俊 彦 著

岩 波 書 店

序文

神秘主義は、プロティノスの言う如く「ただ独りなる神の前に、人間がただ独り」立つことによってはじまる。そして「ただ独りなる神」は人間を無限に超絶するところの遠き神であると同時に、人間にとって彼自身の心の奥処よりも更に内密なる近き神である。かぎりなく遠くして而《しか》もかぎりなく近い神、怒りの神と愛の神——神的矛盾の秘義を構成する此等両極の間に張り渡された恐るべき緊張の上に、謂わゆる人間の神秘主義的実存が成立する。故に神秘主義は一つの根源的矛盾体験である。神的矛盾の惨烈な実存緊張が痛ましきまでに意識されないところでは神秘主義なるものはあり得ない。ただ「遠き神」「近き神」のパラドクスが真に或る個人の霊魂の内的パラドクスとなって意識される時、そこにおのずからにして神秘主義的事態が発生して来るのである。神秘道Via Mysticaとは、かくて成立した実存緊張をその極限にまで逐いつめて行こうとする霊魂の道にほかならぬ。しかし、この体験は明かに人間の体験であるにも拘らず、決して純粋に人間的なる体験ではない。寧ろ人間の霊魂をかりて、或る人間以上の事柄が行われるのである。魂の最もひそやかな堂奥において人間のあらゆる智慧を超絶した或る不思議な秘事が成就するのである。けれども其処に一体何事が行われたのかは、自らこれを親しく経験したことのない人には何人といえども説明することができない。古来、神秘主義が常に秘教密教の形式を採って来た理由はここに存する。故に若し神秘哲学概論と題する書物が、先ず何よりも神秘哲学、及び神秘主義という名称そのものの定義を掲げることによって始められなければならぬとすれば、却って人は最初から無意義なる稚戯に耽溺することになってしまうであろう。「それは何であるか」というロゴスの問いを絶対に超越し峻拒することこそ神秘主義の本質に属するのであるから。今、神秘道の偉大なる行者に向って、試みに神秘主義とは何ぞやという問いを投げかけて見るがよい。神秘主義なるものを誰よりもよく知っている筈の彼はこの問いに恐らくは一言も答えはしないであろう。何とならば、凡そ一切の思量知解を放下し、ただ黙々として言詮《ごんせん》不及の超越境に沈潜することが神秘主義的体験の全てだからである。神秘主義とは何ぞやという問いに答えんとして、彼がひとたびこの絶空の境位を立ち出で、思惟・言語の世界に入れば、もはや問うものにとっても答えるものにとっても神秘主義はいずこかへ杳然と消滅し去って踪《あと》もない。

言詮不及！　それが神秘家の我々にたいする最後の言葉である。さればかかる体験の内実が哲学の対象となり得ぬことはいうまでもない。人間的ロゴスが思惟となり言語となって発動するところ、そこに甫《はじ》めて哲学は成立するのであるから。しかしながら、その反面において、哲学と神秘主義とは互いに断ちがたき宿命のきずなに依って固く結ばれてもいるのである。惟《おも》えば人間とは洵《まこと》に逆説的な存在である。黙々たる沈思冥想の秘境に帰融しきることこそ神秘家本来の面目であるのに、そしてこの幽邃《ゆうすい》なる境域においで直証された事柄が絶対に言詮不及であることを知りすぎる程知っているのに、それにも拘らず彼は敢てこの言詮不及なるものを知解によって論考し言語によって詮表せずにはおられぬ激しい欲求に駆られることがあるのだ。人間がもって生れた形而上学的衝迫の不気味な力がここにある。思惟すべく、且つ思惟し得るものごとを思惟するのみでは足りず、却って絶対に思惟すべからざるものを、絶対に思惟すべからずと知りながら而も止むに止まれぬ衝動に駆られて思惟せんと切なくも焦心する、ここに人間的ロゴスの世にも不思議な運命の道があるのだ。哲学はプラトンの言うごとく所詮一種の「狂気」である。そしてこのような形而上学的狂気が神秘主義的体験と結びつくとき、神秘家はジルソンの所謂《いわゆる》「純粋状態における神秘家」(le mystique à l'état pur)であることをやめて、否、純粋神秘家であるその上に一個の思想家となり、神秘哲学者となる。かくて当然、神秘哲学は神秘主義的実存の自己反省、超越的体験そのもののロゴス化(認識論)であると共にこの絶対超越的観点よりする全存在界の組織化(形而上学)という形をとって展開するのである。

また一方、哲学の側から見ても、一般に哲学なるものが絶対究竟的真理を目指す知性のいとなみである以上、それは窮極において神秘主義に結びつき、神秘哲学として転成せざるを得ないとも考えられる。アリストテレスの形而上学がその絶頂において観照体験に基く「神学」であることは決して偶然ではなかった。蓋し若し神なるものがありとすれば、窮極絶対の真理、即ちありとあらゆる個別的真理を全て夫々に真理として成り立たしめるところの一切真理の源泉、生ける真理それ自体を措いて抑々《そもそも》他の何者が神であり得るだろうか。然して神秘道とは、まさしくこの生ける真理そのものを人間が直接端的に現証し味識する道にほかならないのである。「人は誰でも生れながらにして知ることを欲する」とは、かのスタゲイラの哲人の余りにも有名な言葉であるが、ひとたび「知ること」の恐るべき蠱惑を味わった人間の知欲は遂に窮極者への知に至らずしては最早絶対に飽くことを得ない。かくて人は実際上の利用価値を無視し、ただ純粋に知ることそれ自体の衝動にひかれて苦難しげき認識の旅路にのぼって行く。あらゆる学的認識の窮極の目的地は、最後の絶対の「真理」である。しかしながらその道は嶮峻にして目指す地点は無限に遠い。而もカントが示したように人間の理性には如何にしても踏越できぬ最後の限界がある。されば全ての人間の認識活動が究竟の目標となすところのかの「真理」それ自体は、それらの学問にたずさわる人々にとっては飽くまで行手はるけき理想の光であって、永遠に現実とはならないのである。ここにおいてか、一旦かかる下からの迂路を去って、一挙に全道程を飛翔し、他の一切者を知る以前に生ける真理それ自体に逢着することを許す神秘道の実践が哲学のためにも必要となってくるのである。すなわち自然的人間にとっては本来不可能である筈の形而上学を敢て成立せしめんがために、哲学者は自ら先ず脱自的に超越的主体とならなければならないのである。プラトンからプロティノスに至るギリシアの代表的哲人達は、いずれもかかる見地に立って、謂わゆる観照的生 Vita Contemplativa を哲学的思索の根柢に置いた人々であった。この意味において彼等はいずれも哲学者である以前に神秘家であった。嘗てイエーガーがパルメニデスについて認めたように、哲学的思惟が窮極において一種の知性的密儀宗教となることこそ、ギリシア哲学全般を通ずる一大特徴である。私はかかる観点よりして、ギリシア哲学の発展史を、その最も偉大なる三人の代表者プラトン、アリストテレス、プロティノスについて、ロゴス以前の観照体験にまで掘り下げて見た。故に本書は普通の意味のギリシア哲学史ではなく、むしろ所謂ギリシア哲学史なるものの表面に固着された学説の底にあって脈々と搏動しつつ下からそれらを支えている実存的生の基盤の叙述を直接の主題とするものである。

とまれ神秘主義という言葉の内容は著しく複雑である。既に西欧の学界においては、カトリック側からもプロテスタント側からも多くの注目すべき労作が出て、神秘主義の有する深い意義が次第に闡明《せんめい》されつつあるとはいえ、いまなおこの語に対する驚くべき誤解曲解は後を絶たず、或者は神秘主義を以て霊媒術あるいは魔法妖術のたぐいと混同し、或者はまた神秘主義とは人間が相対者たるの分際を忘れて不遜にも神人同一を僭称する驕傲であると考えている有様である。このような誤解を一般に生ぜしめるに至った抑々の原因の一部は、例えば文芸復興期に見られるごとく自ら進んで恐るべき邪道に趨《はし》った神秘家自身の責任でもあるが、しかしそれよりも更に、神秘主義なるものが元来一の歴史的概念であることを多くの論者が忘却しているところに存すると思われる。ミスティークは西欧においては純然たる歴史的概念である。すなわちそれはイオニアの自然体験及び密儀宗教に端を発するヘレニズムと、旧約聖書に端を発するヘブライズムとの二大宗教思潮が基督教を通じて相合流し、中世カトリックの盛時を経て近世に入り、遂に十六世紀スペインのカルメル会的神秘主義に至って絶頂に達するところの観照精神の長く且つ複雑なる伝統の上に立って甫めて理解されるものである。従って、いやしくも神秘主義について何事かを語り、ましてやこれを批判せんとする程の人は、尠くとも旧約預言者及びプラトンから十字架のヨハネに至る二千年の歴史の内実を通観していなければならない。本書が「神秘哲学」と題しながら平面的体系的叙述によらず、歴史的叙述の形式を採ったのはそのためである。私自身は基督教徒ではなく、その世界観において純然たる一のギリシア主義者でありプラトニストであるに過ぎないが、しかし私は西欧の神秘主義に関するかぎりプラトニズムはギリシアにおいては遂に完結せず、却って基督教の観照主義によって真に窮極の境地にまで到達するものと考えるのである。私は今後、健康の許すかぎり迅速にこの仕事を継続して行きたいと思っている。

かくて全体から見れば本書は決してこれだけで終るべきものではなく、寧ろささやかな発端を劃するものでしかないが、ギリシア的観照主義の発展史としては一応独立した叙述と考えてもよいであろう。古代ギリシアの観照精神はプロティノスにおいて最終にして最大なる結実に達したのであって、それ以後の歴史は寧ろ凋落と疲弊の歴史にすぎないのであるから。プロティノス精神の真の継承者はプロクロスでもイアンブリコスでもなくして、聖アウグスティヌスその人である。

しかし、それはともかくとして、本書に取扱ったギリシア的観照主義の哲学は私にとって他のなにものにもまさる懐しい憶い出の源である。元来、私は東洋的無とでもいうべき雰囲気の極めて濃厚な家に生れ育った。「日々是好日」――私の少年時代から青年時代にかけて、家では全ての時間が或る目に見えぬ絶対的なものの日常的実現をめざし、且つそれをめぐって静かに流れていた。尠くともそのような静謐の外観を呈していた。そしてこの生活の中心に父が居た。迂闊にもその頃は全然気付かなかったのだが、今にして思えば私の亡父は非常に複雑な矛盾した性格の人物であり、彼の生活の静けさは奥ふかく不気味な暗黒の擾乱をかくした見せかけの静けさにすぎなかったのである。「マドンナの理想を抱きながらソドムの深淵に没溺して行く」という言葉があるが、私の父はまさしくそのような霊魂の戦慄すべき分裂を底の底まで知りつくした不幸な、憑かれた人であった。何者か、あらがい難き妖気のごときものに曳かれて暗澹たる汚辱の淵に一歩一歩陥ちこんで行きながら、而も同時にそれとは全く矛盾する絶対澄浄の光明を彼は渇望してやまなかった。いや、人間存在に纏わる罪の深さと、その身の毛もよだつ恐怖とを誰にもまして痛切に感ずればこそ、この世には絶えて見出し得ぬ清朗無染の境地をあれほどまでに烈々たる求道精神を以て尋求していたのであろう。そう言えば私がものごころついてから後に屢々目撃した彼の修道ぶりは生と死をかけた何か切羽詰ったものをもっていた。古葦屋釜の湯のたぎりを遠松風の音と聞く晩秋深夜の茶室をただ独り端坐して、黙々と止息内観の法を修している父の姿には一種悽愴の気がただよっていた。

しかしながら、このような根源的分裂に魂をひきさかれた人にとって、光明への向上の一歩は同時に暗黒への没落の一歩でもあったことは、悲しくも当然のなりゆきなのであった。果して父の観照的生の修業がその極限に達したかに見えたとき、却ってそれは彼にとって生への完き絶望、すなわち死を意味した。観照的生の完成こそ生命そのものの完成を意味する筈であったのに。

私はこの父から彼独特の内観法を教わった。というよりもむしろ無理やりに教えこまれた。彼の方法というのは、先ず墨痕淋漓たる「心」の一字を書き与え、一定の時間を限って来る日も来る日もそれを凝視させ、やがて機熟すと見るやその紙片を破棄し、「紙上に書かれた文字ではなく汝の心中に書かれた文字を視よ、二十四時の間一瞬も休みなくそれを凝視して念慮の散乱を一点に集定せよ」と命じ、更に時を経て、「汝の心中に書かれた文字をも剰すところなく掃蕩し尽せ。「心」の文字ではなく文字の背後に汝自身の生きる「心」を見よ」と命じ、なお一歩を進めると「汝の心をも見るな、内外一切の錯乱を去ってひたすら無に帰没せよ。無に入って無をも見るな」といった具合であった。しかしながら私は同時に、かかる内観の道上の進歩は直ちに日常的生活の分野に内的自由となって発露すべきものであって、修道の途次にある間はもとより、たとい道の堂奥を窮めた後といえどもこれに知的詮索を加えることは恐るべき邪解であると教えられた。そしてまた事実、当時我々父子の共通の話題をなしていた碧巌録、無門関、臨済録、その他禅宗祖師達の語録はいずれも私に「思惟すべからず、思惟すべからず」と知解の葛藤に堕するの危険を戒めているように思われたのであった。換言すれば私は、観照的生 Vita Contemplativa は登り道も下り道も共に徹頭徹尾、純粋無雑なる実践道であって、これについて思惟することも、これに基いて思惟することも絶対に許されないと信じていた。ましてや人間的思惟の典型的活動ともいうべき哲学や形而上学が観照的生の体験に底礎されて成立し得るであろうとは夢にも思ってはいなかった。然るに、後日、西欧の神秘家達は私にこれと全く反対の事実を教えた。そして特にギリシアの哲人達が、彼等の哲学の底に、彼等の哲学的思惟の根源として、まさしく Vita Contemplativa の脱自的体験を予想していることを知った時、私の驚きと感激とはいかばかりであったろう。私はこうして私のギリシアを発見した。恰《あたか》も昨日のことのように、全てはありありと瞼のかげに残っているのに、あれからもう十数年の歳月がいつのまにか流れ去った。かえりみれば、嫌がる私の手をひいてこの道に私を引き入れてくれた懐しい父は逝いてこの世になく、私は心のみ徒らにはやって、修道も学問も共に遅々として進んでいない。既に日は暮れはてて、而も行くべき道は邈然《ばくぜん》として遠い。しかしながら、たとい日は暮れ、目指すところは限りなく遠くとも、私はこの道を独りどこまでも辿り続けて行くことであろう。「いまだ夜は深けれど」(aunque es de noche)と十字架のヨハネは言う。いまだ夜は深けれど……そうだ、今やすべては夜の闇にふかくとざされてはいるが、やがてすがすがしい黎明が来るのだ。やがて爽昧の風は立ち、さしそめる暁光に全世界が燦爛と輝きいずる時が来るのだ。

Yo sé un himno gigante y extraño
Que anuncia en la noche del alma una aurora
—Gustavo Adolfo Bécquer—

人こそ知らぬ、大いなる讃美の歌声は鳴り響きて
霊魂の暗夜のうちに迫り来る曙の光りを告ぐ……

とスペインの抒情詩人が歌っているように。私はそう信じ且つそう確信しているのである。

最後にこの機会を利して私は一言、本書の出版者たる上田光雄氏に深い感謝を捧げたい。本書の執筆はもともと私自身の発意ではなく——自己の菲才を知り抜いている病身

の私が、これほど大がかりな仕事を、どうして自分から思いたつことができよう——始めから上田氏の熱烈な支持と激励とにはげまされてとりかかったものなのである。幸いにこの著書が、形而上学的情熱に燃える若き人々の伴侶として何らかの意味において役立つところがあるとすれば、そして今後もつつがなく私がこの仕事を継続し完成することができるとすれば、一切の功は私にではなく上田氏に帰さるべきである。

〔附記〕本書に附録として添えた「ギリシアの自然神秘主義」(希臘哲学の誕生)は、某書店の要請に応じて、今から約二年前、療養生活の床上にあって執筆したものであるが、事情あって組版のままに放置されていたのを、今回上田光雄氏の好意ある取りはからいによって幸いに日の目を見ることになったのである。もともと独立した単行本の積りで書いたので、ヘラクレイトス及びパルメニデスを取扱った最後の部分は本書の冒頭の一章と重複するところがあるが、全体を通じて流れている思想と情緒の統一性を乱したくなかったので敢て一切の加筆訂正を避けた。この附録に叙述した内容は精神史的には丁度本書の主題をなす部分の前身に当る。明朗で現世的なオリュンポス的信仰に生きていたギリシア民族が嵐の如きディオニュソス的精神の洗礼を受け、未曽有の混乱のなかから次第に哲学を生み出して行く西洋精神史の情熱的な第一頁がこれによっていささか闡明されるならば幸甚である。

昭和二十四年三月二十六日記

著　者

目次

神秘哲学

ギリシアの部

第一部　ギリシア神秘哲学

第一章　ソクラテス以前の神秘哲学

(1)　ディオニュソス神

山深きアジアの蛮神ディオニュソスの狂乱が、恰も何者の権能を以てしても阻止し難き悪疫の伝播するごとく、村から村へ、都市から都市へと飛火して、忽ちのうちに全ヘラスの美しき天地を血腥《なまぐさ》き霊気に充たして行ったのは、人も知る如く西暦紀元前六世紀のことであった。その凄まじき野性の息吹きをうけて、ギリシア精神の調和は乱れ、民族の聖なる伝統は怪しく揺れ動いた。ギリシア精神史上未曽有の危機が到来した。為政者はこの潮流に拮抗して旧来の伝統を死守せんとし、精神界の精鋭また敢然と立って盛んに警鐘を打発し、父祖の聖なる信仰を昧却することなかれ、異国の邪宗に堕することなかれと叫んでやまなかった。しかしながら、保守陣営のかかる必死の抵抗も空しく、ディオニュソスは至るところにおいて悠々と勝利の桂冠を羸《かち》ち《え》た。彼は「征服者」であった。民衆は熱狂的に彼を迎えた。

然らばディオニュソス神の驚くべき勝利の原因は何処にあったか。抑《そもそ》もこの蛮神のかくも大なる魅力の秘密は何であったのか。秘密は「永遠の生命」に存したのである。ディオニュソスは己が帰依者に永遠の生命を、久遠のいのちを保証し、「新しき人」となる道を教えた。しかもこの神は、その祭礼に参与する信徒達に、永遠の生命を親しく体験せしめたのである。惨虐狂躁の限りをつくし、悽愴なること目を覆わしむごとき野蛮醜悪なる手段によってではあったが、この暗き祭礼の醸し出す異様な狂憑の痙攣の裏に沈淪する信徒達は、小我を脱却して大我に合一するの法悦を直験し、肉体の繋縛を離れた霊魂の宇宙生命への帰一還没を自ら直証することを許された。彼等は永遠の生命に触れ、新しき人として甦生せる者の言慮を絶せる至福を体験した。ホメロス・ヘシオドスに由来する従来の貴族的にして芸術的なる国民宗教が、その永き伝統の威力を以てしても到底拮抗できなかったディオニュソス宗教の絶大なる魅惑の秘密はまさにこの点に存したのである。

げに恵まれし身なるかな、幸いに
神来の秘儀に参与して
そのいのち浄められ

聖なる払穢の式にあずかりて
霊魂に聖団《ティアソス》の証を享け
山深くバッコスの躁宴にふけり
且つはまた大母神キュベレーの
秘祀をともに祝いつつ
聖杖をふりかざし
蔦かずら髪にかずきて
ディオニュソスに供えまつるは！

(Eurip., Bakkh. 72-82)

とエウリピデスの「神憑の女達」は叫ぶ。かかる灼熱の歓喜と忘我奔騰の興奮とを旧来の貴族宗教は絶対に知らなかった。この脱自冥合の暗藹《あんあい》たる法悦と、淫欲の戦慄に充ちた異常なる狂乱とは、ひとりディオニュソス神のみがその祭礼に参与する帰依者等に与え得る特権であった。伝統的国民宗教の現世的外形的なるに慊《あきた》らず、永遠のいのちに憧れ、ひたすら彼岸の生活を憶いつつ、新しき宗教を求めていた当時のギリシア民衆にとって、ディオニュソス宗教の出現は確かに抵抗しがたき魅惑の種であった。民衆は翕《きゅう》然《ぜん》としてこれに走り、全ギリシアがその狂憑に感染した。

紀元前六世紀におけるディオニュソス信仰の興隆は、まさしく全ギリシア的現象であった。ここに冥闇と渾沌の「夜」の精神が所謂《いわゆる》アポロ的清澄の光明とならんでギリシア精神の本質的要素となったのである。理性と美の象徴とまで称えられるこの叡智的にして芸術的なる民族の血管中にも、かかる野性の黒き血が混流していることを人は忘れてはならないであろう。然してそれは単にギリシア民族一個の問題にはあらずして、実にヨーロッパ精神そのものに関わる精神史的事実なのである。所謂「ディオニュソスの危機」は西欧精神に襲い来った最初の一大試練であった。この危機はギリシア民族の潑剌たる創造的生命力によって見事に克服されたけれども、それはギリシア精神の上に消し難き刻印を残しギリシアはそれを全西欧の精神に伝えた。玲瓏明澄の美に輝く西欧精神文化の彫塑的知性的諧調の底深く、囂々《ごうごう》と逆捲き流るる暗き衝迫の魔の声を人は聞かないであろうか。

ディオニュソス宗教のギリシアにおける隆盛は同時に西欧神秘主義の発端を劃するものである。無残にも引裂かれた生肉と、滴り落つる生血の濃匂も凄まじき蛮神ディオニュソスの手ずから、西欧的人間は神秘主義の洗礼を受けたのであった。この神の野蛮狂暴なる祭礼を通じて、西欧的人間は初めてエクスタシス（霊魂の肉体脱出）及びエントゥシアスモス（神の充満）と称する特殊なる体験を味識し、且つこの体験において、感性的物質的世界の外に「見えざる」真実在の世界が厳存する事実を親しく認知したのであった。

ディオニュソス神の小亜細亜的祭礼は荒々しき昏迷溷濁《こんだく》の邪乱に穢れた原始的集団神憑の一形態に過ぎなかったが、その戦慄すべき放埒と淫楽のかげに、高き意義を有する永遠の要素を包蔵していた。ディオニュソス的狂憑狂乱の表面に現われた散乱と昏沈の背後にひそむこの永遠的なるものを、ギリシア人独特の明徹厳正なる観照眼は決して見逼さなかった。かくてディオニュソス祭祀の穢悪にして糜爛せる淫猥の形式は、次第次第に断除され、原始的邪乱の塵雑は放棄され、そのかげに伏在していた久遠の要素がギリシア各地の密儀宗教に同化吸収されて、この新しき形態の下にギリシア精神の動向を創造的に決定して行くのである。

紀元前六世紀より五世紀に渉ってギリシア全土に族生せる密儀宗教の興隆は実に目ざましきものがあった。もとより密儀宗教なるものは農民の宗教として太古から存在していたのであるが、ディオニュソス宗教がこれに流入し同化さるるに及んで一時に活力を賦与されて隆盛の一途を辿り、中でもディオニュソス祭礼の野蛮なる行事を宗教的シンボルによって再生せしめ、原祭礼の狂乱惑雑を鎮静して一種のサクラメント的儀礼形態を形成せるオルフェウス密儀教団の如きは全国に無数の信徒を擁してまさに一世を風靡するの観があった。

密儀宗教は神秘主義的体験に関する限り、一種の徹底せる典礼主義を主張するものであって、その点においては、神秘主義的生活と教会的秘蹟典礼生活との絶対同一を主張するカトリック教会内の有力なる一派の立場と全く形態を等しくする。* すなわち後者において、所定の方式に従って洗礼を受け堅信礼を受けることによって直ちに神秘生活が始まるとされる如く、古代ギリシアの密儀宗教にあっても、世俗的生活から離れて密儀教団に入団し、所定の入信式を受けることがそのまま神秘生活の始まりとされるのである。故に、この意味においては全ての信徒は原則上、例外なく神秘家なのであって、教徒のうちに神秘家と然らざる一般信者とを区別すべき何等の根拠も存しない訳である。しかしながら、原則上の主張の如何に拘らず、秘蹟的宗教生活においては、一般の信徒には全然覗見することも出来ぬ或る極めて異常なる体験を有する一群の人々が生ずることもまた否定すべからざる歴史的事実である。アリストテレスは密儀宗教典礼の効果に就いて「入信者達は何かを知的に学ぶのではなく、情緒的に震撼されるのである」(Fr. 45, Rose—ap. Synesios "ou mathein ti dein alla pathein")とする。人々は言っているが、この情緒的気分には人の天分によって著しき深浅の差が生ずる。崇高荘厳なる集団儀式に参与することによって、日常生活にあっては全く経験し得ざる一種の茫々たる敬虔畏怖の気に撲たれ、異常なる感激に包まれることは、いやしくも何等かの意味において宗教的感情を有する程の人には寧ろ当然の現象であるが、或る特殊の精神的構造を稟け生れた一部の人々にとっては秘蹟典礼は遥かに深き象徴的意義を有するのである。すなわち此等の人にとっては所謂「聖物」は感性的世界から超感性的世界に開かれた窓であり、相対的なる現象界から絶対的なる実在界へ通ずる一の通路を意味する。「人々は行列をつくり男根歌をうたったりするが、これがディオニュソスを祀るためでないとしたならば、実に破廉恥きわまりなき所業となすべきであろう」とヘラクレイトス(Fr. 15)が言うごとく、第三者の客観的な目から見て、その物自体が如何に価値なきものであり、否、破廉恥なものですらあっても、その当事者にとっては聖なる物であることにかわりはないのである。典礼的世界においては、聖物は物質的感性的な物として意義があるのではなく、感性的なものでありながら而も超感性的なもののシンボルとしてのみ全き価値を有するからである。それはいわば超越的絶対界に対する物質的感性的関鍵である。この秘鑰《ひやく》を真に用い得る人を観れば、自然的世界が超自然的世界と相交流する荘厳なる風光がこのシンボルを通して顕現する。虚妄の如き相対的世界の只中に沈淪し、感性的現実の柵内に閉じ込められて居りながら、彼はこの小さき窓を開くことによって絶対的世界を窺見《きけん》することができ、超感性的現実に直触することを許される。心理学的にいえば、この宗教的シンボルの働いている時間の間だけ人間精神は肉体的霊魂(psўkhē—anima)としてではなく純粋霊魂(pneuma—spiritus)として活動するのである。所謂サクラメント的感覚を有する人々、すなわち典礼的シンボリズムの内的意義に対して異常なる先天的感受性を有する人々が或る特殊の訓練を経た後にかかるシンボルに接する場合、それまで日常的感性的意識の表面に散動していた全精神能力は忽ちの内に中心部の一点に凝集し、猛烈な流線となって超越的意識面に奔出移行することが可能になるのである。換言すればシンボルを通じて、ここに一種の「照明」illuminatio 体験が生起する。いうまでもなくこの照明体験そのものは極く短時間——多くの場合僅か数分、数秒——のあいだ継続するところのその時その場かぎりの経験に過ぎないが、これが人間の精神生活に及ぼす影響に至っては実に量るべからざるものがある。霊魂は超越的実在に直接触れることによって最早何物を以ても永久に消すことのできぬ刻印を受けるのである。通常、我々は感性的世界に生きて居り、質料的なるものがいわば不透明な厚い壁となって一分一厘の隙もなく我々を取巻いていて、我々は壁の「向う側」を全然覗き見ることすらできないのであるが、サクラメント的照明の瞬間、そのシンボルの部分だけ壁が透明になって、其処から「向う側」の驚くべき光景が見えて来る。いな、それればかりか、特殊の人にあっては、この小さな窓口から不思議にもそのまま「向う側」へ翻転し、親しく超越的真実界の言慮を絶する秘境に帰入する場合すら生ずるのである。然して体験が、かかる幽邃なる奥域にまで徹する時、秘蹟典礼に参与することによってただ一種の敬虔なる情緒にひたっているに過ぎぬ一般信徒の体験とそれとの差は、もはや単なる程度の差ではあり得ない。其処には一の絶対的断絶が生起し、その断絶は主体的にも明瞭に意識されるのである。秘蹟の途によると否とにかかわらず、一般に真正なる神秘主義的体験のあるところ、必ずかくの如き断絶の意識があり、大多数者の一般的信仰とは全然違ったあるものの主体的自覚がある。かのアビラの聖女が繰り返し繰り返し、神秘主義的生活と通常の基督教的生活との懸殊を強調して止まないのはこの否定すべからざる事実に基いているのであり、またソクラテス以前期の哲人達に余りにも鮮明なる色彩を与えるところの、かの超人的驕慢自矜、昂然たる衆庶嫌忌、傲岸不遜なる伝統誹《ひ》毀《き》はいずれもこの絶対断絶の意識が灼熱的狂激の情熱となって爆発せるものにほかならない。

＊　例えば「教会の外には絶対に救いなし」Extra ecclesiam nulla salus を転じて直ちに「教会の外には絶対にミスティークなし」と主張するシュトルツ（Anselm Stolz: Theologie der Mystik, Regensburg, 1936）はその代表的論者である。彼は Zu dem Erfahren Gottes in der Mystik gehört wesentlich, dass es aus vertieftem übernatürlichem Leben hervorgeht. Dieses Erfahren liegt seinem Wesen nach jenseits der Grenze dessen, was sich rein psychologisch feststellen lässt, es ist nicht notwendig, an ein ganz neues vorher unbekanntes seelisches

Verhalten gebunden. Mystik ist eine "transpsychologische" Erfahrung des in den Sakramenten, besonders in der Eucharistie gegebenen Einbezogenseins in den Strom göttlichen Lebens と神秘主義を規定し、更に教会外の神秘主義を「悪魔的神秘主義《デモーニッシェ・ミスティーク》」と呼び、これについては、Ausserchristliche Mystik, ... die mit gewissen Erscheinungen christlicher Mystik eine Ähnlichkeit aufweisen, etwas ausschliesslich Psychologisches sind. Mystik, die ausserhalb des Christentums steht, entbehrt der Christusverbundenheit und damit der Grundlage echten mystischen Lebens überhaupt. Es kann sich bei ihr nur um psychologische Reaktionen auf irgendwelche innere Erlebnisse handeln. (Schlusswort)と説いている。しかしながら、かくの如き一方的独善主義は神秘主義に対して何等の積極的寄与をなすものではない。何とならば、かかる極端なる典礼主義に立つ限り、其処ではもはや特に「神秘主義」「神秘家」の語を用いることは無意味に帰するからである。のみならず、かかる態度は、スペイン神秘主義の如きカトリック教会自身の内部に生れた世界的神秘主義思潮を一種の例外的なる心理的現象として除外することなしには徹底的に護持し通すことができないであろう。さればマーゲル(Alois Mager: Mystik als Lehre und Leben. Wien/München, 1934)の如きは同じく原則上はIdentität zwischen mystischen und liturgisch-sakramentalen Leben (S. 34)を主張しながら、而も「聖霊の働きにたいする(人間の側の)直接的体験的意識」ein unmittelbares erfahrungsmässiges Bewusstsein vom göttlichen Geistwirken の有無を規準として基督教的生活の内に「神秘主義的生活」と「非神秘主義的生活」との区別を認めている(S. 49, 54)。基督教的たると異教的たるとを問わず神秘主義体験に際して生起する超越的意識を単に純心理的現象と考えることが既に間違っているのである。後に詳説するところによって明かなるごとく、ここに超越的意識というのは十字架のヨハネの所謂 transformación すなわち霊魂そのものが変質することであって、その本質上オントロギッシュな事態に属する。ただそれが心理的側面をも包蔵するところからして、プシュホロギッシュな観点からも観察できるだけのことなのである。

密儀宗教のサクラメント的「照明」体験に由来する神秘主義的気運が澎湃たる海嘯の如くギリシア全土に瀰漫して、社会の上層下層を問わずあらゆる方面に滲透したのは紀元前五世紀初葉の頃であったが、ギリシア民族がディオニュソス精神の強烈なる洗礼を受けて、はじめてミスティークなるものの恐怖に充てる蠱惑を味識したのは、前述の如く、これより約百年早く、紀元前六世紀のころであった。ギリシアにおける神秘主義潮流の最古層ともいうべきこの第一波は、密儀宗教が全国的に興隆流行し始める以前、既に早くもイオニアの沿海植民地域に有力なる哲学思想を誕生せしめていた。西洋哲学史上、「ミレトス学派の自然学」と称するものがすなわちこれである。* 広義においては等しく自然神秘主義 Naturmystik の名を以て呼ばれるにせよ、前五世紀の思想家達の思惟形態、表現形態には密儀宗教の影響の痕跡歴然たるものがあるに反し、ミレトス自然学には未だ密儀宗教の影響は全然認められない。なお、五世紀の神秘思想を代表するヘラクレイトス及びパルメニデスの思想方向が著しく存在論的・形而上学的であるに反し、イオニア的自然学の体験的基底をなすミスティークは純然たる汎生命的全体体験として、典型的形態における自然神秘主義であることが注目される。悲惨なる運命のめぐり合せによって惜しくも短命に終ったミレトス学派の内部においては、この所謂「自然学」の根柢に存する汎生命的世界観と、真に自然学の名に価する純然たる質料的自然考察（フュシカ）の諸要素がいまだ密接不可分に結合していたのであるが、周知の如くやがて時と共に両者は分離し、後者は西洋自然科学として輝かしき展開をとげるのである。而して前者、すなわちミレトス派の自然神秘主義的体験の側面を継承し、これを自己の魁偉なる個性の坩堝を通して醇化集定し、フュシカを転じて一種独特なる自然神秘主義的テオロギアを形成したのがイオニアの詩人預言者クセノファネスであった。

＊ミレトスの自然学が本源的には自然の学（自然科学）ではなくして自然神秘主義であることについては、本書の附録「ギリシアの自然神秘主義」（希臘哲学の誕生）において詳説した。なおこの種の汎生命的神秘主義は、西洋神秘思想史全体の上より観れば、自然神秘主義の第二期たるルネサンス時代に至って、殆んどそのまま、而も、遥かに鮮明なる形を採って現われて来る。

（2）クセノファネス　Xenophanēs

コロフォンの詩人クセノファネスの出現はギリシア神秘思想史上に一紀元を劃するものである。彼の思想的先行者ともいうべきミレトス派の哲人達は、いずれも強烈にして鮮明なる宇宙体験によって超越的「自然」の光に浴した異常なる人々であって、彼等はかくて直観されたる形而上的自然を全存在界の究竟的原理としてその本源的在処を尋求し、更に其処から翻って独特なる存在論を形成したのであったが、自ら体験的直観的に把住せる超感性的自然を感性的質料的自然から思想的に峻別することを知らず、両存在領域を混同して結局一種の汎霊魂主義に陥ったために、遂に彼等の存在論は純粋なる形而上学にもならず、されぱと言って純粋なる自然科学にもならなかった。クセノファネスに至って両存在領域の区別は明確に意識せられた。彼を転機としてイオニアの存在論は急速に形而上学への道を辿りはじめ、存在の窮極的根源の探究は神の探究となる。もとよりこの方面においては、同じくイオニアの人ピュタゴラスが彼に稍《やや》先立って新しい分野を拓き既に輝かしい成果を収めてはいたが、窮極的に「形而上的なるもの」の把握においてピュタゴラス及びその学派はクセノファネス程に徹底的でなかった。ヨーエル(Joël: Geschichte)の表現に従えばピュタゴラスは未だ「比較級」に過ぎないのに反しクセノファネスは「最上級」なのである。元来、宇宙的根源的「一者」の探究ということはミレトス学派によって始められた偉大なる精神的事業であったが、同学派においては

「一者」体験そのものの深浅は別としても、その思想的把握が極めて未熟たるを免れなかった。ピュタゴラスは超越的方向に一歩を進め、「一者」を対立的存在者の調和的統一として、静的平面的アナロギアの「一」として捉えた。然るにクセノファネスは遥かに直接に、遥かに深く、あらゆる存在者の対立の彼岸に絶対超越として、生ける霊的実在としての「一者」を洞見していた。彼の思想の主体をなすものは超越的・超感性的現実そのものであり、この思想の根基に伏在してこれに独脱無依の風格を賦与し、深玄なる内的生命に横溢氾濫せしむるものは自然神秘主義の本質をなすところの全一体験であった。イオニア精神の特徴ある所産ともいうべき自然神秘主義は、クセノファネス出でて、ここに最も明晰なる形態にまで晶華さるるに至ったのである。

さればクセノファネスによって、感性的経験的世界と超経験的世界とが極めて尖鋭なる対立においてとらえられたことは、寧ろ当然の事態に属するであろう。一方には、去来転変して一瞬も停在することなく、あらゆるものが相依相俟の否定的依他関聯において危うく存在の名を保持しつつある生成の世界、他方には渾然として有無を離絶し不生不滅、湛寂として永恒不変なる自体的存在の世界——此等二つの存在界の本源的乖離対峙はクセノファネスにおいてこの上もなく明確鮮明なる意識にもたらされたのである。もとより彼は後のパルメニデスの如く、超越的「一者」の存在性を揚挙顕彰するのあまり、これと対立する経験界よりあらゆる存在性を褫奪《ちだつ》し、これを一片の夢幻虚妄として蹂躙し去るまでには至らなかった。彼は純粋なる形而上学者たるべく余りに詩人であり過ぎた。齢二十五歳にして郷国コロフォンを立ち出でてより「深き愁いをいだきつつギリシアの彼方此方を流離うこと六十七年」(Fr. 8)「国より国へ我が身を運びつつ漂泊の旅を続けたり」(Fr. 45)と自ら歌うさすらいの詩人クセノファネスは感性的世界の魅惑を識りすぎていた。究意的絶対者の実在性と共に、感性的経験界の実在性をも彼の詩魂は直感していた。永き漂浪の旅において彼は多様多彩なる経験的多者界の現実の重みを味識した。されば自然はその繚乱たる美を挙げて彼の詩歌を飾るのである。人里離れた洞穴に滴り落つる山清水(Fr. 37)を、沼沢の蛙(Fr. 40)を桜桃の樹(Fr. 39)を彼は歌う。鮮黄なる蜂蜜の甘さと無花果の甘き果汁の味(Fr. 38)とを比較することも彼は忘れない。彼の描き出す華かな饗宴の席(Fr. 1)には、花瓶に盛られた色様々なる草花が妍を競い、かぐわしく立ちのぼる香煙のけむる中、盃にあふるる名酒が、清らかなる冷水が、褐色のパンとチーズと蜂蜜が人々の心を官能の歓楽にさそう。かくも美わしき自然を、かくも輝かしき直接経験の世界を、衆にすぐれて繊細優美なる感受性にめぐまれ生れた天来の詩人が如何にして虚妄と見做し虚偽と呼んでそのまま棄却し得ようか。博学多識は決して人に覚知を授けはせぬ、もし多くのことを知っているだけで覚知が得られるものであればクセノファネスの輩もさぞ立派な覚者となったことであろうに、とヘラクレイトス(Fr. 40)は彼一流の毒舌を放ってクセノファネスを冷笑罵倒したが、確かにこの詩人の世界観には濃厚なる感性的側面があった。尤もヘラクレイトスが全世界にただ我れ独り所有する珍宝なりとして昂然と自矜する「覚知」(noon ekhein)にかけては、彼も決して傲岸不遜なるエフェソスの哲人にひけをとる者ではなかったけれども。

　流動して止まぬ経験界の絢爛多彩なる多者の彼方に、これと絶対的に隔絶する久遠の一者を彼はこの上もなく鮮かに捉えていた。しかしながら彼にとって、この超感性的実在は感性的多者を絶対否定的に、超越するのでなく、むしろ絶対包摂的に超越する崇高至大の存在であった。窮極的真実在としての一者は、相対的多者界と絶対否定的に対立し、これを撥無するものではなくして、あらゆる存在者を無限に高く超越しながら而もあらゆる存在者を無限に近く、無限に温く包みつつ、其等を生かし其等に存在性を分与するところの叡知的愛の主体でなければならなかった。換言すればクセノファネスの神は「全」と一義的に対峙拮抗する純形而上的「一」ではなくして、「一」と「全」とが超越・被超越の絶対対立関係にありながら矛盾的一致において相合する「一《ヘン》・即《カイ》・全《パン》」(Simpl. Phys. 22—to gar hen touto kai pān ton theon elegen ho Xenophanēs)なのである。

　ここにいう「一・即・全」すなわち「全一」は「一」と「全」との絶対的矛盾的一致

であって、決して両者の一義的平面的同一性の主張にあらざることが特に注意されねばならぬ。元来、「全一」とは自然神秘主義的体験の事実なのであって、この本源的体験を離れては全く意味をなさないのである。アリストテレス(Metaph. I, 5, 986 b)はクセノファネスについて、「彼は悠邈たる穹窿をうちみやり、この「一」こそ真の神であると説いた」(eis ton holon ouranon apoblepsās to hen einai phēsi ton theon)と記して居るが、かかる叙述や、またキケロ(Acad. II, 118)の「(クセノファネスの説によれば)一はすなわち全であり、不変不動にして、これこそまさしく神であって、不生永恒、然してその体は球状をなす」(unum esse omnia neque id esse mutabile et id esse deum neque natum umquam et sempiternum, conglobata figura)という如き説明は、原体験から切り離して外面からこれを観る場合、あたかもクセノファネスはあらゆる存在物を包括する世界全体を「一」となし、且つこれを以て神と見做した、と解釈されやすい。すなわちクセノファネスは一体としての世界全体を直ちに神となしたことになるのである。然して通常多くの人々は、かかる世界即神の主張がすなわち汎神論に外ならぬと考えているところからして、屢々《しばしば》クセノファネスの思想を典型的なる汎神論と称している。しかしながら、この「一・即・全」を自然神秘主義的体験として主体的内面的に解釈するとき、クセノファネスの「全一」はかかる通俗的汎神論とは似ても似つかぬ意義内実を露呈するのである。ここにおいて我々は自然神秘主義的全一体験そのものの本質構造を瞥見しなければならない。

古代ギリシアの自然神秘主義は、ディオニュソス神がヘラスの民に教えた「脱自《エクスタシス》」及び「神充《エントゥシアスモス》」の体験に基く一の特異なる宇宙的霊覚の現成である。エクスタシス ekstasis とは文字通り「外に立ち出ること」即ち通常の状態においては肉体と固く結合し、いわば肉体の内部に幽閉され、物質性の原理に緊縛されて本来の霊性を忘逸している霊魂が、一時的に肉体を離脱し、感性的事物の塵雑を絶せる純霊的虚空に出で(Cicero: animus... ita solutus est et vacuus ut ei plane nihil sit cum corpore—De divin. I, 113)、かくて豁然として秘妙の霊性に覚醒することを意味する。然して、かくの如く感性的生成界の一切を離却し、質料性の纏縛を一挙に截断しつつ「外に出」た霊魂はもはや旧き人間的自我ではあり得ない。人間的自我が自性を越え、最早いかなる意味においても自我と名付けられぬ絶対的他者の境位に棄揚されることがエクスタシスの端的である。言い換えればエクスタシスとは人間的自我が我性に死に切ること、自我が完全に無視されること、自我が一埃も残さず湮滅《いんめつ》することを意味する。しかし意識の主体としての自我があますところなく湮滅し去れば、その意識の内容として今まで自我の対象をなしていた感性的世界もまた自ら掃蕩されて遺影なきに至るは当然であろう。かくてエクスタシスにおいて、人間の自然的相対意識は遺漏なく消融し、内外共に一切の差別対立を絶して蹤跡《しょうせき》なく、ただ渾然として言慮の及ぶことなき沈黙の秘境が現証されるのである。この自我意識消滅の肯定的積極的側面をエントゥシアスモス enthousiasmos（神に充たされ、神に充満すること）という。

神秘主義的体験においては、自我の無化、意識の湮滅ということは単に今まで其処にあった物が消えて了うという純消極的活動なのではなく、実はその裏面に凜然たる積極性を含んでいるのである。蓋し神秘主義に限らず、一般に精神的生命の潑溂たる活動あるところ、常に小なるものの死は大なるものの生を意味する。かくてここでも感性的生命原理としての相対的自我の死滅は、ただちに超感性的生命原理としての絶対我の霊性開顕の機縁となるのである。人間の相対意識が自他内外一切の差別を離却して厘毫も剰すところなく絶滅し尽された人間無化の極処において、その澄浄絶塵の霊的虚空に皓蕩として絶対意識が現われる。否、この湛寂たる虚空そのものがすなわち絶対意識なのである。この霊的虚空に充満する息づまるばかりの生命緊張の自覚がエントゥシアスモスと呼ばるるところのものに外ならぬ。「神に充溢すること」とは結局一の比喩的表現に過ぎない。しかしながら言慮を絶するこの超越的生命緊張の極限を人は、「全てが神に充たされること」という以外に如何なる表現を以て暗示し得るであろうか。それはまさに人間が神に充たされ、あらゆるものが、宇宙そのものが、神に充溢すると言わるるにふさわしき渾然一味の融即態なのである。

ありとあらゆる存在者の矛盾対立を否定解消し尽した絶対無の境位において、この絶対無そのものが却って其等の否定せられた多者の全てを包摂的に肯定しつつ照々として自己自らを意識する、それは実に深玄微妙なる風光である。この幽邃なる超越的渾一者をクセノファネスは「一・即・全」と呼び、然して「全一」の絶対的自己意識を描いて「全体が視、全体が覚知し、且つ全体が聴く」(Fr. 24—Oulos horā-i, oulos de noei, oulos de t' akouei)と説示した。また、かかる超越的絶対的覚存なるが故に、それは「何等労するところなく、精神の覚知によって万有を支配する」(Fr. 25)と彼は主張した。一者即一切者としてのクセノファネスの神は、屢々哲学史家によって平面的なる世界即神であるかの如く誤解されたが、実はさにあらずして、超越即内在という絶対矛盾関聯の極限における叡知的実在なのであった。「その形姿も思惟も死すべき者共に似ることなく、神々と人間のうちにあって最大なる唯一の神」(Fr. 23)の彼自ら語る「唯一なる神」(heis theos)は、およそかくの如き自然神秘主義的体験を有する者にのみその深遠秘妙の奥底を顕示するところの隠れた神であったのである。しかしながら、かかる超越的体験を万人に求むるを得ないことは余りにも明かである。さればクセノファネスは自己の説くところの深意が殆んど誰にも理解されないであろうことを悲しく信じていた。「神々について、またその他全て我が説くところについてその深意を適確に認知する人は嘗て一人だになく、また将来もないであろう。蓋し人あって偶然に完き真理を言い当てたとしても、彼は自らその事に気付かないであろう。万人に与えられているのはただ相対的知見のみ」(Fr. 34)と。あらゆる偉大なる神秘家の味識するかの深き孤愁を彼もまた痛烈に自覚していた。彼の偉大さに真に価する友を彼は遥か後世に俟たねばならなかった。

　さて上述せるところによって、クセノファネスの神が一者即一切者の矛盾的霊覚体として、万有を遺漏なく包摂しながら無限にそれを超越し、一切のものを越えつつ而も渾然たる一切者として自らを超意識的に意識するところの絶対超越・絶対内在的覚存であることが朧ろげながら明かになったと思う。この宇宙的覚存の現成は儼乎たる体験の事実であって、体験そのものとしてはそれは最早如何ともなし難き窮極本源の事態というほかはない。しかしながらこの了々たる覚存を思想的に反省する時、その本質をなすところの二契機たる「一」と「全」及び其等両者相互間の関係について、それが極めて複雑なる問題性を孕んで居ることはまた明瞭にして疑いの余地なきところであろう。果して、クセノファネス以後プロティノスに至るギリシア形而上学は、その全知性の能力を挙げてこの問題と闘うことになるのである。

(3)　ヘラクレイトス　Hērakleitos

クセノファネスの「全一」は窮極的実在を渾一不可分なる始源的融即態において捉え、あらゆる差別対立分裂以前の矛盾的一如性において直証せるものであり、その点に深き問題性を宿していた。一者即一切者なるこの宇宙的霊覚は、内に無限なる分化分裂の可能性を抱きつつ湛然として久遠の沈黙に静まりかえっていた。この深玄なる永遠の沈黙をうち破り、それが内に蔵していた流動の相を剔抉し、横溢噴湧する生成界の動性の氾濫のさなかに身を投じつつ次第に存在流動の形而上的根源に溯り、遂にこの動性そのものの極致として神を捉えたものがヘラクレイトスであった。畢竟するに彼のロゴス的調和は一切者より一者に至るクセノファネスの「全一」を動的緊張の側面より究尽せるものにほかならぬ。

ヘラクレイトスは存在の流動性を思想的検察の対象とせる最初のギリシア人であるといわれる。彼は「万物流転《パンタ・レイ》」の哲学者である。不断に生滅成壊し去来転変して須臾《しゅゆ》も止ることなき存在界の実相を、流れ来り流れ去って一瞬も同じ処に停在せぬ河水の流れに譬え、「何ものも在ることとなし、ただ成るのみ」(プラトン)と教え「あらゆるものは運動にあり」(アリストテレス)と説いたこのエフェソスの「幻晦なる人」は、まさしく「万物流転」の哲人と呼ばるるにふさわしき思想家であった。しかしながら、それにも拘らず我々は存在流動を以て直ちにヘラクレイトスの独創的思想となすことはできないのである。「万物流転」は決して彼の独創ではなかった。寧ろ「万物流転」は当時イオニア地帯の一般的精神情況であり、否ギリシア全体の支配的なる気分、ギリシア全体の精神的空気ですらあった。イオニア地方において最も濃厚に、而してイオニアを中心としてギリシア全土に、濛々とひろがりつつ存在流動の暗雲が黯惨たる翳をなげかけていた。あらゆる人がその翳の下で生きていた。あらゆる人がこの空気を吸っていた。紀元前六世紀ギリシア諸国の民衆があれほど狂騰的にディオニュソス神の到来を歓迎し、翕然《きゅうぜん》として密儀宗教の典礼に趨ったのも、彼等にとって生者必滅が余りにもなまなましき現実であり、万物無常が余りにも切実なる実存的事実であったからではないか。その頃、凋衰の兆し漸く顕著なるを示し始めた叙事詩に替って隆盛の絶頂をきわめるに至った抒情詩が哀韻嫋々たるリラの絃に合わせて歌ったものは心に滲みる生の苦悩と、落寞たる存在の悲歎であった。存在の流動性は人々が冷静に、客観的に、自己の外なる光景として眺め得るごとき他事ではなかった。それは存在の頼りなき脆さとして、明日知れぬ生の儚さとして、既に人々の胸深く蝕んで居り、人々の実存そのものに成りきっていた。「万物流転」は自然的世界の客観的状態ではなくして、既に心内の主観的主体的事態であった。

されば イオニアの人ヘラクレイトスが、存在の流動性を説いたとて、それは何等特筆すべき新思想でないばかりか、むしろ平凡な、常識的な事態の表白に過ぎないのである。ヘラクレイトスの著しき独創性は、彼が「万物流転」を唱導せるところに存するのではなく、現象的多者界の去来変転から出発して存在流動の形而上的根源にまで溯り、存在的「動」を窮極まで追求して遂に「動の動」ともいうべき矛盾的絶対動を把握せるところにあり、更にこの絶対的探究に際してエレア派の如く外面への途を採らず、内面への途を選び、いわば世界動を自己の霊魂一点に凝集してその動的緊張を絶対度にまで高めつつ、内的実存的に動の窮玄処に翻転飛入せるところに存するものと認めなければならぬ。「人間である以上誰でも自己自らを認識し、正しく思慮することができる」(Fr. 116)と教え、「余は余自らを探求した」(Fr. 101)と昂然として断言する彼は、かの「内面への途」を知悉する神秘道の達人であった。彼は人間霊魂の恐るべき深さを熟知していた。「何処まで行ったとて、如何なる途を辿ったとて、霊魂の限界は見出せないであろう。それほどまでに深いのだ」(Fr. 45)という注目すべき言葉は、ヘラクレイトス全思想の傾向を物語ってあまりあるものというべきである。内面の途――人間が絶対的なるものを自己の外にではなく自己の内に求め、内面に深く沈潜して、感性的世界の喧噪遠き霊魂の清域に透徹する向内集定の道は既にギリシアの密儀宗教が一般信徒に教えたところであったが、限界なき霊魂の限界に達し、底なき霊魂の底に到ることはヘラクレイトスの如き斯界の達人にして甫《はじ》めて至り得る道の堂奥なのであった。然してこの内面への途を窮極まで辿りつめ霊魂の秘奥にまで分け入ることによって、内面性の極限において彼が超越的に捉えた(Fr. 108)ものは、ほかならぬ流動そのものの極致であったのである。

　かくして、ヘラクレイトスは存在の究竟的根源を生気溢るるばかりの動性の極において把握した。「一切より一者は来り、一者より一切は来る」(Fr. 10—ek pantōn hen kai eks henos panta)と説き「一者は一切である」(Fr. 50—hen panta einai)と説く彼は、一者即一切者の渾然たる「全体」を高唱する点においてはクセノファネスといささかも異なるところはなかったが、その超越的全一を自己の上に現証する体験の方向が著しく異彩を放っていた。もとより窮極的実在それ自体に二つある筈はないが、人がこれを親しく把住実証するに当っては種々なる途が可能である。クセノファネスから、パルメニデスに至るエレア派の学統が、向外的超越的なる途によって、この窮極的実在を「自然《フュシス》の彼岸に」、即ち metaphysisches Wesen として把握するに反し、ヘラクレイトスは向内的自己沈潜の途によって、これを「霊魂《プシューケー》の彼岸に」即ちいわば metapsychisches Wesen として証得したのであった。パルメニデスの「真実性」が蕭条として形而上的冷気をすら感ぜしめるに対して、ヘラクレイトスの「一者」が異様なる実存的緊迫感に充満しているのはこの故である。

我々が住んでいる日常的感性的多者界においては全ては生滅成壊して一瞬も止ることはない。然るにこの何人の眼にも一目瞭然たる流動性は単に感性的世界の特徴をなすばかりでなく、更に存在の深層にまで根を下ろし、存在の源底にまで達しているのである。故に人はこの「動」を唯一の手がかりとして、それをつたわって現象界の彼方に超出し、存在の本源に至ることができる。深き現実を徹見するに足る能力なき人々は、自己を取巻く現象的多者界の限りなき去来転変に眩惑され、感性的領域を一歩も踏越することを得ず、ただ全世界にみちあふれる千姿万態の諸物の際涯なき矛盾対立を見るのみであるが、超越的覚知を獲た卓立無依の自在人は、全感性界に遍満する存在流動を次第にひきしめつつ霊魂の秘奥に集中し、無限に拡がる動性を実存の深処に凝縮して、一挙に宇宙的動性そのものの本源にまで飛入するのである。然してこの時、現象界の流動は非本来的領域から本来的領域に還帰して形而上的流動となり、この動的緊張の極限において、相対立し相矛盾する全存在者は対立矛盾したまま直ちに動的統一を現成する。ヘラクレイトスが存在の深玄微妙なる奥底に見出した「こよなく美わしき調和」(Fr. 8)、「あらわなる調和に優る不可見の調和」(Fr. 54)とは、かくの如く存在性の極限においてのみ顕現する矛盾的全一であり、動的実存的存在統一であった。すなわちヘラクレイトスの「調和」は存在の超感性的最深層における動の真姿であり、「動」きわまって「静」に転ずる動性の極致に外ならぬ。

されぱヘラクレイトスの唱導する一者即一切者「全一」は無差別平等的なる平面的万有統一ではなくして矛盾的にして立体的なる存在緊張の渾一である。あらゆる存在物が雑然と無差別に、平面的に混淆融和して総体的一になるというのではなく、善と悪、生と死、睡眠と覚醒、昼と夜、冬と夏、寒と暖、湿と乾、戦争と平和、豊饒と飢餓(Fr. 58, 67, 88, 126)の如く感性的経験界において互いに矛盾し対立する諸物が、この源本的矛盾対立の動性をそのままに動的統一にまで収摂され、存在の最奥層に至って動的緊張の極限において洞然たる矛盾的一者に帰一するのである。「昼と夜とは絶対に同一」(Fr. 57)、「善悪(不異)」(Fr. 58)、「円周上にあっては始点と終点は一致す」(Fr. 103)等の断片においてヘラクレイトスが考えているものは平面的万物一如にあらずして、立体的なる存在統一なることを忘れては、人は彼の思想を正しく評価することができないであろう。彼の説く「絶対同一」は存在の最深最奥の秘底に現成する諸物の矛盾的動的帰一なのであった。「(全一者が)異なりつつ而も自己同一であるということを世人は理解しない。それは弓や竪琴に見らるるごとき矛盾的調和である」(Fr. 51—ou ksyniāsin hokōs diapheromenon heōytō-i homologeei palintropos harmoniē hokōsper toksou kai lyrēs)、「相反撥するものは協和し、種々異なるものから窮玄なる美の調和が生起し、万物が相剋から生れる」(Fr. 8—to antiksoun sympheron kai ek tōn diapherontōn kallistēn harmonian kai panta kat' erin ginesthai)という彼自身の証言によって明瞭なるごとく、ヘラクレイトスの全一は万物の静的無差別的同一ではなくして、動的立体的同一であり、竪琴の絃や弓の糸に形象化される如き、矛盾反撥的緊張の極限において捉えられた存在動の絶頂なのである。絶対不動の実在の静的側面を挙揚するのあまり現象的多者界の流動を断乎として否定し去るエレア派とは違って、ヘラクレイトスは感性界の流動そのものを極処にまで緊張せしめ、以てこれをその本源的境位に引き上げる。かくて存在の本質構造をなす流動性は、「動」窮極して「静」となり、「静」きわまって「動」に転ずる動即静の矛盾的一致において、純粋動として把握される。清澄絶塵の形而上的浄域に寥廓として顕現し来るこの動即静の根源的一者こそヘラクレイトスがその全情熱を傾注して提唱擁護せる「ロゴス」であり「神」なのであった。後世、西欧の形而上学は、かかる「純粋持続」としての絶対者を actus purus(純粋現実態——純粋活動)と呼んで形而上学の頂点に置いた。actus purus とは、エネルゲイアとして文字通り純粋窮玄なる活動であると共に、エンテレケイアとして最早それ以上毫厘も進展するの余地なき究竟的完成態、純粋現実態であり、動と静との矛盾的帰一である。ベルグソンの力説する「純粋異質性」hétérogénéité pure は単に走馬灯のごとく変転往流して止まぬ常識的日常的人間意識の直接態の光景としてのみ主張さるべきではなく、実はその本源的領域にまで深化追求さるべきである。純粋異質性を真に純粋なる境位まで辿る時、人はこの異質性が異質性なるがままに直下に等質性に飛転する驚くべき有様を目観《もくと》するであろう。円周上において始点と終点とが一致するごとく、絶対動と絶対静とが矛盾反撥の極限に至って実存的に合一する、存在矛盾の絶頂に「神」はある。神は動即静の尖端であり、純粋流動の場所である。

(4) パルメニデス Parmenidēs

超越的絶対者を尋覓《じんべき》し、存在の太源に迫り行く途は各々異なり、側面は反対であるにしても、クセノファネスとヘラクレイトスとが最後に落定せるところは共に「一者即一切者」なる点において二人とも完全に一致していた。彼等が説く「全体」は一者のみにもあらず、一切者のみにもあらず、寧ろ両者を根源的契機として含みつつ、全てをいわば立体的に収攬するところの無限無窮なる宇宙的渾一体であった。さればヘラクレイトスの神なる「ロゴス」は動の極致としての静であり、動即静としての絶対静であるにしても、それは個物的多者界の流動を端的に否定撥無し、自らは凝然として久遠の静謐に止息する絶対独脱の実在にはあらずして、あくまで矛盾的に動性を包含する絶対動としての静なのである。ヘラクレイトス的流動は存在の深遠なる至高領域における純粋動であると同時に、感性的多者生成界における現象的動でもあった。一でありながら多であり、一切でありながら一者なる「全一」はそれ自身が一の矛盾的動的緊張であり、この意味において分裂の危機を内に孕むものでもあった。故にヘラクレイトスの輩は愚かしくも存在と非存在とを或は同一、或は不同と考え、あらゆるものについて反対の道の成立可能を説く盲聾者、「両頭の怪物」に外ならずとパルメニデスが罵倒嗤笑するとき、この烈しき誹毀譴責は一面の真理を有たぬでもなかった。パルメニデスは偉大なる両先輩の「一者即一切者」が包含する論理的矛盾を鋭く剔抉し、一切者すなわち生成変化の多者界を悉く夢幻虚妄として大胆に棄却しつつ、儼乎として常住不変絶対無依の真実在たる一者の途に驀進した。彼にとっては、純一無雑なる絶対超越的本体の外は全てこれ妄想虚見の所産に過ぎなかったのである。

しかしながら、彼自らはそれと意識せぬにせよ、パルメニデスは結局ヘラクレイトスと正反対の道をとりながら同じ境位に来ていたのであり、更に彼が超越的一者を親しく把住証得する体験の側面に至っては、クセノファネスのそれと懸殊するところを人は殆んど見出さないであろう。要するに絶対的超越者は、ひとり絶対超越的体験によってのみ現証せられるのであり、一者をめぐる此等三人の思想家が神秘主義的覚知体験において完全に一致するのは寧ろ当然の事でなければならない。パルメニデスの存在論は、冷厳峻烈なるその外面的論理性にも拘らず、内面的には著しく宗教的敬虔の霊気に充ちている。智的驕慢の絶頂に傲然と独座して天下を睥睨し、同胞に怒罵をあびせかける傍若無人なるこの哲人が、存在の至高領域に近付くや忽ちに傲岸不遜の態度を深き畏怖に替え、聖域に足踏み入れた信者の敬虔をあらわに示しつつ、恐れ恭んで上なる方を仰ぎ見る。自我を放下し、全てを捧げてひたすら上よりの聖寵を請い希う信仰深き教徒のごとく、一者に対する彼の態度は受動的である。彼は上から真理を開示される密儀宗教の信徒である。パルメニデスは有名な「自然論」の壮麗なる序詩において、彼の哲学の霊感が那辺より淵源し来るかを詩的形象に託して暗示した。イエーガー(Jaeger: Paideia, S. 240)が指摘せる如く、天馬に曳かるる車を駆りつつ真実在への道を急ぐ「覚知者」(Fr. 1. 3—eidota phōta)は、密儀宗教に入信して斯道の堂奥に参じ、遂に願いかなって最終の聖物を開顕さるる奥儀会員《エポプテース》を哲学的に転位せるものに外ならない。ここでは哲学は、いわば「真理」を聖体として成立するところの高次の密儀宗教なのである。密儀宗教においていて信徒の精神が歩み行く霊的向上道の道標ともいうべきkatharsis(現世的感性的穢汚の掃蕩）から myēsis（絶慮沈潜）、myēsis から epopteia（霊性開顕）への三段階は直ちに移して以て哲学への道となる。大多数の信徒達がこの第二段階「ミュエーシス」即ち部分的「照明」の初心的入神境をもって満足し、それより一歩も前進しないのに反して、極く少数の選ばれた者のみ念々不断の修行と精根を削る鍛錬の聚積によって遂に道の蘊奥を極め「エポプテイア」の境涯に翻転して、存在の終局的秘義を証得することを許される。この密儀宗教の窮極の円成がすなわち哲学の始りなのである。絶対超越的体験の飛躍によって感性的世界の絆累《きずな》を一挙に截断し、日常的人間意識が自らを尽滅して超意識的意識の主体となり、かくて其処に現成する窮玄離絶の霊的虚空において時空転変を超脱せる真実在を親しく徹見することなくしては、存在論としての哲学は窮極の実的保証を有ち得ない。換言すれば、形而上学は、「形而上的なるもの」の直接把握を俟って甫めて真の出発点に立つのである。恰も密儀宗教において、いまだカタルシスの段階にある初入会員が、自己の分を忘れてエポプテイアの境域を忖度し、種々想像を逞しゅうしてその内容を説述したにしても、それは全く無意味であり、冒瀆であるのと同じく、所謂「下からの形而上学」なるものは、一度、上への道を窮めて還り来った人が方法論的に採用するのでなければ単に一種の知的遊戯にすぎない。「形而上的なるもの」を即今自己の上に現証し、親しく形而上的覚体の境位を味識せる者のみ真に形而上学者たるの資格を賦与されるのである。自ら偉大なる哲学者であったパスカルをして、「アブラハムの神、イサクの神、ヤコブの神。哲学者と学者等の神ではなく」と歓喜の涙滂沱たるうちに叫ばしめた生ける神、哲学以前の神こそ、実は却って哲学そのもの、生ける源泉であり、形而上学の現実的保証なのであった。形而上学は形而上的体験の後に来るべきものである。「存在」密儀の堂奥に参じ、エポプテイアの秘儀開顕を許さるる以前に、「存在」を語ることは聖に対する冒瀆である。「存在」の本源を識らずして存在を語り、生ける「真理」それ自体を目観することなくして真理を論ずるは虚偽妄想以外のなにものでもあり得ない。パルメニデスは己が存在論をロゴス的に展開せんとするに先立ち、オルフェウス的密儀ミュトスの形を借りて、以上の如き根本的態度を堂々と宣言したのである。彼こそは、まさしくギリシア最初の自覚ある形而上学者であった。彼及び彼の一派が、尖鋭なる論理の急勢の赴くところ、感性的存在領域の存在性を徹底的に否定し、遂に無世界論《アコスミスムス》に陥って後人の非難攻撃を被るの止むなきに至ったとはいえ、それは不生不滅にしてあらゆる差別転変を無限に超越する久遠の実在「一者」に対する形而上学的情熱の結果であって、後の存在論に所謂「存在する限りの存在」の窮極処をロゴス的に確立する功績はかかる欠点を償って遥かにあまりあることを人は忘るべきではない。

扨《さ》て、「臆見の道」を避けて「真理の道」を進む若者が、道の窮竟に達して啓示せられた「奥儀」の神体は「存在」それ自体(to eon)であった。純一にして端的なる存在そのもの、絶対離絶の永恒の寂静裡に湛然として停在するところの自体的存在であった。パルメニデスの「存在」は、思想史的にはクセノファネスの一者即一切者を直承するものであるが、彼は一者即一切者の超越的絶頂をなす一者にのみ全情熱を専注した。「全一」ではなくして、全一の尖端をなす「一」にのみ爛々と燃ゆる彼の瞳はそそがれる。存在の窮極点、あらゆる存在者の存在性の太源をなす深奥玄微のただ一点に全照明の力を集中し、これを煌々たる光の中に浮び上らせて置いて、彼はその余の部分を悉く昂然として截断し棄却する。かくして、真に充実せる意味において存在の名に価するところの純一絶対の究竟的本体のみ「存在」として残るのである。ありとあらゆる相対者を拭掃し去った後、転変生滅する現象界の諸物ことごとく掃蕩し尽されて、流動散乱の遺影だになき絶塵の浄境裡、縹渺として絶対者が露現する。後にプラトンが、非有を含む有として、いわば部分的存在性を認めんとした感性的多者界の諸物に、パルメニデスは儼乎として「存在」の名を拒絶する。去来転変して止ることなき無常遷流の事物は悉く有って無きものであり、此等を有りと思い「存在」と呼ぶは衆愚の虚見妄想にすぎぬ。相対的存在は存在ではない。何等かの意味において無を含む有は既に真の有ではなく、非存在《メー・エオン》である。如何なる意味においても絶対に無を含むことなき醇一明徹の有のみ真に存在《エオン》と呼ばるるに価する。換言すればパルメニデスは存在の至高窮極領域のみを「存在者」と認め、濃度の極限に達せる存在性のみを「存在」と認めて、存在性次第に稀薄なる全ての下位領域を一挙に非存在の暗霧中に蹴落し去るのである。されば彼の存在論は時空を超脱せる真実在の論究であり、彼の形而上学は純粋に「形而上的なるもの」の検察である。畢竟するに形而上学は神学なのである。パルメニデスの「存在」は後の神学に所謂「在りて在るもの」に契合する。彼が存在について、空間的には辺涯なき「連続」「充実」を強調し、時間的には断乎として一切の「起源」「発生」を否定し、「そは不生不滅、渾然として単姿、湛寂として窮極するところなし。又そは嘗て在りしものにあらず、向後において在るべきものにもあらず、（永遠の）今に存在し、直ちに全体、渾一にして断絶なし」(Fr. 8)と、もどかしげに次から次へ属性を積み重ね行く時、人は其処に言詮不及の真実在を敢て詮表せずんばやまぬ形而上学者の宿命的衝迫の響きを聴きとらねばならぬ。時空を絶し、ロゴスを超越する窮極絶対の実在を、ここで彼は強いてロゴス化せんとしているのである。この一事は、パルメニデス的テーゼとして世に有名な「思惟と存在の一致」を正当に評価する上にも極めて重要なる意義を有つ。後世、このテーゼをめぐって現われた多種多様なる誤解曲解は殆んど全て、パルメニデスの「存在」が平面的無差別的なる存在にあらずして、存在の至高点のみなることを看過するところに由来するものと言ってよい。パルメニデスが存在と呼ぶところのものは、感性的立場に立つ常識的人間の観点よりすれば、存在ではなくて却って非存在であり、否寧ろ「絶対無」と呼ばるることこそふさわしき超越者なのである。「思惟と存在の一致」とは個人的人間に就いて、思惟することが存在することと等しい、或は認識の対象がすなわち存在者であるという主張なのではなく、却ってかかる個物的多者界を無限に越過せる形而上的空無の境において絶対究竟の存在者は了々たる覚体として自己自らを顕示するという超越的事態の確認に外ならない。

近年、学界に喧しき論争を巻き起したパルメニデスの第三断片 to gar auto noein estin te kai einai (Fr. 5—Diels; Fr. 3—Diels-Kranz) を従来の伝統に従って「思惟と存在とは同一である」と訳すべきか、バーネットに従って「同一のものが思惟され且つ存在することができる」と訳すべきか未だ早急には決し難いけれども、仮令バーネットが文法的に唯一の正しき解釈として誇示するこの極めて不自然な訳が果してただ一つの許されたる翻訳であるにせよ、ここに問題となっている存在も思惟も、個物的多者界のそれではなく、窮極的世界における絶対的存在であり、絶対的思惟であることに注目するならば、畢竟するに結論は同じ処に帰着するであろう。結局パルメニデスが言わんとするところは、「存在」がノエーマ的性格を有するということ、換言すれば絶対超越的存在は、絶対超越的覚体としてのみ現成するということにある。断片第六によって明かなる如く、存在は思惟の対象であるが、更に断片第八によれば、思惟の対象は思惟活動そのものと同一である、と考えられねばならぬ。存在の下位領域においては、存在と思惟と、思惟の対象とは夫々判然と区別されているが、至高窮極の存在領域においては、此等三者は渾然として一である。然して此等三者が完全に一致することは、要するにそれが「真理」であるということを意味する。パルメニデスの「思惟と存在の一致」はかくて、真理それ自体――相対的世界に肯定さるる相対的真理にあらずして、逆に全ての相対的真理を絶対的に上から保証するところの生ける真理の定立となるのである。デカルトのCogito ergo sum はその本源的本来的領域においてのみ、真に全き充実性を以て主張さるべきものであった。個物的存在としての相対的個人意識の地平に跼蹐《きょくせき》するかぎり、デカルト的「思惟即存在」は畢竟するに相対的真理の定立に過ぎず、人は如何なる方向に進むも結局自我の盲壁に衝突して蹉跌せざるを得ないであろう。客観性の真の根拠は主観性の内部にではなく、主観性を絶対的に踏越せるところ、存在の超越的絶頂にのみ見出されるのである。「我れ在り」Sum と語り得るはただ独り神のみ、とエックハルトが断じているが、かく絶対窮極の密度における存在性を自らに認め得る者にして甫めて同時にまた絶対窮極の意味において「我れ考う」Cogito と言い得るのである。相離れ相距って二つの独立せる原理をなす Cogito と Sum が、存在位層の上昇と共に次第に緊迫度を加えつつ相接近し、この緊張の極、存在位層の尖端に至って遂に一致重合するところ、其処に燦爛として生ける真理の閃耀が映えわたる。Cogito ergo sum は人間の意識にはあらずして、神の意識である。

　絶対者を「存在」として定立し、さらにこの「存在」のノエーマ的性格を把握して「思惟即存在」を高唱せることは、パルメニデスの動かすべからざる功績であるが、この卓抜なる形而上学的思想の体験的基底をなす超越的事実そのものは、彼に先立つクセノファネスによって既に見事に直観されていた。古きギリシアの伝承(Plat. Soph. 242 D; Arist. Metaph. I, 5, 986)が、クセノファネスをもってエレア学派の創始者となし、且つ彼とパルメニデスとの間に現実上の師弟関係を認めたことは決して根拠なき臆測ではなかった。「思惟即存在」をめぐって、両者の間には一の本質的なる聯関が存することを人は看過してはならない。パルメニデスの思想は正にクセノファネス的体験の指向する線上にある。それは、いわばクセノファネスの超越的直観の内容をロゴス以前の融即態からロゴス的知性の世界に移して昇華結晶せしめたものなのである。元来、クセノファネスの「全一」すなわち一者即一切者とは、個物的単位としての存在者を漸増的に集合せしめ、遂にその極限において成立するところの、ありとあらゆる存在物の無差別的全体をそのまま綜括的一者として俯瞰せるものではなかった。自然神秘主義の一者とは、かくの如き平面的集合ではなくして、立体的なる超越即内在の一者である。それはあらゆる個物が集合するところに成立する一ではなくして、あらゆる個物が窮極するところに突如として顕現する形而上的一である。従ってかかる窮玄の一者を意識する意識は、個物的相対的人間の意識ではあり得ない。絶対者を意識するものは絶対者のみ。人間は如何にこれを瞻望《せんぼう》し、これに向って拮据《きっきょ》勉励するとも、決して絶対者を意識することはできない。絶対者の現成は、絶対者の自己意識としてのみ可能である。自然神秘主義の主体は人間の実存にあらずして、神の実存である。絶対者の超意識的意識が照々と自己自らを映すことがすなわち一者の顕現なのである。されば自然神秘主義に関しては、神秘的体験を日々することすら既に一種の比喩に過ぎぬ。強いて言うならば体験の主体は神であって人間ではない。人間は何かを体験するのでなくして、絶対的に無に帰するのである。人間の相対的意識が完全に棄揚され、内外ともに点埃をもとどめぬ空無に没入し去る時、ここに縹渺として絶対意識が露現する。人間意識が否定に否定を重ねつつ遂に否定的緊張の極致に至って厘毫の光だになき暗闇に陥没する時、この寂寥たる超越的虚空裡、絶対者の意識が煌々と点火されて全宇宙を照徹するのである。或る一つの光源から、あらゆる方向にむかって放射される光は、光源より遠ざかるに従って漸進的に弱化し、次第に薄れつつ遂に四周の闇に呑まれ消融するところの一つの円光をなすであろう。日常的人間意識は譬えばかかる光の円である。人間はかかる自己照明に依って僅かに自己の周囲を照らしつつ、無限なる宇宙的闇黒の只中に投げ出されているのである。無限に深く無限に広き暗黒の無気味な沈黙の中にあって、危げに風にはためくこの灯火ただ一つが彼の頼りである。灯を消す勿れ。この灯が消えるとき、全ては黯惨たる死の闇に消え去るであろう……。しかしながら実は人間が自らの照明を有するが故に、却って周囲は無限の闇黒なのである。自ら小さき光を抱く故に、大なる光が見えないのである。小さき光を消せ。その時、大なる光は全宇宙に赫奕《かくえき》と耀き出ずるであろう。

霊魂の中核より四方に発出しつつ、謂わば意識の全平面に渉って拡散している精神の光を、次第にその光源に向って収摂し、全ての光力を一点に凝集して行くならば、遂に密度の極限に達した光が忽然として、逆に密度の極限における闇に転ずる不思議な瞬間が来る。この時、人間的意識の光は剰すところなく湮滅して蹤跡なく、それと共に、今までこの意識を取りかこんでいた宇宙的闇黒は煌了たる光明に転成するのである。人間的意識なき処に顕現し来るこの超意識的意識こそ、「存在」そのものの霊覚であるに外ならぬ。クセノファネスによって「全体が視、全体が覚知し、且つ全体が聴く」と形容された「全一者」も、ヘラクレイトスが「全てを通じて全てを嚮導《きょうどう》する叡知」(Fr. 41—

gnômēn, hoteē ekybernēse panta dia pantôn) と呼んだ「ロゴス」も、また今やパルメニデスが「思惟と存在の一致」として定立せる「存在自体」も、いずれも存在至高領域の絶対的叡知性を表現せんとするものであった。存在性の絶対根源たる神は、同時に絶対意識としてのみ自己を顕示する超越的覚存でなければならなかった。ギリシア哲学の神は、そもそもの端初から既にかくの如く絶対的叡知者であったことを人は看取すべきである。真なる神は窮極的覚存として、人格的実在以外の何者でもあり得ない。ギリシア形而上学の存在的頂点をなす「神」は屢々人の誤解するごとく、哲学的思惟の論理的要請として存在論体系の尖端に措定された抽象的死物にあらず、また単に盲目的機械的なる自然力を人間化して造り出した想像の産物にもあらず、人間霊魂の秘奥に働きかけてこれと脈々たる人格的関係に入るところの生命の神であった。実存哲学は人間の実存にではなくして、神の実存にその最後の根拠を見出さねばならぬ。神秘哲学はかかる意味における実存哲学である。

第二章　プラトンの神秘哲学

(1)　序

プラトンの出現と共に西欧神秘主義は体験的にも思想的にも第一回の頂点に到達する。彼の哲学はパトスとロゴスとの奇しき合一であって、そのいずれか一方のみを見て他を見ざる者は真にプラトンを語る資格を有しない。プラトン哲学の特徴と考えられるイデアリズムは神秘主義的絶対体験のロゴス面であり、彼の形而上学説の各段階は深き超越体験のパトス的基体に裏付けられている。プラトンは屢々イデアリズムの始祖と言われるが、近代においてはイデアリズムは他の諸々の主義と並存する一つの相対的立場に過ぎぬ。換言すればイデアの超在を認めるか否かということは単に思想上の態度の問題に過ぎぬ。しかしながら、かくの如き観点に終始する限り、人はプラトニズムを奉ずると否とに拘らず、絶対にプラトンの思想の真髄を捕捉し得ないであろう。メフィストフェレスが「ねえ君、凡《およ》そ理論なんていうものは灰色だ。然るに生命の黄金なす樹木は緑したたるごとしさ」

Grau, teurer Freund, ist alle Theorie,

Doch grün des Lebens goldner Baum.

と昂然として断言するごとく、常識的人間の認識能力よりすれば、潤沢多彩なる感性界の生命に比して、超越的イデアの世界は蕭索たる灰一色の抽象的世界、単に人間頭脳によって案出せられた生気なき枯物としか考えられない。かかる日常性の立場に固執する人にとっては、彼が直接に目を以て見、手を以て触れる感性的事物の世界のみ唯一の現実であって、感性界を絶対的に超越する普遍者の世界の如きは何等の現実性なき一片の幻影か、さもなければ存在するにしても、ただ人間の頭の中にのみ抽象的概念として存在するに過ぎない。我々は具体的個人として目前に存在するこの人、或はかの人を見ることはできるが、この人にもかの人にもあらざる人間それ自体というが如き普遍者を見ることはできぬ。この馬あるいはかの馬に触れることはできるが、馬そのものには触れることができぬ。すなわち人間自体、馬自体等の一般者は、我々が具体的なる個々の人あるいは個々の馬を見て其等全てに通ずる共通要素を抽象し、頭の中で組立てた理性の産物であって、人間理性を離れた超越界に存在するものではないのである。言うまでもなく、これは哲学史上に所謂「唯名論」の立場であるが、唯名論は日常的常識的人間の観点を最も端的に表わすものとして重要な意義を有つ。日常的人間の認識器官はその本質上、感性的個物に対して最も適合して創られてあるので、一たび志向対象が個物界を離れ普遍性の度合を増し始めるや、忽ちに主客両者の間の乖離逕庭が露呈して、凌ぎがたき懸絶が生起する。個物的世界に在る間は、互に融合して寸隙を容るるに余地なき賓主未剖の渾一状態を少くとも無意識的には形成していた主体と客体とはここに分裂し、主体はその志向する対象を、自己から遠く離れたものとして、遥か彼方に望み見る。然して客体の普遍性は大なれば大なるほど、主体との距離は遠くなる。この両者間の距離が、抽象性として主体の目に映ずるのである。言い換えれば、日常的認識の主体は抽象性という被膜を通してでなければ、普遍的存在者を把握することができない。対象が抽象的なのではなくして、それを見る目が抽象的なのである。抽象性とは人間霊魂の眼の曇りである。自然的認識の主体は感性的領域においてのみ、その客体と賓主未分の渾然たる関係に入ることができるが、実はそれすら、自我意識によって既に根源的分裂の状態に陥っている人間実存にとっては決して容易な業ではない。況や客体が感性的領域を脱して、普遍性の度合を増せば謂わば、客体のみ上空に昇騰して主体は独り地上に取り残され、主体客体間の裂罅《れっか》はますます深まって、遂に主客未剖状態の実現は全く不可能となるに至るのである。人間の自然的認識能力は、個物の世界に対してのみ焦点が固定されている。故に所与の眼力を以て個物を踏越せる対象を鮮明に捉えんとすれば、謂わば対象の普遍性の度合に応じたレンズを用いねばならぬ。このレンズを通して眺めた普遍者がすなわち抽象的存在者なのである。一の普遍的なものから更に一層普遍的なものへと志向対象が移行するに伴い、対象が抽象性の度合を増す如く思われるのは自然的認識器官のかかる特殊なる構造に由来するに外ならない。存在的見地よりすれば、対象が普遍的になればなるほど、それは抽象的になるのではなくして反対に、より具体的になるのである。然るに自然的認識の主体にとっては、自己に近いものほど具体的現実的に感得されるのであるから、存在的に最も現実度高きもの——即ちスコラ哲学に所謂「純粋現実態」——こそ認識的には最も非現実的にして最も抽象度高きものとならざるを得ない。存在的秩序と自然認識的秩序との間には飽くまでかかる宿命的懸殊扞格《かんかく》が存続する。若し人が自然的認識の地盤に踏み留りながら、而も抽象化の操作による視覚の尖鋭度強化を避け、敢て直接無媒介的に普遍者界を望見せんとすれば、恰も広漠たる原野の一角に佇立して天涯遥けき彼方を瞻望する旅人のごとく、彼の視線は遠きより遠きに流れていよいよ朧ろにいよいよ薄れ、遂に縹渺たる地平線の雲間に消えて何物も認め得ざるに至るであろう。己が身辺を取りかこむ諸多の事物については、一葉一石はおろか塵埃の末に至るまで悉く異常なる鮮明度を以て映し出す彼の両眼も、ひとたび遥かなる地平の彼方に向って注がるる時は、全ては濛々たる雲にかすんで徒らに虚空の無を見るのみであろう。正にその如く、普遍的存在は普遍性を増すにつれて、これを遥かに眺める自然的認識主体にとっては次第に無に向って遠ざかり、その極限に至って遂に完全に無に帰没する。存在的には有であり、有の究極であるものが、認識的には無であり、無の極限なのである。然るに、存在的秩序に従って有の究極なるものこそ、ソクラテス以前期の哲人達が「一者」と呼び「存在」と呼び、或は「神」と呼んだもの、また今やプラトンが「善のイデア」と呼ばんとするところの絶対的存在者であるに外ならぬ。有を有としてでなく、有を無としてしか捉えることを得ないところに人間の自然的認識に纏綿する本源的悲劇性が存するのではなかろうか。人間認識の自然的構造に由来するこの有無の矛盾を解消し、存在的に有なるものを認識的にもまた有ならしめることがすなわちプラトン的神秘道の根本使命であった。有を有として、即ち現実性の極限における究極絶対の存在者を、現実性の生命脈々たるままに把握し、かくて存在の絶頂に身を置きつつ、其処から翻って全存在界を俯瞰する雄大なる光景にプラトン哲学の比類なき面目が存する。日常的人間にとっては、ただ僅かに感性的領域においてのみ成立可能なる「賓主未分」の渾一態を存在の全領域において順次に実現し、遂に至高存在領域にまで及ぼすところにプラトン的体験の意義が認められる。故に人もしプラトンの学説のみを学んで、体験的に存在性の頂点におけるこの賓主未分の奥境を窮めないならば、寧ろ何事も学ばぬにしかぬ。

プラトン的イデアリズムは儼乎たる体験の事実であって、決して単に一の思想的立場ではなかった。されば、彼自ら高唱力説するごとく、それは全人間的方向転換を必要とするのである。自ら親しくこの絶対的方向転換を経験することなくしてはプラトンを学ぶ真の意義はない。また超越的世界の強烈なる光から面を背け、闇中に逃避没入することによって安きを得んとする人間の心を、無理にも光に向って転回させずんば止まぬところに、プラトン的「教育《パイディア》」の沸きたぎる情熱的性格が存する。彼が常々その重要性を指摘し提唱してやまなかった教育とは、人間霊魂を可視的なる感性界より不可視的なる叡知界に向って強制的に転換せしめ、一歩また一歩と個物的生成流動の相対界よりこれを引き離し、遂に存在性の濃度窮まるところ突如として顕現し来る絶対超越的普遍者の光まばゆき秘境にまで嚮導することを唯一至高の目標となす人間形成の向上道であり、全人的転換の方法であった。すなわちプラトンにおいては、教育とは様々なる既成の知識を外部から人に授与することではなくて、本源的聖域に還帰せんとする人間霊魂の飛翔を助成しつつ、これをして究極絶対の存在者「善のイデア」に参着せしめるところの、まぎれもなき神秘道なのである。若し哲学が真理への実践であり、真理からの実践であるならば、独り真正なる神秘家のみ真正なる哲学者たる資格を有つ。なんとならば、ただ道の堂奥に参ずるを得た神秘家のみ、絶対的真理それ自体を、生ける「真理」を、その全き具体性において目観しているからである。プラトン的世界の哲学者は、先ず何よりもさきに超越的覚者でなければならない。部分的相対的なる諸多の真理にあらずして、唯一究極の「真理」を如実に徹見せる人でなければならない。然して、真理とは、パルメニデスに依って確立されたごとく、思惟と存在の一致である以上、唯一終極の絶対真理を直視することは、存在最高領域において所謂「賓主未分」を現成せしむること、換言すれば万有の最窮極の始源を主客未剖の超意識的意識によって直観することを意味するであろう。普遍性の極致にある絶対普遍的実有を、抽象性の極限にある絶対抽象的概念として骨化せしむることなく、生々躍動する源初の具体性そのままに直観的明証に齎すことがすなわちプラトン的認識の真髄である。形而上学は、人が先ず形而上的なるものを親しく体得するところに成立する。故にプラトンにとっては、形而上学への道は神秘主義の道であり、神秘主義はロゴス的なる形而上学体系のパトス的基体をなすものであった。プラトンはイデア界の超越を説き、「イデアのイデア」ともいうべき善のイデアの絶対超越を唱えたが、同時にまた、感性界から超越的世界に翻転し、更に超越界の絶頂にまで飛躍して真実在に直接逢着するの道を人間精神のために用意した。ファイドン篇に説かれた「死《タナトス》の途」と、饗宴篇の主題をなす「愛《エロース》の途」と、国家篇において標榜された「弁証法《ディアレクティケー》の途」との三者は、いずれも同一の究極目的に向って、霊魂の転換的進行を助成すべき霊性開顕の神秘道なのである。プラトン以前にも神秘主義的体験の事実は厳として存在していたが、真に方法論的自覚に基いてかかる超越的事態を人間精神の裡に現成せしむべき神秘道は無かった。さればこそ、ソクラテス以前の哲人達は、各人各様の道によって結局は同一の窮極処に参着しながら而もその事実に気付かず、各々天地幽遠の真諦を捕捉し真実在を証得せる者は全世界にただ我れ独りのみと誤信して互に他を誹譏譴責し、脆弱素純なる一般世上の人々の迂愚をただ徒らに冷笑罵倒するの智的驕慢に陥ったのであった。相対仮象の世界の纏縛を一挙に截断し、独脱無依の実在界に飛入する、その体験の余りにも強烈なる光耀に眩暈し、遂に浮誇《ふこ》慢心の独善主義に趨るは神秘主義の邪道である。かくのごときは一たび迷悟の辺際を超越しながら再び、より大なる迷妄の渦中に陥落することに過ぎぬ。生死を処決する絶対超越の高峯上に独坐して世間を睥睨し、同胞を嫌忌し、寂莫たる孤高狷介の境位に安如として自足するは真に偉大なる神秘家の本分ではない。我れ唯ひとりの魂が救われても、他の全ての人の魂が悉く救われなければ神秘家の仕事は了らないのである。自ら卓抜なる天稟《てんぴん》の才を以て宇宙万有の始源をきわめ、存在の終局的秘義を達観しながら、更に翻って後進のために歩むべき道を指示し、超越への要径を拓いたところにプラトンの魁偉なる風格が認められねばならない。彼はギリシアにおいて神秘道を組織せる最初の——而も最大の——人であった。

のみならず彼の組織せる神秘道が徹底せる実践道であった事実が特に注意されねばならない。換言すれば、それは転変無常の感性的世界から永劫不変の超越界へ昇り行く向上道(アナバシス)の極致を以て終局に達するのでなく、一旦この超越道を登りつめた後、更に反転して向下の道(カタバシス)を辿り、再び現象界に還り来って万人のために奉仕することによってはじめて完結するのである。「善のイデア」の観想は確かにプラトン的弁証法の一の頂点ではあるが、それは決して道の終局ではなかった。「善のイデア」へのアナバシスは単に道の前半に過ぎぬ。念々不断の修業によって、ようやくこの絶塵の浄境に立つことを得た弁証家の前には、さらに一層困難なる道の後半が待っている。現世に死し、現世を超脱して永遠の生命を味識するプラトン的哲人は、澄潭の如き忘我静観の秘境を後にして、またふたたび現世に帰り、其処に孜々として永遠の世界を建設せねばならぬ。イデア界を究尽して遂に超越的生命の秘奥に参入せる人は、現象界に降り来って現象界の只中に超越的生命の灯を点火し、相対的世界のイデア化に努むべき神聖なる義務を有する。プラトンがこのカタバシスの向下面を如何に重要視したかは、国家篇の有名な洞窟の比喩によって明かなところ、否、既に彼の全生涯そのものが直ちにこの確信の実践躬行ではなかったであろうか。嚮《さき》に指摘せるごとく、形而上学は先ず形而上的なるものを体得することに始まる。しかしながら人は形而上学者たるためには、それ以上の体験を最早殆んど必要としないであろう。言い換えるならば、形而上学形成の目的のために必要欠くべからざるものは向上道であって、向下道は敢て問題となすに足りぬ。イデアの道を登りつめ、万有窮極の根源を証得する人が再び現象界に還行し、喧騒の巷に身を穢して其処に理想国家を建設するが如きことは形而上学者の任務ではない。この意味よりすればプラトンよりもプロティノスの方が遥かに純粋にして遥かに典型的なる形而上学者であった。世上プロティノスと言えば直ちに神秘家を憶い、プラトンと言えば形而上学者を考えるのが常であるが、事態は寧ろその反対に近い。少くともプラトンは形而上学者たる以前に醇乎たる神秘家なのである。肉体を有することを恥となし、世俗生活の外に超然として、独り静かに一者の観想に専念せるプロティノスは必ずしも完全無欠なる神秘家ではなかった。神秘主義と脱自冥合とを直ちに同一視する通俗的見解によれば、忘我奪魂の法悦境における一者観想こそ神秘主義の究竟の到達点と考えられるであろうが、実はエクスタシス体験の真実在開顕は神秘道の前半の終局であって、未だ神秘主義そのものの窮極処ではない。神秘主義が成るか成らぬかは寧ろ後半の成果によって決するのである。冥想 Contemplatio が神秘主義道程上の本質的要素であることはもとより縷言を要さぬところであるが、エクスタシスが直ちに神秘主義そのものの本質なのではない。神秘主義は一たびテオーリアの絶頂を窮めた後、自ら進んでこの美的観想の静謐を断乎として踏み破る逞しき実践の意慾に結実しなければならぬ。プロティノスにおいて我々が見るものは、一者観想に窮極するアナバシス体験を背景とし、それを基盤として、その上に展開された存在論的思索の宏壮なる景観である。それは神秘主義的思想ではあるが、ミスティークそのものではない。プラトンを一の神秘家として解するのはプラトンの新プラトン主義的歪曲であるということが近時頻りに説かれているが、かかる見解は畢竟、神秘主義に対する根強き誤解に由来するのである。凡そ人類の歴史上に現われた曠世の偉人のごとく、プラトンもまた複雑にして多角的なる人格である。彼は偉大なる神秘家であったが、同時に他の多くの面を有っていた。人若し彼の哲学的側面のみを重視して、神秘家としての側面を看過するならば、所謂プラトン哲学は内的生命なき論理の形骸に帰するであろう。イデアの現実的直観を完全に遊離せるイデアリズムは要するに一種の夢想主義であって、もはや理想主義ですらあり得ない。神秘家としてのプラトンを抹殺せんとすることは、例えば使徒パウロが神秘家にあらざることを高唱せんとして縷々縲言を連ねて止まぬ感傷的信仰家の態度と等しく愚劣である。人間精神の高峯上に燦として輝く此等の偉人達は、その一面を以て全貌を把握し得る程に単純膚浅《ふせん》なる存在ではない。彼等は決して単なる神秘家としてのみこの世に生れ来ったのではないが、西洋神秘主義は彼等の魁偉なる霊魂を通過することによって、そのたびごとに決定的刻印を受け、かくて次第に歴史的形成の道を辿って行くのである。以下、私はかかる見地に立って、プラトンが西欧的ミスティークに与えた消し難き刻印の痕を思想的に検討してみたいと思う。

(2)　洞窟の譬喩

洋の東西を問わず、凡そ純正なる神秘主義が起るところ、必ず向上道と向下道、観想面と実践面とが同時に強調されるのを常とする。プラトンにおいてもアナバシスとカタバシスの両側面が密接不離の関聯にあり、両者が相依り相合してはじめて哲人の道が成就することは上に詳説せる通りである。神秘主義そのものでなく、神秘主義の思想的成果ともいうべき神秘哲学を直接の課題とする我々にとっては、主たる関心がアナバシスの観想的側面にあることは当然であるが、それにしても我々はそのアナバシスが道の前半に過ぎぬ事実を常に念頭に置くべきであろう。この意味において我々は、プラトン神秘思想の中核をなすイデア観想を論じるに先立ち、洞窟の比喩(Resp. VII, 514-541)によって先ずプラトン的神秘主義全体の構造を直截に把握しておく必要があると信ずる。

さて世に有名なる洞窟(spēlaion)の譬話を語り出すにあたり、国家篇の語手ソクラテスは、この比喩の目的とするところは「我々の本性が教育されているか教育されていないか」の関係を具象的に示すにあると断っている。換言すれば、洞窟の比喩は、人が神秘道に踏入っているか否か、また踏入っているとすればどの程度まで進んでいるかを、神秘道全体の上から一望のもとに鳥瞰せんとするのである。

地下の洞窟に閉じこめられた虜囚の人々が居る。この洞窟には地上の外光に向って幅一杯に開いた大きな入口があり、洞窟は入口から真直ぐな降り道をなして奥に延び、最深部に至って岩壁につきあたっている。人々はこの奥壁に正面し、入口に背を向けて固く索縛されている。彼等は幼年時代から其処にそうしているのである。脚と首とを縛りつけられた此等生れながらの囚人達はただそのままじっと前方を見ているだけであって頭をめぐらすことすらできない。洞窟内の入口に近い道の中央、すなわち囚人達の背面の上手に当って、遠く明々と一つの火が燃えて居り、その光は彼等にまでさして来る。また火と彼等との中間、つまり囚人達の縛られている場所から見て上手の方に、低い塀が洞窟を横断し、この塀に沿うて向う側(入口に近い側)に一条の道路が通じている。そしてこの横断路を多くの人々が、或は話し合い或は黙しながら、人間や動物を写した石像や木像その他色々の品物を頭上に携えて通りすぎて行く。其等の通行人達の身体は塀の向う側に隠れて見えないが、頭上に運ぶ物品は塀の上に出ているので、その影が後の火の光に照らし出されて囚人達に面した奥壁に映る。而も、頭を固定された囚人達はお互いの身体はおろか自分自身の身体さえ見たことがない故に、結局彼等が看取し得るものは通行人が運び行く彫像の影と自分達の影ばかりである。かくて彼等は、最初から影以外の何物も嘗て見た経験がない。彼等にとっては、影の世界が全世界であり、真実の世界である。彼等が色々な人造品の影のみを真実在と信じ込(ouk an allo ti nomizoien to alēthes ē tās tōn skeuastōn skiās)んでいるのも当然であろう。それ故、若し通行人が話しをして、その声が奥の岩壁から反響して来れば、勿論彼等は目前を過ぎ行く影が話しているのだと思うのである。

以上の如きがすなわち、感性的世界に生きつつそれに満足し、これを唯一の現実と信じている日常的人間の状態である。この一種異様な影の世界は、生滅流転の個物界の本質的仮幻性を象徴的にあらわしたものに外ならぬ。かかる世界に自足安住して何等の懐疑も不安も抱くことなき人々は、実在の虚像を見てそれを直ちに実在そのものと信じ、虚妄仮象の夢を見てそれを真の現実と思う。面前の壁に投射される事物の映像を眺めながら、彼等はそれが事物自体であると信じている。彼等は影を見てもそれが影であることに気付かず、従って影の本体が後に存在するということを全然知らない。又、壁に事物の影を投ずるものが光であるということも、その光が背後に燃えている火から発するということも知らない。彼等は完全なる無知の境涯に在る。而も自らこの無知を自覚してはいない。換言すれば彼等はソクラテス的「無知の知」に至っていないのである。従って彼等は自発的には決して影から身を転じようとは試みないであろう。しかし若し誰かがそれを強制したならばどうなるであろうか。洞窟の比喩はここに第二段に入る。

この部分では、囚人達が繋縛を解かれ、無思慮状態から癒されること(autōn lysin te kai iāsin tōn desmōn kai tēs aphrosynēs)が論題とされる。今、仮りに囚人達の中の誰か一人が鎖縛を解かれ、突然無理やりに立ち上らせられ、頭をめぐらして奥壁とは反対の方向に推し進められ、且つ其処に燃えている火を仰ぎ見るように強制されたとしたら如何なる事態が生起するか。生れて始めて見る火の燿光に彼は目が眩み、劇しき苦痛を感じて、従来目視していた影の実物が其処にあるのに全然それを認めることができないであろう。然してこのような状態にある時、偶々誰かが来て、君が従来見ていたものは全て馬鹿馬鹿しい虚幻に過ぎないが、今や君は遥かに実在に近きもの(mâllon ti engyterō tou ontos)を見ており、且つ存在度の高きものを而も前とは違って真直ぐに眺めている(kai pros mâllon onta tetrammenos orthoteron blepoi)のだと教えてやったならば彼は何と考えるであろうか。そしてまたその人が、道を通り過ぎて行く物品の一つ一つを指差しながら、それが何であるかと問い、返答を強要したなら、彼は必ず困惑し、嘗て見ていた影の方が、今指差された実物よりも却って遥かに真実であると思うに違いない。それでもなお人が彼を強制して火を直視させるとすれば、彼は眼の痛みにたまりかね、後に向きかえって、自分がはっきり看取できる嚮のもの(影)の方に逃げ、やはり此等のものの方が今見せられた事物よりもずっと明瞭だと考えることであろう。かくて囚人解放の試みは一応失敗である。洞窟の奥壁、すなわち感覚によって現象する仮幻的世界のみに向って生きて来たこの哀れな人達は、折角呪いの鉄鎖を解かれ自由の身になって後を振向いたが、其処に顕現する不思議な光と実在性の度合高き事物の異様な印象に困惑し、このような怪しい物共よりも壁面に映る影の方がはるかに実在的であると思う。洞窟の中に燃えている火は、入口の外、遥かなる天空に赫奕と燃え輝く太陽に比すれば貧弱きわまる光明を発するにすぎない。然るに生誕以来ただ影のみを見、暗闇に慣れて来た囚人達の眼には、この弱小な光すら視覚を奪う程に劇烈なのである。しかしながらこれで全てが終ったと考えるのは早計であろう。第一歩の失敗にも拘らず、人間解放は更に、「力ずくで」(biāi)強行されねばならぬ。囚人は無理にも洞窟の外まで引きずり出されなければならない。洞窟の中の人工的な火にすら眩暈して為すところを知らなかった人の眼に燦爛たる太陽の光を真向から浴びせてやらなければならない。この困難な事業の叙述が洞窟の比喩の第三段階である。

囚人を解放しようとする企ては、飽くまで薄暮の世界に執着する囚人自身の重力によって最初から頓挫を来したが、それでも全然失敗して了った訳ではなかった。何となれば、これによって囚人は、心ならずも実際に後を振向いたからである。彼はそれまで自分の背後に何かあるということすら全然知らなかった。眼前に模糊として拡がる暗翳の壁面が彼の世界の全てであった。然るに今や視線の方向を一転せる彼は、其処に思いもかけぬ不思議な世界を見た。この新しき光の世界が彼にとって如何に不気味であり、如何に不愉快なものであるにせよ、ともかくそれは或る全く別のものの開示であった。感覚的個物的なる事実でなく、その背後に煌然と点火された永遠の事物を彼は始めて瞥視したのである。この機会を遁さず、囚人は洞窟の入口に向って登り道を引き上げられなければならない。それはまことに嶮岨な凸凹道である。しかし人は囚人を太陽の光の中に連れ出すまでは絶対にその手を離してはならぬ。かくて一挙に炫燿《げんよう》赫々たる太陽の光の只中に投げ出された囚人は眩しさのために激甚な苦痛を感じ、己をかかる処に引き来った人に対し忿恚《ふんい》の情を爆発させることであろう。而も彼の眼は余りにも強烈な光に射られて視力を喪失し、今ここにある物こそ真に実在するものの隠蔽せられざる本体であると告げられても、それ等の内のただ一つすら見ることが出来ない(oud' an hen dynasthai tōn nŷn legomenōn alēthōn)であろう。しかしながら、一時はかかる攪乱状態に陥った彼の眼も、やがて徐々に立ち直る。彼の視力は次第に光に慣れて来る。そして慣れるに従って、次から次へ順を追って地上に在る物が見え始める。先ず第一に事物の影を識別することにはさしたる困難も伴わないであろう。次に水面に映じた人間やその他色々のものの映像を識別し、更に進んで実物それ自体をも認知するであろう。そして次には天に在る諸物と天そのものとを観ることができるようになるが、それも始めは、昼間、太陽と太陽の光線とを観るよりも、夜間星々や月の光を眺めることによる方が遥かに容易に為されるであろう。しかし最後には、太陽を――而も水面やその他の場所に映じたその影像ではなく――太陽それ自体をば、本来の場所において眺め、且つあるがままの姿を観察し得る(ton hēlion ouk en hydasin oud' en allotriā-i hedrā-i phantasmata autou, all' auton kath' hauton en tē-i hautou khōrā-i dynait' an katidein kai theāsasthai hoios estin)までに到達するであろう。其処まで進めば、彼はそれに直ぐ続いて、この太陽こそ四季の循環を齎し歳月を推移せしめるものであり、また可視的世界に在る万物を支配し、且つ従来自分達が見慣れて来た感性的存在者の全てに対して或る意味で真の原因をなす(panta epitropeuōn ta en tō-i horōmenō-i topō-i, kai ekeinōn, hōn spheis heōrōn, tropon tina pantōn aitios)という事実を思惟によって認知するに至るのである。然して彼は以前の住居と、其処の人々の有っている智慧と、それから一緒に縛られていた仲間達のことを想い出して、己の身に来った境涯の変化をしみじみ幸福と感じ、今猶お洞窟の奥底に留っている朋輩を心から憐れまざるを得ないであろう。

約《およ》そかくの如きが洞窟の比喩の前半であって、この部分が感性界よりイデア界に上昇する霊魂のアナバシス行程を形象的に描出せるものであることは言を俟たない。プラトン自身ソクラテスの口を借りて此等の形象を次の様に説明している(517 B–C)。それに従えば地下の洞窟は視覚によって現象する世界(tēn men di' opseōs phainomenēn hedran)すなわち感性的仮象界を表わし、洞窟内部の火の光は太陽の光耀を表わす。然して縛鎖を解かれ方向転換を強いられた囚人の地上への登行と上界に在る諸物の観照とは純粋叡智界へ向っての霊魂の上昇(tēn eis ton noēton topon tēs psȳkhēs anodon)を象徴する。この叡知界の最高窮極の地位を占めるものがすなわち「善のイデア」(hē tou agathou ideā)であるが、霊魂が叡知界には踏込んでも、その幽邃の秘境を窮めて善のイデアに逢着することは極めて困難である。しかしながら若し一たびこれを観ずるに至れば、人は善のイデアこそ一切の正しきもの及び美しきものの原因であって(pantōn hautē orthōn te kai kalōn aitiā)、感性界においては光と光の主を生み、叡知界においては自らこの世界の主として真理と知性との源泉であること(en te horātō-i phōs kai ton toutou kyrion tekousa, en te noētō-i autē kyria alētheian kai noun paraskhomenē)を悟得し、且つ私的であれ公的であれ苟《いやしく》も思慮を以て行動せんと欲する者は全て一度これを観照した経験のある人でなければならぬ所以が明瞭に理解される筈である、と。なおこの比喩において、奥壁に正面して固縛されていた囚人が、入口に向って坂道を登り始めるためには、繋鎖を解かれるだけではなく、先ず何よりも体ごとぐるっと後にむきかえらなければならぬことが注意さるべきであろう。感性的現象世界から叡知的実在界へのアナバシスは先ず全人間的方向転換が必要なのである。依然として全身を感性界に向って固定したまま如何に知性を活動させようと試みても、知性は純粋霊としての本来の能力を発揮することはできない。これがためには、何よりも先きに人間精神の全体的向き替え(periagōgē)が、「回心」が敢行されねばならない。人間は通常その霊魂の能力を感性的世界に向け、不断無休に転変して常なき生成の事物のみを把握しつつ其処に安住自足しているのみであるが、プラトンによれば人間霊魂にはかかる生成変滅の存在物とは全く異なった超越的存在者を把住証得すべき超越的能力と、そのための特殊な器官とがそなわっているのである(organon ti psȳkhēs... monō-i... autō-i alētheia horātai—527 D-E)。「霊魂の眼」(to tēs psȳkhēs omma—533 D)とも呼ぶべき*この特殊なる器官を誤れる方向から正しき方向に振りむかせ、かくしてそれに本来の対象を与えることこそ、後述するプラトン的弁証法の主要なる目的である。そしてこの霊魂の眼を無為銷沈の状態から喚び醒し、本来それが向うべき永遠の世界に向わせることによって潑剌たる生命の奔騰の裡に推進せしめんがためには、単に霊魂のこの部分のみでなく、全霊魂そのものを常住永劫の世界に向けなければならないのである。かくて後世の所謂「神秘主義的回心」なるものが、プラトンにおいてもイデア体験の絶対必須なる根本条件として特に強調されていることに人は注意すべきである。**回心なきところには、絶対に体験としてのミスティークはあり得ない。プラトンが作中のソクラテスをして次の如く語らしめて居る真意もまたここに存するのである。「凡そ人間の霊魂には、かかる特殊な能力とそれの器官とが内在しており、それによって人は学的認識を行い得るのである。しかし恰も人が闇黒から光明の方に眼だけを振り向けることができず、全身を回転させねばならぬように、(この特殊な器官だけではなく)全霊魂がそっくりそのまま生成界から回転され、かくて真実在(to on)及び真実在中の最も光耀燦爛たるもの(tou ontos to phānotaton)即ち「善(のイデア)」(tágathon)の観照にも堪え得るまでに至らなければならぬ。……この全霊魂の方向転換(hē periagōgē)を資《たす》け、最も容易に且つ最も効果的に回転できるよう(metastraphēsetai)にするところにそれの術知が存するのであって、それは(霊魂の眼に)視力を賦与せんとするものではない。視力は始めから有っているが、ただ間違った方向に向いて居り、観るべき処を観ていないものを正しく直そうとするのである」(518 C–D)。

＊　この「霊魂の眼」の認識についてプラトンは他の箇所で「美を、本来それに適合する器官によって観る」(horōnti hō-i horāton to kalon)と言い、これによって甫めて人は実在の影像(eidōla)ではなく、真実在そのものに直触する(tou alēthous ephaptomenō-i)ことができると説いている(Symp. 212 A; cf. Phaedr. 247 D; Phaed. 68 B–69 B.)。「霊魂の眼」とは、有名な彼の霊魂三分説(Resp. 440 E–441 A)によれば、最高位を占める「ロゴス的部分」(to logistikon)乃至は「神的部分」(to theion)であり、その本質的働きは「霊魂に所属するあらゆる働きのうちで最も神的なる」純粋知性活動(hē... tou phronēsai [aretē]—Resp. 518 E)に外ならないが、しかしここで知性というのは、近世哲学的意味における合理的知性のことではない。プラトン的知性は、その極限において、いわば神の意識に通じるところの絶対超越的認識能力であり、近世思想の用語例に従えば、理性あるいは知性というより寧ろ宗教的感覚というに近き或るものなのである。この特殊なる器官が示す対象把握の絶対超越的性格をプラトンは「突如として」(eksaiphnēs)という言葉によって表現せんとしたのである(Symp. 210 E; Resp. 515 C)。

なおプラトンによって「霊魂の眼」と名付けられた霊魂の純粋知性的尖端は、プロティノスの所謂「霊魂の中心点ともいうべきもの」(to tēs psȳkhēs hoion kentron)アウグスティヌスの「我が霊魂の眼」(oculus animae meae)を経て基督教思想界に入り、特に聖ヴィクトール修道院のリカルド以来盛んに論じられて西洋神秘主義の重要なる術語を生んだ。「霊魂の秘奥」「霊魂の頂点」「霊魂の鋒鋩《ほうぼう》」「至聖処」を意味するラテン語 adytum mentis, intimus mentis sinus, acies mentis, sancta sanctorum や、また世に有名なドイツ神秘派の「霊魂の火花」Funke der Seele, Fünklein「霊魂の根柢」(Seelen-) Grund「霊魂の内城」Burg der Seele 等々無数の術語は、いずれもプラトン的「霊魂の眼」の発展と考えることができる。なおこの器官についてエックハルトが「霊魂の中には絶対に創造されざる或るものが存する」(aliquid est in anima, quod est increatum et increabile) と主張して教会側による異端宣告の一因をなしたことは周知の通りである。

** この全霊的方向転換についてブロシャールは次の如く説いている。「人が若し太陽を見ようと思えば、太陽の方に眼を向けなければならず、またそのためには身体全部を廻転させなければならぬ。同様に、叡知界の太陽を観ぜんがためには、霊魂全体に嚮の身体の場合と同じような廻転運動《ペリアゴーゲー》を行わせることによって、霊魂の眼、即ち純粋理性 (l'œil de l'âme, c'est-à-dire la pure raison) をその方に向けなければならない。しかしながら我々が可視界の太陽を見るには、ただ眼だけを用いて、身体の他の部分は用いないのと同じく、叡知界の太陽を見るにも、ただ霊魂の眼、即ち純粋理性を以てするのであって、霊魂の諸他の部分がこの働きに与らぬこと恰も手や足や耳が感性的視作用に必要なきごときものである。……思惟は全く独絶無依に絶対者に到達するのである」(Brochard: Sur le "Banquet" de Platon, dans Etudes, p. 80–81)。この叙述はそれ自体としては全く正しい。又彼が「プラトンは飽くまで主知主義者である」(Platon demeure un pur intellectualiste.—ibid., p. 80) と断ずる時、それにも勿論論難の余地はない。しかしながら前註にも説明せる如く、プラトンにおいては、純粋理性なるものが既に普通の意味の理性ではないのである。プラトン的知性主義の有する純然たる神秘主義的性格を私は後にイデア認識を論じる際に明かにするであろう。ブロシャールの「プラトニズムは神秘主義とは全然関係がない。それは徹頭徹尾、純粋なる主知主義である」(le platonisme ne fait aucune part au mysticisme, il reste un pur intellectualisme—ibid., p. 81)という結論は完全に間違っている。かくの如き見解は、畢竟するに神秘主義を以て、何か著しく感情的な基礎の上に立つもの(une intervention du sentiment; considérer le sentiment comme un élément de la croyance ou de la connaissance, etc.)と考える通俗的な誤解に由来するのである。聖トマスの主知主義のごときも屢々この種の膚浅なる批評の対象となった。私は本書の全体によって、神秘主義なるものの核心は根源的に知性的であることを示したいと思う。西洋神秘思想の主流より観れば、感情・情緒への茫漠たる惑溺を本質とする神秘主義は、神秘主義の浪漫的堕落に過ぎない。

洞窟の比喩は以上をもって、ようやく前半を了ったのみであって未だ全体の終末ではない。ソクラテスの譬話は更に進んで、神秘道の下降面(カタバシス)に当る後半に入る。地下洞窟の坂道を登り、陽光燦然と輝く外に踏み出で、遂に宇宙的光明の太源にして全実在の根源たる太陽それ自体を直視せる嘗ての囚人はその後は如何なる行路を辿るべく定められているであろうか。「善のイデア」を観照せる彼は既に人間として可能なるかぎりの最高の境位に達しているのである。元来プラトンにおいては、観照とは主体が客体を外から眺めるということではなくして、寧ろ一挙に主客未分の状態に翻入すること、即ち、主体が客体と打成一片となり、厘毫も主客の剖別なき融即性において主体が或る意味で対象と成ることを意味するが故に、人が善のイデアを観照するということは、それを何か自分から離れた対象として眺望することではなく、この絶対超越的実在に融即し、或る意味でそれに成ることによって窮極の真実在そのものの永遠性に参与するという存在的事態を意味するのである。それ故「死滅すべき者に許された範囲において永生・不死」(aeigenes... kai athanaton hōs thnētō-i—Symp. 206 E) の状態に達すること、簡単に言えば「不死」(athanasiā) に与ることがプラトン的人間の窮極目的であり、「人間の能力で可能なるかぎり神に似ること」(homoiōsis theō-i kata to dynaton—Theaet. 176 B; eis hoson dynaton anthrōpō-i homoiousthai theō-i—Resp. 613 B) がプラトン的倫理の極致であるとすれば、上述の意味において善のイデアを観照せる人は、既にまさしく人生の究竟処に到達したのであって、彼はこれ以上一歩も上進することはできないのである。今や彼が到達せる境地より更に上には、もはや神それ自体の境位あるのみ。人は神に対する相似性を極限にまで推し進めることはできるが、其処には常に必ず最後の一点が残る。而もこの最後の一点が極微極小に圧縮された場合と雖も、それは両極を無限の懸絶によって乖離せしめるのである。所謂「遠き神」と「近き神」のパラドクスは、常にこの最後の一点の実存の緊張の上に成立する矛盾的事態の体験である。プラトン的表現を借りて言うならば、人は善のイデアに近付き、これを観照することによって、その永遠性に参与し、ある意味で善のイデアに成ることはできるが、絶対的なる意味において善のイデアに成ることはできない。* かかる超越的事態を語るに際してプラトンが、「人間に可能なるかぎりにおいて」という条件を附加することを決して忘れないのはそのためである。

* 後世の神秘思想において囂々たる論議の的となる「人間神化」(theōsis, deificatio) の問題も結局はかかるところに帰着するのである。それは畢竟するに外面的なる言語表現の問題に過ぎない。仮令、神秘家が真実在を直証する瞬間の言慮を絶する体験の余りにも深玄幽邃なるにまかせて「我・即・真実在」と叫び「我れは神なり」と説くとしても、それは決して人間と神との本質的同一性を意味するものではなく、かかる表現の下には必ず、互いに矛盾する両極の実存的緊張が伏在している事実を看取しなければならぬ。如何に極端なる場合においても、人間が向上してそのまま神に成るというようなことは事の本質上あり得ない。また仮りにそのようなことがあるとしても、それはミスティークではない。ミスティークの本質は神人の「同一性」ではなく、神と人とのパラドクスであり、パラドクス的緊張の極化である。この緊張の極化が外から観るものには恰も同一化の如く見えるのである。しかしながら神秘家自身の側においても、元来絶対に詮示すべからざる境域を敢て言語に詮表せんとして止むなく同一性的表現を使用すること極めて屢々であり、或は自己の体験に浮誇慢心して昂然と同一的言辞を放言してはばからぬ者また少からず、その結果、神秘主義に対する世人の誤解を激成したことも事実

である。

扨て上述の如く善のイデアの開顕に接し、存在の究竟の始源にまで上昇せる人々が、飽くまでこの浄福の至境に静在せんと欲し、永遠に断絶することなき実在観照に悠々自適せんことを希うは当然である。彼等はもはや如何なる人間的事柄に関与することも好まず、彼等の霊魂は人間界を無限に超脱せる上界に何時までも在留することのみをひたすら希求するであろう(517 C-D)。また若しそのような人が下界に降り、洞窟の昔の場所に還り来るとすれば、光輝燦然たる神的事物の観想から暗澹たる人間的苦渋の世界に帰還せる彼は却って人々の前に醜態を演じ、世の冷笑揶揄を招くことであろう(517 D)。なんとならば日光の中から突如として(eksaiphnēs)来たために、彼の両眼は暗闇に充たされるからである(516 E)。一体、人間の眼が眩むのは、光から急に闇に転入せる場合と、逆に闇から突然光に向った場合との二種がある。霊魂についても事情は全くこれと同様であって、それが無智の状態から脱してより明るい世界に向って進みつつある時、余りに耿々と燿発し来たる光の噴湧に撲たれて眩暈する場合と、その反対に光明の世界から暗冥の底に降り立った瞬間、余りの暗さに視力を喪失して了う場合とが区別されなければならない(518 A-B)。而もこの視力が恢復するには相当の時間を要するのである。

故に、若し「上の光から」(anōthen ek phōtos) 下界に降りて来た人の眼がまだ充分あたりの暗翳に慣れないで物がよく見えないうちに、例えば裁判所とかその他どこかで、真実在の影や影の源をなす事物などについて、洞窟を未だ嘗て出たことのない人達と論争するようなことにでもなれば、彼は皆の笑いぐさになり、人々は彼を指して「この人は上に登って眼を駄目にして帰って来た。上へ行こうなどとすれば馬鹿を見るだけだ」と愚弄するであろう。それどころか、若し彼が人々の縛鎖を解いて上界に連れ登ろうとでもすれば、彼等はこの人を摑えて殺してしまうかも知れない (516 E–517 A; 517 D)。されば、かかる人が自ら好んで下界に還帰しようと欲しないのは当然であって、彼は出来れば永久に実在観照の浄福を去ろうとしないことであろう。この幽玄なる至高の境位に昇り得た人は、我が身は生きながらにして「幸福者の島」に送られたものと考え、他から強制されることなしには動こうともしないであろう。またかかる人を強制して下降の道を辿らしめ、よき生活を悪しき生活に替えしめるとすれば、それこそこの上もなき不義暴行とも思われるかも知れぬ (519 C–D)。

しかしながら、それにも拘らず彼は俗界への下降を強制されねばならない。イデア観照が彼にとって如何ほど幸福であろうとも、彼はこの超越的世界に何時までも静止滞存することは許されない。存在究竟の秘奥を窮めた後、再び俗界に還り来って同胞のために奉仕すべき神聖なる義務が彼には負わされている。喧騒の巷を遁れ、寂莫たる孤独の高峯上にひとり超然として「一者」の観照にふけることによってではなく、敢て、隠逸の山を下り、身を俗事に挺して世人のために尽瘁することによってのみ、プラトン的哲人の人格は完成するのである。一旦、人間的世界を離脱して実在界の堂奥に参じ、超越的生命の源泉に触れた人は、ここにまたもとの世界に降下して、今度は其処に自ら超越的生命の一中心として働かなければならぬ。地上に理想国家を建設しなければならぬ。洞窟の比喩に従えば、坂道を登って外に立ち出で、善のイデアを直視した嘗ての囚人は、充分にこのイデアを観照せる後、速に洞窟の底に還り来って、良きにつけ悪しきにつけ囚人達と同じ労苦と栄誉とを相分たねばならないのである(519 D)。蓋しプラトン的倫理においては、個人の霊魂が救済されても、ただそれだけに止ることは無意味であり、個人的救済の余徳は万人にわかたれて全人類的救済に窮極するまでは決して止むべからざるものであった。然してかくのごときが、また一般に正統的なる神秘主義の窮極の目標でもあるのである。妄見妄情に支配される現象界を去り、冥想と観照の修行に全生命を罩《こ》め、遂に絶塵の秘境に達した後、敢てふたたび現象界の只中に身を投じ、倏忽《しゅっこつ》転変の事物の渦に巻きこまれながら而もその溷濁《こんだく》に染むことなく、軒昂潑溂として地上に永遠の国をうち建て行く創造的生命の主体たるプラトン的哲人の姿こそ直ちに真正なる神秘家の本然の姿でなければならぬ。東西の神秘主義が何人も否定すべからざる歴史的事実を以て明示するごとく、真に創造的にして健全なる神秘主義は常に必ず二面的である。神秘道は向上道と向下道の二面をそなえて甫めて完成するものであり、往きて還るものでなければならぬ。往きて還らぬものは完全なる意味において神秘道ではない。ただ往くのみで、もはや絶対に還り来ることがなければ、神秘主義は有害無益なる独善主義に過ぎないであろう。しかしながらプラトンの衣鉢を継承せる西洋神秘主義は、不幸にして屢々この偉大なる先師の遺訓に背き、その精神を裏切ったのであった。

(3)　弁証法の道

洞窟の比喩を仔細に検覈《けんかく》することによって我々は、西洋神秘主義の主体的基本構造が既にプラトンにおいて明瞭に確立されていることを知った。西欧精神はやがてギリシア時代の終焉と共に基督教を通じてヘブライ的東方精神と直触合流し、神秘主義もまたこれに伴って著しくその性格を変ずるのであるが、然しプラトンによって一たび基礎づけられた神秘主義的主体の論理的構造は厳乎として微動だにすることはないであろう。相対的感性界の深闇と、絶対超越的真実在の光明とを両端として、その間を往還するミスティークの道は実に神秘主義そのものの時空を超えた永遠の形態なのである。しかしな

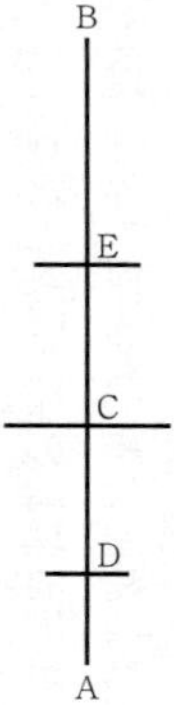

がら、洞窟の比喩によって人は神秘道の全体的形式を鳥瞰的に看取し得るとはいえ、それは畢竟するに一の譬え話しであり、これによっては未だイデア体験の内実はいささかも解明されていない。よってプラトンは更にもう一つの比喩を案出して、洞窟の奥底から地上の太陽に向って登り行く囚人の道が抑《そもそ》も哲学的に何を意味するかを、認識論、存在論の両側面より検察考究せんとした。これがすなわち直線(grammē)の比喩の名の下に世に知られた四段階説である。

今、洞窟の最奥処(A)から太陽(B)に至る登道を一本の垂直線によって表象するものとすれば、下端は完全なる暗闇、上端は完全なる光燿に終る明闇の一線が描かれるであろう。下から上に向ってこの線を辿れば、闇は次第に薄れて何時しか光に転じ、上から下に向って降下すれば燦爛として眩きばかりの光明は次第に弱まって薄明の光りに転じつつ遂に黯惨たる闇に消える。* この線上にCなる一点を定めAC及びCBという二つの不等部分に分割し、下部は感性界全体を、上部は叡知界一般を表わすものとする。然して此等上下の両部分を夫々更にD及びEの二点によって前の両部の比例に(即ちAD：DC＝AC：CB＝CE：EBとなるように)分割して結局全線を四つの部分にするのである。

そして此等四部分の各々に認識的秩序に属する知識形態と、存在的秩序に属する認識対象とが割当てられ、両者は謂わば左右から対応する。すなわち各部分に割当てられた認識形態が有する確実性と明晰性とは、これに対応する認識対象の有する実在性と真理性と完全にその程度が等しい。言い換えれば存在の四段階と認識の四段階とは明、不明の度合によって(saphēneiā-i kai asapheiā-i)一致適合するのである。

＊　人はここに後世、新プラトン学派の顕著なる特徴をなすところの「光の世界観」(すなわち光明発出論的宇宙観)の原型を見出すであろう。この直線の上端より下端に向う運動は真善美の渾然たる太源をなす究竟的「一者」より存在性の光明が質料界に向って発出し、次第に拡散しつつ宇宙の諸存在位層を構成して行く創造過程であり、逆に下端より頂点に向う上昇運動は、質料性の束縛を脱却して一段また一段と自己の家郷に還行し、全存在の本源に帰没せんとする人間霊魂の神秘主義的アナバシスに該当する。かくて、プラトンに淵源する西欧の「光の哲学」において「光」とは叡知界の太陽に譬うべき善のイデアの認識的照明を意味すると同時に、それはまた存在性それ自体の光明をも意味するものと言わなければならない。其処では「光の形而上学」が「光の認識論」と相即不離の関係にある。存在照明は認識照明の客体面であり、認識照明は存在照明の主体面である。然してこの両者の関係は、西洋思想史に所謂「プラトン・アウグスティヌス的伝統」として、中世スコラ哲学にまで維持継承されて独特なる思想を生むのである。

扨て、かくして四分された直線の最下部(A―D)は嚮の洞窟の比喩における奥底の壁面に該当し、感性的な中でも最も感性的な部分であって、最不明最不確実なる世界である。この段階は認識主体の側においては臆測(eikasia)であり、認識対象の側から見れば全く実在性なき幻影(eikones)に当る。すなわちここでは人は事物の影像(skiai)や、水面あるいは平滑な物体等の面に写った映像(phantasmata)の如き仮幻の現象を感官によって知覚し、而もそれを実物と信じて疑わない。かくて臆測とは何等の実在性もなき幻の知覚であり、知識ではなくて寧ろ完全なる無知である(509 E-510 A; 534 A)。

この最下の状態より一級上の段階(D―C)は認識的には信念(pistis)、存在的には第一段の陰影の本体をなす実物である。これは洞窟の比喩について言えば、奥壁に面して禁縛されていた囚人が鎖を解かれ、背後を振りかえって影の根源をなしていた普通の動物やその他すべて生え出でるもの、造られた物等を直接に眺めた状態に該当する。影の本体の直接知覚が影の知覚より遥かに確実にして且つ精密なることは言を俟たぬ。しかしながらこの影の本体をなす事物そのものが実は去来転変して須臾も停在することなき生成界の無常遷流の事物であるが故に、これの認識もまた当然、一見するほど確実ではないのである。それは純然たる無知ではないが、未だ全然確乎たる実在の基礎の上に立つことなき盲目的感覚知識である(510 A; 534 A)。要するに第一段の臆測も第二段の信念も共に常住不変の実在を対象とせず、成壊変転の生成的事物を対象とする(peri genesin)ところの極めて不確実にして信憑すべからざる認識形態である点において共通の領域に所属する。プラトンはこの共通領域を認識的秩序よりして仮見(doksa)と呼び、それに対応する存在的秩序の側を仮見対象(doksasta)と名付ける。

然るにこの下部領域の上に来る第三、第四の段階は、共に「永遠に存在するもの」(to aei on)の世界である点において一の共通領域を形成する。この上部領域の認識は超感性的であり、その対象は生成的事物にあらずして、実在(ousia)である(534 A)。然してプラトンは嚮の仮見・仮見対象に対して、この領域の認識的側面を総称して知性(noēsis)といい、存在的側面を一括して知性対象(noēta)とする。

この叡智的世界の下位部分(C－E)がすなわち悟性的認識(dianoia)の領域である。悟性《ディアノイア》とは文字通り「中間に」(dia mesou)ある知識を意味する。すなわち、それは上述の信念《ピスティス》より一段上の認識として、広義における知性の領域に属しながら、その最下層として、未だ純粋無雑なる知性活動とは言い難く、飽くまで中間的性格を脱し得ない。悟性は常に感性的事物に基礎を置き、それに依拠しつつそれを越えた世界を観る。此処では知性は感性的溷濁の遺影すら止めぬ絶対独脱の自体性において純粋に働くのではなく、却って感性的なるものを出発点とし、いわば感性的なるものを超感性的なるものの象徴として、その基盤の上にのみ活動する。言い換えれば、悟性には必ず始めに仮設(hypothesis—「下に置かれたもの」)が要る。然して仮設として悟性活動の出発点となるものは永遠的実在ではなくして、感性的世界に属するところの実在の模像的事物(mimētea)にすぎぬ。すなわち悟性それ自体は感性的ではないが、感性的対象への依拠を完全に超脱し切らない点において、感性と密接な内的関聯を有する。またそれは、感性的事物を具体例として、其処から出発する限り、結局、存在の窮極的始源(arkhē)まで上昇することはできない。悟性的認識は仮設から出発して、始源(第一原理)に向ってではなく、結論に向って進む探究(psýkhē zētein anankazetai eks hypotheseōn, ouk ep' arkhēn poreuomenē, all' epi teleutēn—510 B)であり、簡単に言えば或る仮定から正しい推論によって演繹的に結論を引き出すことである。プラトンは悟性認識の典型的なものとして幾何学、算数学等の数学的諸学の認識を挙げた。すなわち線分の比喩による下から第三番目の領域は認識主体の側より観れば悟性であり、存在的側面よりすれば数学対象である。

扨て上述の如く、悟性的認識は感性を越えたものでありながら、而も感性と深き因縁によって結ばれているのであるが、これを逆に見れば、感性的知覚そのものの中に既に悟性発動への充分なる誘力が含まれていることが認められなければならない。換言すれば、「悟性を呼び寄せ」、悟性の活動を促すものが既に知覚それ自体の中にひそんでいるのである。今プラトンの所論（523 A–527 C）によってこれを見るに、元来、感性的知覚（aisthēsis）なるものの内には、感覚だけで既に充分明かであって何等それ以上に知性的思惟を必要としないものと、感覚のみでは不明不確実であって知性の批判考察を要求するものと二種類がある。すなわち一般に感覚対象の中で、視覚なりその他の感覚なりによって充分にそれ自体が知覚されるものは人間の精神を困惑させることがなく、従ってかかるものについては、精神は感性的仮象の世界に自足安住して、何等それ以上の探究に駆り立てられることがないが、これに反し、対象が人の感性を「撲つ」（触発する）に際して同時に反対の感覚を惹起せしめる場合（ha men eis tēn aisthēsin hama tois enantiois heautois empiptei—524 D）には魂は激しき困惑に陥り、このアポリアを脱せんがために知性的活動の援助を求めるに至るのである。例えば、誰かが小指と第二指と中指との三指を極く近くから見ているものと仮定すれば、此等の指はその位置や形状の如何に拘わらず孰《いず》れも指であることには違いないから、これを眺める人の側においても指の知覚そのものについては、どの指でも全然異なるところはない。かかる場合には、我々の感覚的能力（即ちここでは視覚）はそれだけで対象を充分に弁別しているのであって、魂はこの上さらに敢て抑々指とは何ぞやと知性に問う必要はない。我々の視覚によって捕捉された指は、いわばそれ自体において相即安住して居り、反対の知覚を誘発することがないからである。然るに人が視覚によって指の大小を見分け、或は触覚によって指の硬軟、厚薄などを感知する場合には事情はこれと著しく異なる。ここでは大の知覚はその反対である小の知覚と、硬の知覚は軟の知覚と、厚の知覚は薄の知覚と密接に関聯して居り、従って感性的知覚のみに頼るかぎり結局同一の物が硬くもありまた軟くもあり、重くもありまた軽くもあるという様に全てが混淆錯雑して魂は収拾すべからざる惑攪に陥らざるを得ない。ここにおいてか魂は知性的省量に赴き、その活動によって、知覚が例えば硬にして同時に軟、或は重にして同時に軽と混同的に感知する対象が果して一であるか二であるかを識弁する。しかし若しそれが二であることがわかれば、ここに魂は甫めて、同一の物が同時に大にして小、或は硬にして軟なのではなく、其等は別物であり、一方が大で他方が小、或は一方が硬で一方が軟というように判然と明別するに至るのである。勿論、視覚も大小を識り、触覚も硬軟を認めるに違いはないが、全て感性的知覚は大小、硬軟等々を渾沌として暗冥なる相の下にのみ把握するに過ぎない。知性は、かかる感性認識とは正反対に、大小、硬軟その他これに類するものを渾沌たる姿においてではなく、明確に分離判別された姿において認識する。かくの如くにして人間は、いわば感性認識そのものに内在する内的矛盾に導かれて知性認識の領域に上昇し、感性的事物に相即しつつそれを越えて本体的世界に進み入る。具体的に大なる物、小なる物から出発しながら、認識主体はかかる可視的存在の彼方に仄かながらも不可視的本体を認め、大なる物、小なる物ではなくして端的に大とは何ぞや、小とは何ぞやという本質的問題を自己に提出する。叡知的存在(to noēton)と感性的存在(to horāton)との厳乎たる区別はここに疑うべからざる事実となって顕示され、人は甫めて感覚的仮幻虚像の桎梏を脱して永遠不変の超越的実在に向って第一歩を踏み出すのである。

知性的活動を魂に強要することによって「生成界から真理と実在とに向って魂を転向せしめる」ものとして、プラトンは数学的思惟に顕著なる方法論的意義を認めた。彼によれば数はまさしく上述の「悟性を呼び寄せる物」(paraklētika tēs dianoiās—524 D)の典型的な例である。たとえば数の「一」は視覚触覚その他の感覚によって、それ自体において充分に認識されるものではなく、常に矛盾を蔵し、感性的には一であると共に多であるとしか把捉され得ない。ここに魂はアポリアに陥って悟性を呼び寄せ「一そのものとは抑々何ぞや(ti pot' estin auto to hen)」という問いを提起して悟性にその解決を要求するのである。然して単に「一」のみならず、一般に数は全てかくの如く、可視的形姿における数から出発して悟性対象たる数そのものを問題となし、遂には魂を数の本質の観照にまで導くものである。換言すれば人間精神は数学的に訓練されることによって、

「生成を脱却して実在に触れ」「実在の観照に向って」進むことができるようになるのである。

かく観じ来れば、悟性が追求するものは畢竟、イデアそのものに外ならないことは明かであろう。イデアを窮極の認識対象とする点においてはそれは更に一段上の層に属する純粋知性（ヌース）と異なるところはないのである。しかしながら悟性としての知性は未だ純粋に自力によって、如何なるものにも依拠することなく直接端的にイデアを把住することはできず、必ず何等かの感性的形体を一種の方便として使用せざるを得ない。この方便が嚮に一言せる「仮設」（ヒュポテシス）である。例えば幾何学者の場合を見るに、彼等は四辺形なり対角線なりを描いて置いて、此等のものを何人にも自明なるものとして敢てその説明を試みることなく、直ちに其処から出発して結論を追う。彼等が自分にも他人にも自明なるものとして始めから措定する此等の可視的形象がすなわちヒュポテシスである。しかしながらここに特に注意すべきは、ヒュポテシスは飽くまで彼等が推論を行うための足掛りであって、思惟の直接の対象ではないという事実である。皮層的に観ると、彼等は恰も仮定された可視的形象について論議しているかのごとく見えるが、実は彼等は此等の描かれた物について思惟しているのではなく、描かれた四辺形、対角線を通してその向うに在る本体的な四辺形や対角線を観ているのである。目に見える具体的な四辺形や対角線は、その根柢に伏在するところの、目に見えぬ本体の模像にすぎない。いわばそれは水面に映じた実在の影像である。幾何学者はこのような影像を真の本体と考えてそれを論議しているのではなく、影像を影像として使用しつつ、悟性によらずしては観ることのできない超越的本体そのものを観ようとしているのである(toutois men hōs eikosin au khrōmenoi, zētountes te auta ekeina idein, ha ouk an allōs idoi tis ē tē-i dianoiā-i—510 E-511 A)。故に悟性の認識対象は影像としての感性的事物にあらずして、純然たる叡知的存在者であり、イデアであるが、他方それは感性的事物を利用することなしにはイデアを思惟することができない。実在を直接それ自体において把捉する能力なき悟性は、実在の影であり模像であるにすぎぬ形象を先ず措定し、それを通して影像の彼方なる本体を望見する。されば魂が、ただ悟性の力のみによってイデアを認識せんとする場合には、必ず感性的影像を使用することを余儀なくされ、かくて飽くまで仮設を超脱し棄却し去ることを得ざるために、窮極的始源にまで到達することはできないのである(hypothesesi d' anankazomenēn psȳkhēn khrēsthai peri tēn zētēsin autou, ouk ep' arkhēn iousan, hōs ou dynamenēn tōn hypotheseōn anōterō ekbainein—511 A)。悟性そのものは感性的ではないが、さればといって感性界を完全に離脱しきることもできない。ここに悟性の中間知としての性格がある。

かくしてプラトンによれば、知性の下位領域たる悟性（ディアノイア）の認識は仮定的性格を超脱し得ぬ限りの知性の活動に外ならないのであるが、かかる悟性認識の働きは今日の言葉で表現すれば、一種の「本質直観」Wesensschau というべきものである。それは感性的事物に即しつつ、感性的存在を通じて、いわばその根柢にひそむ超感性的存在を透視する。Dasein の中に、それの本質としての Sosein を直観する。悟性的人間は物の影像ではなく影の本体を観ることができる点において純然たる叡知的人間であり、彼は明かに普遍者を認識するが、しかし普遍者を醇乎たる自体性においてではなくして、常に個別者に即して、個物者の本質という形で、個物者の中にのみ観る。すなわち彼にとっては Universalia in rebus が体験的に到達し得る最高位である。個別者を絶対的に超脱せる普遍者それ自体を、その直接性そのままに把捉することは彼には出来ない。換言すれば、Universalia ante res ということは彼の体験的事実とはならないのである。* 彼はそれを単に理論上の要請として抽象的に承認するか、或は普遍者自体の純粋認識のごときことはただ「天使」にのみ許されたことであって人間にとっては本質上不可能事に属するとなして始めからそれを否定するかのいずれかである。

＊　なお洞窟の比喩に即して言えば、Universalia post res は奥底に固縛されていた囚人が始めて鎖を解かれ、後を振向いて、その場から影の本体たる事物を一瞥し、其等の本体よりも、

今まで見慣れて来た壁面上の影像の方が遥かに実在的であると考える場合に該当するであろう。ここでは Universalia post res ですら既に方向転換を行った人の見解であることが注意されなければならない。奥壁に面したまま身動きもできぬ人にとっては、universalia（普遍者、一般者）というようなものは全然問題ともなり得ない。

「本質直観」によって個別者の裡に普遍者を把握することは、いわば日常的人間知性の限界線と見ることができるであろう。Universalia in rebus から更に進んで Universalia ante res への一歩を何げなく踏み出さんとする人は、足下に底知れぬ深淵が豁然として開鑿される恐るべき光景を目覩して思わずその場に立ち竦む。而もこの裂罅の両岸を直接に結合すべき橋梁はない。故に多くの人達は深淵の踏越を断念して、こちら側の岸に留り、Universalia ante res は之を遥か茫漠たる彼方に瞻望することを以て自足する。蓋しこの深淵を踏越せんがためには、一の絶対的飛躍が必要であり、それは万人のよくするところではないからである。甚だしきに至っては、深淵踏越を断念し、自己の無能を告白しつつ自力に属する全てを放下し去ることこそ宗教的行の極致なりと力説し、稀にこれを敢行する異常なる天分の人を見れば、人間の身を以て自己を神に擬する倨傲よ、神人合一の魔境を覬覦《きゆ》せんとする驕慢よと罵り騒ぐ。洞窟の坂道を登りつめ、入口から更に太陽の光まぶしき外界に躍出せんとする人は、これを嘲る嘗ての囚人仲間の破廉恥な冷笑の響音を背後に聴かねばならぬ。しかしながら、それにも拘らず、プラトン的意味における真の哲学者は敢てこの決定的飛躍を行わなければならないのである。かかる飛躍を敢行し、洞窟の外に躍り出で、深淵の彼岸に渡り得た人をプラトンは弁証家《ディアレクティコス》と呼ぶ。プラトンの弁証家は後世的意味においては神秘家である。深淵の此岸に留在する人々と同じく、否、其等の人にもまして更に痛烈に彼は人間的能力の限界を意識し、絶対者に対する自己の無能を自覚して居るけれども、彼はさればこそ却って人間能力の最高窮極の限界に達するまでは決して念々不断の修行鍛錬を止めないのである。宗教的実存の本質をなす自力放下には真にそれに相応わしき場所があり、ただ徒らに下層領域において自己を放下し自己に死んでも、それは真の死、復活にはならぬ。かかる低度の自己放下によっても人は或る程度まで救済感を与えられることは事実であるが、それは深き意味における救済感より見れば一種のカリカチュアに過ぎない。さればプラトン的弁証家は深淵の此岸に留り得ざることは勿論、これを飛躍して彼岸に達して後は更にはげしき拮据勉励によって道の終極を窮めずんばやまないのである。弁証家が彼岸に飛躍的一歩を劃してより、絶対超越的究竟者「善のイデア」に逢着するまでの道程がすなわち嚮の直線比喩における最高部分(E—B)に当る弁証法的領域であり、この部分が後世、哲学的神秘主義となって発展するのである。元来、プラトンの見解によれば、弁証法は哲学の冠冕《かんべん》、否むしろ哲学そのものであり、弁証家こそ真の哲学者であって、単に「本質直観」によって個物に内在する限りの普遍者しか観ることのできぬ人は未だ哲学者と呼ばるるにふさわしき者とは考えられていなかったが、後世次第に「哲学」の意義内実が変化して洞窟の内部に残留する人々といえども、哲学者たることを妨げなくなった為めに弁証法の部分は主として神秘家、乃至は神秘主義的哲学者の手にゆだねられるに至った。哲学(フィロソフィア)の意義内実のかかる低下に与って著しく力あったものはアリストテレス主義的思想傾向である。後世アリストテレス主義者と自称する思想家達の中の多数はE—Bの部分を自ら体験的に窮めることなくして、即ちプラトン的にいえば完全なる資格なくして哲学に従事する人々である。

叡知界の下層領域をなす悟性の世界(C—E)に対して、その上層領域をなす純粋思惟の世界(E—B)は人間精神発展道程の最高窮極の段階であると共に、存在的にもまた絶対超越的なる存在の最上層である。この領域の認識主体は純粋知性(nous)であり、* その認識対象は純粋なる即自体における諸イデア及び窮極的にはイデア中のイデアというべき「善のイデア」そのものである。この世界に来ってはじめて Universalia ante res が絶対無条件的に体験の事実として成立する。

＊ ヌースの純粋なるイデア把住活動をノエーシス(noēsis)という。プラトンにおいては、厳密な意味で「認識」(epistēmē)と呼ばれるに相応わしきものは、かかる最高知性の活動のみである。

扨て上に叙述する如く、本質直観(Universalia in rebus)としての悟性的イデア把捉は、悟性領域(C—E)の最高限界点(E)なのであるが、これはまた同時に一般的人間の精神発達過程が逢着する一応の限界点であると言ってよいであろう。如何なる人も原則としてはこの一線まで到達できる筈である。もとより人間は個人的に各々素質天分を異にして居り、事実上全ての人がこの境地まで上昇し得る訳ではないが、少くとも原則的には、苟も正常なる知能を有って生れた人が、正しき道により、優れた指導者に導かれ、適当なる訓錬(例えば数学)によって精神を切磋琢磨されるならば必ずや此処までは進むことができる筈である。しかしながら、かくして悟性領域の最高限界に到達せる人が更に進んで悟性の限界を踰越し得るや否やは自ら別問題である。数学的思惟は知性を訓化し、魂を実在界に向わしめ、善のイデアの観照に対してそれを準備することはできるが、それは飽くまで予備教育(propaideia)であって、純粋イデア観照を絶対的に保証するものではない。かくて弁証法への予備教育を経た人々のうち、或る者は弁証法に進み行き、或る者はそのまま其処に停止する。換言すれば、人をして弁証法の道に進ましむべき絶対確実なる方法は存しないのである。また幸いに弁証法の領域に踏み入った魂といえども、必ずしも全てが例外なく道の窮竟に徹して最高イデアの観照まで参入し得る訳ではない。恰もソクラテスの弁証法(対話法)が既存真理の授与注入を目的とするものではなく、ただ真理への愛を喚起することによって人を真理の在所に向わしめる助産術であったように、プラトンの弁証法も窮極的実在の真の在所に至る道程を示すのみであって、実在それ自体を人に授与することを使命とするものではない。それは絶対独一なる真実在まで人を誘導すべき案内者ではあるが、あらゆる人が最後までこの案内者の後に従って道の堂奥に参じ得ることを直接に保証するものではない。神秘主義的事態には常にかくの如き間接性のもどかしさが纏綿している。プラトン的弁証法も「弁証法的方法」(dialektikē methodos)として確かに一の方法《メトドス》であり「道」であるには違いないが、それは悟性的領域における予備教育的な道とは全く性質を異にする絶対超越道である。この道を真に生かすか生かさぬかは偏えにかかって個人の素質いかんによる。宗教的に言えば、如何なる人を如何なる境地まで曳き上げるかは絶対者の根源的自由に属する。故にこの意味よりすれば、弁証法の「道」は道にして既に道ではない。ここに至って人間精神は、何物にも依拠することなく、いわば全く手放しで道なき道を辿り行かねばならないのである。かくてプラトンが国家篇第六章において叙述せる弁証法は、真実在に逢着せんと志して今なお修道の途次にある未到の人々に、踏むべき道を明示するものではなく、一たび斯道の蘊奥を極め善のイデアに直参せる達人が翻って己が踏破せる道程を反省し、この超越的存在領域の論理的構造を分析考究せるものとして、寧ろ著しく形而上学的性格を帯びるに至ったのである。故に自ら親しく所謂イデア直観を体験したことのない人は、弁証法に関するプラトンの叙述を読んでも、それによって直ちに窮極的実在にまで誘導されるわけではなく、却って其処に抽象的思惟の生色褪せたる形骸を認めるのみであろう。周知の如く、国家篇において弁証法を確立して以来、プラトンは最後までこれに烈々たる学的関心をつなぎ、終身渝《かわ》ることなくこれが推敲完成に千辛万苦してやまないのであるが、彼の弁証法はイデアの学として存在論的、認識論的に円成発展するに伴い、時と共にいよいよ「道」としての性格を失って行くのである。されば近年シュテンツェル Stenzel (Studien z. Entw. d. plat. Dialektik) を始め多くの優れた学者の業績によって次第にその全貌を究明さるるに至ったプラトン的弁証法の初期対話篇より後期対話篇に亙る変革発展の過程は主として純哲学史的問題であって、我々の当面の主題とはなし難い。我々はここに国家篇に見られる弁証法の大要を叙述し、以て線分の比喩の説明を終りたいと思う。

扨て既に論述せる如く、悟性的認識は常に感性的知覚に依拠し、それを援用しつつイデアを把捉するものであり、その本質上、最後まで仮設の掣肘を超脱し得ぬものであった。悟性もイデアを認識する点においてまさしく知性的能力ではあるが、その認識するイデアは純粋にして無仮定的(anypothetos)なるイデアにはあらずして、いわば仮設的イデアである。悟性の領域に跼蹐してこれを超出し得ぬ魂の目は未だ感覚性の曇りを完全に払掃されず、存在には到達しても、それは存在を夢の中で見ているのであって、直接に眼醒めたる眼をもって観ているのではない。

　これに反して人間の有する最高の精神的作用というべき上位知性(ヌース)は絶対に感性的事物に依倚《いい》することなく、純粋イデアをその純粋性において把握する。悟性が飽くまで感性的形象を通してイデアを観るに反し、知性はイデアを通してイデアを観る。ヌースもまたその活動の出発点においては仮設(ヒュポテシス)を使用するが、それは文字通り出発点あるいは踏石として使用するのであり、不動なる原理としてこれに依拠するのではない。ヌースは漸層的構造をなす叡智的領域の全体を下から絶頂まで、一つまた一つと順次により高きヒュポテシスを踏石としつつ上昇し、遂に全ての仮定を棄揚して(tās hypotheseis anairousa—533 C)仮定なき窮極至高の始源(arkhē anypothetos—510 B)に到達する。かくてプラトン的弁証家は感性的要素を超脱して遺影すらとどめぬ純粋知性の活動によって、次々にヒュポテシスを踏みくだきつつ、漸進的に高次の実在を追求し、最後に凡ゆる存在を超えた「実在の彼岸なる」(epekeina tēs ousiās—509 B)実在、すなわち絶対超越的実在に逢着して道の窮極に達するのである。今や彼は、かかる超実在的(hyperousios)存在の絶頂に立って、窮極原理の光に煌々と照明された全存在界を一望の下に俯瞰する。彼は全世界を渾然たる一体として展望するところの「綜観者」(synoptikos)である。尤もプラトンの弁証法は決してこの綜観的上昇面のみを以て終結するのではなく、一旦「無仮定的始源」に到達しこれを把捉せる後、方向を逆転してこの窮極的始源に憑依するところの下位形相を伝わりつつ漸層的に叡智界の最下層まで下降して行き、而も今度は何等感性的形象の助けをかりることなしに、頂上より下底に及ぶイデアの全体を統一体として包括的に把握する分析的下降面を俟ってはじめて完結するのであるが、この下降面は「概念分割」(diairesis)という純論理的問題として、プラトンの思想傾向が著しく論理的形而上学的なる色彩を帯び来った後期時代の主要テーマをなすのであって、未だ「国家篇」においては詳細なる論究の的となっていない。蓋しプラトン前期思想の円熟期に当るこの時期にあって、彼の主たる関心が存在の論理的形而上学的構造を純思弁的に考究することよりも、人間を存在の最下層から最上層へ、即ち此岸から彼岸に翻転せしむべき超越的体験の道を確立することに存した事実を憶えば、かかる綜観的契機の重視も敢て怪しむに足りないであろう。国家篇の根本主題は人間の教育（パイデイア）であり、嚮《さき》にも論述せる如く、それは畢竟するに神秘主義的人間の形成ということに外ならないのであった。

しかしながら、それにしても、上述の如き極度に抽象的高踏的なる形態の下に提示せられた弁証法の綜観的上昇過程が、超越的体験道として果して何程の実際的価値を要求し得るであろうか。洞窟の比喩及び直線の比喩によって具象化された人間精神発展の道程を、プラトンが超越的人格形成の体験道として構想していたことは明かであるが、然らばこの道が悟性領域を越えて弁証法の領域に入るや突如としてその性格を一変するのは何故であろうか。それは元来、弁証法の領域があらゆる言語詮表を超絶し、あらゆる智解の測知を峻拒するところの深奥幽邃なる世界であるからに外ならない。プラトン的哲人形成の道程は坦々たる一直線によって表象さるべきものではなかった。悟性領域と純粋知性領域との間には一の根源的断絶が介在して居り、この断絶を踰越するやいなや道は忽ちにして人間の言慮を遠く離れ去る。故にこの領域を仮りに誰かが直接に描写論述し得たとしても、それは自らこの道を体験的に踏破し、全イデア界を隈なく跋渉究尽して万物の終極的原理まで到達せる真の弁証家にのみ完全に理解されるに過ぎないであろうし、また第一そのような描写は始めから不可能なのである。この点についてプラトンは有名な第七書簡の一節において「この(超越的領域に関する)問題については、私自身は未だ嘗て著述したことはなく、また将来とても決して著述することはないであろう。何故ならばこの境域は諸他の学問とは違って、絶対に言語によって詮表し得ざる性質のものだからである。人が永き歳月に亙ってこのものに親昵《しんじつ》せる後、それは突如として(eksaiphnēs)、恰も飛び散る火花から突然に燃え上る火のごとく、魂の中に生誕し、生長して行くのである」と明確なる断定を下し、更に進んで、若し存在のかかる至高処を万人のために詳説せんとしても、その試みは大多数の人々にとって全く無意義であるばかりか、却って有害ですらあろうと言っている(Epist. VII, 341 C-E)。畢竟するに弁証法の世界は、霊魂の中の「或るもの」が、突如として燃え上る火焔のごとく点火された極く少数の人々のみその堂奥を窮め得る超越的領域なのであった。プラトンのいわゆる純粋知性(ヌース)とは、人が通常その名の下に理解するごとき思弁的理性にあらずして、霊魂の秘奥に点火さるる神的光明であり、それは要するに神秘主義的感覚であるに外ならぬ。後述する如く、プラトンにおいては純粋知性はダイモン的なる力であり、人間知性はその尖端において一のダイモンである。然して人間知性のダイモンとしての活動がすなわちプラトン的「愛」エロースなのである。プラトンは知性のこのダイモン的側面を捉えて、弁証法より遥かに体験的なる神秘道を確立するに成功した。「愛の道」及びそれの否定面というべき「死の道」を我々は後に詳細なる論述の主題として取上げるであろう。弁証法はこの愛と死の体験道の論理面であり、沸きたぎるエロースの情熱的昂揚の過程を、いわば無色透明なる抽象的思惟形態にまで昇華結晶せしめたものに外ならないのである。

「愛の道」と「死の道」が示す著しきパトス的性格に対立して、弁証法の真に弁証法たる所以のものは正にこの無色透明の抽象性に存するのであるが、それは余りに純粋清澄に過ぎて大多数の人には近付き難い。元来、弁証法は感性界の溷濁を超脱せる絶塵の高処において、玲瓏透徹の本性に復した神的知性がイデアを通じてイデアを観る、純粋イデア観想の行程であって、それもまた「愛」「死」の体験に劣らぬ体験の道であり、否、寧ろ精神的体験の極致ですらあるけれども、これを原体験のまま、その本源的直接性において叙述し描写することは人間の言語を以てしては不可能であり、仮令それを試みて或る程度まで成功したにしても、却って大多数の人を邪道に誘導する危険を免れないであろう。プラトンは誰よりもこの難点を意識していた。純粋イデアをそのまま直接に観ることは普通の人のよくするところではないが、若し偶々これを直視したとすれば、余りにも煥然たる実在の光に撲たれて彼の眼は損われ、彼の精神は盲目となり果てる危険がある。然りとすれば、無数の純粋イデアが一段また一段と光度を増しつつ層々相重り、燦爛として脈動し耀発する弁証法の領域を誰かよく瞑眩《めんけん》することなしに眺望し観察することができようか。日蝕時の太陽を観察しようとして直接に天を仰ぎ見る者は眼を損う。眼を潰す懼れなしに太陽を観測せんがためには、太陽を直接に眺めず、水面あるいは何かこれに類するものに映った写像を観察するにしくはない（Phaed. 99 D-E）。「霊魂を完全に盲目にする」危険なしに、安んじて弁証法的領域を仔細に検覈し、その構造を観察せんと欲する人もまたかくの如く行動しなければならぬ。ここにおいてプラトンは、自分のためにも、また他人のためにも、「概念的普遍者」（logoi—ibid. 99 E）なるものを弁証法の世界に導入し、純粋イデアを一応この被膜に包み、イデアから閃発する実在的光の鋒鋩をいわば減殺して、眩暈の危険を除去しながら、存在の見るべからざる至高至聖の領域を余蘊なく検察考究するのである。この概念介入の操作によって純粋イデア界の全体は弁証法的原体験の危険極りなき境位から、純思弁的局面に転移されて、その論理的構造を残る隈なく人々の前に顕示することとなった。国家篇に続くプラトン思想発展の後期時代において、弁証法が体験道としての性格を喪失し、「類—種」的概念構成の思弁学として展開して行くことは既に学界周知の事実に属する。しかしながら、後期思想の特徴をなすこの概念的弁証法の発展経路の叙述はこれを一般哲学史にまかせ、我々は神秘主義としての弁証法的体験の性格をいま少しく究明せんがため、概念以前の純粋イデア観照そのものについて、暫く考察を進めたいと思う。

(4)　イデア観照

上述のごとくプラトン哲学の核心をなすイデア論は、前期より後期に渉る彼自身の思想発展に伴って著しくその性格を変じ、純粋イデア観照体験の知的反省から転じて遂に概念操作による一種の存在の論理学となって行くのであるが、しかし凡そ何等かの意味においてプラトン的イデアを論じ、或はこれを批判せんとする程の者は、先ず何を措いても自ら概念以前の純粋無雑なるイデアを、如何なるものの仲介にも拠ることなしに直接端的に観得しなければならぬ。概念の背後、あるいは根柢にあってそれの存在的基体をなしている普遍者を、その本源的実体性において少くとも一度は把住して観て来なければ、実は全然話しにもならないのである。若し然らずして、何等の体験知なしに主としてパルメニデス篇以後イデア論を外面的に考察し、それによってプラトンのイデアなるものの本質を究めようとすれば、人は結局、イデアを以て「概念の実体化」となすところの*古くして根強き伝統的誤解に転落する危険を免れないであろう。論理的概念形態の下におけるイデアの考究は超概念的実体としてのイデアの直観を予想する。換言すればイデア論は必ずイデア体験によって先立たれなければならない。

＊ "der hypostasierte, d. h. zur Substanz erhobene Begriff" (Ueberweg—Praechter: Grundriss, S. 160); "... nichts anders als die zu metaphysischen Realitäten verselbständigten Begriffe" (Zeller: Grundriss, S. 124) cf. Zeller: Phil. d. Griech. II, 2, S. 654. プラトン的イデアのかかる重大な誤解の哲学史的伝統は窮極においてこの問題に関するアリストテレスの謬見(Metaph. I, 6, 987)にまで溯るものである。(cf. Ritter: Kerngedanken d. plat. phil., Einl.)

しかしながら、そうは言っても、純粋イデアの直接無媒介的把握には実際上殆んど限りなき諸種の困難が纏綿しているのである。若し「概念」を叡智界に導入し、謂わば概念という曇りガラスによって、イデアより発生する実在性の光矢を抑殺するならば、人は全イデア界を絶頂から下底まで剰すところなく一望の下に俯瞰し得ることは勿論、あらゆる位層に属する諸々のイデアを、至高窮極の絶対超越的「善のイデア」に至るまで、すべて思いのままに点検し、或はそれ等を相互に比較考量し、或いはそれ等が相倚り相重って形成するイデア領域の存在論的構造を自由自在に究尽することができる。然るに一たび概念の援用を峻拒し、独脱無媒介的に此等の超越的普遍者を直視せんとするや、余りに煌々たる実在の光に精神の眼は晦冥され、最高究竟の始元的イデアはおろか、最下層に属する諸多イデアの一つすら容易に観取することを得ないであろう。また其等の下位実在の彼此を自由に直視し得る程の錬達の士と雖も、燦爛と煌き映えわたるイデア界の光の波を渡り、一段より一段と酷烈になりまさり行く上部実在の閃耀に堪えつつその階層を上昇して、遂にイデア界の太陽ともいうべき光の極源にまで到達することはまことに至難の業といわれなければならないであろう。しかしながら、かくの如き巨大なる困難の障礙にも拘らず、若き日の情熱に燃ゆるプラトンが、「哲学者」(フィロソフォス――愛知者)に要求したものは、正にこのイデア界究源の体験的行道なのであった。国家篇に説かれた哲人の道の悟性的領域に当る部分において、未来の哲人政治家たらんことを志す青年に課されるかの厳格なる数学的自然科学的修行訓錬も、ただひたすらかかる純粋イデア観照の能力を彼等の魂の裡に喚び醒まさんがための準備に外ならなかった。ここでは科学は科学自身のためではなく、科学を超えて、より窮極的なるものに参逢すべき手段として利用されるのである。「各人の霊魂には(純粋実在把捉のための)或る特別な器官が備わっているのであるが、それが色々と別の仕事に使われて破損し盲目になっている。この器官が此等の諸学によって浄化され、再び煌了と点火されるのである(en toutois tois mathēmasin hekastou organon ti psȳkhēs ekkathairetai te kai anazōpyreitai)。この器官が救出されることは数千の眼が救われることにも優る。何とならば、ただそれによってのみ真実在界が見えるようになるのであるから」(Resp. 527 D-E)。すなわち、プラトンの哲人形成の道においては、悟性領域に属する科学的訓練は霊魂拭浄を目的とするものであり、彼自身の言葉(ekkathairetai)が証するごとく、悟性の道は「浄化」(katharsis)の道――後世の西洋神秘主義に用いられる神秘道三段階説の初段階に当るVia purgativaなのである。しかし、この浄化の道を通過し、精根を削る修行の聚積によって霊魂の「或る器官」から塵雑の曇りが点埃をも止めぬまでに掃蕩し尽され、かくて実在観想に対する充分の資格を恢復したと仮定しても、ただそれだけで、イデア界の全貌が剰すところなく縹渺と霊魂の眼前に露現して来るかといえば、決してそのようなことは起らない。勿論、この超越的器官が極限にまで浄化され、あらゆる妄念の散動まったく杜絶して、霊魂がその本来の能力を最大限に発揚すべく清澄の無位に静止している場合には、思わざるに豁然として超越的対象が彼方から霊眼に開顕されて来ることがある。しかしそれは、謂わば全く一種の僥倖であり、且つこのような僥倖に逢着する場合でも、霊魂の眼に映ずる実在は必ず個々の下位イデアであって、これによって究竟的超越者にまで通ずるイデア連鎖を一挙に捉え得るものではない。ここに体験道としての弁証法の意義が生ずるのである。

何等の組織もなしに、ただ漠然と霊魂の器官を実在界の方向に向け、その視線を彼方此方と当てどなく彷徨せしめていても、この器官が充分に準備されて居るならば、諸処にあれこれのイデアを捕捉することができるであろう。しかしながら、かくの如き偶然の方法によって把握されたイデアは相互に何の関聯もなき孤立無縁の個別的イデアであって、それ等は魂をそれ以上何処にも導いて行かないのである。言い換えれば、かかる無秩序的イデア観想は精神的に不毛である。全てを偶然と僥倖に一任することを止め、整然たる組織を有った秩序に従って次々に適切な対象を霊魂の眼に与えてやらなければ、霊魂はあたら研ぎすまされた視力を抱きながら徒らに虚空を摑んで本来の霊性を発揮することはできないであろう。また稀に実在対象を捉えたにしても、それを踏石として上に昇り、遂に窮極の始元に達して其処から全実在界を俯瞰するがごときは、遠き遥かな幻想となって彼の視野から消え去るほかはないであろう。ここに弁証法の組織力が必要となって来るのである。

霊魂の超越的器官が極限にまで浄化されても、未だそれだけでは対象が見えないのは、その視線の焦点が正しき対象に合されていないからである。換言すれば、イデア捕捉を本来の任務としながら、霊魂の眼は何処に捉うべきイデアが在るか知らないのである。故に霊魂の眼をして遺憾なく天与の能力を発揮せしめんがためには、先ずその視線の焦点を然るべき対象に向って厘毫の懸隔もなく合せてやらなければならない。然してこれがためには、何よりもその対象が何処にあるかということ、即ちイデアの在処を明確に認知する必要がある。このイデアの在処確認に当って、概念は実に量るべからざる重要な役割を演ずるのである。人は概念を介入せしめることによって、目に見えぬイデアの在処を、未だ見ずして確実にそれとつきとめることができる。然して、仮定（ヒュポテシス）的上昇道としての弁証法はかくて甫めて実践の可能性を獲得する。

一体、イデアとは観照的普遍者のことである。然るに今、この観照的という限定を無視すれば、普遍には必ずそれの論理的符号として概念が対応している。この関係を逆に見れば、凡そ概念があるところ、必ず其処には実体としてのイデアがひそんでいる筈なのである。概念はいわばイデアの外側である。それによって人はイデア自体は未だ観ることができなくとも、イデアの位置を確認することができる。すなわち実際には未だその内側を透視しないでも、外側が確実に見出されさえすれば、その背後には必ずこれに対応するイデアが伏在するものと仮定することが許されるのである。普遍者はアリストテレス的に表現すれば、多者を包摂しつつ超越する一者、「多の（統）一」（hen epi pollōn）であるが、この「多の統一」の実体面は容易に把捉されぬに反し、その概念面は何人もこれをたやすく捉えることができる。かくて一たび概念を導入する時は、恰も寥廓たる虚空のごとく一物の影だになき叡智界の只中に実在の気配は磅礴《ほうはく》として漂い始め、到る処に不可視のイデアが不可視なるままに定位されるのである。

扨て以上の如くにして、イデアの位置が定着されたならば、人はその中の任意のものを選び、未だその背後にある実体としての普遍者を直接に観取することはなくとも、必ず其処に普遍実体は存在するものと予め予定して、謂わば概念を仮りの標的としてこれに向って全精神力を専注する。この時、若し「霊魂の眼」が既に充分に浄化されて居り、且つ対象の選択が適切であれば、始めは概念のみしか認め得なかったその場所に、概念の本体の湛寂たる姿を徹視するであろう。然して若し普遍者の本体を直接純粋に把握し得た場合には、それはもはや仮定ではなくして実体なのである。すなわち人はここに証得された第一次のイデアを新たなる地盤として其処に昇り、今度は其処から更により一段と上位にある普遍者を新たに仮定してそれの純粋観照を試み、かくして次々と上なるものを仮定しつつ次々とその仮定を踏みくだき、一段一段と上位のイデアを直証して至高究竟のイデアにまで到着するのである。弁証法的溯源行程の極限において、燦爛たる光輝まばゆきばかり閃発しつつ忽然として霊魂の前に顕現し来るこの窮極者こそ、かの「善のイデア」であることは言うまでもない。このイデアを特に善のイデアとプラトンが呼ぶ所以のものは、恐らく全存在界の究竟的目的自体としての絶対価値性をこれによって表現せんとしたものであろう。善のイデアは実在界の太陽である。この至高の極地に登り来る道すがら、純粋知性が次々に諸実在を観照し得たのは、知性自身は全然それと気付かなかったが、実は悉《ことごと》く善のイデアそのものの照明によるのであった。また善のイデアを認識するものも純粋知性であるが、ここでもその認識を可能ならしむるものは善自体である。恰も自然界において太陽は視覚の活動の原因であり、凡て物が見られるのは太陽の力に依るごとく、あらゆるイデアの認識者に認識力の発動を可能ならしむるものは善のイデアである(Resp. 508 C–E)。のみならず、純粋知性の対象たる諸々のイデアに実在性を賦与するものもまた善のイデアに外ならない。恰も太陽は自らは生成することなくして而もよく万物を生成せしめ成長繁栄せしむるごとく、善のイデアは諸イデアに存在と実在性とを(to einai te kai tēn ousiān)与える。この意味において、それは単に存在するというものではなく、崇高にして権能に充てるところよりして正に存在の彼岸に超在といわるべきである(ouk ousiās ontos tou agathou, all' eti epekeina tēs ousiās presbeiā-i kai dynamei hyperekhontos—Resp. 509 B)。かくてイデア界の究竟者は、認識と実在の第一原理として、存在の窮極的太源として、また超存在的(hyperousios)なる絶対超越者として定立された。我々は後に「愛の道」の極限において、再びこの絶対超越者の縹渺たる美的顕現面に接するであろう。

プラトンが明確なる意識を以て「概念」をイデア的領域の概念的・論理的考察に導入し来るのは、周知の如くパルメニデス篇以後のことに属するのであるが、既にそれ以前にも、後期的立場とは別の観点から、暗黙の裡に充分これを活用していたことは、国家篇(596 A)その他の箇所から察知せらるるところであり、かの仮定超越道としての弁証法の如きも事実上は「概念」を利用することなくしては実際的意義を有ち得ないのである。しかしながら、目的論的なる前期思想の立場においては、概念のかかる事実上の活用にも拘らず、それは決して第一義的なる重要性を有つものではなかった。其処では第一義的なるものは飽くまで実体としてのイデアであり、又イデアを実体性そのままに直接純粋に把握することであった。プラトンが最初、イデアとして定立したのは、彼が自ら親しく純粋観想によって捉え得た普遍者、或は少くともそれに親近性を有するもののみに限られていた。然るに、かかる直接体験知のみに憑依して他を一切顧みないならば、人間の制限された知性能力を以てしては、人はその一生を費しても極く小範囲の対象しか認識し得ないであろう。然して、かくのごとき部分的にして小規模なる知識によっては、人は抑々イデアなるものがどの位あるのか、また其等は如何なる相互関係に立っているかという基本的な問題にすら確たる回答を与え得ないであろう。イデア的領域の全体的構造を余蘊なく究尽し、以て真の存在論を樹立せんがためには、一先ず純粋観想の立場を離れ、体験知の可能性を当然の予想として諒承しつつそれを実行する煩労を省き、専ら「概念」によって全イデア界を通観しつくすことが必要となった。かくて国家篇に所謂「同じ名を以て呼ばれる多者の夫々に一つのイデアを仮定する」(eidos... ti hen hekaston... tithesthai peri hekasta ta polla, hois tauton onoma epipheromen—596 A)という仮定法が、イデア純粋観想のための一方便から転じて明確なる概念法として「存在の論理」樹立のための方便となり、ここにプラトン後期思想の根本的特徴たる論理主義が始まるのである。

然るにかかる新しき意図に促されて、概念的一般者の観点から叡智界を窺見する時、プラトンは実に驚くべき光景を目観した。すなわち彼は思いもかけぬところにもイデアが伏在していることを知ったのである。彼はかくて俄かに拡大された視野に立って自ら前期のイデア論に仮借なき批判を加えた。それがパルメニデス篇における有名なイデア批判であることはいうまでもない。この対話篇の中で、存在のあらゆる分野に亙ってイデアの在ることを主張し得るや否やを老パルメニデスから質問されたソクラテスは、先ず「同」「一」「他」のごとき、数学的領域における関係のイデアを、次いで「正義」「善」「美」のごとき倫理的イデアをいささかも狐疑逡巡するところなく確認するが、「人間」「火」「水」のごとき具体的存在者については果してイデアがあるのかないのか自分でもこれまで何回も困惑に陥ったと告白し、更に「毛髪」「泥」「塵埃」など卑近醜穢の事物に関してはイデアの存在を否定する。しかしこの最後の場合についてもソクラテスは余り自信がなく、未だ決定的見解を有っていない。「此等のものは皆、私達が現に見て居る通りに、そのまま存在しているのです。そういうものにイデアが在ると考えるのは余りに不自然だと思います。尤も私も嘗ては全てのものについて同じことなのではないかと思い惑うたこともありましたが、しかし後ではまた、そんな見方をすれば結局、荒唐無稽な囈言の深淵に陥ちこんで遂には救いようもない状態になるのではないかと惧れて逃げて来てしまいます。そこで私はそういうところから、今しがたイデアの存在を確認した例のものの方へやって来て、そういうものだけに専念するわけです」と。それこれに対してパルメニデスは「それはね、ソクラテス君、君がまだ若いからだよ。それに君はまだ哲学も充分身についていない。わしの考えでは、君がそういう(穢雑な)事物をも軽蔑しなくなる時、はじめて哲学は本当に君のものになるだろう」とソクラテスの思索の不熟を指摘する(Parm. 129 A-130 E)。すなわちプラトンは作中のパルメニデスの批評を借りて、体験知のみに依拠するイデア論の困難を自ら剔抉し、そのアポリアの由って来るところに思いをひそめ、かくて新たなる哲学の道へと旅立たんとしているのである。しかしながら、それと同時に神秘主義としてのイデアリズムはプラトンにおいては完全に終りを告げることを我々は認めねばならぬ。プラトン後期イデアリズムの核心は、存在の理法としての論理学であり形而上学であって、それはもはや如何なる意味においても神秘主義ではないのである。もとよりミスティークも哲学としては独自の論理を有たなければならないが、その論理は存在一般の論理ではなくして、人間実存の論理であり、超越的主体性の論理なのであるから。

(5)　愛《エロース》の道

前期より後期にかけてプラトン自身の思想傾向が変遷するに伴い、イデア論もまた著しくその性格を変容することは上述の通りである。純粋観想の体験的認識による迂路を避け、「概念」を便法とする捷径に依って叡智界の全貌を把捉せんとするや、以前には全く夢にも思い到らなかった意外なところにもイデアが存在することを彼は知った。イデアを概念的一般者として措定すれば、泥濘、塵埃のごとき卑賤穢雑の事物についても、否それのみか、邪悪、放縦、不倫のごとく在るべからざるものについても儼然たるイデアの存在を認めざるを得ないからである。かくて、数学的対象や、倫理的あるいは美的価値存在の如き本来イデア的領域に所属する対象はもとより、自然物、製作物、性質、活動のごとき感性的現実的対象に亙って、殆んどあらゆる存在領域についてプラトンはイデアの存在を確認するに至った。

扨て此等の種々様々なる事物のイデアは、夫々所属領域の違いはあるにしても、いずれも等しく概念的一般者なる点において、いささかも相互間に差違扞格を認め難い。すなわち人が存在の論理の観点に立つ限り、此等のイデアはすべて同等の資格において取扱われるのである。然るにひとたび観点を存在の論理から超越的主体論理のそれに移す時は、諸イデアの間には実に異常なる優劣の差が現われる。この場合には、存在するかぎりのあらゆるイデアは悉く同等の資格においてではなく、夫々著しく異なった価値を帯びて現われる。勿論ここで価値というのは、体験的主体にとっての優越性を意味するのであって、各イデアに内在する客観的価値、すなわち例えば凡て上位領域のイデアは下位領域のイデアより高き価値を具有するというような存在論的秩序の優越性を意味するのではない。つまり超越的主体の上昇的観照体験を成就せしめる上に、或るイデアは非常に顕著なる積極性を有するに反して、或るイデアはかかる目的のためには全然何等の意義も有しないというのである。元来、プラトンの構想せる超越的主体の上昇道程は、一段また一段と、より普遍度(即ち現実度)高き上位のイデア実体を観照しつつ道の窮極において絶対超越的真実在に到達するものであるから、この上昇が可能なるためには必ず其処に、存在界の下底(或は少くとも叡智界の下層部)から絶頂に至るまで、いわば一直線に連綿とつらなるイデア連鎖が通徹していなければならない。然るにかかる特殊な連鎖はあらゆるイデアについて成立する訳のものではないのである。すなわち人が若し出発点を正しく選ばないならば、上昇の道は途中に至って邈然《ばくぜん》として断絶し、彼の宿望は完全に頓挫を来すの外はない。真にイデアが在るところでは、必ずそれを観照し得る筈であるが、仮令個別的イデアは観照し得たとしても、其処から更に上昇することが不可能なのである。極端な例によってこの事情を説明するならば、泥土、塵埃の如き穢物も、概念的一般者として存在する以上、必ずこれに対応する実体的一般者としてのイデアが存在しなければならないが、今かりに此等の穢物のイデアを証得したものと仮定しても、かかるイデアの系列を伝わって窮極のイデアまで到達することは絶対にできぬ。又これほど極端な場合でなく、道が最後まで通じている場合についても、夫々のイデア系列によって道の難易に甚だしき差違がある。超越的主体道の実践を著しく困難ならしめるところのこの事態は、一部は存在それ自体の構造に由来し、一部は人間認識能力の本源的制限と欠陥に由来するものであって、人はこれを自力を以てしては如何ともなすことができないのである。故に斯道の蘊奥を極めんと志す人は、数多きイデア連鎖の中から特に適切なるものを選択し、その階梯によって上昇する必要がある。

扨てプラトンは、この種の階梯たり得べきものとして、「美」「智」「真」その他すべて愛に価する高貴なるイデア系列の可能性を指摘しているが(Phaedr. 250 B, D)、特に「美」(kallos)のイデア系列には断然他の諸イデアに懸絶する顕要の位置を与えている。人間精神を駆動して感性界の奥底から叡智界の絶頂まで誘導し上昇せしめる能力において、美のイデアは他に全然匹儔《ひっちゅう》を見出し得ぬ特権を有する。美のイデアに備わるこの偉大なる権能は、地上的事物におけるその反映を見ただけでも明瞭に認知されるであろう。感性界のどん底に陥ちても、美は燦然として輝いている。人もしいささかたりとも美的感覚を有するならば、必ずやその生涯の行程の途次において、何かの機会に感性的事物の裡に輝く美に撲たれ、ファイドロス篇(ibid. 250)の語るかの異様なる蠱惑と震撼とを経験したことがあるであろう。或は幽邃なる自然の美に接し、或は愛する人の優婉なる姿を前にする時、緩かなる美的感情が突如として痛ましきまでに甘美なる深き懊悩に変貌しつつ全身に滲み入る、かの恐怖と歓喜の異様なる瞬間を記憶していることであろう。言慮を絶するこの美的体験こそプラトン的美の秘儀への厳粛なる入信式なのである。既にこの地上において、地上のものならぬかかる深玄微妙の感動を人の胸中に惹起せしめ得るところに「美」の他に比肩するものなき本性が存する。

ひとり美のイデアに限らず、他の諸々のイデアといえども少くともその中の高貴なるものは、全て叡智界においては赫奕と煌き渡って居るのであるが、ひとたび其等が本来の境域たる叡智界を降りて感性界に入るや、その本源的燦光は著しく弱化して殆んど輝きを喪失し去る。されば其等諸イデアの地上的影像に仄かに残る天上的光輝の微弱なる力を以てしては、人間霊魂を根柢より震撼し、天上界に対する堪え難き郷愁を其処にかきたてるには到底足りないのである。人間は「美」以外の高貴なる諸イデアの地上的影像に接しても、実は或る程度の震撼を受けているのであるが、その程度があまりに弱少であるために、極く少数の人を除いてはこれを全く意識しない。然るにただ独り「美」のみは、地上的事物の裡にまでよくその閃耀を失わず、感性的仮象の姿となっても霊魂を深く蕩揺する力を保持するのである。然して魂のこの深き震撼こそプラトン的「愛」(erōs)に外ならぬ(Phaedr. 250 A–251 D; 253 A–254 B)。地上の感性的薄暮の世界に、皎々たる光芒をはなって輝き映ゆる「美」の姿に触れるや、人は忘れ果てていた先在の家郷を憶起し、魂は遥かに悠邈たる故里をしのんで切々の憧憬を灯される。はげしき思慕憧憬の悩みを抱き、やみがたき望郷の情にさそわれて、霊魂は遼遠なる穹窿の彼方を仰ぎつつ、焦燥の思いに燃え、いと切なげに打ち羽搏く(251 B–D)。地上の美より永遠の「美」へ、美の影像より「美」の本体へ——愛《エロース》の飛翔がここに始まる。

諸他イデアに冠絶する「美」のイデアのかかる特性を利し、美の影像によって魂の裡に炎々と点火さるる愛《エロース》の「聖なる狂乱」(theia maniā—244 A–245 B)の翼に運ばれて感性界を超脱し(249 C–E; 251 B–E; 256 B)遂に久遠のイデア界に還行することがすなわちプラトンの「愛の道」である。されば愛の道と前述する弁証法の道との間には密接不離なる関係がある。両者はその窮極目的において完全に一致する。両者の異なるところは、ただ一般性と特殊性、抽象性と具体性の差に過ぎない。すなわち弁証法は、道が究竟絶対的超越者まで直通している限りイデアの如何を問うことなく、特に一つのイデア系列を指定することなくして、全ての溯源的イデア聯鎖について一般的に、実在観想の上昇行程を謂わばその純粋可能態において確立せんとするものであるに反し、愛の道は、これと全く同じ上昇行程を特に「美」のイデア系列について具体化せるものに外ならない。この点より見れば、愛の道は弁証法の厳密性と一般性とを欠き、弁証法の道に比して部分的であり、従ってそれが開示する地平もまた著しく狭隘であるが、そのかわり弁証法には見られぬ人格的実践性と湧出して止まぬ情熱的生命の衝迫に沸き溢れている。愛の道はプラトンが「美」イデア系列の異常なる特質に着目し、これに基いて知的神秘主義を体験道にまで結晶せしめたものであり、ロバン Robin の言うごとく一種の経験的弁証法*なのであって、それが実在界上昇の「道」として霊魂を誘導して行く窮極の境地に至っては、弁証法にいささかたりとも劣るところはないのである。愛の道に拠って美のイデア系列を上昇しても、弁証法の道を辿りつつ真(智)の系列を登っても、結局人は同じ超実在的実在に到達するほかはない。マンティネイアの神女ディオティマが語る幽邃なる愛の秘境において、豁然として霊魂の眼に開顕されるかの縹渺たる美「自体」は、すなわち弁証法的上昇道の堂奥に至って国家篇の哲人が逢着する「善のイデア」そのものの顕現面に外ならぬ。愛の道が弁証法の経験的限定であり、従ってそれによって到達せられる実在もまた部分的でなければならぬとすれば「美自体」は「善のイデア」そのものの光の面と考えらるべきである。少くとも「美」と「善」の相互的代置可能性を予想することなくしては人は饗宴篇に叙述された愛の理論の展開を追うことすらできないであろう(cf. Symp. 201 D)。プラトンにあっては美は真と共に絶対者としての善(即ち後期思想における「一者」——Aristox., Elem. harm. II, Mb. 30)の一側面であり、フイエ(Fouillée: Philos. d. Platon II, p. 7)の言うごとく美は「善の光耀」(la splendeur du bien)なのである。

＊ En résumé, l'Amour, comme méthode philosophique, c'est en quelque sorte une dialectique ascendante empirique. (Robin: La théorie platonicienne de l'amour, p. 200) なおロバンは弁証法と愛の相互聯関と相違に関して、両者を比較対照しつつ次の如き興味ある見解を提示している——Tandis que la Dialectique s'emploie à détourner l'âme vers les Intelligibles par une éducation progressive de l'intelligence seule, la méthode de l'Amour demande à l'âme de chercher, pour ainsi dire, jusque dans la《pauvreté》de sa nature mortelle un moyen d'obtenir cette conversion. Elle utilise en effet une émotion particulière de l'âme mortelle pour donner à l'âme immortelle une attitude qui lui permettra de contempler par les moyens qui lui sont propres le Beau en lui-même et, avec lui, les Intelligibles qui sont son objet naturel. C'est donc une utilisation rationnelle du sentiment, non sans doute comme moyen mystique de connaissance, mais seulement comme un moyen de détourner l'âme vers la connaissance vraiment intellectuelle. (p. 191) この見解は、愛の道の終局点たる「美」と弁証法の終局点たる「善」とを無差別的に同一視する説(例えば Boetticher: Eros u. Erkenntnis bei Plat.)と、それに反して愛の道を弁証法の遥か下位に貶め、愛によっては実在の窮源を絶対に極め得ないとなす説(例えば Zeller: Phil. d. Griech. II)との中間を行き、愛の道を正当に評価せんとする点においてブロシャール(Etudes)に従いつつこれより更に一歩を進めたものと看做すことができるであろう。しかしながら彼もまたその師ブロシャールと等しく、西欧神秘主義の本質を完全に誤解している。のみならず、愛の道を結局、霊魂を真に知性的なる認識の方に向って振りむかせるための手段とのみ見ることも正しくない。愛の上昇道と弁証法の上昇道とは同一目的地に通達する一種の並行線であって、愛と知性との間に上下先後の関係は存しない。知性はその尖端においてダイモンであり、ダイモンとしての知性の働きがすなわち愛なのであるから。

プラトン的愛の体験道は道の奥処に至るや深き宗教的敬虔の雰囲気に包まれる。嘗てパルメニデスが哲学を「真理」密儀宗教の秘儀開顕として厳粛なるミュトスに描いたように、今やプラトンもまた哲学を「美」密儀宗教の奥儀開示として、深玄の気磅礴と揺曳する中に、神女ディオティマの口を借りてその秘境を顕現せしめんとする。ここでは、哲学が、絶対美を本体とするところの崇高なる秘儀宗教として構想されている。まことに「饗宴」の一篇は、不世出の芸術家プラトンが、彫琢錬磨の極に達した芸術的技巧の全てを傾注して「美」と「愛」に捧げた記念碑なのであった。所謂プラトニック・ラヴの永き伝統はここにその源を発した。

扨てプラトンが人間の霊魂（精神）を三つの構成要素に分け、第一をロゴス的要素（to logistikon）即ち純粋知性、第二を名誉心、勇気などの源泉たる激情的要素（to thȳmoeides）、第三を肉欲、淫情などすべて賤劣穢汚の心の動きを惹き起す欲情的要素（to epithȳmētikon）となしたいわゆる霊魂三分説（Resp. 440 E-441 A）は世に有名であるが、ティマイオス篇によれば此等三要素のうちただ第一の純粋知性のみ神的であり不死であって他の二部は肉体の死と共に死滅する。されば人が霊魂の不滅を云々するとき、それは魂全体について言われるのではなく、実はこの神的なる部分についてのみ言われるのであり、従ってこの部分のみ真に霊魂の名に価するのである。然るにティマイオス篇が同対話篇独特のかの特色あるミュトスの形の下に説述するところに従えば、我々の霊魂の裡なるこの最も高貴なる部分は神が我々各人に賦与せるダイモンなのであって、それは身体の最上部に棲み、天上界との本源的親縁性によって、我々を恰も天界の植物であるかの如く地上から天上に向って曳き上げている（Tim. 90 A）。地上に堕在しても天上の世界を忘れず、常に蒼穹の彼方を恋い、機会あらば天涯はるけき久遠の家郷に翔り還らんとして痛ましき焦燥の念に燃ゆるはダイモンの本性である。純粋知性とは地上界に下されて、人間の肉体内に閉じ籠められたかかる悲しき虜囚のダイモンであり、この虜囚のダイモンが天を恋い天を憶う悶々の情がすなわち「愛《エロース》」に外ならぬ。さればプラトンにおける愛は、人間霊魂に宿るダイモン的力の発動であり、畢竟するにそれは永遠性に向う人間精神本然の志向性なのである。プラトンが、愛を以て神と人との間に介在して両者を結合する仲介者となし、「偉大なるダイモン」(daimōn megas)と呼ぶ所以はここに存する(Symp. 202 D–E)。

プラトン的愛がダイモンであり、ダイモンは神と人との中間者である以上(pān to daimonion metaksy esti theou te kai thnētou—Symp. 202 D–E)、愛の働きが一方的ではないことは当然でなければならぬ。一般にプラトン的愛は人間から神に向う上昇的志向性とのみ解されているが、それはプラトンの真意に懸殊するところ甚だしきものである。愛は地上に在るものが天上の世界を望む思慕憧憬であり、相対者が絶対者のもとに帰還せんとする上昇的志向性であると同時に、絶対者が相対者を索き上げんとする上から下への呼び掛けでもある。否、相対者を憶うより先に、絶対者の救済的意志が働くことなくしては、相対者の霊魂内に宿るダイモン的力は永遠性思慕の聖なる懊悩を知ることすらないであろう。愛が神の「賜物」(dosis)であることをプラトンは繰り返し強調している(Phaedr. 244 A, etc.)。「(愛の)惑乱は神の側より与えられる」(para theōn hē toiautē maniā didotai—245 C)ものであり、畢竟するに愛の発動そのものが既にまごうかたなき聖寵なのである。饗宴篇の主題をなす愛の秘儀開顕が如何にも一方的に人間的努力の自力上昇のごとき観を与えるのは、本来上昇的にして同時に下降的なる愛の二方向的志向性を、純粋に人間の側から写したものであるからに外ならない。絶対者の不可思議なる呼び声に曳かれ、憑かれた者のごとく上へ上へと登り行く霊魂の動きを、上からではなく下から、即ち相対者の観点から眺めたものが饗宴篇の愛の道なのである。この意味よりすれば饗宴篇に描かれた愛の道程は確かに偏局的であり、いわば真理の裏側を把握せるものに過ぎないが、しかしまた他面から考えれば、相対有限なる人間にとっては、かかる一方的観点に立つことこそ却って偉大なる愛の秘儀に肉迫すべき唯一の許されたる方法なのではなかろうか。曳き上げられつつ上り行く霊魂は、道の終局に達するまでは自己が曳き上げられていることを意識しないのが常である。意識したとしても、その意識は未だ充分なる自覚ではない。道の究竟地に到達して甫めて霊魂は愛が人間的情熱であるよりさきに神的聖寵であったことを翻然として悟得するのである。* この秘妙なる愛の矛盾的交叉性が真に深き実存として成立するところに超越的主体の形成が終るのであるが、かかる境位に到達する以前の超越的主体形成の途次においては、主体はこの道程を専ら自己形成として意識する。のみならず、道の終末に至って愛の方向が逆転しても、而もなお聖寵としての愛、すなわち絶対者から相対者への愛の下向的動性はそれ自体が依然として一の解き難き謎であって、かかる降下的愛の営みの構造を適確に捕捉し記述するがごときは到底人間の望み得るところではない。超越的主体の形成ということは、客観的事態としては、その本質上あくまで受動的に形成されることであって、形成することではなく、ただ主観的事態としてのみ主動的に自己を高め自己を形成することであるに過ぎないけれども、人間はかかる自力的自己形成的観点によらずしては愛の道程の位層的整序を充分に闡明することができないのである。プラトンが始めから愛を神の賜物として、その聖寵性を認めながら、而も愛の働きを専ら人間霊魂の上昇的志向面において記述したのは、彼が人間の認識能力に纏綿するところのかかる本源的制限を衆に抽《ぬき》んでた天才的思想家なるが故に却って明瞭に意識していたためであろう。ソフィスト篇から法律篇に亙る最後期の対話篇が何にもまして雄弁に物語るごとく、プラトンは偉大なる哲学者であり芸術家であると共に、否むしろそれ以前に、世界を創り世界を支配する人格的独一神に対する脈々たる信仰を最後まで保持せる宗教人であった。かの「善のイデア」或は「絶対美」の如き所謂プラトンの神も、彼が神に人格性を拒否し、神を純知的非人格的原理として定立したということを表わすものではなく、宗教的信仰の主たる独一神を、人間に許された範囲内において、極限まで哲学的に追求せずんば止まぬ愛知者の烈々たる情熱の成果に外ならないのである。されば後世に至って人が屢々誤解せるごとく、プラトンは愛の上昇面を描くことによってその下降を否定したのでもなく、ましてやこれによって相対的人間の絶対化を意図したのでもない。エロースとアガペーとを一の固定する類型として措定し、これを単に表面的に比較対照することは決して両者の生ける本質を闡明する所以ではない。絶対的に矛盾するエロースとアガペーとが、矛盾するままに、パラドクスなるままに帰一する深き実存の境位が存在するのである。かかる実存的矛盾緊張なきところには宗教も神秘主義もまた存在しないであろう。プラトンのエロース論を検察せんとする人は常にこの根源的事態を念頭に置く必要がある。換言すれば、プラトンにおける愛の上昇面のかげに常に叙述されざる下降面を予想せねばならない。プラトニズムを継承し発展せしめた基督教の神秘主義は後世このことを如実に明証するであろう。

＊　ギリシア神秘思潮の東洋的展開ともいうべき回教神秘主義(所謂スーフィズム)はプラトン的愛を特に強調し、これを「愛」よりもむしろ人間霊魂の神に対する「恋」として異常なる境地を開拓するのであるが、初期スーフィズムの代表的思想家たるペルシアのバーヤズィード・バスターミー(Bāyazīd Basṭāmī †874)は愛の方向について次の如き有名な言葉を遺している。

曰く、「初心の頃、私は四つの点で誤っていた。すなわち私は神を憶い、神を識り、神を愛し、神を求めんとして一心になっていたが、道の窮竟に達して見れば意外にも、私が神を憶う前に神が私を憶い、私が神を識る前に神が私を識り、私が神を愛する前に神が私を愛し、私が神を求める前に神が私を求めていたことを発見した」と。バスターミー及び回教神秘主義一般については拙稿「アラビア哲学」8(スーフィズム)――(世界哲学講座(Ｖ)光の書房)参照。

かくの如く聖寵として神から与えられる「ダイモン的なるもの」(to daimonion)が人間の内部に発動するとき、それは全て美しきものを対象とする愛として顕われる。然して美を対象として志向する愛とは、すなわち美を獲得せんとする熱望であり、美を獲得せんとする熱望とは、より一般的な形の下に表現すれば、要するに善を獲得し、善を所有せんとする願望に帰着する。人間は実に多種多様なる対象に向って熾烈なる熱望を抱くものであるが、其等の諸対象の中で特に最も広き意味における「善」が熱望される場合にのみ、その愛はエロースと呼ばれる。然るに人が何等かの意味における善を願望する時、彼の終局の目標は幸福に存するのであるから、彼は当然その志向する善を暫時的にではなく永久に所有することを願うのでなければならない。故に我々は一応ここに愛《エロース》を定義して、愛とは善きものを永久に所有せんと欲すること(ho erōs tou to agathon hautō͂i einai aei—Symp. 206 A; cf. 204 D–206 A)と考えてよいであろう。

扨て善きものを永久に所有せんとする人間の欲求は如何なる働きとなって現実化されるかというに、プラトンによれば、それは「美しきものの中に分娩すること」(tokos en kalō-i) 或は「美しきものにおける生殖」(hē gennēsis en tō-i kalō-i) として実現するのである (206 B, E)。然してこの「美しきものにおける分娩」は純肉体的にもまた純精神的にも考えられねばならぬ。それというのは、元来凡て人間は肉体的あるいは精神的に懐妊して居るのであって、誰も皆一定の年頃になれば内に宿したものを分娩したいという止むに止まれぬ慾望に駆られるのである。然るにこの分娩は醜穢なるものの中では実現することができず、ただ美しきものにおいてのみ実現される。ここに語られている懐妊と分娩とは、後述するごとく本質上、神的なる事柄であって、神聖なるものは醜穢にして不調和的なるものの中には絶対に生起することができない。美しきもののみこの分娩に対して謂わば出産女神 (Eileithyia) の役を果し得るのである。故にはげしき生殖欲の悩みを抱いた懐妊者が美しき対象に近づくときは、忽ちにしてその懊悩は甘き平安に変り、無上の歓喜にその胸は蕩揺され、ここに恙《つつが》なく分娩と生産が行われる。然るに反対に醜悪なるものに出逢うときは眉を顰め渋面し、怏々《おうおう》として楽しまず、身をちぢめ後退して生殖せずに懐妊の重荷を苦しみながら持ち続ける。内に孕んだものを生み出す機会を得ず、烈しき生殖欲に充溢しながらその欲望を果し得ない程世に恐ろしい苦悩はないであろう。*されればこそ生殖欲の衝迫を感じつつある者は、美しき対象を見るや狂憑の如く昂奮するのである。故に愛《エロース》とは単に美しき対象を愛求することではなくして、美しき対象の裡に生殖し分娩することの愛求であると考えられなければならない（206 C–E）。

＊　饗宴篇のこの部分は特にテアイテトス篇（148 E–151 D）におけるソクラテス的産婆術の叙述と比較対照して理解さるべきものである。産婆術とは要するに、真理を懐胎しこれを生み出そうとして苦しみ悩んでいる魂に無事分娩を完了させる術知であり、それがすなわちソクラテス的弁証法なのである。いずれの場合においても、分娩は一定の好条件の下でなければ完了し得ない。

扨て人間のみならずあらゆる生物一般に通じるこの懐胎と生殖欲とは、元来、神的なる事柄に属する。個体としての生物は全て死すべき存在であり滅ぶべき存在であるが、この死すべき存在の裡には不死なる要素が与えられている。生殖がすなわちそれである。肉体的にせよ精神的にせよ、何者かを生殖し生産することによって死滅すべき存在者は不死と永遠性に与ることができる。個体の生命は有限であるが、個体は肉体的乃至は精神的に子を孕み子を生み出すことによって己が有限の生命を永遠不滅の生命の流れにのせて無限に進展せしめることができる。また逆の観点より見れば、生殖生産によることなくしては、死すべき本性の存在者が永遠性に参与するの道は絶対に存しないのである。

生殖とは古きものの代りに別な新しきものを残して行くことであり、それが相対有限にして死滅すべき存在たるものにとって許された唯一の永遠不死への道である。而も死すべき本性の存在者は全て必ず、出来る限り、何時までも存在し、不死であろうと希求して止まぬものである（hē thnētē physis zētei, kata to dynaton aei te einai kai athanatos—207 D）。人間はもとより鳥類禽獣の末に至るまであらゆる動物に見られるかの熾烈なる生殖欲の発現と愛慾の狂乱はここに真の原因を有するのである。地を歩むものたると空を飛ぶものたるとの別なく、凡て動物が性慾を発し生殖欲に駆られるとき如何にはげしく興奮するものか。すなわち最初は交尾交合せんとして、次には生れた子供を養育せんがために如何に病的に、狂的に、異様なる愛慾の惑乱を示すものかは既に万人周知の事実に属する。これらは全て動物が夫々に可能なる限り不死永劫ならんとする本能的欲求の示現に外ならないのである。嚮に我々はエロースを定義して、愛とは美しき対象の中に生殖し分娩せんとする欲求であるとしたが、如上の考察によって生殖すなわち永遠性なることが判明せる上は、ここにもう一度我々の定義を改訂して、簡単に、愛とは永遠性の希求であると言うことができるであろう。永劫不死こそ愛の対象でなければならない（anankaion... tēs athanasiās ton erōta einai—207 A; 206 B-207 D）。然してこの新しき定義は、我々が最初に愛に与えた定義、すなわちエロースとは善きものを永久に所有せんとする欲求であるということと完全に一致する。プラトンにおける愛は善(即ち価値)実現を目指すところの熾烈なる創造的生命の原理であり、価値創造による永遠性の追求なのである。

一切の死滅すべきものは、自らは時と共に消え去りながら而も次々に子孫を生産し、新しき自己の同類を残すことによって限りなく生命を伝えて行く。これが滅ぶべきものに与えられた唯一の永遠性であり、かかる永遠性に参与せんがために全ての動物は実に異様なる愛慾の狂態をすら示すのである。然るにこの子孫生産ということは、始めに一言するごとく、肉体についてもまた精神についても起り得ることが注意されねばならない。肉体上の懐妊、分娩は勿論凡ゆる動物一般に通ずる普遍的現象であって、いささかも人間の特権ではなく、いわばそれはエロースの最低級なる発現にすぎないのであるが、人間の中にはかかる動物的境位を一歩も出られぬ者が沢山ある。此等の人々にあっては生殖慾は文字通り肉慾として現われる。すなわち肉体上の旺盛な生殖慾を有する人々は異性の美しき肉体を尋ね歩き、目指す相手を発見すれば烈しい興奮に駆られてこれと肉体的に交わり、その結果肉の子供を産出し、かくして不死と永遠性とを獲得しようとするのである(208 E)。

然るに肉体上ではなく、精神上の生殖慾を有する人にあっては、懐妊も分娩も精神的であり、彼等の生むものは肉の子供ではなくして、知慮(sōphrosynē)、正義(dikaiosynē)その他あらゆる種類の徳である。こういう人達は幼少の頃から此等の徳を内に宿した神的なる魂の人であって、彼等もまた年頃に達するや、嚮の肉体的に懐胎している人々に劣らず熾烈なる生殖慾を感じ、愛慾の悩みに駆られてあちこち廻り歩きつつ分娩に適する美しい対象を尋求する。彼等といえども勿論、醜い肉体よりは美しい肉体を喜ぶことは言うまでもないが、彼等が真に求めるものは肉体ではなくして美しき魂である。何となららば彼等が身に宿したものを分娩し得る場所は精神であって肉体ではないから。故に幸いにして自己の求める美しき対象に逢遇する時、かかる人は喜びにあふれてこれに接触し、これと相交り、その結果、肉の子供より遥かに美しく遥かに不死不滅的な子供を出産し、両者親密に協力して二人の間に出来た愛の結晶を養育する(209 A–C)。この精神上の分娩・生産こそ真に人間本来の生産でなければならぬ。肉体上の生殖は人間にも動物にも共通なる生産行為であり、それは謂わば精神的生殖の下等なる似姿に過ぎない。肉体的生殖も確かに永遠性を達成する一方途ではあるが、真に高貴なる永遠性は肉の永遠性ではなくして精神の永遠性である。優れた作品を創造する名匠達、不朽の詩歌を遺した詩人達、国法を制定して人民に贈った偉大なる政治家達等々「到る処、ギリシア人の間においても、異邦人の間においても、多くの美しき業績を成就し、あらゆる種類の徳を生み出した人々は少なからずあり、彼等はかかる立派な子供を生み出したが故に崇敬の礼を以て祀られている。然るに肉体上の子供を生んだからといって祀られた者は未だ嘗てない」(209 E)。

扨てここに注意すべきは、肉体的エロースと精神的エロースとが互に無関聯に切り離されて存立するのではなくして、大多数の場合、両者は現実的には密接不可分なる状態において見出されるという事実である。元来、肉体的エロースとか精神的エロースとか言っても、二つの全く別なエロースが在る訳ではなく、其等は寧ろ同一なる衝迫力が同一霊魂内の異なる部面において発動せるものなのであり、またされればこそ人は肉体的エロースから出発しながら、これを浄化し払掃することによって精神的エロースに転成せしめ、次第に感性的制約を踰越して超感性的実在に肉迫することができるのである。すなわち、その始めにおいては破戒無慙なる昏迷の肉慾であったものが、感性の溷濁を掃蕩されるときは、原体験のパトス的性格をいささかも失うことなくそのままに澄浄清朗の超越的情熱となる。沸きかえりざわめき立つ肉の愛慾はそのまま昇華されて、潑剌として奔騰するイデアの愛慾に転ずる。感性的愛に生きる人は一度その感性に死に切ることによって超感性的愛に転生することができる。言い換えれば、肉慾としての愛の情熱は、自己超克の原理を既に自己の裡に蔵しているのであり、またここにこそプラトン的愛の上昇の秘鑰《ひやく》がひそんでいるのである。

エロースの本質に纏綿するこの特異なる事態をプラトンはファイドロス篇の有名な二頭立馬車の比喩によってミュトス的に叙述せんとした。プラトンが人間の霊魂を三つの部分に分ったことは既に述べたところであるが、ここでは霊魂の最上部すなわち純粋知性は馭者として、他の二部は馬車を曳く二頭の翼馬として形象化される。* 神々においては馭者も馬も共に高貴善良であり、馬車は無礙自在に天空を翔けていささかも凝滞するところはないが、人間においては二頭の馬が全然相反する善悪の性質を有するが故に車を駆る馭者の仕事は著しく困難である(Phaedr. 246 A–B)。すなわち善なる一頭は姿形正しく、四肢は伸び、高く擡げた頭、彎曲する鼻を有する白色黒眼の駿馬であって、名誉を重んずること厚く、よく中庸の徳を守り、廉恥の心を知る。故にこの馬を馭するには馭者の掛け声とロゴスのみにて足り、全然鞭打を必要としない。然るに他の一頭は姿形は歪み、全体に鈍重であって雅味を欠き、猪頸、低鼻、黒毛にして、灰色の両眼は血走っている。而もその気性は粗剛驕傲であり、加うるに耳が鈍く、駆杖と鞭とを用いても殆んど馭者の意に服従しない(253 C–E)。

＊ 霊魂三分説をプラトンはファイドロス篇(246 A–B; 248 C; 253 C–D)国家篇(435 A–C; 486 A–B; 440 E–441 C)ティマイオス篇(42 A–E; 69 C–E)等各処に論述している。しかしながら霊

魂の三部分というのは勿論、不可視的なる事態を可視的に形象化して示さんがための一種の比喩であり、魂が文字通り全然異なる三つの部分から構成された可分的複合体であるということを意味するものではない。プラトンにおいても霊魂は本質上、不可分的単姿的であって、全体としては飽くまで単一的実体なのである。しかしこの単一性はイデアのそれの如く絶対無条件的に純粋なる単一性ではなくして、複合性を内に蔵した単一性である。霊魂のこの微妙なる矛盾的性格をプラトンは、ファイドン篇(79 D–80 B)においては純然たる単姿的存在(monoeides)に対する霊魂の親近性として表現し、国家篇(611 B)ティマイオス篇(41 A–B; 43 D)においては、整斉完璧の極に至って渾然たる単一性にまで到達せる複合体として表現した。なおファイドロス篇の比喩に現われる馭者と二頭の馬が具体的には何を象徴したものであるかについては、異説がないではないが(例えば Robin: La théorie plat. d. l'amour, p. 137–138)、その論拠は薄弱であって到底採用することができない。

扨てこの馬車の馭者が愛の対象たるにふさわしき者を見出すとき、彼の胸は湧き上る情熱に沸騰し、恋慕渇仰のこころ騒然と起って全身を充たす。然るにこの時、白馬は泰然として少しも動じ惑うことなく、馭者の意に従って節度を守り、みだりに愛の対象めがけて飛びかかる如き醜態を演ずることはないが、これに反して他の一頭は鞭も駆杖も構わばこそ、粗暴なる情慾の荒れ狂うままにとめどなく興奮し激しく跳り上って隣の馬と御者に恐るべき迷惑をかけ、無理無態に彼等を引きずって愛の対象に近付き、一刻も早く浅間しき淫慾の享楽に耽溺せんとする。彼等はかかる行為の罪深きことを知る故に最初は憤然として抵抗するが、余り執拗なる黒馬の慾求に打負かされて遂にその請いを入れ、実行を約して美しき愛者に接近する（253 E–254 B）。

然るに、渋々ながら肉慾の満足を目指して愛の対象に近寄った馭者は、愛者の輝かしき美貌を直視するや、俄然そこに神聖なる「美」の実体が燦爛として眩きばかりの光芒を放ちつつある様を目覩する。美の影像を観ることにより、それを機縁として、今まで彼の胸の奥底に眠っていた遠い仄かな記憶が再び喚びさまされたのである。嘗て天上界に在った頃、神々の後に従って観照した久遠の「美」の姿が、地上の美を通して今ここにまざまざと浮び上って来たのである。ここにおいて彼の胸裡にはもはや嚮の卑しき慾情の如きは杳然と湮滅して蹤跡すらなく、彼は恐懼尊崇の念に撲たれて思わず地上に仰向きに倒れる。その拍子に手綱が急に激しく引かれるので二頭の馬も諸共に倒れるが、この際も一方は従順で少しも反抗しないが、他方は猛烈に暴れ踠《もが》く。のみならず一行が其処から引きさがり遠ざかる途中にあっても、善い方の馬は羞恥と恐懼のあまり魂が汗でびっしょりになるが、悪い方の馬は轡と顚倒の痛みが治るやいなや、息つく間もなく忿怒の形相もの凄く馭者と白馬に怒罵をあびせ、彼等の怯懦を詰《な》じり譴責する。そして前進を拒む彼等を強いて前進せしめんとして止まず、せめて他日に延期してくれという彼等の懇願をようやくのことで承知する。ところが約束の時が来ても彼等が忘れた様な振りをしていると、彼は両者に約束を憶い出させ、猛烈に暴れ、いななき、彼等を曳きずって又もや愛の対象に向い、肉慾の淫楽を味おうと促す。そして、いよいよその美しき相手に近付けば、彼は頭を低く下げ、尾を突立て、轡をきっと嚙みしめつつ、羞も慎みもなく彼等を引っぱる。しかしながら、今度もまた馭者の受ける印象は前と同じであり、而もますますそれを強烈に感ずるのみである。すなわち聖なる「美」の光輝に直面して恟然《きょうぜん》と驚き懼れる彼は、前よりも更に激しくこの凶暴な馬の轡を引くので、そのために悪馬の舌は裂け顎は傷いて鮮血に染まり、脚と尻は地にすりつけられて激甚な痛みを与えられる。かくて苛酷な苦痛を経験すること度重なるに及べば、さすがの悍馬も温順になり、よく馭者の意に従うのみならず、美しき者を目撃すれば自分から恐懼恭敬の態度を示すまでに至るのである。そして黒馬がかくの如く完全に制御圧服されるに及んではじめて、恋する人の魂は玲瓏高潔なる心境に達し、尊崇の誠をつくして愛の対象に向うことができるようになる(254 C–E)。

美しいといわんよりは寧ろ陰鬱で、血腥い官能の戦慄に充ちたこの一種異様なるミュトスにおいてプラトンが表面上描いているのは、愛すべく美しき対象を前にして人間の胸裡に勃然と湧き起る妖しき肉の慾望と、これに対立しこれを制御せんとする超感性的愛慾との熾烈を極めた闘争に外ならぬことはいうまでもないが、しかしこの象徴的詩話の真の重点は霊魂内部にある二要素の相剋闘争よりも、むしろ霊魂そのものの浄化発展に存するのである。魂の中に二つの愛が在って、それ等が互に対峙拮抗するのではなくして、同一の愛が悽愴なる苦悶と痛ましき試錬を経ることによって次第に純化され昇華されて澄浄の本性に還るのである。換言すればそれは魂の自己超克であり、愛の自己踰越である。もの狂おしきばかりに灼熱する淫慾として発生せるエロースは、妖艶なる肉の蠱惑を拒け、感性の誘いをよそに見て、遂に肉慾の汚れをとどめぬ超感性的愛にまで向上する。感性界に生れ出ずる官能的愛慾は原初の凄まじき震撼の熱情を少しも減殺されることなく、そのままに沸きたぎりつつイデア界に奔騰しイデア的愛のパトスとなって自己究竟の本源に還流して行く。これがすなわちプラトン的愛の上昇道なのである。プラトンにおいては感性界は要するに現象の世界であり、イデア的本体の世界に比すれば虚妄仮幻の世界であって、真に高貴なる魂の到底永く自足安住すべき場所ではないが、しかしされぱとて、ただ一途に忌嫌うべき世界でもなかった。イデア認識に際して、感性界には感性界の意義があり、人はこれをただ徒らに排斥し蹂躙し去ることによってではなく、却ってこれを機縁とし、謂わば足場とすることによって、より高き世界に超出し得るのである。全ての人間にとって最も端的にして最も本源的なる直接所与性の世界をなすところの感性界の意義を認め、これを積極的に活用する点においてプラトンの愛の道は、後世西洋神秘主義に根本的色彩を与えるであろう「否定道」Via negativa に対し、断乎として積極的なる「肯定道」を確立せるものと考えることができる。もとより、後に論述する如く、愛の道は死の道の半面であり、プラトン的愛は死を伴うことなくしては成就せず、肯定と否定とは表裏相伴って別ち難きが事の真相なのであるが、それにも拘らずいずれの側面を強調するかによって「道」は著しき性格の差違を示すのである。この意味よりすれば、愛の道はまことに典型的にギリシア的なる神秘道であって、かかる積極性を有する超越的主体道がギリシア人中のギリシア人というべきプラトンによってはじめて樹立されたことも決して単なる偶然の戯れではないであろう。

さて美しき者を観れば自ずと人の胸に燃え上るエロースの情熱は、既述のごとく、元来、上昇的本性を有しているのであるが、これをそのままに放置するときは殆んどその上昇的本性を発揮することなく、またたとい発動したにしても極く僅かしか上昇することはない。ここにおいて愛を誘導して究竟の高みにまで向上進展せしむべき正しき訓育が絶対に必要となるのである。出発点に立つ愛は全て等しく愛であっても、指導者の如何によって或いは正しきエロースとなり、或いは迷妄のエロースとなる。然してひとり正しきエロースのみ道の堂奥を窮め得ることはもはや縷説を要さぬところであろう。饗宴篇ディオティマの秘儀開示は、この正しきエロースの訓育法と、その向上の道程とを四つの階梯に別って叙述している。

第一階梯部は肉体的美を対象とする肉体愛に属する最下層であって、その内部がまた多くの段階に分れている。愛の奥儀に参逢する目的をもって正しき道を辿らんとする者は、若年の頃より美しき肉体の追求を始めなければならない。最初、彼は或る一人の美しき人に対して熾烈なるエロースを抱き、その肉体を領有せんとして恋々たる愛慾の憶いに焦れるであろう。然るに若しこの時、彼を誘導する達識の人があって、その指導よろしきを得るならば、彼は自分が現に恋慕している唯一つの個別的肉体のみが美しいのではなく、他に多くの同様に美しい肉体が存在することに気附き、総て個々の肉体の裡に宿る美は畢竟するに全く同一の美に外ならざる事実を認知するに至るであろう。かくして彼は自分が最初憑かれた者のごとく、或る一人の恋人の肉体美に対して抱いていた貪婪な情慾を浅間しきものと思い、慊焉として我れと我が身を譴責し侮蔑するであろう。或る特殊な人の肉体美にたいする愛の激情と熱求とが冷却し超克されて、あらゆる個別性を踰越せる普遍的肉体美への愛の沸騰として転成するとき甫めて彼は真に愛人の名に値する愛人となるのである。一つの美しき肉体から二つの美しき肉体へ、二つの美しき肉体から全ての美しき肉体へ——これがプラトン的愛の上昇道程の第一段階である

(Symp. 210 A–B; 211 C)。

第一階梯を了えた愛の修道者が、指導者の誘掖によって更に一歩を進め、あらゆる肉体の美を包摂する普遍的肉体美そのものよりも、精神美が遥かに尊く価値高きことを自覚するに至る時、彼は第二階梯に足を踏み入れる。この境域に入るや、彼の目には肉体の美はもはや第二義的のものでしかなく、精神さえ立派であるならば、肉体はたとい優美の味を欠くとしても充分これに満足し、その人に情熱の全てを傾注して愛慕するであろう。然してかくの如くひとたび肉感性の掣肘を脱却した彼は、肉体内に宿る精神美のみならず、更に肉体とは関係なき一般の社会的事業や法律のごときもののうちにも美の存することに気付き、而も最後には此等全ての美が悉く同類の美なることを悟るのである。ここに至って愛の第二段階は終端に達する。肉の妖惑によって喚起され、ひたすら発作的官能の逸楽のみを追って蠢動した第一段階のエロースは第二段階の諸梯を通過しつつ次第に濾過され純化されて醇乎たる精神愛となり、美に対する動物的肉慾は美に対する殆んど宗教的な崇敬の念に転ずる(Phaedr. 256 A; 254 B)。

かくて修道者が第二階梯の諸段を残りなく踏み越えた後、愛の誘導者は彼の精神を諸々の認識の方向に導かねばならぬ。これがすなわち第三段階である。しかしながら先の二段階を通過して既に種々様々なる多数の美を観て来ている修道者は最早全然個物的美の奴隷ではない。個人的人間の美しき肉体や美しき精神は勿論、社会的事業、制度の美に至るまで凡そ特殊単一なる美に執着し、その繋縛を脱し得ぬ狭量頑愚の人にはあらずして、彼は既に何者にも隷属することなき卓立無依の自由人である。今や彼の目観するものは個々の美しきものではなく、渺茫たる美の大海である。彼は眼下に繰りひろげられた美の海原の淼邈《びょうばく》たるを一望のもとに俯瞰しつつ、尽きることなき愛知心の裡に(en philosophiāi aphthonōi)無数の美事な思想を産み出す。然してこの美の観照に沈潜して冥想の深底を窮め行くうちに彼の精神は著しく力を増し成熟して遂に独絶無二の美の認識、即ち絶対美の認識にまで飛躍転生を敢行するに至るのである。ここに愛の上昇行程は第三段階を登りつめ、一大飛躍によって第四段階に入る(Symp. 210 C–D)。第四段階はすなわち愛の道の最高窮極の境地であり、愛の奥儀にほかならぬ(Symp. 210 C–D)。扨て一段また一段と低きより高きに向って順序正しく次々に(ephekses)美しき対象を眺めつつエロースの道をここまで誘導され来った入信者は漸く道の窮竟に近付くとき、突如として(eksaiphnēs)実に驚くばかり異様に美しきものを目観するであろう。この驚嘆すべき美こそ、かの絶対的「美」そのもの(auto... ho esti kalon)なのであり、修道者が今まで道々堪えしのんで来た全ての労苦もただ偏えにこの「美」の本体を目撃したいがために外ならなかったのである。故に彼がこの絶対美を観じ始めた時、彼は既に殆んど己が窮極の目的地に到達したといってよい。愛の上昇道は幽玄深邃なる「美」本体の開顕を以て終局に達するのである。このとき、彼の心眼に燦爛として映ずる絶対美は、第一に永劫常住の存在(aei on)にして不生、且つ不滅、増大することなく減少することなく(oute gignomenon oute apollymenon oute auksanomenon oute phthinon)、第二には側面、時、観点、場所等の別に応じて或は美しく或は醜となる如き相対性の美でもない。のみならずこの美は、例えば顔、手、その他肉体の部分として顕現することなく、また或る特殊の言説ないしは認識の形の下に顕われることも、更にはまた地上、天上に在る如何なるものの形姿をとって顕現することなく、湛寂として独脱自全なる久遠の実在(auto kath' hauto meth' hautou monoeides aei on)である。他の一切のものが美しいのは、それ自体において美であるのではなく、この絶対超越的本体美に参与しこれを分有する限りにおいて(ta de alla panta kala ekeinou metekhonta)のみ美しいのであり、而もそれに参与する美しき諸物は不断に生じ且つ滅し去来転変して常なきに反して、絶対美のみは自己の性質を分有する諸物の遷流変滅を超然と離絶し、自らは厘毫も増すことなく減ずることなく、いささかも影響を蒙ることはない(210 E–211 B)。

それ自体において、それ自体によって在り、自らの縹渺たる単一独脱性の裡に永遠の静謐を守るこのプラトン的絶対美の描写を人は嚮のパルメニデスの「存在」の描写と比較して、表現の末葉にまで及ぶ両者の著しき類似を観取すべきであろう。美のイデア連鎖を伝わって遂に階梯の絶頂を極めた愛人は、既に存在そのものの窮玄処に参入しているのである。すなわち美のイデア系列はその極限において「善のイデア」に窮通する。「美そのものを、煌々たる明光に輝くまま、純粋澄浄の本姿において、人間の肉や色彩やその他あらゆる無常の穢物の溷濁なしに観ること(auto to kalon idein eilikrines, katharon, ameikton, alla mē anapleōn sarkōn te anthrōpinōn kai khrōmatōn kai allēs pollēs phlyārias thnētēs)すなわち神聖なる美自体を絶対純一性において観取すること(auto to theion kalon... monoeides katidein)」が絶対美の観照であるならば、かかる超越的観照において、「美を観るべき器官によって観ている人」(horōnti hō-i horāton to kalon)は、とりもなおさず究竟至高の絶対超越的実在を、その最も輝かしき顕現面から、その最も本源的なる属性において証得しつつあるのではなかろうか。さればこそこの愛の秘奥に参入を許された多幸なる人は、徳の影像(eidōla aretēs—cf. Phaed. 63 B-69 B)にはあらずして真の実在としての徳を産出することができるのであり、かくして、人間の身として可能なる限り不死なる人となり得るのである。人間である以上、彼は神そのものに成ることはできないが、愛の道の完成によって神の伴侶と成る(theophilei genesthai)ことが許されている。そして苟も人生が真に生きる意義を有するものであるとすれば、生がかかる境地にまで進んでこそ甫めて人生は本当に生甲斐のあるものとなるのである(211 A–212 A)。

凡そかくのごときがプラトン的愛の上昇道程であった。美しき肉体から美しき精神へ、美しき精神から美しき事業へ、更に美しき知識へ、然して最後に美しき知識から絶対超越的美の本体へ、それは明朗闊達にして且つ著しくギリシア的なる肯定道である。しかしながらエロースの道の本質をなすこの輝かしき芸術性は実に峻嶮なる自己超克をその根柢に有する事実を人は看過してはならない。プラトン的愛の肯定性は烈しき否定を内に含み、否定の上に基礎付けられた肯定である。プラトンはこの否定的契機を主題として、一見、愛の道と全く矛盾するごとき否定的超越道を説いた。それが次に述べんとする「死の実践」である。

（６）死の道

ファイドン篇は饗宴篇と相前後して創られたプラトン思想初期の名作であるが、この対話篇においてプラトンは、愛の道とは一見全く矛盾対立する如き「死の道」を説いた。愛は世界の美しき肯定であるに反し、死は世界の沈鬱なる否定である。愛は世界の到るところに美しきもの、輝かしきものを尋求し、これを積極的に肯定し、これを完全に自己の所有として獲得せんとするに対して、死は世界の到るところに暗澹たる悪の翳りを認め、世界そのものを巨大なる悪と見做してこれに背を向け、これを一挙に否定し去らんとする。愛は燃え上る生の情熱であり、死は蕭条たる諦念の冷たさである。饗宴篇が描き出す華かな世界に惜別し、ファイドン篇を繙く人は、この一篇を充たしている深き憂愁の気の余りにも顕著なるに撲たれざるを得ないであろう。ソクラテスが名門の美青年アガトンの勝利を祝う豪華雅醇の饗宴に連って、恰もその絢爛濃厚なる雰囲気に酔えるがごとく陶然として美を讃え愛を説くかの一幅の名画は幻の如く消え去って、ここでは冷い牢獄の一室に、死刑執行を数時間後にひかえたソクラテスが死に臨んで恐れず騒がず、親しき門弟の数名を相手に泰然として死の覚悟を説き死の喜びをすら説き聞かせる崇高にして凜烈たる姿が浮び上る。生の意義にはあらずして死の意義がその主題であり、現実世界の芸術的肯定ではなくして現実世界の宗教的否定が、現世厭離がその基調である。

しかしながら翻って省察するに、表面上のかかる対蹠性にも拘らず、愛の道と死の道とは結局同じ一つの道なのである。両者は究竟的にイデアへの同一なる道の二側面――一方はその肯定面、他方はその否定面であるに過ぎない。否、むしろ「死の修錬」(meletē thanatou)こそ愛の道を成立せしむべき根本条件である。愛は暗々の裡に一歩一歩

「死」を実践することによって甫めて上昇の道を辿り得たのであった。一つの肉体から二つの肉体へ、二つの肉体からあらゆる肉体へ、肉体から事業へ、事業から知識へと美の連鎖をつたわりつつ窮極の美に向って登り行く霊魂上昇の各段階は、その一つ一つがすなわち死の実践の段階なのであった。所謂《Stirb und werde》としての「死」がなければ霊魂は絶対に上昇することはできない。何となれば霊魂上昇とは畢竟するに霊魂の自己浄化であり、エロース向上の一段一段は霊魂が次々に旧き自己の死して新しき自己に生れかわって行く死生の階梯に外ならないからである。プラトン的愛の向上道程は、対象的側面よりすれば一段毎により高次なる実在の地平が開顕することであるが、この道を昇り行く体験主体の側面より観れば、それは霊魂が一段毎に旧き我に死んで行くことを意味する。低次の我に死ぬことによって高次の我に進むことが霊魂の浄化であり、その道程がすなわち Via purgativa なのである。この意味においては、ひとりプラトン的愛にかぎらず、一般にあらゆる神秘道は「死」を含み、死に基礎付けられることによって甫めて成立するのである。単純素朴なる現実世界の肯定に人が自足安住し「死」を経ることなき感性的自我が人間精神を支配しているところには、神秘主義も宗教も興るべき余地がない。神秘主義も宗教も共にいわば高次の実在主義であり、一種のレアリスムスなのであるから、人間にとって感覚的直接所与性の世界が唯一絶対にレアルなるものである処では、両者は全く存在の意義を有ち得ない。感性的世界の外に超感性的世界が実在し、而も人は感性界を一度完全に否定することなくしては絶対にこの超越的実在界に逢着し得ないという自覚が生じてこそ、宗教も興り、神秘主義も可能となるのである。「死」は宗教と神秘主義の真の出発点であり、その根源的基底である。そしてプラトンにとっては哲学もまた、まさしくかかるものなのであった。

プラトンにおいては哲人の道は死の道であり、哲学するとはすなわち死の実践に外ならなかった。何となならば、哲学とは要するに真理の認識であり、真理認識はこれを礙げる感性の桎梏を絶滅することによってのみ可能となるからである。感性を殺し、肉体に死んで行く一歩一歩が直ちに真理認識の道程なのである。テアイテトス篇の有名な所論によれば、哲学とは「此岸から彼岸へ超脱すること」(enthende ekeise pheugein) にほかならず、然してこの超脱とは畢竟、人間が人間に許された範囲において神に似ること、即ち不死永遠性を獲ることを意味する (Theaet. 176 A–B)。霊魂は地上に堕し来って肉体と結合し、肉体の種々なる障礙に掣肘されて真実性の認識をさまたげられている。故に霊魂をして真理を認識せしめんがためには、肉体より来る感性の絆累を悉く断除し、霊魂を浄化して醇乎たるその本来の面目に還帰せしめねばならぬ。霊魂と肉体との結合は、肉体にとっては生であるが、霊魂にとっては死である。肉体の裡に宿る霊魂は、その肉体の生命の原理であり、活力の源泉であって、魂のこの賦活作用が働かなくなると同時に肉体は朽木のごとく枯れ凋んで壊滅する。然るに霊魂の側から観れば、それが或る肉体と結合しその中に宿るということは、霊魂が一時的に死の状態に陥ることを意味する。霊魂は肉体の中に居る間だけ死んでいるのである。何故ならば、霊魂の生とは、嚮に弁証法の道及び愛の道の終端部において示された如く、純粋知性的認識能力の発動に外ならず、然して肉体に基く感性的認識と官能的欲情とは霊魂に纏綿してかかる純粋知性活動を妨害し、魂の目を晦冥して本来の機能を忘逸せしめるのみであるから。ここにおいてプラトンは密儀宗教独特の霊肉二元観を採用して、肉体《ソーマ》(sōma)は墳墓《セーマ》(sēma)であるという。オルフェウス密儀教団やピュタゴラス密儀教団の秘教によれば、霊魂が肉体に宿るのは生前に犯した罪のためであって、贖罪が了るまで霊魂は肉体という牢獄に幽閉されているのである。* 故に肉体は生命の徴標であるどころか却って生命の墓石であり、罪深き霊魂の吟呻する牢屋にすぎない(Cratyl. 399–400)。肉体が生存しつつある間、霊魂は死の闇に沈潜しているのであるから、肉体が死なぬ限り霊魂は生きることができない。人間は肉に死んで甫めて霊に生きることを得るのである。人間が真にその名に価する生命を生き得るためには、先ず霊魂が肉の墳墓から解放されねばならない。悲劇詩人エウリピデスが「恐らくは、生は死であって、死が却って生であるかも知れぬ」

という如く、現世に生きていることは実は死んでいることであり、現世に死ぬことこそ却って真に生きる所以である（Gorg. 492 E）。故にファイドン篇が描き出す理想的哲学者が、常に孜々として死を追求し、死を行じて止まないのは、哲学の窮極的目的が霊魂の浄化解放に存するからである。プラトン的哲人の「死の修錬」はこの意味において、肉体に死に切ることによって霊魂に生きんとする浄罪道の実践であり、低き生命を棄却することによってより高き生命を獲得せんとする「生の修錬」なのであった。

＊ 紀元前五世紀のピュタゴラス学派に属するフィロラオス（Philolaos）の断片に曰く「往古の神学者や予見者達の証言するところによれば、霊魂は何かの罰のために肉体と結合され、謂わばその肉体を墳墓として埋められるのである」と（Fr. 14）。

扨て霊魂と肉体との分離は、肉体の生物学的死によって極めて自然に、しかもこの上もなく完全に実現される。霊魂の浄化解放は肉体の生物学的死によってはじめて完成する。故に哲学の終局目標はかかる意味における死に存しなければならぬ。哲学は死への準備である。地上に在る限りは、与えられた生涯の歳月を清浄に過し、命数尽きれば義人として現世の生を終えることこそ哲人の理想でなければならぬ。何となれば、義人として世を終えた人の清らかにして汚れなき魂のみ純然たる本性に還り、直ちに神的世界に昇って超越的実在を面々相対して目覩することを許されるからである。換言すれば霊魂の純粋叡知としての機能が絶対無条件的に発動するのは、肉体が文字通り死んでから後のことに属する。プラトン的哲人が生涯を通じて愈々不断の修行を積み、肉体的欲情の発動を抑え、肉体を殺しつつ霊魂の浄化にはげむのは、ただ偏えに死に際して感性的要素を完全に離脱せる純粋霊魂として直下に永遠の家郷に復帰せんがための準備に外ならない。生前すでに霊魂を充分浄化し、肉体的穢汚から引き離して置かなければ、肉体は死んでも魂は現世に対する執着の情を断ち難く、神界に還行することを得ずして地上に留在し、もの凄き幻の姿を現じて墓辺を彷徨し続ける。すなわち、この種の霊魂は肉体の死と共にこれと離別するが、而もその離別は肉体からの永遠的解脱ではなく、地上を彷徨い歩くうち再び他の肉体と結合してその牢獄に幽閉され、かくて転々と他の肉体に輪廻転生して永久に浄福の域に達することができない。死の実践としての哲学は霊魂をかかる地獄の苦悩より救出し、以て死後の浄福にそなえしめんがための唯一の正しき道である。換言すれば哲学は死後の生命を目標とする霊魂の「解放《リュシス》と浄化《カタルシス》」なのである(Phaed. 82 A-D)。

真にフィロソフォス(愛知者)の名にふさわしき哲学者が人生究竟の目的として希求し渇仰する唯一のものは真実在の認識以外にはあり得ないが、この最終目的の完全なる達成は彼が地上に生きている限り絶対に不可能である。真実在に向って飛翔せんとする彼の霊魂を肉体が絶えず妨げるからである。霊魂を閉じ込める肉体は、執拗なる愛慾と物慾を以てこれに絡み付き、感性的知覚の溷濁を以て霊魂の眼を曇らせ、且つ肉体独特の種々なる病患によって魂を惑乱し、かくして霊魂の自由無碍の活動を著しく掣肘して明徹清朗なる真理観照を不可能ならしめる(66 B–D)。「人が若し純粋認識を得んと欲するならば、肉霊を離脱し、純粋霊魂によって直ちに対象を観取しなければならぬ。かくして甫めて人は己が渇仰と愛慕の的たる真知を獲得するに至るであろう。然るにそれは当然、死後のことであって、生前には不可能である。何故ならば、肉霊と結び付いている限り如何なる対象をも純粋に認識することはできぬとすれば、真の認識なるものは人間には全然到達すべからざるものであるか、さもなくば到達できるとしても、地上の生を了わって後のことであるか、いずれか一方でなければならない。蓋し、地上の生が終焉してはじめて霊魂は肉体を離脱し、醇乎たる本然の姿において自存する(autē kath' hautēn hē psȳkhē estai khōris tou sōmatos)に至るのであって、それ以前にはかかる状態にはあり得ないから。されば、私の考えるところでは、現世に生きている間、我々が純粋認識に出来る限り近接するの途は、絶対必要なる最小限度以上には肉体との混淆接触を出来る限り回避し、肉体的本性に汚染することなく、神自らが我々を解放して下さるまで、己れを清浄に持する外はないであろう。然してかくの如くにして我々が肉体の愚痴蒙昧を脱却し、清浄なる者となれば、当然我々は自分と同じように清浄なる人々の伴侶となり、純粋に自分だけの力によって醇一玲瓏なるもの(to eilikrines)を剰すところなく認識し得る筈であり、またそれが恐らく真理(to alēthes)というものであるに違いない。蓋し、清浄ならざる者が清浄なる者に触れることは絶対に赦すべからざる冒瀆であろうから」(66 D–67 B)。

扨て此等の言葉が諄々として説述するところに従って、絶対真理の認識は死後のことであり、地上の生を了えるまでは霊魂の純粋本然の活動はあり得ないものとすれば、真実在認識の現世的可能性を主張する神秘主義は如何なる根拠の上に成立し得るであろうか。却って神秘主義は己れの分を知らざる超人的驕慢が虚空に描いた一篇の儚き夢幻に過ぎないのではなかろうか。しかしながら、それにしても純粋叡知活動の此岸的可能性を否定し、地上に在るかぎり人は絶対真理の認識を諦念すべきことを説くファイドン篇のプラトンが、同時に、「善のイデア」純粋認識の道として弁証法を創始せる国家篇のプラトンであり、また美のイデア連鎖上昇によって絶対美の認識に至るべき愛の道を考案せる饗宴篇のプラトンであることを我々は忘れてはならない。純粋認識が現世においては不可能であると同時に可能であること、可能でありながら実は不可能であること、真実在の把握にまつわるこの矛盾的両面性にこそ、神秘主義そのものの本質を解明すべき秘鑰が与えられているのである。

一体、ここに問題となっている「死の修錬」とは具体的に言えば、人が現世に在るあいだ肉体の愛慾煩悩を出来る限り圧伏し、以て霊魂がその穢汚に感染せぬよう禁欲苦行のアスケーシスを実践躬行することを意味する。難行苦行それ自体が目的なのではなくして、死後の霊魂の浄福が目的なのである。すなわち「死の修錬」の主たる関心は現世にはなくして来世に存する。地上における肉体との共同生活が終った後、純粋澄浄なる霊魂として本来の家郷に無事還行することをひたすら念願すればこそ、未だ地上に在るうちから心を尽して魂の浄化に努めるのである。然して、かかる意味における死の実践は決してプラトンの創見ではなく、既に古くから密儀宗教が行い来ったものであった。アスケーシスとしての死の道はオルフェウス・ピュタゴラス密儀宗教団の特徴ある実践道であった。プラトンは所謂オルフェウス的生活法を、その根柢にある霊魂不滅の信仰及び輪廻転生説もろ共に、殆んど原形態のままそっくり借用し、これに理論的基礎を与え、知性的意義を附することによって、密儀宗教の情緒的信仰を哲学化した。形式的外面的なる生活規定と、信徒が履践すべき禁欲苦行のさして難からぬ規矩制戒から成っていたオルフェウス的、ピュタゴラス的生活法は、ここに厳粛なる精神鍛錬の修行道となり、究極実在の直接認識を目的とする哲学的死の道として転成した。弁証法の道と愛の道とがプラトンの独創的所産であるに比して、死の道は謂わば単に時代宗教の哲学的転位に外ならず、既存的要素に負うところ最も大なるものである。しかしながらプラトン的死の道が、従来の密儀宗教の死の道と根本的に異なる一点があった。それは彼の説く死の実践が、本質的には飽くまで密儀宗教と異なることなき、文字通りの「死」(生物学的死)への準備であり、死後の霊魂の浄福を窮極目標とするアスケーシスでありながら、而も同時にこれと重複して、生物学的死の来らざるうち、生前すでに霊魂をして予め死後の浄福を享有せしめんとする現世的死の道でもあったからである。事実、死の道に関するテアイテトス篇やファイドン篇の叙述を読むとき、人はプラトンの主たる関心が果して前者に存するのか後者に存するのかについて屢々判断に苦しむであろう。ファイドン篇が霊魂不滅の信仰を主題として、その幽邃なる背景の前に、恩師ソクラテスの死に臨んで泰然自若たる姿を浮彫のごとく描き出し以てこの崇高魁偉なる哲人の最後に永遠の紀念碑を捧げんとする意図に基く劇的作品である以上、そこに取扱われた「死」が専ら地上的生命の終焉としての死であることは当然であるが、それにも拘らずプラトンその人の関心の重点が主として死の前の死、すなわち地上的生命の終焉以前における死の実現に存したこともまた疑うべからざる事実である。又そうであったればこそプラトンの初期哲学は、その濃厚にして特色ある密儀宗教的雰囲気にも拘らず、やはり哲学であって宗教ではないのである。窮極的真実在の純粋観照――後世の用語に従えば「至福直観」visio beatifica――に霊魂の浄福が存するものとすれば、完全なる意味における霊魂の浄福は肉体的生命の終末以前には絶対にあり得ないことをプラトンは誰にもまして痛烈に意識しては居たが、しかしそれでもなお、袖手して自然的死の到来を待っては居られないところに彼の哲学的情熱があった。未だ死の来らざるうちに死を成就せしめずんば止まぬ逞しき意欲が彼の胸には燃えていた。生前その準備を怠りさえしなければ、肉体的生命の終末と共に完全なる至福直観がおのずから労せずして霊魂に許されるであろうことは確実に分っていたが、そして人が如何に彫心鏤骨の辛苦を積むといえども現世において成立し得る至福直観は不純不完全にして、謂わば近似的なる至福直観に過ぎぬであろうことも分りすぎる程わかってはいたが、然もなお、現世に在る間に仮令近似的一面的なりとも実在観照を実証し、精根を罩めた拮据勉励によってその近似値を出来る限り絶対値に近付けんと努めずには居られないところに不思議な宿命の衝迫があった。そしてこの宿命的なる情熱から神秘道としての死の道が生れた。死が肉体と霊魂との完全分離であるならば、人は意識的に努力して自己の心を能うかぎり肉体の要求から遠ざけ、肉体から引き離すことによって、実際に死の来らぬさきに一種の死の状態を醸成することができる筈である。この死の状態が完全であればある程、すなわち肉体離脱が完全であればある程、それだけ霊魂は純粋になり、従ってその実在観照も純粋性の度を増す訳である。然してこの肉体離脱が次第に推し進められるとき、遂にその極限に至って霊魂は殆んど完全に純粋なる状態において活動し始めるであろう。これが神秘主義的向上道の終端なのである。神秘主義は所詮、相対的存在者たる人間の相対的なる営みにすぎない。神秘道は「人が神に成り、神であること」の道であると言われるけれども、其処には常に「人間の身に許された限度で」という制限が必要である。プラトンにおける死の道としての哲学もまたこれと異なるところはない。彼が作中ソクラテスの口を通じて「故に我々も此岸から彼岸に向って出来るだけ速かに遁れるよう努めなければならない。そしてここで遁れるというの意味は、可能なる限り神のようになることである」(dio kai peirāsthai khrē enthende ekeise pheugein hoti takhista. phygē de homoiōsis theōi kata to dynaton—Theaet. 176 A–B)と言う時、彼はかかる神秘主義的死の道を説いているのである。可能なるかぎり、相対者たる人間に許された範囲内において絶対者に似ることがその窮極の理想である。神秘道によって超越的主体が形成されたとき、其処には直接端的なる所与性としての日常的人間とは全く異なる或る者が成立するのであるが、而もそれは飽くまで人間の自我棄揚であり人間の変成《トランスフォルマティオ》であって、依然としてその主体は人間なのである。絶対超越的主体は直ちに絶対者そのものではない。若し神秘主義が屢々「神になること」を説き「神であること」をすら標榜するとすれば、それは人間の本性に由来するところの如上の本源的制限を余りにも自明にして当然のこととして言外に止定するか、或は己が体験知の光に自ら眩暈して限りなき驕慢の情に駆られ思わぬ誤謬に陥落したか、いずれか一方である。プラトンは嘗てかかる誤りを犯したことはなかった。国家篇に説かれた善のイデアの純粋観想も、また饗宴篇の主題をなす絶対美の超越的観照も共に相対者たるの制限を充分に認知した上で、その制限の範囲内において成立し得る人間絶対化の極点なのであった。弁証法の道と愛の道とは、仮令それが完全に成就実現された場合でも決して窮極の絶対性を要求し得るものではなく、最後まで相対的なる何ものかを残して居る。如何なる途を採るかに関りなく、人が現世に在る限り、否、現世を去った後といえども至福直観は所詮一つの理想であって、人はこれに無限に肉迫して行くことはできるが、しかも最後の一歩を踏破ることはできない。何となれば至福直観とはその絶対的本姿においては神そのものの自己意識に究極するからである。神秘主義は絶対者のこの絶対無制約的なる自己意識の裡に人間意識を還流せしめることによって、身はいまだ現世に在りながら神意識の何分かを享受せんとする相対者の道である。故にこの意味においては、神秘的体験の原理としての愛も弁証法も、いずれも一種の「死」なのであり、[*]その道は未だ死の来らざるさきに予め死の状態を実存的に成立せしめんとする上述の死の道に異なるところはないのである。霊魂の浄化上昇体験に関するかぎり、愛と弁証法と死とは根源において一である。

＊ L'Amour est une sorte de mort dont les dieux nous accordent la grâce dans le cours même de notre existence mortelle et en vue de notre immortalité. (Robin: La théorie pl. de l'amour, p. 219)

かように人間が肉体的存在として地上に生きて居りながら、感性の絆累を排除し、「肉体に死ぬ」ことによってその桎梏を脱却することが死の道であるならば、凡そ神秘道にして死の修錬ならざるものは無いであろう。プラトン的愛の道も弁証法の道も、人間における感性的生の原理を殺して超感性的生の原理を喚び醒まし、肉体に淵源する一切の妄念妄情を払拭して純粋霊魂の玲瓏透徹せる活動態を招来せんとする点においてまさしく典型的なる死の道であった。しかしながらそれにも拘らず我々がプラトンにおいて、愛の道及び弁証法の道とは別に一個独立せる神秘道として特に「死の道」なるものを認知するのは、それ相応の根拠あってのことでなければならない。然してそれは愛と弁証法とが死の積極面肯定面であり、逆に死が其等の消極面否定面であるという単に肯定・否定の違いのみではないのである。愛及び弁証法の実践的基盤として其等に必然的に含まれる死の契機とは一応切り離して、プラトンは死の実践に積極的意義を認め、これに哲学的理論的根拠を与え、かくて死という否定的原理を核心として却って肯定的積極的なる超越的主体道を形成した。上述せる如く、プラトンの説く死の道は、その実践的側面については殆んどそのまま従来の密儀教団が有していた禁欲生活の形態を採り来ってこれを哲学化したに過ぎないのであるが、かくして一の独立せる神秘道として成立せる死の道は愛の道、弁証法の道と並んで極めて特色ある性格を示すのである。然して死の道が有する特色の最たるものは、この神秘道によって形成される超越的主体の内向的方向に存する。

一体、愛の道にせよ弁証法の道にせよ、其等の道によって形成され行く神秘主義的実存の進展方向は自己の外であった。それは上への道であり外に向っての道である。窮極の目的地は、曖々たる天涯の彼方、悠邈として眼路はるかなる辺りに存する。道の究竟処は絶対超越的実在であり、魂の瞻望し渇仰する対象は窈冥不可見の雲中に隠れた無限に遠き神である。イデア界の秘奥に隠在するこの遠き神を求めて感性的世界から長き旅路にのぼる人は、常に目を頭上はるけき穹窿のかなたに注ぎつつ、一段また一段と低きより高きに向って自己を超出し、孜々として上への道を昇り行かねばならぬ。然るに死の道の方向はこれと正に反対である。其処では人は自己の外に出るのではなくして、自己の内に入るのである。外に向って散乱せんとする念慮の蠢動を制止し、外部への一切の扉窓を閉じて心の眼を内部に振り向け、深く深く霊魂は自己の底なき底に沈潜して行く。それは上昇ではなくして下降であり、その道は外への道ではなくして内面への道である。霊魂が自己を自己の内に向って集定し、自己の底深く専注して行くこと（eis hautēn syllegesthai kai hathroizesthai—Phaed. 83 A)、この霊魂の自己沈潜がすなわち霊魂の浄化であり、「死の実践」なのであった。かくして人は死の道を辿って次第に深く自己の内面に下り、霊魂の底なき底、霊魂の秘奥に至って神に逢う。ここでは神は人間の内部よりも更に人間に近き神である。嚮に外向の道を辿った時は、遼遠なる蒼穹の彼方、人間と無限の距離をへだてて隔絶する絶対超越者、無限に遠き神として自己を現じた神は、人が死の道を辿るとき意外にも霊魂の中核にひそむ絶対内在者、無限に近き神として顕現する。遠き神と近き神、懼れの神と愛の神のパラドクスはただ神秘主義的実存においてのみ体験的に解決されるのである。後世、基督教の神秘主義はこの事実を最も明瞭に証示するであろう。

然らば人間霊魂は自己の内面に向って沈潜し、心一境に集定止息するとき、何故そこに絶対者を見出すのであろうか。外部に向って発動せんとする心の乱れを内部に集中し、霊魂の根源に沈み行く時、その底なき深淵の底において神に逢着するのは何故であろうか。それは霊魂が始めから自己の裡に神を宿しているからでなければならない。人が肉体的生命の主体として現世に生きている限り、心の目は感性的妄情によって晦冥されて居り、その溷濁のために人は自己の根柢に神を宿しながらこれを認知する能力なく、霊魂は固く肉体に釘付けられて「肉体的(sōmatoeidēs)霊魂(83 D)」と成り自己の神的本性を忘逸しているのであるが、非本来的状態に堕在するこの霊魂がひとたび哲学的死の修錬によって肉体より来る全ての快楽、苦痛、恐怖、慾情等の束縛から分離(khōrizein)解放(apallattein)されて、本来の醇一性に復帰するとき、それは自己の秘めたる奥底に皓蕩と露現する神の姿を見出すのである。徒らに外に向って馳求するまでもなく、神は心の秘奥に隠れている。霊魂の深底こそ神の聖域であり、人と神とが独りひそやかに相逢う愛の場所である。この不可思議なる体験の事実をヘブライ民族は「神の像」(Imago Dei)のミュトスによって形象化し、プラトンは「イデアの記憶」のミュトスとして表現した。霊魂は畢竟するに聖なる神の似像であり、霊魂の源底には神の面影が宿っている。さればこそ人間の精神は他の何物にも依拠することなく、ただひたすら自己自身の内面深く沈み行くことのみによって絶対者探究の業を実現し得るのである。プラトン的に言うならば、久遠の実在たるイデアの世界は、遠く仄かな記憶となって霊魂の底に忘却されてひそんでいる。この観点よりすればイデア界は人間を天外高く隔絶する絶対超越的彼岸の世界にあらずして、却って人間の心の中に隠蔽され埋没している内在的世界といわなければならぬ。イデア認識は近世哲学的意味において一種のアプリオリである。霊魂は元来、神的にしてイデア的なるものであって、その本質上イデア認識は始めから本源的に内具して居るのであるが、肉体の溷濁に妨げられてその記憶を殆んど全く忘却しているに過ぎない。故に霊魂を真実在の認識にまで駆動せんと欲するならば、要はそれから肉体の曇翳を払拭し、霊魂をしてその本来のイデア性に還してやればよい。換言すれば感性界の混淆錯雑裡に没溺し、神的世界を忘れ果てている魂を引き上げ浄めて、再び記憶を新たにしてやればよい(Phaed. 72 E-73 E; Meno. 81 ff.)。失われた記憶を甦生せしめ、これに再び潑剌たる活動の充実を与えること、それが死の道としての哲学である。すなわち哲学はここでは魂の「憶起《アナムネーシス》」を意味する。

イデア認識の霊魂における本源性、そのアプリオリ的性格をプラトンはファイドロス篇の有名な比喩によってミュトス的に叙述せんとした。それは要するに一篇の美しき詩話に過ぎないが、しかしその根柢に人は、脈々として生命の搏動を続けているプラトン自身のイデア観照の体験的基体を徹視しなければならない。自ら親しくイデア観照を体験せる人にして甫めてかかるミュトスを創造することができるであろう。また自ら同様なる体験を有する人のみこのミュトスの真の生命を感得し得るであろう。言詮不及の体験的境域にただ黙々として沈静するに満足せず、敢てこれを人間の言語によって写さんとすれば、何等かの形式において詩的象徴を案出せざるを得ないのである。故にこれを見る人もまた、詩的象徴の外面的形態に停止することなく、ミュトスを越えてミュトスの彼方なる体験的基体にまで透徹しなければならない。厳密に言えばアナムネーシス（想起）そのものが既に一のミュトスなのである。一般に想起説とイデア論とは相並んで初期プラトン哲学の二大柱石と認められているが、イデア論がそのまま直ちに存在論であるに反して、想起説は結局一種のミュトスである点に両者の著しき差違が存する。メノン篇、ファイドン篇、ファイドロス篇等初期の代表作において中心的位置を占める想起説は、霊魂の実在観照とは畢竟するに霊魂の自己観照に外ならず、真理認識は人間の自覚としてのみ成就されるという、絶対超越的イデアのパラドクス的内在性を表現せんがためにプラトンが創作せる詩話であった。

人間の霊魂は諸他動物の魂とは違って、自己の根基の底深く、超越的実在のアプリオリ的知識を内蔵している。この知識の本源性をプラトンはミュトス的に「記憶」と呼ぶ。人間霊魂は地上に堕し来って肉体の内に幽閉され悲しき虜囚の身となる以前、天空を自由自在に翔けりつつ直接にイデアの世界を眺めていた。肉体と結合する以前のこの浄福の経験は、ほのかなる記憶となって霊魂の奥処に宿り、そのまま霊魂の裡に保持されているが、魂は肉体の塵累に障礙されてこれを忘れ果てている。しかし、忘れ果ててはいるが、仄かながらもかかる記憶が心の底に潜在しておればこそ、多くの人々は、与えられたままの地上的現実の世界に何となく不満であり、更に或る人々は感性界にあって快々として楽しまず、これを虚妄仮幻の現象界と見て敢て其処から脱出せんとすら希求するのである。嘗て永遠の世界に遊んだ経験を有する者のみ永遠の世界への堪えがたき憧れのこころを識る。故郷を遠く離れ来った旅人が夜半のあらしにふと懐しきふる里を憶い出で、愛慕の情いよいよ切なるに悩むごとく、天上なる家郷を去って地上に堕在する霊魂は、地上にイデアの模像を見て嘗てのイデアの輝く姿を憶い起し、心の底に忘られていた記憶はここに蘇って炎々たる情熱となって燃え上る。この点より観れば、饗宴篇に上述せる愛の道も霊魂のイデア想起の道と考えられる。饗宴篇において愛の道を確立するに当り、プラトンは想起説を全然利用しなかったが、ファイドロス篇と比較することによって人はプラトン的愛の根柢には想起が予想されなければならぬ事実を容易に認めることができる。イデアの本源的知識を始めから自己の裡に蔵して居ればこそ――即ちミュトス的に言えば、イデア界の光景を記憶に留めて居ればこそ――人間霊魂は地上の美を目覩して直ちに久遠の美を憶い、感性的美を機縁として超感性的美に対するエロースを惹起されるのである。イデアの記憶は、人間霊魂の自己沈潜の根拠をなすと同時に、また自己超脱の原理でもあるのでなければならない。未だ嘗てイデア界を観取せる経験なき動物の魂については絶対にそれの自己超脱なるものを考えることはできないのである。霊魂に超越的世界の記憶がなければ、それは肉体の窓を通じて望見する直接所与の感性界を唯一無二なる世界と信じて疑わず、無常遷流の風に追われるがまま、千転万変の運命にただとめどなく縦浪するのみである。

扨てプラトンは、人間霊魂が地上に堕して肉体に宿る以前、天上界に在って観照していたイデア界の光景をファイドロス篇のミュトス(Phaedr. 246 A–248 C)において次の如く描写している。嚮に愛の道に関して上述せる通り、このミュトスにおいては、あらゆる霊魂は一人の馭者に御される二頭立ての馬車に譬えられる。神々の魂たると人間の魂たるとを問わず全て霊魂は双翼を有して飛翔する二頭の馬が索く天車の如きものである。但し神々の場合は左右の馬が共に純良温順であってこれを御するにいささかの困難もないに反し、人間にあっては一頭の馬のみ美にして善であるが他方はその性狂暴にして悪しき血統を有するため馭者は二頭を御するに著しき困難を嘗めなければならない。しかしながら、重きものを浮上せしめ、天空に向って索導するは凡そ翼なるものの本性なるが故に、翼を有する限り全て馬車は空を飛ぶことができるのである。

此等天を逝く全ての馬車の先頭に立ち、あらゆるものを統率しつつ悠々と快翔するのは神々のうちの主神、ゼウスの馬車である。ヘスティアを除く他の諸神悉く、十一群列をなしてゼウスに従い、其等の神々の各々を先導となす各群には欲するものが自由に加わってその後を追うことを許される。扨て天空、すなわち穹窿の内部には到るところ筆舌に尽しがたき佳景あり、また縦横に通路が走って居り、神々は自由に其処を往来して美しき眺めを楽しみつつ各自己の為すべき業を為して居るのであるが、祝いの饗宴があるときは一同うちつれて穹窿の絶頂に昇って行く。然るにこの登り道は巍然《ぎぜん》として聳え立つ一大絶壁であって、実に嶮峻を極め、二頭ながら優良なる馬に索かれた馬車でなければ到底容易に頂上まで達することができない。すなわちこの険難なる山道の登攀に際して各霊魂それぞれの能力が最も明瞭に曝露されるのである。後に地に堕ちて人間の肉体と結合すべき脆弱な霊魂が、暴れさわぐ悪馬に悩まされ、苦悶の姿も痛ましく喘ぎ喘ぎようやく重い車体をひき上げて行くのに反し、軽快なる神々の霊魂は、さも易々と道の終端に達していささかも凝滞するところがない。この終端が天頂の裏側、すなわち穹窿の内側の最高点なのであって、ここから更に穹窿の外側に出る部分が最大の難所に当る。光輝燦然として眩き天外の風光に接せんがためには霊魂はこの難所を通過しなければならぬ。それはまさしく霊魂に科される最後にして最大の試錬であって、この苛酷なる試錬に悠々と堪え得るものは神々の霊魂のみである。すなわち不死なる者の霊魂がこの難関を帰するがごとく通過し、穹窿の頂きを突き抜けて天外に出で、穹窿の背面に位置を占めるや、一瞬も止ることなき天の周転は自らにしてそれを運び、天外の事物を心ゆくまで観照させる。この「天の彼方なる場所」(ho hyperouranios topos)については、未だ嘗て詩人のこれをよく歌い上げたものなく、また決して歌い得るものでもない。無色、無形、不可触にして最も充実せる意味において存在するところの実在(hē gar akhrōmatos te kai askhēmatistos kai anaphēs ousia ontōs ousa)が真実なる認識の領域に取り囲まれて(peri hēn to tēs alēthous epistēmēs genos)其処に在り、霊魂の馭者たる純粋叡知のみそれを目撃することができる。故に叡知と真知のみを以て純粋に養育されている神的思惟は――並びに他のすべての霊魂の思惟も各々それ相応の分前を要求し得る限度において――暫くぶりでこの実在観照に与って、無上の歓喜にひたりつつ充分に滋養をとり、やがて天の周転が元の位置に彼等を連れ戻すまで饗応を楽しむのである。天の一周転の間に彼等の観るものは、正義それ自体、節制それ自体、知識それ自体などであるが、知識といっても生成界に関聯する知識や、我々が現世において「存在者」と名付けている如き種々なる物によって夫々に異なる知識ではなく、本質的に存在する実在を対象とする真の知識である。かくして此等のもの及びこれに類する他の本体的諸実在を観照して思いのまま饗応にあずかった後、この多幸なる霊魂は再び穹窿の内側に下り、家路を辿る。そして家に還り来れば馭者は馬を秣槽の前にともない行き、聖食と神酒を以てこれを飼う。

約《およ》そかくの如きが神々の生活なのであるが、その他の霊魂に至っては夫々能力を異にするに従い実在観照の程度も異なり、その有様は正に悲喜交々である。すなわち其等の霊魂のうちで最もよく神の後に追随し、最も神に似た者にあっては、ともかくも馭者のみは辛うじて頭だけ穹窿の外側に出しながら神々と共に天の周転に乗じて一回転して来るのであるが、そのあいだ、穹窿の内側なる馬共に妨害されて意のままに実在を眺めることができない。然るにこれより劣る霊魂においては、馭者の頭は天上界に浮いては沈み、沈んでは浮きして定めなく、馬が一向に言うことを聴かないので全然観ないでしまう実在が沢山できる。ところがそれより以下の霊魂の群衆に至っては、いずれも天上界に対する熱烈な憧憬に燃えて蹌《よろめ》いて来るのであるが、到底其処まで到達する力はなく、無惨にも下に引摺り落とされ、互に踏み合い蹴合いして他の上に出ようとする。収拾すべからざる雑乱顚倒、恐るべき紛擾がそこに起り、この修羅の巷において馭者の不器用のために多数の魂は跛になり、或は翼を見る影もなく毀損され、かくて一同は劇しい労苦に憔悴し、実在の観照を諦めて其処を去って行く。しかしひと度、その場を去って後は、ただ「仮見《ドクサ》」を飼料として生きるほかはないのである。一体何が故に此等の霊魂が「真理の牧野」(to alētheiās pedion) の在処を見出さんとしてこれほどまでに熱中するかというに、それは霊魂の最上の部分がこの天上的牧場の牧草によってのみ飼養されるからであり、更に魂の飛翔を可能ならしめる翼の本性がこの牧場においてのみ養育されるからに外ならない。故に神々の後に従って上界まで達することを得ず、あたら実在観照の機会を逸して、忘却と悪に纏綿されることになれば、霊魂は翼を失って地上に堕し肉体に幽閉の身となるに至るのである。但しこの墜落以前、嘗ての周転において多少なりとも実在を観た経験のある霊魂は、地上界に堕しても必ず人間として生れ出る。従って人間の中にも、前生時代に行った実在観照の程度によって段階的に優劣の差が成立するのである、と。

高貴なる双の天馬を己が意の儘に駆りつつ風を搏《う》って天空高く飛騰し、悠揚と穹窿の頂外に出でて実在観照の遊戯三昧に耽る神々の霊魂、神々の後を追い、ようやくにして天頂に到達し危うく馭者の頭だけ外に突出したまま天の周転に運ばれて「真理の牧場」の輝く光景を目観する下位霊魂、恰も力つき果てんとして波間に浮きつ沈みつする哀れな漂泳者の如く、天空の背面に或は頭を出し或は頭を沈めして僅かに限られた実在を観るに過ぎぬ劣等なる霊魂、更に下っては穹窿の内頂にすら登ることを得ず、空しく実在観照の機を逸し、翅を折られて下界に転落する多くの悲惨な霊魂達——潑剌軒昂たるもの、悄然として意気沮喪するもの、悲喜こもごもなるこの幻想図は、人間のイデア観照の真相を実に巧みに、而も実に皮肉に描写せるものである。苟も自ら親しくイデア観照を試みた経験のある人はこのミュトスを一読し、顧て必ずや内心に思い当るところがあるに相異ない。そして恐らく其等の人々の大多数はおのずからなる苦笑を禁じ得ないことであろう。すなわちここに描き出された天馬飛騰の風景は、現世において実在捕捉の道を辿る人々が必ず経験する実体験のミュトス化に外ならないのである。プラトン自身が、かかる体験の持主でなかったとしたならば、彼は絶対にかくまで真に迫った詩話を創り得なかったに違いない。またそれが彼の実体験であったればこそ、その基礎の上に彼独特のイデアリズムが成立し得たのである。しかしプラトンはこの現世的体験の事実をここでは現世から天上の世界に移し、前生的体験の「記憶」として措定することによって、ミュトス的にその純粋可能性を根拠付けようとした。若し人間霊魂が地上に堕して肉体と結合する以前、かかる体験を経たことがあり、その体験の記憶がいまなお魂の奥底に眠っているものとすれば、霊魂は他の如何なる外物に拠ることなく、ただ自分自身を浄化し、自己の内面深く探り入ることによって真理に逢着し得る筈である。然して霊魂のこの自己浄化、自己沈潜の道こそ、かの「死の修錬」に外ならなかった。死の道は人が自己の外へではなしに、自己の内へ向うことによって、自己を心の底なき底にまで辿り行くことによって真実在の認識に至らんとする内向的神秘道であり、一個の純然たる超越的主体道なのである。

嚮に上述せる愛の道を経験的実践的弁証法と認め、これを広義の弁証法の下に一括することが許されるとすれば、弁証法の道は究竟的絶対者認識に至る外向的体験道であり、死の道は同じ絶対者認識に至るべき内向的体験道である。ルドルフ・オットー(Rudolf Otto: West-östliche Mystik, I. K. VII)は神秘主義一般の基本的形態として神を魂の深奥に求める「霊魂・神秘主義」と、神を絶対超越者として無限の彼方に尋ねる「神・神秘主義」とを区別しているが、此等両道の形式は既にプラトンにおいて完全なる意識を以て確立されているのである。外向の道も内向の道も、具体的に成立せる形態としては全く対蹠的性格を示すのであるが、しかし本質的には同一事態を目指す精神発展の二側面に過ぎず、結局両者は同じものであって、其処に何等優劣の差違は存しない。いずれの道を選ぶかは個々の神秘家の性格傾向の如何によるのみであり、いずれの道を辿るも必ず最後には同一処に到達するのである。同じ道でありながら全く異なり、違った道でありながら同一の道であるという超越的主体道の矛盾性をプラトンは知悉していた。然して彼は此等の両道を矛盾せるがままに把住し来って親しく自己の上に現証した。プラトンの偉大なる綜合的天才の一査証を人はここにも見出さないであろうか。

第三章　アリストテレスの神秘哲学

（１）アリストテレスの神秘主義

　ギリシア哲学史はアリストテレスを中心に、左右からプラトン、プロティノスがこれをさしはさんで面々相対峙し呼応しつつ、三段の雄大なる起伏をなして限りなき広袤《こうぼう》にうち拡がっている。左右の両者においては、炎々たる形而上学的情熱の火焔となって一挙に天上高く駆け昇り、ともすれば経験的世界の確実なる地盤を遊離しがちなギリシア的知性は、アリストテレスにおいてはその激熱狂騰の衝動を羈束され、鞏固なる基礎の上にひき据えられて、飽くまで質実に、飽くまで堅剛に、一歩一歩と儼乎たる存在論を構成して行く。抑々の発端から「存在」に対して異常なる関心を示し来ったギリシア哲学の存在論的傾向はアリストテレスに至ってその頂点に達し、且つより一般的に言って、ギリシア精神それ自体の根本的性格もまた彼に至って剰すところなく完全に露顕すると考えることすら不可能ではないであろう。後世、ヘブライズムとヘレニズムとを対立せしめ両者を比較考量する人が、アリストテレスを措いては決してヘレニズムの特徴付けを為し得ないことは偶然ではない。されば、また我々がギリシア神秘主義の史的形成を追求せんとするに当っても、アリストテレスを除外することは絶対にできないのである。そして事実、神秘思想史上における彼の位置は意外に大きい。一見、神秘主義には縁なきものとも見え、否むしろそれに積極的に対立し拮抗するごとくにさえ思われる彼の思想傾向に拘らず、アリストテレスの影響はギリシア神秘主義はおろか、西洋神秘思想史全体に対してまで及んでいる。少くとも神秘哲学あるいは神秘思想を問題とするかぎり、我々はアリストテレスなき西洋神秘主義の歴史を考えることはできない。新プラトン主義に対するその思想的影響は別としても、神秘主義の黄金時代と称されるカトリック的中世期の宗教生活において所謂「観照的生活」vita contemplativa が如何なる優越の位置に置かれていたかを人は想起して見るがよい。然るに現世における人間生活の極致としての vita contemplativa の理念こそ、まさしくアリストテレス独特の人生観に由来する生の理念なのではなかったか。あらゆる種類の行為的実践的徳に対して、知性的叡知的徳の絶対的優位を断乎として揚挙せるかのスタゲイラの哲人にとっては、神々の生にもまがう純粋観想の浄境こそ、何物にもかえがたき人生の醍醐味であり、地上的幸福の極致であった。然してここに純粋観想とは人間知性の脱自的体験を意味する。それは嘗てプラトンが「突如として」の一語によってその超越性を具象化せんとし、今や再びアリストテレスが「驚くべき」の一語によってその内容を暗示せんとするところの聖なる世界の開顕であり、人間における「神的なるもの」(to theion)の完き発動である。かのニコマコス倫理学第十巻第七章において、彼には珍らしい情熱の奔騰を示しつつ、人間の至高窮極なる幸福としての観照的生の意義を説き、「もとよりかくの如きは人間の限界以上の生といわるべきであろう。蓋しひとは、人間である限りにおいてではなく、ただ彼の裡に何か神的なもの(theion ti)が存在する限りにおいてのみかかる生を体験し得るのであって、この(神的な)ものが彼の(霊肉)合成的本性に優っている丁度その程度だけ、それの活動もまた他の徳の活動に優越しているのである。されば(純粋)叡知が(合成的実体たる)人間に比して神的なるものである以上、叡知的生活もまた人間的生活に比して神的でなければならぬ。しかしひとは、人間の身なれば人間のことを、死すべき身なれば死すべき物事のことのみを憶えという(古賢の)勧告に盲従すべきではなく、寧ろ進んで可能なるかぎり不死を獲得せんとし、自己の裡に在る最も優れたものに従って生きんがために拮据勉励すべきである(khrē... eph' hoson endekhetai athanatizein kai panta poiein pros to zēn kata to kratiston tōn en hautō-i)。何となれば、人間は容積こそ小さいけれども、権能と尊厳においては遥かに万物を凌駕するものであるから。而もこの

(人間における神的な)ものが(人間における)支配的なるものであり且つより良きものである以上、それは各人の真我であるとすら考えてよい程である。故に若し人が(このものに従って生きないならば、彼は)真の自分の生活を生きるのではなくして誰か他の人の生活を選ぶという不条理なことになるであろう」(Eth. Nic. X, 7, 1177 b)と、恰も後のパスカルを髣髴せしむるごとき表現によって、肉体における人間の弱小に対して知性における人間の尊厳を顕彰し揚挙するとき、人はギリシアの生んだこの偉大なる常識人の一見索寞たる概念的思想体系の秘奥にひそむ怖るべき神秘主義的パトスの深淵を、垣間見る思いがしないであろうか。勿論ここにアリストテレスが人生の窮極としてその意義を高唱する「叡知に従っての生活」(ho kata ton noun bios)とは近代思想的意味における理性的乃至は合理的生活として解されてはならない。ここにいう知性あるいは叡知とは近代思想に所謂「理性」の極限を突破せる更に彼方なるものであり、人間知性が窮まるところ却って人間の限界を踰越して神的知性にまで通ずるところの霊性を意味する。換言すれば、それは人間精神そのものの脱自的原理であり、嚮《さき》にプラトンが霊魂におけるダイモン的なるものとして霊魂の頂点に位せしめた超越的能力なのである。されば、かかる霊力の完き顕現活動(エネルゲイア)として叡知的生活とは、結局人間精神が自己自身を超脱踰越する脱自的活動を意味するにほかならぬ。そしてそれがすなわちアリストテレスの謂わゆる観照的生活なのである。人間は精神の絶頂に「神的なる何ものか」を宿して居り、この神的なるものを純粋に発動せしめることによって、人は不完全ながら、人間に許された限度内において神の生そのものに与ることができる。其処にアリストテレスは現世的人間生活の真の意義を認めたのである。しかしながら翻って惟うに、人間生活のかくの如き理念こそまさしく直ちにプラトン自身の生の理念でなかったであろうか。自分は恩師を敬愛する、がしかしそれよりも更に真理を敬愛すると断言して、プラトンのイデア論にかの激烈なる破壊的批判を加えることを敢てしたアリストテレスではあったが、彼はやはり根本においては終始一貫して真摯なるプラトン主義者であった。存在の至高領域に最後まで主たる関心をつないでいたプラトンに対して、主として存在の下層領域に鋭犀なる分析の目を向け、学的認識の凡ての分野に亙って「先ず何より第一に具体的事実の観察から始め、その後に甫めて事実の原因を探究すること」(De part. an. I, 1, 640 a, 14)を自家独特の旗幟《きし》として樹立し、恩師によって棄却された経験的個物を再び救出することを以て理想となしたアリストテレスの質朴堅剛なる実証的精神の奥深きところに脈々と搏動するプラトン的情熱のあつき血潮を人は感得しなければならない。また、さればこそ彼の哲学体系においては、人はいかなる点を採って見ても、いかなる方面を選んで見ても、必ず整然たる秩序の階層を上へ上へと導かれ、遂に神に達せずには居ないのである。アリストテレス的体系にあっては、存在論たると認識論たるとを問わず、主要なる途は悉《ことごと》く神に通じている。「質料―形相」の途を採るとせんか、人は必然の連鎖を伝わって純粋形相としての神に達するであろう。「潜勢―現勢」の途を採るとせんか、途は純粋現勢（純粋現実態）としての神に至って終るであろう。かくて「存在する限りにおける存在」の学と規定された第一哲学、即ちアリストテレスの形而上学はその頂点において純然たる神学となる。また視線を一転して、認識主体の側面につくとせんか、人間霊魂を根本的に特徴付ける二つの能力（De an. III, 9, 432 a, 15）のいずれの方向を追うとも結局人は最後に神に達するであろう。すなわち運動の方向を辿れば、自ら動くことなくして全てを動かすところのかの「不動の第一動者」（prōton kinoun akinēton）としての神に、また感覚・思惟による認識活動の方向を辿る時は、これまた「思惟の思惟」（noēsis noēseōs）としての神に到達せずしては人は絶対に前進向上への刺衝から解放されないのである。いずれの側面から、如何なる道に依って歩み出すとも我々は遁れ難き実在の必然性に嫌応なく索曳されて同一の神に帰着する。然してこのことは単に客観的な存在論体系の抽象的形態において、神が全体系の頂点をなし中心をなすという謂わば冷酷な純理論的主張に過ぎないのではなく、その基底にはやはり主体的体験の潑剌たる生命が、充実し脈通しているのである。アリストテレスはその事実を、かの有名な能動的知性論によって論証せんとした。そして我々はここにこそ、アリストテレスの神秘主義について語り得る充分なる根拠を見出すと思うのである。

質料的なるものから形相的なるものへ、形相的なるものからより形相的なるものへ、即ちより潜勢的なる状態からより現勢的なる状態に向って進展しつつ遂に完き現勢態に至らずんばやまぬという、凡ゆる存在者に帰属せしめられる求心的動向こそアリストテレス形而上学のあの特徴あるディナミズムを成すものに外ならないが、全存在者が本源的に抱いているこの求心的動性は決して単なる論理的体系的必然性ではなくして、却って一種の宇宙体験的必然性に裏付けられた必然性であり、パトス的なるものの論理面としてのみ真に深き充実性において理解されるのである。宇宙にある全ての存在者は悉く存在界の中心点に向って還行せんとする不思議な憧憬を有している。生あるものたると生なきものたるとを問わず、ありとあらゆる存在者は謂わば自己の存在性の中に一種の空白を抱いて居り、この空白を充たさんがためには絶対充実せる存在の根源そのものにまで帰趨しなければならない。全存在者を駆動して、自己の存在性の完全充実に向わしめるところのこの傾向をアリストテレスはくしくも「本能的欲求」(oreksis)と呼んだ。宇宙は全存在者のかくのごときオレクシスに充満し、沸き溢れている。意識すると意識せざるとに拘らず、すべてのものは夫々相応の位置にあって神を恋い慕い、神に赴かんとして止みがたき衝迫の力に駆られているのである。自ら不可動なる第一動者が而もよく万有を動かすのはそれが万有の愛慕の対象なるが故である(kinei dē hōs erōmenon—Metaph. XII, 7, 1072 b)と彼が説き、また、恰も雌が雄を本能的に恋い求めるごとく質料は形相を欲求する(Phys. I, 9, 192 a)と彼が言う所以のものはここに存する。かく万有が唯一なる神を恋い、全存在界は存在の中心に向って収斂的に引き寄せられて居るからこそ、宇宙には一の整然たる秩序が成立し、それが全存在者をあたかも叡知ある者のごとく支配するのである。アリストテレスの形而上学とは畢竟するに、全存在者を本源的に支配するこの「欲求」の秩序を理論的に基礎付け、その秩序によって構成される存在のパトス的構造をロゴス的構造として知性面に移植し再現せるものにほかならない。されば、一見冷然として極めて概念的抽象的なるこの形而上学体系の表皮の直ぐ下には、生々躍動する宇宙的オレクシスそのものの最も内密なる個人的体験が伏在しているのである。而もその体験たるや個人的体験であって同時に宇宙的体験である。蓋しありとあらゆる存在者は悉く挙げて本源的存在欲求の支配下にあるとはいえ、このオレクシスを全き充実性において意識し得るのは全宇宙にただ人間あるのみである。あらゆる他の存在者は、霊魂なき無生物はいうまでもなく、霊魂によって生きる植物、動物といえども全て神を恋い神を求めつつ自らそれを知らぬ。言い換えれば彼等においては存在欲求は無自覚的であり盲目的であるに留る。ただ感性的能力の上に叡知という脱自的能力を賦与されている人間霊魂においてのみ、而もその脱自性が、剰すところなく完全に開叙せられた極めて稀なる場合にのみ、はじめてこの盲目的欲求は完璧なる意識性にもたらされ、完全に自覚的なる根源欲求として実存化される。全宇宙が最下底なる質料から次第に質料性の纏綿を離脱して形相性の度を増しつつ遂に質料性(潜勢態)の溷濁を絶対に断除せる完全無欠の形相性現勢態に達し、「純粋形相—純粋現勢」となって窮極する一の存在整序を成すことは前述の通りであるが、人間は最も質料的なる個別感覚から次第に質料性を離れて形相的に向上し、知性の極限に至って脱自的に「思惟の思惟」を実現することによって、この全宇宙的なる「質料—形相」的存在上昇を直下に自己内心の事態として実存的に体験し得るのである。ここに実現された思惟の思惟は決して直ちにそのまま神自体の自己意識ではないが、しかもそれは神の意識と或る本質的にして内面的なる聯関を有している。この脱自性の原理をアリストテレスが「人間における神的なるもの」と呼んだことは忽《ゆるが》せに看過さるべきではない。神に恋慕し神を渇求してやまぬ万有の衝動を己が心内深き一点に凝集し、全存在界に瀰漫する宇宙的動性の真諦を直接端的に己が精神の動性として捕捉しつつ、謂わば宇宙そのものを実存化し得るところにアリストテレスは人間の尊厳を認めたのであった。それは脱自性の極致における体験なるが故に、人間の体験でありながら既に単なる人間の体験ではなく、人間を超えた生のいとなみである。上に引用せるニコマコス倫理学の終巻においてアリストテレスが純粋観照の境地を以て「人間的生活」(anthrōpinos bios)に対する「神的生活」(theios bios)となせる深意はここに存するのでなければならない。絶えず神を求め神を慕いつつ脱自的に自己の本性を実現して行く人間精神の発展は、全人類的見地よりするもまた個人的見地よりするも、まさしく宇宙そのものの存在性開叙の縮図なのであり、人間精神を通じて宇宙それ自体が自己自らを意識し、自己自らを実存化して行く過程なのである。然して完全円成せる現勢態(エンテレケイア)すなわち純粋叡知体としてのアリストテレス的「神」の理念は正にこの点にその最後の根拠を見出すのである。されば人間が、胸中に萌した神への憧憬に促されて神を渇仰し、神を渇仰することによって次第に己が叡知的本性を脱自的に円現してゆくとき、彼の自己実現はすなわち宇宙そのものの自己実現なのである。神に対する彼の愛慕の中には、神に対する全宇宙の切なき憶いが籠められている。彼は謂わば凡ての存在者の輿望を一身に担って神を愛慕して行くのである。

かくして我々は、アリストテレスが人間生活の冠冕《かんべん》となした観照的生 vita contemplativa なるものが実に全宇宙的規模における雄大なる生の営みであることを確認することができるであろう。それは宇宙全体に噴湧し沸騰しつつある生命的動性の人間における凝集であり、人間の実践であると同時にそれを超えて全宇宙の実践である。人間霊魂は、全宇宙が自己を自覚し、自覚することによって神の永遠性に参与する場所なのである。広漠たる宇宙の只中にあって人間は哀れなる一点に過ぎぬ。しかしながら彼は思惟を有するが故にあらゆる他の存在者より偉大である、とアリストテレスが説き、また後にパスカルが再び深き感動をもって繰返すところのかの「人間の尊貴」は、人間の思惟に内具するこの宇宙的実践の意義をはなれては絶対に考えることができない。アリストテレスの主知主義は、通常 Intellektualismus の名の下に近代人が想像するごとき主知主義ではなく、また謂わゆる「観的」態度でもない。故に若し人がギリシア的主知主義と近代信仰の実存的弁証法とを対照し、前者を観的立場、後者を実践的立場として特徴付けるならば、それはギリシア的意味における観照生活の甚だしき誤解に由来するのである。かかる論をなす人々は contemplatio なるものを全然内面的に理解することなく、即ち自らいささかも観照の体験なくして、ただ外面からそれを観察し、皮層的に判断しているに過ぎない。しかしかくのごとき態度こそ観的立場の最たるものでなくて何であろう。アリストテレスが観照的生の名によって意味するところは、決して単に何等かの対象を客観的に眺めることでもなく、文字通りの自己忘失的冥想に惑溺することでもなくして、全宇宙的存在性の自己実現が人間精神において了々たる意識と化し、かくて実存的に把握されることにほかならず、従ってそれは人間的実践即宇宙的実践として、あらゆる存在者の重量を一に脊負った人間の実践的活動の極致にほかならぬ。それは実践と対立する知性の自己昏沈であるどころか、却って最も充実せる意義における実践であり、実践の窮極ですらあるのだ。

「一者即一切者」の宇宙的体験をもって思索を始めたギリシア精神の伝統は、脈々たる生命をアリストテレスに伝え、彼に至って宏壮なる形而上学となって開花したのであった。彼がその倫理学において、所謂実践的徳の上に知性的徳を置き、前者に対する後者の決定的優位を説いたことは、決して実践を軽視し、それに第二義的意義のみを認めたことを意味するのではなく、却って知性活動に含まれる宇宙的自己実現の契機が所謂実践よりも遥かに実践的なる事実を彼が身を以て体得していたことを物語るのである。アリストテレスにおいても倫理学は儼乎たる実践の学であった。彼の倫理学はその窮極において実践を否定し、これを第二義的位置に貶謫《へんたく》するのではなくして、知徳の優位を説くことによって逆に実践の完現態を説き、実践の極致を説くのである。ひとは屡々実践の宗教的意義について語り、信仰とは神の前に立たされた人間が自ら最後的決断を下す行為であるという。しかしながら真に充実せる意義における宗教的実践は相対的個人としての人間の片々たる相対的行為に存するにあらずして、全存在界を背後にひかえ、全宇宙的意義を担った深き実践でなければならぬ。神の前に自己を決断する個人的実存の成立と同時に、神に対する宇宙それ自体の決断が成就するのでなければならぬ。これアリストテレスが知性活動の裡に、世人が呼んで実践となすところの所謂実践よりもはるかに高くはるかに大なる実践を認めた所以である。蓋しかかる実践はその極限において神の本質そのものにまで通ずる実践であるが故に、若し世に宗教的実践と呼ばるるにふさわしき実践ありとすれば、この宇宙的実践こそまさしくそれであるに違いないであろうから。然してまたここにこそ、アリストテレス全哲学体系の宗教的基底が存するのであり、ここにこそアリストテレス的神秘主義のプラトニズムに対する歴史的特殊性が存するのである。すなわち嘗てプラトンにおいては国家篇的「哲人」の個人的体験として単に個人の完成を意味するに過ぎなかった神秘主義は、アリストテレスによって雄渾なる全存在的規模にまで拡大され、宇宙的神秘主義として発展すると共に、その基礎の上に最も普遍的なる「存在する限りの存在」の学を成立せしめるに至った。しかしながら、具体的人間実存といえば直ちに個人的実存を憶い、狭隘なる個人的体験の圏内に跼《きょく》蹐《せき》して、自己の外なる世界の遥かに具体的なるを知らぬ近代人は、かかるギリシア的宇宙主義の抽象性を嘲笑し、宇宙的実存のごときは架空の物語にすぎぬと言って貶斥し去るであろうか。こと一たびここに至れば、問題は既に世界観の相違にもあらず、主義立場の扞格にもあらず、全ての秘鑰《ひやく》はかかって根源的体験知の有無に存するのである。観照的生の実践において自ら親しく宇宙的実存の主体となり、脱自的に個人意識の外なる客観的世界に踏み出て見た経験がなければ、人はただデカルトを捩《もじ》って「我れ思惟す、故に我れ在り(と我れは思惟す)」を繰返すか、或はカントに従って先験的主観主義の呪咀に身を委すほかはないであろう。アリストテレスの形而上学について、「存在する限りの存在」の学たる存在論が何故に窮極において絶対超越者の学たる神学になるのか、其処にイエーガー流の「発展史」によらずしては解決すべからざる根本的アポリアを見た人々や、またかの能動的知性に関し、果してそれが可能的(受動的)知性と一の実体をなすのか、或は其等は二つの異なる実体であるのかについて尽きざる論議にふけった哲学史家達は、大部分この哲学思想の根柢にひそむ体験的基盤を無視して、ただ外面的にのみ問題を解決せんとしていたのである。アリストテレスの形而上学の構成にも、De anima の能動的知性論にも明かに一の矛盾があり、そのために特に後者に関する論述のごときは著しく曖昧たるを免れない。しかし理論面にそのような矛盾が存するのは、理論の基底をなす体験そのものが本質的に矛盾的体験であるからである。アリストテレスの哲学は、存在論においても認識論においても、かかる矛盾的根元体験の深淵を内にいだいている。彼の思想を或る客観的に完成する体系としてではなく、一の矛盾的宇宙的体験内容のロゴス的追求として謂わば立体的に眺めるとき、人は其処に思いもかけなかった全く新しい世界の地平を見出すであろう。プラトン、プロティノスとは異なって、アリストテレスの神秘主義は思想の表面には殆んど姿を露わすことなく、内面深きところに伏在して底からこれを支えているのである。すなわちアリストテレスにおいては神秘主義は飽くまで底流であって水面からはこれを見ることはできない。ただしかし水源から終始力強き底流をなして急湍の奥に隠れひそんでいたこの体験的基体は河の最後に至って俄然滾々《こんこん》と表面に湧き上り、恐るべき姿を外にあらわして来る。これがすなわち存在論の冠冕をなす神学であり、認識論の終局をなす能動的知性論である。かくて、アリストテレスの思想体系全体において神秘主義に与えられている表面上の場所は洵《まこと》に狭く洵に小さい。しかしながらこの場所は、全体系中の「最も光栄ある」位置であることを人は看過してはならない。のみならず、若し上述の如く解釈することが許されるものとすれば、表面に顕現していない場合でも神秘主義は見えざる力となって壮麗なる思想の建築物を内にささえているのである。

果して然らばアリストテレスは神秘家であるのか。我々は最早この問いをば、嘗ての哲学史家のごとく単純素朴なる「否！」を以て一挙に截断し去ることはできないであろう。蓋し我々は恐らくアリストテレスを見る観点の相違に従って、この問いに対して否定的にも肯定的にも答えねばならぬであろう。彼の哲学全体を貫いて走る根幹ともいうべき存在の叡知性は、一般にギリシア的叡知性が根本的にそうであるごとく、その窮極において神的であり、これを把握自証する人間精神もまたその絶頂においてダイモン的であり、神秘的である。知性の尖端に宿るダイモン的なるものを端的に自覚し、このダイモン的なるものの発動によって生起する純粋観照の脱自性において一者即一切者の宇宙的浄福を味識し体得する意味よりすれば、アリストテレスは先師プラトンにも後輩プロティノスにも劣るところなき純然たる神秘家であった。然して彼の思想体系においては、あらゆる存在者は悉くこの窮極の一点を目指す動性の渦中にあるものとして捉えられており、且つ其処に全存在界の窮極的統一の原理が認められているのである。著しくエレア派的パルメニデス的であったプラトンの存在観に対してアリストテレスのそれは極めてヘラクレイトス的なることを特徴とする。しかし、ヘラクレイトスの動的形而上学が万有の流動をただ単に直接所与的なる流動として描写することによって成立するものではなく、流動の底にあってその根源をなすところの永遠のロゴスを中心として甫めて成立することを得たように、今またアリストテレスにおいても全ての存在者は宇宙の中心をなすところの或る至上究竟の完現点を目標とする自己実現の動的過程にある限りにおいて夫々の存在の価値と意義とを獲得するのである。「存在する限りの存在」の学は畢竟するに存在の目的因的体系である。この体系にあっては、如何なる存在者も世界の終局的目的を離れては意義を有ち得ない。而も万有を支配するこの自己実現の動性は人間知性に至ってその極限に達し、遂に脱自的に完全なる意識となって照明される。故にアリストテレスが彼独特なる観察眼によって物理的現象を綿密に記述し、或は自然的事物について委曲を尽した検討を試みるとき、其等の叙述自体はいささかも神秘的なる要素を含んではいないけれども、叙述の対象をなす自然的事物そのものは形相性実現の動的過程において捉えられている限りにおいて既に神秘主義的体験の胚芽を謂わば無意識的に胎蔵するものといわなければならないであろう。蓋し神秘主義的体験とは、全宇宙から切り離された極めて特殊なる事態の体得なのではなく、宇宙的過程それ自体の窮極的顕現に外ならないのである。我々はかかる観点に立って甫めて、従来ともすれば看過されがちであったアリストテレス哲学の神秘主義的基底を正当に評価し得るものと思う。

（2）　イデア的神秘主義の否定

あらゆる存在者はその本質において叡知的であるという所謂「存在の叡知性」die Intelligibilität des Seins はギリシア形而上学一般に通じる根本信条である。存在がすべて本質上叡知的であるならば全存在界は認識主体に対していわば底の底まで透明でなければならぬ。かかる世界観は洵にかの澄み渡るヘラスの碧空のごとく明るく美しく、光にみちあふれている。人はこの明るさを屢々「アポロ的」と呼ぶ。そしてこのアポロ的明るさはアリストテレスに至ってプラトンの場合よりも更に一段と光度を増すごとく思われる。プラトンにおいては存在の叡知性はイデア的世界にのみ属するものであった。何となならば本質的意味において存在すると言われ得るものはただ永遠不動なる超越的イデアのみだからである。感性的現実の世界を支配する生成は、それ自体として見れば完全に非叡知的であり、その性格は叡知性の反対ですらある。生成の世界は不透明であり、其処には暗闇の濃霧が立罩めている。しかしながら、生成の原理が感性的世界のコスモスを構成するかぎり、其処にも何程かの叡知性が認められなければならないとすれば、その叡知性は感性的世界そのものの性格ではなくして、イデア的世界が有する叡知性の影像であり、イデアの光耀の照映なのである。然るにこの謂わゆる二世界主義を何よりも激しく批評攻撃したアリストテレスによれば、我々にとって最も具体的なる感性的現実界を超越した幻影のごときイデア界の叡知性の如きものは考えることができない。存在が叡知的であるというならば、それは我々が現に具体的に生きている現実の世界から遥かに遠い何処か天上の世界の存在が叡知的であるのではなくして、この具体的な存在界が、生成の事物が叡知的であるのでなければならぬ。切れば血の迸る生々しい現実の存在が叡知的なのであらねばならぬ。生成的存在の世界は、超越的イデアの照映として仄かに叡知性の影像を受けるのではなく、それ自体が本源的に叡知的なのである。然るにこの叡知性の原理は形相であり、形相は上述せるところに従えば目的なるが故に(causa formalis＝causa finalis)、結局アリストテレスにおいては叡知性はプラトンにおけるごとく存在の構造を規定するのみにとどまらず、更に生成の目的論的発展をも基礎付けるものと考えられるに至った。

勿論かく言えばとて、アリストテレスにとっては生成界の感性的個物が直ちにそのまま全部叡知的であるということではない、意味するところは、感性的個物は超越的イデアの影像として稀薄なる存在性をあやうげに保つ非実在ではなくして、各々自己の裡に儼乎たる存在性の中核、すなわち叡知性の原理を包蔵して居るということである。然して、全ての具体的個物の裡に宿るこの存在の核心をアリストテレスは其等のものの「本質」(to ti ēn einai)と呼ぶ。本質とはあらゆる物をして各々その本然のものたらしめる実在性の原理であって、元来生成界が叡知的であるのも生成的事物が全てかかる実在性の核心を有するが故にほかならない。言い換れば、其等の物は謂わば頭上に浮遊する不思議な世界から自己の実在性を受けとるのではなく、夫々自分自身の奥底に実在性の根拠を抱いているのである。ここに「現象的存在者を救出する」というアリストテレス的旗幟の真意が存する。彼は直接的経験の世界を敝履《へいり》の如く棄却して一挙に天上はるけき久遠の世界に飛翔し去らんとするプラトン的情熱に焦燥することなく、あくまで冷静に、あくまで忍耐強く経験的所与を観察し分析して、其処から最も具体的にして最も確実な存在性の核心を握み出そうとする。須臾も止らぬ生成界の流動の大波小波を凝視しつつ、そこに脈々と生きつつある永遠のロゴスを把握せんとする。これこそアリストテレスの根本的特徴というべき客観主義の真髄であり、経験主義の真精神でなくて何であろう。この意味において彼はまさしくヘラクレイトスの正嫡であった。

扨てかくのごとく具体的個物の根柢にひそむ叡知的実在性としての「本質」を定立することは要するにプラトン的イデアの内在化にほかならぬ事実が注意されて然るべきであろう。アリストテレスの本質論は内在的イデアの主張である。「本質」はイデアを否定し竄貶《ざんぺん》するものではなくして、具体的事物に内在する限りのイデアであり、従って依然としてイデアであることには違いはないのである。アリストテレスが彼の「本質」を表わすに屢々、嘗てプラトンがイデアを意味する術語として用いた「エイドス」(eidos)の語を以てせることは洵に意義深きものがあると云わざるを得ない。*本質はイデアそのものの否定ではなく、イデアの超越性(khōrismos)の否定にすぎぬ。所謂コーリスモス・エイドスは断乎として否定されるけれども、そのかわりにイデアは感性的事物に内在し、それらの実在性の根源をなすものとして新たなる意義を認められるのである。アリストテレスによって超越性を峻拒されたプラトン的イデアは、内在性において具体生命に生かされる。俗にアリストテレスはプラトンのイデア的世界を天上から地上に引きおろした、と言われるのはこの事実を指すのである。** 本質論に関するかぎり要するに問題は超越的エイドスか内在的エイドスかであって、エイドスがイデア的実在であることにはいささかも変りはない。

＊　即ちこの用語法に従えば eidos = to ti ēn einai (エイドス = 本質 essentia) である。然るにアリストテレスの存在論体系にはプラトン的イデアとは本来全く異なる秩序に属するところの実在観の流れが走って居り、この新たなる系統もまたエイドスを貫流している。この第二の秩序から眺めた場合、エイドスは「形相」となる。すなわちここでは eidos = morphē である。モルフェーとしてのエイドスは本質(essentia)ではなくして形相(forma)であり、それは質料(hylē—materia)に対立する。かくしてアリストテレスにおいてはエイドスなる言葉は二重の意義を担っている(cf. Simplicius, Phys. 274, 13 ff.—Diels)のであり、逆に言えば元来は、全然違った系統に属する二つの独立せる実在観がエイドスにおいて相交叉し、相合しているのである。結果から見れば essentia = forma となるが、その内容は決して単純ではない。このことは

アリストテレスの形而上学全般の理解にとって極めて重要なる意義を有つ。プラトンの超越的イデアリズムを否定したアリストテレスの形而上学が、別の途をとって結局再び新しい超越的イデアリズムの確立となる端緒は正にエイドスのこの二重性に存するからである。しかしそれについては我々は後に詳しく論述する機会を有つであろう。

＊＊ Er holt die platonische Ideenwelt gleichsam vom Himmel auf die Erde herab. Die Ideen werden in die Dinge hineinverlegt. Das transzendente wird zum immanenten *eidos*; die gleichsam über dem Ding schwebende, an einem überhimmlischen Orte befindliche *idea* wird zu der dem Ding innewohnenden, ihm sein ontisches Gepräge verleihenden, seine Entwicklung und Gestaltung determinierenden *morphē*. (J. Hessen: Platonismus und Prophetismus, S. 35) 但しヘッセンを始め多くの論者が最初からエイドスにおける本質的契機と形相的契機とを混同しているのは著しき誤謬である。人はアリストテレスの神が、プラトン的イデア神に劣らず超越的神なることを憶起すべきであろう。具体的事物に宿る内在的イデアを如何程つきつめて行っても超越的神に達することはできない。「エイドスのエイドス」としての神が絶対超越者であり得るのは、それが「質料―形相」的整序に属するからである。

プラトンにとっては、存在とは一言にしていえば普遍者であり一般者であった。プラトンが「真実在」(ontōs on)という時、彼の念頭にあるものは感性界の個別的存在者ではなくして、それら全ての儚き事物を踰えた、超個物的なる永遠の普遍者であり、それがすなわちイデアなのであった。個物的存在界は謂わばかかるイデア界の余光によって僅かに実在性を保持するにすぎない。然るにこれに反して、アリストテレスにとっては、「実在」とは普遍者ではなくしてあくまで具体的現実的なる個別者である。概念的一般者に対応するところの普遍的な人間性が実在するのではなく、現実に生きて動いている個人ソクラテスが、個人カリアスが実在するのである。個別者を超えた普遍者、一般者のごときものは抽象的概念として我々の脳裡に存在こそすれ、実際に現実として実在するものではない。しかしながら、然らば其等の具体的な生きた個人ソクラテスや個人カリアスは、ただそのままに個別者である限りにおいて実在するのであるかというにアリストテレスもそうは考えないのである。個別者が真実在であるのは、個別者であるかぎりにおいてではなくして、其等が夫々自己の実在性の根源を内に宿しているかぎりにおいてである。然して個別者に内在するこの実在性の根源がすなわち「本質」であることは言うまでもないであろう。「形而上学」の一節（Metaph. XII, 3, 1070 a, 20）において個別者が「勝義における実有」(hē malist' ousiā) と呼ばれ、また「範疇論」(Cat. 5, 2 a) において「特に第一義的に実有といわれるもの」(hē kyriōtata te kai prōtōs kai malista legomenē[ousiā]) と名指されているのは、偏えに個別者が実在性の原理としての本質を内蔵する故にほかならない。従ってそれは、他の箇所（例えば Metaph. VII, 7, 1032 b, 1）

で本質が「第一実有」と呼ばれている(eidos de legō to ti ēn einai hekastou kai tēn prōtēn ousian)ことと少しも矛盾しないのである。蓋し個別者をして真に実在たらしめるものは本質であり、逆に本質は個別者の裡に宿されてのみ実在するのであるから。

さてプラトン的イデアは普遍者であり、アリストテレス的エイドス(本質)は感性的事物に内在する限りのプラトン的イデアに外ならぬとするならば、このイデアは内在的状態においても依然として普遍者なのであろうか。換言すればアリストテレスの説く本質(eidos = to ti ēn einai)は個別者に内在する普遍者であろうか。この問いは、アリストテレスの形而上学的立場をプラトンのそれに対決せしめる上に実に決定的なる意義を有つばかりでなく、両者の神秘主義に対する関聯を測定する上にも重大なる役割を果すのである。しかしながらこの問いにたいする答えは不幸にして単純ではあり得ない。諸処に分散する言説を綜合して、出来るだけ忠実にこの問題に関するアリストテレスの思想を解釈しようとすれば、答えは恐らく次の如くなるであろう。本質《エイドス》はそれ自体としては、即ち純粋に端的に本質であるかぎりにおいては、単に各存在者の絶対的本性を表わすのみであって、個別的でも普遍的でもないのである。「各存在者の本質とは各々の物が自体的にあると言われるところのものである」(esti to ti ēn einai hekastō-i ho legetai kath' hauto)と「形而上学」(Metaph. VII, 4, 1029 b, 13)に定義されているのはこの意味である。

故に本質は自体的には実在性(hoti estin)の規定すら受けないのである。何とならば、アリストテレスにとっては、実在するということはとりもなおさず存在の裡に質料的個別化を受けて現勢的にあるということに外ならないから。然るに厳密な意味におけるこの自体的なる本質は二重の秩序に従って現勢化される可能性を有つ。すなわち一方は存在の秩序に従って、他方は思惟の秩序に従って。存在の秩序に従って現勢的に実在する本質が個別的実有である。故にそれはもはや「質料なき実有」(ousiā aneu hȳlēs)ではない。*然るにこの個別的実有が思惟の秩序に従って現勢態にある場合、本質は普遍者である。而もこの普遍者は飽くまで具体的個別者の本質としての普遍者である限りにおいて、具体的実在性との内密なる関聯を保持しており、従ってそれは未だ抽象的普遍者ではなくして儼として実在的なる普遍者である。諸他の純抽象的普遍者に対して極めて特殊な位置に立つこの実在的普遍者は、論理学的に言えば最低の種概念、即ちアリストテレスの所謂「不可分の種」(to atomon eidos, to atomon tēi eidei)である。アリストテレス存在論における最低種概念の顕著なる重要性は、それが単なる概念的一般者でなく、普遍と個との中間にあって極めて特異な性格を有することに由来する。

＊　アリストテレスは個別的実在性における本質を、自体的なる本質(to ti ēn einai)から区別して特に to ti estin と呼ぶ場合がある。後に中世スコラ哲学において重大なる役割を演ずる

essentia—existentia の区別はここに淵源するものと考えてよいであろう。但しアリストテレスにあっては、未だ to ti ēn einai と to ti estin とは明確に術語的識別を受けて居らず、両者は屢々混同されている。又この点に関して「分析論後書」と「形而上学」との間には少なからざる動揺と進展の跡が認められる。

一体アトモン・エイドスを特に重要視することは決してアリストテレスの創見にかかることではなく、既にプラトン後期思想の一大特徴ですらあるのであって、アリストテレスは単に師の業を承け継ぎ、これを師が放置した点から彼独特の方向に発展せしめたにすぎない。周知の如く、前期時代においてイデアの超越性を高唱力説したプラトンは、かくて感性界と叡知界とを峻別しながらも、同時に他面「関与」(metheksis)、「共同」(koinōnia)、「模倣」(mimēsis)、「臨在」(parousia)等の観念によって両世界の積極的連結性を確立せんと努めたのであったが、其等の観念が結局両世界をミュトス的に結びつけるにすぎないことを意識していた。総じて初期のプラトンにとっては、イデアの世界は人間の言語と思慮とを絶対に超越する領域であって、この世界そのものの本質的構造も、またそれと感性界との関係もただミュトス的にのみ語り得るものであった。然るにイデア論のかかるミュトス的叙述は、言詮不到の領域をありありと具象的に髣髴せしめる便はあったが、その反面、イデアに対する種々なる誤解を生み出したこともまた事実であり、当のプラトン自身も自らの詩話に眩惑される傾向すらあった。プラトンはソフィステス篇の有名な箇所に見出される「イデアの友達」(philoi eidōn) の説の批判において他人及び自己の誤説を是正すると共に、実在的普遍者を直接観察の対象とする代りに「概念」を導入し、イデア界をそのまま論理的基盤に移すことによってその構造を厳密なる学的認識に齎そうとした。彼はかくして彼が新たに発見した概念分割法(ディアイレシス)を「人間にたいする神々の輝かしき賜物」として賞揚し、深き感激を以てこの方法の精神を語っている(Soph. c)。すなわちプラトンはこれによって所謂二世界主義の難点を学的に克服したと信じたのである。人がこの神与の分割法を正しく諸概念に適用するとき、其処に成立する概念の下降的連鎖体系を通じて、超越的普遍者なるイデアが依然として超越的なるままに而も感性的個別者の無限と接触し相い結ぶ存在の機微を把握することができる。言うまでもなく概念分割法とは包括的類概念を「自然的関節のままに種に従って分析すること」(kat' eidē... diatemnein kat' arthra hē-i pephy̆ken—Phaedr. 265 E)であるが、この方法に拠って最高類から出発し、二分割法を適用しつつ一段また一段と順次に下位概念に下降して来ると、遂に無限不定にして絶対に捕捉すべからざる感性的多者(apeiron)に直接境を接する最後の種概念に至って分割は終結するのである。

分割法の終点を劃するこの最下底の普遍者をプラトンは「不可分者」(atomon, atmēton)と呼ぶ。それは普遍者でありながら、個物と直接に触れ合い、かくてイデア界と感性界との接触圏をなす点において、他の上位概念とは著しく違った位置に立つものである。己が下に無限の感性的多者を包括する超感性的一者としてのこのプラトン的アトモンこそ、アリストテレス的アトモン・エイドスの原体なることは殆んど絮説を要しないであろう。すなわちプラトンにおいては、感性界に直触しながらしかも依然として超感性的普遍者たるにとどまっていた最低種概念は感性的個物の「本質」の論理面として、感性的世界の只中に内在する不可分者となったのである。

かくしてアリストテレスの「本質」は存在面においては個別的実有であり、論理面においては種概念なるが故に、それはまさしく内在的イデアと呼ばれるにふさわしきものと思われる。何となれば、「実在する一般者」というプラトン的イデアの条件を、それはのこりなく充たすことができるから。すなわちアトモン・エイドスに関するかぎり、プラトンとアリストテレスは殆んど完全に一致するというべきである。存在の秩序、思惟の秩序と属する整序は異なるにしても、アリストテレスの「本質」はともかく実在であると共に普遍者であり、簡単に言えばそれは実在する普遍者である。然るにプラトンとは違って、アリストテレスにおいては、実在性と普遍性とはただこのアトモンの一点に合致するのみであって、一歩道を上昇すれば両契機はたちまちに相離れ去る。換言すれば最低種以上の種概念、類概念は最高類に至るまで悉く一般者ではあるが実在ではない。アトモン・エイドスの上に漸層的に積重る普遍者は全て抽象的概念としての普遍者であって、夫々独立する実有ではない。其等は個別的基体の裡に、質料的に、即ち潜勢的に宿る普遍者なのであって、ただ思惟の現勢においてのみ、いわば人間の脳裡において現勢となる。従って人間の思惟をはなれて外に実在するものではないのである。概念的一般者が全て実在するものと措定すれば如何に収拾すべからざる矛盾と混乱とを招来するかをアリストテレスは俊異なる烱眼によって見破った。プラトンの超越的イデア論に対するかの鋭犀なる破壊的批判が主としてこの観点からなされたことは周知の事実に属する。然してこの批判は、プラトンの後期イデア論に関するかぎり疑いもなく正当であり、プラトン哲学の弱点を見事に剔抉するものであった。プラトンが実在の代置物として「概念」を導入したことは著しい長所と短所とを兼ねそなえていた。すなわち概念操作によって彼は従来の体験主義から論理主義に転じ、かくて存在の論理的構造を探りつつ形而上学への偉大なる一歩を進め得たことは事実であるけれども、それと同時に其等の概念の各々を実在的普遍者として措定することによって、イデアをまさしく「実体化された概念」たらしめたからである。然るに概念的普遍者を直ちに実在的普遍者と同一視し、イデアをして概念の実体化たらしめるならば、それはアリストテレスの所謂「第三の人間」(tritos anthrōpos) の批判を免れ難い。彼のプラトン的イデア論攻撃はこの点において実に決定的強味を有していた。

かくの如く、アリストテレスはプラトンのイデアに超越性を峻拒し、これを具体的感性的事物の中に宿らせて個物の「本質」となし、超越的イデアを内在的イデアとしてこれに新たなる意義を認めんとしたのであるから、それは決してイデアそのものの否定ではない。しかしながら他面において、個別者を超えたイデア、超個別的離在的普遍者の実在を認めない以上、それはイデア自体の否定ではなくともプラトン的イデアリズムはそれによって否定されるのである。何となればプラトン的イデアリズムはあたかも感性的個別者を超えた普遍者が一段より一段と普遍性の度を増すと同時に実在性の度をも増しつつ整然たる階層をなして上昇する実在連鎖を予想してのみ成立するものであるから。故に個別者以上の類種的普遍者を悉く「本質」の裡に含まれる偶有性と見て、それ等に第二義的実在性しか認めないアリストテレスの立場においてはプラトン的イデアリズムは最早成立する余地がない。勿論アリストテレスの存在論も前述のごとく窮極において神学であり、存在体系の絶頂にあるものはまぎれもなき絶対超越者であるが、この絶対超越者は普遍性の系列の尖端にではなく、それとは別の秩序に属する質料—形相系列の尖端に見出されるのである。尤もアリストテレスの思想においては、実際上は、「本質」と「形相」とが「エイドス」の一語を通して相交叉するのみならず、混同さえしているので事態は甚だしく複雑になってくるが、しかし本質的には両者は厳密に区別さるべきものであり、アリストテレスの神は飽くまで「形相神」であって「イデア神」ではない。扨てアリストテレスが超越的イデアリズムを否定したことは神秘思想史的にも重大なる意義を有っている。何故ならば超越的イデアリズムの否定はとりもなおさずプラトン的神秘主義の否定にほかならないからである。嚮に詳説した通り、一定のイデア連鎖を伝わって次々に上位実在を観照し、遂に道の窮玄処に至って絶対超越的最高実在に参趨することがプラトン的神秘道の本姿であった。然るに今や個物以上の超越的イデアの実在が否定されるならば、かかるイデア神秘主義もまた当然否定されなければならない筈である。

ここに至って我々は次の決定的なる問いを自らに向って発すべきである。アリストテレスの出現によってプラトン的神秘主義は完全に破壊されて了ったのであるか。若き日のプラトンを感激せしめ、また後世多くの秀た人々を感激せしめるであろうイデア神秘主義は結局根拠なき虚妄の影にすぎなかったのであろうか。この問いに対する答えが肯定であるべきか否定であるべきかは今や何人にも自明の事柄であるごとくに思われる。

蓋しプラトン的イデアの超越性に下されたアリストテレスの仮借なき弾劾が正当であり、超越的イデアが勝義における実在として認められぬとすれば、正にかかる超越的イデアの直観に基くミスティークは実在性の根拠を完全に喪失するのほかはないであろう。その時、超越的イデアの直観なるものがなお可能であるとしても、それはもはや実在体験ではあり得ない筈である。そして実在体験なきところに神秘主義のあり得ぬことは言うまでもないのである。

かくして、コーリスモス・エイドスに対するアリストテレスの批判の成立と共にプラトン的ミスティークは夢幻の本体を発かれて、現実の彼方に遠く葬り去らるべき運命にあるごとく思われるであろう。しかしながら事実は決してそれほど単純ではないのである。我々はアリストテレスのイデア批判において、批判の対象となった超越的イデアが如何なるイデアであったかをあらためて仔細に考えて見なければならない。何とならば、同じくイデアの超越性といっても、プラトン思想発展の前期と後期とでは、超越の性格が全く異なるからである。すなわちプラトン的イデアリズムのそもそもの発端をなした前期の超越は体験的超越であり、後期のそれは存在論的超越である。些細な事のようであるが、この両者を明確に区別することはイデア論の正当なる評価のために重大な関係を有っている。而もプラトン自身においては、体験的超越と存在論的超越とが截然と分たれることなく、彼の思想傾向の漸時的発展に伴って前者から後者へ少しずつ近付き、謂わば両超越が二重写しになったのち、次第に後者が優勢になって行くのであって、中間に急激な断絶が意識されている訳ではない。そこに問題の鍵がひそんでいるのである。

一体プラトンが感性的生成的世界に対する実在界の絶対超越を断乎として唱導したのは、神秘主義的実在証得体験をそのまま生々とロゴス化せんとする意図に出たものであった。周知のごとく、我々が現実的に生きている生滅不常の感性界を一度完全に離絶し、時空転変の繋縛を截断して無窮の世界に翻転超脱することがなくては、神秘主義的実在体験なるものは絶対にあり得ない。プラトンがイデアリズム確立にあたり、言を極めて高唱力説してやまなかった真実在界の超越(コーリスモス)とはかかる根源体験の超越性の理論化に外ならなかった。神秘主義的体験の内実は元来、人間の言語によっては絶対に表現することも描写することもできぬ底のものである。この絶対に詮表すべからざるものを敢て詮表せんがためにプラトンは種々なる美しきミュトスを案出した。これによって彼は永遠の実在界の面影を象徴的に髣髴たらしめることには成功したけれども、同時に彼の哲学はいよいよ所謂二世界主義の色を濃くして行ったのである。言い換えれば体験の超越性はそのまま存在界に投写されて、存在の超越性として理論付けられるに至ったのである。前章に詳説せるごとく、神秘主義的体験の哲学的意義を極めて重大視し、神秘道の確立に主力を傾注しつつあったこの時期のプラトンが、体験の超越性を、従ってまた実在の超越性を強調することは寧ろ当然のなりゆきでなかったであろうか。実在界を天上の世界、感性界を地上の世界として二世界の絶対隔絶を説くことが存在論的に彼の本意でなかったことは、彼が種々なる靭帯を案出して両世界を相関せしめることに腐心している事実によって明かであるが、しかし両世界の絶対隔絶を強調しなければ超越的主体形成の道は成り難い。結局プラトンは実在界と感性界とのこの不思議な関係を自ら充分満足できる程に理論的に説明し得なかったのである。

　然るに一方、彼は自分が言説以前の体験において親しく把住証得せる真実在を思惟によって反省するとき、其等が一種独特なる普遍者であることに気付いていた。然るに普遍者は全て概念によって容易に捕捉することができる。而も直接に実在を取扱うことをやめて概念を以てこれに代置すれば、人はさしたる困難なしに実在界の構造を明め得るのみならず、更に実在界と感性的個物界との微妙な相関性をも検証することとさえ不可能ではない。かくして、プラトンの思想の裡に概念的一般者が中心的位置を占め始める。そしてアリストテレスの輝かしき登場は正にこの点に契合するのである。彼がアカデメイアに入り来ったのはあたかもプラトンが前期の体験主義を離れて後期の論理主義に移りつつあった過渡時代、すなわちテアイテトス篇執筆の頃に当り、イデアは既に概念的普遍者の性格を濃厚に帯び始めていた。アリストテレスの鋭犀を極めた批判の対象となったコーリスモス・エイドスはかかる概念的普遍者の実在性なのである。彼の言わんと欲するところは、類・種の概念をそのまま無条件に超越的実在として措定すれば人は如何なる矛盾撞着に陥らざるを得ないかということに過ぎない。この批判は嚮にも一言した通り後期プラトニズムの弱点を鋭く衝いたものではあるが、体験的イデアリズムはそれによって一指だに触れられてはいないのである。結局、普遍者における論理的・存在論的秩序と実在的秩序とを明別せず、「概念」を通じて両者を無意識の裡に混同したところに後期イデア論の欠陥がひそんでいたと考えるべきであろう。しかしそのことは、神秘主義的体験の言慮を絶する境地において直接に証得される実在的普遍者の厳然たる事実とは自らまた別問題である。外延と内包とが反比例して、上なるものほどより抽象的になり、従ってそれだけ存在度が稀薄になって行く概念的普遍者の系列とは異なり、外延と内包とが正比例して、上なるものほどより包括的にして且つより存在性が濃厚になって行く観照的普遍者の系列の上に体験的イデアリズムは立っているのであるから。しかしながら体験的イデアリズムを成立せしめるこの実在性の根拠を思想的に確立することは、問題を正視することを避けたアリストテレスには勿論、その解決に一生を賭したプラトンにもできなかった。否、それはギリシア哲学が基督教哲学に遺した課題として永く中世にまで尾を曳いて行くのである。しかし多士済々たる中世思想界においてもこの問題の遠大なる哲学的射程を意識し、西洋哲学伝統の喚び声に応じて正面からその解決に向うことを得たのは聖トマス唯一人であった。ここに彼の「天使論」の深き歴史的意義が存するのである。

(3)　アリストテレスの神

プラトン的形而上学においては神は「実在の彼方」なる絶対超越的真実在、すなわちあらゆるイデアの絶頂をなす最高イデアとして自己を顕現するところの絶対者であった。然るに一切の超越的イデアの実在性を否定し、ただ感性的個別者の裡に其等の本質として内在する限りにおいてのみ実在的イデアを認めるにすぎぬアリストテレスにとっては、超越者に至るべき道は最早ここに見出されぬことは当然といわなければならない。ひとたび我々が神秘主義的体験を離れ去るならば、普遍者の系列は実在系列であることをやめて単に概念的抽象性の系列と化するからである。概念的一般者の連鎖を上に向って辿り行けば抽象性の度はいよいよ増し、実在性の度はいよいよ減ずる。故にこの系列の上端に見出される神は極度の抽象的概念であって実在する神ではなく、況んや生ける神ではあり得ない。しかしながらイデアの道を辿ることによって最早神に逢着することを得ないとすれば、人は抑々いずこに神を尋覓したらよいであろうか。絶対的超越者は如何なる線の上に見出されるであろうか。

　アリストテレスはこの超越性の原理を「形相」に求める。我々は嚮に、アリストテレスの哲学においては、「エイドス」(eidos)なる一語の中にプラトン的イデア論の流れと、彼独特の「形相―質料」論の流れとが相合流して、この言葉が謂わば二重の意味を担い、二つの方向を指し示している事実を指摘した。今やエイドスにおけるプラトン的方向に超越者を見出し得ないとすれば、人は方向を転じて形相の指さす方に歩を進めるべきである。しかしその場合、我々は形相が最早プラトン的形相《イデア》にはあらずして、質料に対立する意味の形相(eidos = morphē)であることに注意しなければならない。すなわちここでは問題の重心は普遍者―個別者ではなくて、既に現勢―潜勢の関係に移されているのである。

　しかしここに「形相―質料」について、またそれと関聯する「現勢―潜勢」についてことあたらしく詳論する必要はないであろう。それはアリストテレス哲学の基本概念であり、従って西洋哲学史の初歩的常識に属する。故に私は本書の主題に関係する範囲において幾つかの問題を指摘するにとどめることにしたい。扨てアリストテレスの思想傾向全般に通ずる根本的特徴は、如何なる問題を取扱うに際しても常に必ず我々にとって最も身近かな、具体的事実の観察から出発するということであった。彼が「存在するかぎりの存在」という時、彼の脳裡に先ず浮ぶものは、我々が現に其処に生きて居り、その一部をなしているところの具体的現実的世界であった。アリストテレスにとってはフュスィカなきメタフュスィカは考えられないのである。されば、勝義において形而上学的なるものが絶対超越者であるにしても、この絶対超越者を求めるにあたっては、感性的世界を一挙に超越し去ることによってそれを捉えることは許されず、我々は却って超越者を感性的現実の只中に尋覓しなければならぬ。人は現実的生の地盤を棄却し、幻影のごとき彼岸の世界に遠く思いを馳せることによって神に逢着し得るのではなく、むしろ具体的世界に沈潜し、現実の底に向って透徹せる凝視のまなこを注ぐことによって甫めて神に逢う。アリストテレスの精神はここでもまた徹底して実証的である。

然るに人が現実の世界に観察の目を向けるとき、其処にまず見出すものは動でなくて何であろう。万物流転を教えたかのエフェソスの哲人のごとく、アリストテレスは宇宙いたるところに一瞬も停止することなき動きを見る。彼によれば運動は始りもなく終りもなく永遠的であって、かかる永遠不断の動が存在界の実相である。故にもし人が具体的現実を遊離することなく、寧ろ現実そのものの深き根柢を探りつつ神に参着せんと欲するならば、動こそまさしく唯一の確実なる手掛りでなければならぬ。アリストテレスは動を実体的(kat' ousiān＝genesis kai phthorā)質的(kata to poion＝alloiōsis)量的(kata to poson＝auksēsis kai phthisis)場所的(kata to pou＝phorā)の四種に分つのであるが(Metaph. XII, 2, 1069 b, 9–13; De gen. et corr. I, 4, 319 b)これら全てを広義における「運動」(kīnēsis)の下に一括するならば、神は運動の方向上に求められなければならない。かくて彼は運動の系列を辿ることによって、その終端に、かの有名な「不可動の動者」を見出して来るのである。全宇宙に漲る流動の相を一望の下に眺めやりつつ、次第にその根源を探り、動きわまって却って万有の群動ことごとく息《や》むところ、遂に湛寂として永遠に不変不動なる神的ロゴスの顕現に接したヘラクレイトスのごとく、アリストテレスは全存在の流動の極限に絶対不動なる実在を見た。この不可動の動者に関してアリストテレスが試みている存在証明は既に余りに周知の事柄であって、ここに繰返す必要はないが、ただそれがプラトン後期の所謂自然神学に対して密接な内的関聯を有することが注意されなければならぬ。

一体、神の存在証明を運動の事実によって試みた最初の人はアリストテレスではなくて実はプラトンなのである。アリストテレスの「不可動の動者」はプラトンの「窮極的自己動者」を背景としてはじめてその歴史的意義が理解される。この極めて特徴あるプラトンの「運動」神の思想というのは既にファイドロス篇にその萌芽が認められるものであって、霊魂は自己運動者なるが故に他の一切の運動の原因をなすという同対話篇(Phaedr. 245 C–246 C)の霊魂論に基礎を置くのであるが、それが明確なる意識を以て神の存在証明に適用されたのはプラトン晩年の終尾をかざる大作「法律篇」においてであった。神なるものは全然存在しないと主張する無神論に対して彼は運動による神の存在証明を展開した。法律篇第十章のこの部分(892 A–C; 894 C; E–895 B; E)は西洋思想史上に現われた最初の自然神学の試みとして特に重要な史的意義を有するものである(cf. Augustinus: De civitate Dei VI, 5–7)。すなわち其処でプラトンは大体次の如き論をなしているのである。世に運動ほど具体的な事実はない。神の存在を否定する極端な無神論者といえども運動の存在だけは認めぬ訳にはいかないであろう。然るに現に動いているものは、何か外のものから動かされたのであるか、それとも他者の力を俟たずに自分で動いているのかのいずれかである。換言すれば運動には外来的運動と内発的運動の二種がある。しかし外来的運動について、動かされたものから動かすものへと運動の原因を辿って行けば、最後には自分自身を自発的に動かすところの自動的存在者に帰着せざるを得ないからして、結局すべての運動は内発的運動に根源を有することになる。自己を動かす者は、その活動を自己以外の如何なる物からも受けるのでないから不滅でなければならぬ。かかる不滅なる自発的運動者が霊魂である。従って自然界に起るあらゆる種類の運動は、全て霊魂の運動を原因として有するのである。然るに霊魂のなかには善き霊魂と悪しき霊魂とが区別される。そしてよき霊魂はそれが善なる程度に応じてよき運動を、即ち秩序ある規則的運動を起すに反して、悪しき霊魂は己が性質の悪を不規則なる運動として顕わす。今、自然界の偉大なる運動というべき天体の運行を見るに其等は秩序整然として規則的であり、其処には不規則性は極めて稀にしか認められない。従って宇宙的運動を起している諸々の霊魂は善き霊魂でなければならず、特に天圏中でも最も美しき完璧の秩序を示す恒星圏の運動を起すものは最善最美の霊魂でなければならぬ、と。結局この論によれば、神は最も完全なる窮極的自己運動者であり、最高の霊魂であるということになるのである。アリストテレスの不可動の動者とは、かかるプラトン的神観に対する果敢なプロテストにほかならない。

神は至高の自己運動者であるという考えにアリストテレスは断乎として反対する。厳密な意味においては自己運動者なるものは世に存在しない。「凡そ動かされる者は何かによって動かされる」(hapanta an ta kinoumena hypo tinos kinoito—Phys. VIII, 4, 256 a)というのが運動の根本原則である。一見して自己運動者と思われるものも実は文字通り自己自身を動かすものではないのである。普通に自己運動者と考えられているものは正確に言うと二つの構成要素から成り立っている。即ち所謂自己運動者の裡に動かす部分と動かされる部分との二部分が区別されなければならない。所謂自己運動者は全部がそのまま自己運動者なのではなくて、此等の二部分のうち後者が前者を動かすのである。動かす部分は動かすばかりで自分は不可動であり、動かされる部分は動かされるばかりで自分は全然動かさぬ。例えば一般に動物は自己運動者と認められているが、実は厳密には自己を動かすものではなく霊魂が身体を動かすのである。すなわち動物においては霊魂は不可動の動者であり、身体は動かされる部分である。故に、かかる考え方を推しすめて行けば、宇宙的運動の説明のためにはプラトンが窮極者として定立した至高の自己運動者を更に一歩超えなければならぬ。かくしてアリストテレスは、宇宙における最も完全な運動というべき「第一天」の循環運行の原因として、かの窮極の不可動の動者を定立するのである。あたかも動物において霊魂が身体と一体をなしつつこれを動かすごとく、不可動の動者は直接に第一天を動かす。然るに第一天の循環運動は全宇宙に秩序を与えて、これを渾然たる統一体たらしめるが故に(De gen. et corr. II, 10, 336 b; De caelo I, 9, 278 b)、結局不可動の動者は全宇宙の動の究竟的源泉となる。然して動の源泉とは生命の源泉ということにほかならない。要するにこのアリストテレスの宇宙観の背後には、全宇宙を一の巨大なる生き物として把握する古きミレトス自然学の汎生命主義が伏在しているのである。彼の不可動の動者は畢竟するにイオニア的「一者即一切者」を新しき形態の下に思想化したものであった。「アリストテレスは宇宙それ自体を神であると説く」とキケロが言うとき(Cicero, De nat. deor. I, 13—Aristoteles... mundum ipsum deum dicit esse; cf. De caelo II, 3, 286 a) 彼はまさしくこの事実を指摘しているのである。プラトンがギリシア思想におけるオルフェウス的ピュタゴラス的密儀宗教精神の継承者であるとすれば、アリストテレスはミレトス的自然学の継承者であり、またその限りにおいて、ミレトス的自然学の基盤をなした汎生命的宇宙体験の哲学的展開を試みることに彼の主題があったというべきであろう。生れにおいてアテナイ人ではなくイオニア人であった彼は、精神においてもまた生粋のイオニア人であった。しかしこのイオニアの宇宙主義が神秘主義的に何を意味するかは既に第一章で詳論した。

扨て不可動の動者に窮極するこの宇宙的動の過程を形而上学的に把握したものが「質料—形相」すなわち「潜勢—現勢」を原理とする実在性階序にほかならない。然して観点をこの実在関聯の下に移すとき、かの不可動の動者は至高窮極の形相、即ち「純粋現勢」として現われるのである。

一般に運動とは潜勢、即ち可能態にあるものが現実となって現勢状態に向う過程に外ならない。運動は可能的なるものの現実化、潜勢から現勢への過渡として起る。従って運動の両端には、その始発点をなす潜勢とその終点をなす現勢との二つの契機が認められる訳である。然して此等の二契機を実在性に即していえば質料と形相となるのである。しかし運動を実在性に即して考えれば、それは上述の四種の運動のうち特にすぐれて実在的な(kat' ousiān)運動である「生成《ゲネシス》」を指すほかはないであろう。他の全ての運動が謂わば既に存在するものの質的、量的、或は場所的な変更にすぎないのに反して、生成は其等の変更が予想するところの実在そのものを生み出す運動である。それは非有から有への、いわば立体的な運動である。生成は今まで其処に存在していなかった物を現実的に生み出す。存在していなかったものが存在するものに成る。故に「存在するかぎりの存在」の実相をなす流動は、かかる意味における生成でなければならない。そして生成によって、今までなかったもの即ち可能的にのみあったものが現に在るものとして実現するのであるから、結局それは一般の運動と同じく潜勢から現勢への移行に違いないのであるが(De gen. et corr. I, 3, 317 b, 23)、特に実在性に即して見る場合、生成の始めにある非有——勿論それは絶対的無の意味ではなく相対的非有である——を「質料」といい、生成の終りにある有を「形相」というのである(De an. II, 1, 412 b, 9; Metaph. VIII, 6, 1045 a, 23, etc.)。かくして質料と形相とは実在を構成する根本原理となり*、全存在界は第一質料を基底とし、純粋形相を頂点とする一大ピラミッドの形において捕捉される。この「質料—形相」のピラミッド的階層が実在性の階序であることに人は注意すべきである。アリストテレスにおいては、普遍者の階層を上に登れば登るほど実在性は稀薄になって行くが、形相の階層は上になるほど実在性が濃厚になって行くのである。

＊　アリストテレスは形相、欠除、質料の三つの「原理《アルケー》」を挙げることがあるが(arkhai eisi treis, to eidos kai hē sterēsis kai hē hylē—Metaph. XII, 4, 1070 b, 18–19)、その場合は、質料の中に欠除(即ち非有性)と、それの「基体」(hypokeimenon)との二要素を細分して特に基体を質料と呼んでいるのである。しかし普通は非有性と、非有性を担う基体を区別せず、両者を一体としてそれを質料の名によって表わしている。

実在階層の最下底をなす第一質料はその本性上、完全なる不定性であり非有性であって、ただ純粋なる否定によってしか定義できぬものであるが、第一質料のこの非有性は、階層の上部に進めば進むほど稀薄にはなって行くものの、最後まで存在界に残存するのである。換言すればあらゆる存在者は形相と質料の合成体である。如何なる存在者も質料より来る非有性を含んでおり、その限りにおいて、純粋有ではなくて有であると共に非有である。然して階層の下なるものほど質料の勢力が強く、上なるものほど形相が優勢であることはいうまでもない。しかし、いかに形相が優勢であっても、それは未だ完全に非有性を克服し切ってはいないのである。言い換えれば形相は未だ完全無欠に実現されてはいない。全ての存在者に絡みついているこの不完結性の度合がすなわち、そのものの質料性であり、それが実在階層における各存在者の位置を決定するのである。質料性の色濃き下位諸層から、形相が次第にその纏綿を脱して純粋になり、遂に一切の非有性の影だになき玲瓏たる境位に達するとき実在階層はその絶頂に至って終了し、ここに純粋無雑なる実在性が縹渺として完現する。これがすなわち後人の所謂 actus purus (純粋現実)であり、「アリストテレスの神」である。

此処で特に注意に価することは、神を絶頂とし第一質料を基底として成立するこの存在の階層的構造は、実在性と非有性とが反比例して漸層に増減する存在序列なる故に、全線に配置された諸存在者相互の違いは要するに形相実現の程度の差にすぎぬということである。諸存在者の階層的ピラミッドを下から上に向って見れば、それは実在性が次第に非有性の束縛を脱して行く不断絶の進展にほかならず、従ってこの系列においては上なるものは自己の下なる諸項を、恰も四辺形が三角形を包含するごとくに(De an. II, 3, 414 b, 29–31)含んでいる。故に階層の頂点に位して、謂わば全宇宙を一望の下に俯瞰する神は、生成の波に捲きかえされて脚下に蠢動《そどう》する諸物における実在的なるものを遺漏なく一に収めて自己の裡に包摂しており、逆に神の本質をなす実在性は四方に発散しつつ質料の非有と混じて全ての下位存在者を成すのである。アリストテレスの神をプラトンのイデア的実在と比較するとき、我々はそれが最高イデアたる「善のイデア」でも、況や従属的位置にある個々の下位イデアでもなく、寧ろあらゆるイデアの渾一体ともいうべき全イデア界そのものに該当することを認めざるを得ない。ここにもまた人はアリストテレスのイオニア的性格を認知しないであろうか。畢竟するに彼は神を純粋形相として定立することによって、「一者即一切者」のイオニア的宇宙体験を哲学的に基礎付けんとしているのである。

かくしてアリストテレスは「質料(潜勢)—形相(現勢)」系列の絶頂に、いささかも質料性すなわち可能性を含まぬ純粋澄浄の形相としての神を捕捉する。唯一絶対にして永劫不変の真実在たるこの神の本質は当然、現実態ということでなければならぬ。絶対窮極的なる現実性、すなわち「純粋現勢」が神に対する哲学的本質規定の最後の言葉である。しかしながら「質料—形相」は形而上学的原理であり、それは実在の構造を存在論的にロゴス化するものであるに過ぎないからして、「質料—形相」論の終端に純粋形相を定立したにしても、ただそれだけでは actus purus を思想的に措定するのみであって actus purus の積極的内実そのものは少しも明かにされていないのである。すなわち「質料—形相」系列の絶頂をなす「純粋現勢」が理論的思惟の要請によって立てられた抽象的にして内容なき死物にあらずして、真に生ける神であることが認められるためには、以上の如き存在論的本質規定のみを以てしては足りないのであって、その上に更に体験的本質規定が加えられなければならぬ。換言すれば、「純粋現勢」は人が体験的に、それに関与することによって、人間意識の裡に実存化されねばならない。この点に、脱自的叡知体験たる「観照」の顕著なる意義があらわれて来る。またかく考えてこそはじめて、何故にアリストテレスが観照的生を人間生活の窮極に置き、これを「神的生活」と呼んで比類を絶する重要性をそれに認めたかということも完全に理解されるであろう。しかしこの問題は既に能動的知性論の領域に所属する。

（4）　能動的知性

アリストテレスの神秘主義は能動的知性論に至ってはじめて表面に姿を現わす。それはアリストテレス哲学の底にある見えざる体験的基盤の在所を指示するものの如く、全体系の最後に、而も極度に圧縮された形で、謂わば其処にさりげなく投げ出されている。人はそれを解釈するその仕方によって、同時に、暗々のうちにアリストテレスの思想全体の性格を自己に対して決定するのである。

能動的知性（能動的叡知）は、かくのごとく、ただにアリストテレス認識論の冠冕であるのみならず、彼の全哲学の性格を解明する上にも実に決定的意義を有する重要な問題であるが、不幸にしてそれは所謂アリストテレスの「難所」の随一なるものであり、彼の全著作中これほど古来論議の多い箇所はない。能動的知性に該当するものを叙述した*De anima 第三巻の有名な部分は余りにも簡略であり、それは叙述ではなくて暗示であるというも未だ足りず、結局それによって問題は解明されるどころか却って混乱と晦冥の只中に突きはなされているのである、されば この箇所の解釈については諸説紛々として帰するところなく、今日に至るも未だ全然定説と称すべきものは出ていない。しかしながら私は、この部分を全体系の中から抜き出し、他の諸部分との聯関を絶ち切って考察するかわりに、上来述べ来ったアリストテレス哲学の精神が根源的に指し示す一線上にこれを置くとき、解釈の方向もまた自らにして決定されて来るものと信ずる。但し以下の叙述においては、感性・表象・知性を三大支柱として漸層的に発展する人間霊魂の認識論的構造、すなわち「デ・アニマ」による後期の所謂「アリストテレスの認識論」の大体の筋道は全く一般に周知の理説であると予想して、必要以上の叙述は一切省略することにする。

＊「能動的知性」という術語はアリストテレス自身のものではない。彼が De anima (III, 5, 430 a) において「一切のものになる」知性に対して「一切のものをなす」知性 (tō-i panta poiein) と言い、またヌースにおける質料的なるものに対して「原因的且つ能作的なるもの」(to aition kai poiētikon) と呼んでいるにすぎないものを、能動的知性 (nous poiētikos) という術語

によって定着したのは註解者アフロディスィアスのアレクサンドロスであった。これに反して「受動的知性」(nous pathētikos)という表現はアリストテレス自身のもの(ibid. 430 a, 24)であるが、但しこの受動的知性が上の「一切のものになる」知性と同一であるか否かについてすら既に議論の種なのである(例えばマルセル・ド・コルト Marcel de Corte: La doctrine de l'intelligence chez Aristote, ch. X は彼独特の立場から両者を峻別する)。しかし私は後述するごとき根拠に基いて、両者を同一と見做す方が原文の解釈として遥かに自然であると信ずる故に、以上いわゆる「二つの理性」を能動的知性、受動的知性として論ずることにしたい。

能動的知性論に関する後人の解釈がかくも紛糾を極めるに至ったのは、霊魂におけるこの「部分《モリオン》」を取扱ったアリストテレスの本文が、如何にも彼自身のほんのその場かぎりの個人的メモに過ぎぬごとくにさえ思われる極度の簡潔さに置かれていることから来るばかりでなしに、否それにもまして、内容そのものが著しい矛盾と曖昧さとを含んでいることに由来するのである。問題の焦点は第一に、アリストテレスは通常ヌース(知性、叡知)を本源的に単一なる実体として取扱って居りながら「デ・アニマ」の周知の箇所に至るや二つの全く異なる知性を区別して対立的に語っていることに基き、所謂「二つの知性」の夫々の本質と両者の相互関係如何ということ、第二に此等の両知性のうちの上なるもの、即ち能動的知性の本質的所属如何ということ、換言すればそれが本来的に人に属するか神に属するかということに帰着すると思う。第一の点は要するに能動的知性及び受動的知性の名に対応する二つの異なる実体が在るのか、また在るとすれば如何にして二なるものが一であり、一なるものが二であり得るかということであり、第二の点は能動的知性なるものの存在を認めた上で、それが一人一人の人間に内属する純個人的知性であるか（若しそうとすれば個人があるだけ別々の能動的知性が存在することになるであろう）、それともそれは端的に神であり、従って唯一であって、あらゆる個人において同一である（若しそうとすれば同じ一つの全体的霊知が各個人の中に謂わば部分的に流入し来って、個人がこの世にある限りは個別的知性の形をなしているが、肉体の死と共にそのまま個的形態を棄却して神的全体の大海に消融帰没すると考えられるであろう）ということである。初めの問題は別としても、この第二の問題は中世期にまでもちこされ、基督教の個人霊魂不滅の教義と絡んで大論争の的となり、遂に全カトリック思想界をトミズムとアヴェロイズムの両陣営に分裂せしめるに至ったことは周知の通りである。

しかしながらアリストテレスの知性論について、かくのごとき問題を提起することが実は既に大きな問題なのではなかろうか。かかる問題を立てること自体が間違っているというのではないが、少くともアリストテレスその人の思想の解釈としては正しくないと思うのである。彼の哲学のこの部分に関しては、論理的、合理的整合性を求めるかぎり人は絶対に最後的解決に到達し得るものではない。其処には如何に綿密精緻なる合理的分析をも峻拒するところの非合理的核実が伏在しており、問題を純論理的に解決せんとするあらゆる試みは最後には必ずそれに突当って蹉跌せざるを得ない。* アリストテレスの能動的知性論には、例えばそれが神の知性であるか人の知性であるかについて、明かに叙述の矛盾と不安定とが認められるのであるが、この不安定性は理論上の不正確さ或は不徹底さを示すのではなくして、体験的矛盾そのものに由来しているのである。言い換えれば、能動的知性論の矛盾は、脱自的観想の実体験が本質的に含んでいる実存的矛盾を如実にロゴス面に反映せしめたものとしてのみ、甫めて生ける原姿において理解されるのである。人はそこに理論的整合を求めることを止めて体験的自証を求めなければならない。自らいささかも脱自性の体験知なくして、ただ徒らに本文を理論的に詮議しても全ては問題の核心を遠く外れ去るのみであろう。

＊　例えば上掲マルセル・ド・コルトの著書はかかる意味において典型的なる失敗であると思う。一字一句たりとも忽せにせぬその周到な本文解釈が結局原文の表面を上辷りしてアリストテレスの思想の真の深部に滲徹しないのは、畢竟するに著者がアリストテレス的観照の生ける体験を有っていないからである。さればこそ彼は能動的知性の「人間的」側面を闡明するには

成功したけれども、その「神的」側面を完全に取りにがして了うのである。

嚮に指摘する機会のあったアリストテレスの顕著なるイオニア的性格を憶起して、このことを更に具体的に言うならば、能動的知性の包蔵する曖昧さは、かの「一者即一切者」――一者が即ち一切者であるということそれ自体の曖昧さなのである。嘗てクセノファネスによって「全体が視、全体が聴き、全体が思惟する」と謳われたかの宇宙的意識の煌了たる光りの中にあって神の自己意識と人の自己意識とが、判然たる二つの意識でありながら而も同時に、恰も中心を同じゅうする大小の二円のごとくぴったりと重なり合って、縹渺たる渾一の姿を現ずる、その霊妙な中心点に能動的知性の境位がある。小なる光円が無限大なる光円に包摂され、此等両円が相重り相照応して全宇宙の辺際まで耿々たる燦光に煌きいでる時、果してそれは神か人か、何人もこれを論理的に截断することはできないであろう。アリストテレスの説く観照(theōria)とは、およそかくの如きものである。彼が霊魂を肉体の形相として両者の密接不可分なる関係を強調し、而も霊魂を本質的に単一なる実有として語りながら、なお他面において能動的知性の超越性、離在性を説くの矛盾を敢てせる所以は、彼が自らかかる観照体験の持主であったことに存するのでなければならない。それは謂わば脱自体験の絶対的強制力のあらわれなのである。かの驚嘆すべき理性の鋭鋒によって、思想生活の全分野に渉って徹底的に論理の整合性を追求してやまなかった天才的体系家が、ただ一つ能動的知性のみについては問題を著しき曖昧さの中に取り残したという事実は、決して偶然ではあり得ないのであろう。故に我々は「デ・アニマ」の難解なる原文からアリストテレスの真意を捕捉せんとするに当って、理論面に浮顕しているアポリアを単に理論面の上だけで平面的に解決することを望むべきではない。寧ろ我々がそれを実存的深みにまで追求して行くとき、謂わば浅き矛盾が深き矛盾となり切った瞬間に、問題はおのずから一挙に、飛躍的に解決されるのである。私は以下かかる見地に立って、アリストテレスの原文を検覈《けんかく》してみたいと思う。

扨て上述のごとく、能動的知性が「一者即一切者」の宇宙的意識を実存的に成立せしめる場所であり、従ってそれは神的生命と人間的生命とが上と下とから相接し相交流する限界線であるとするならば、人は能動的知性の脱自的エネルゲイアが「神的生活」と呼ばれることを最早いささかもあやしみはしないであろう。能動的知性は「霊魂の裡にある」(en tē-i psȳkhē-i)内在的原理であり、而も霊魂は個別的具体的なる肉体の形相である以上、それが霊魂の全ての下位機能と密接不離なる生聯関において繋がれた人間的機能であることは明かである。しかしながらそれと同時に、能動的知性は人間の最高能力として人間的ヌースの最上端に位置を占めることによって、謂わば神的ヌースの最下端をも成していると見ることはできないであろうか。ともかくもアリストテレスは自らの脱自的観照体験の事実に基いて、能動的知性を動的に、二方向的に、即ち人間の側からと神の側からの両観点から見ていると考えられる。人間の側から見るとは、それを純然たる個人的理性活動の原理として、全体的霊魂の裡に内在する一つの「部分」として、諸他部分と有機的聯関を保つ限りにおいて見ることを意味する。この観点に立てば、能動的知性は決して独自的実有ではなく、植物的栄養的機能の末端に至るまで、凡そ個人的霊魂が有するあらゆる下位的部分と並ぶ一部分であり、其等の諸部分が不可分の有機的統一体を成して居り、そしてそれが肉体の形相なのである。ここでは霊魂の部分を曰々することすら単に一種の比喩に過ぎない。むしろ霊魂という全体的実体が幾つかの違った機能を有し、実体的には一なるものが、機能的には多くの枝に分岐しているのである。故にこの場合、能動的知性はそれに直接隣接する下位部分たる受動的知性から離れてあり得ないことは当然であって、両者は渾然たる単一性においてあり、否むしろ、純粋形相の捕捉という同一機能の能動面と受動面を表わすものであるに外ならぬ。従って能動的知性の活動は勿論、完全に肉体的生の制約と束縛を蒙らざるを得ない。霊魂の個々の「部分」より先に霊魂全体がある特定の個別的肉体のエネルゲイアであり形相であるからには、肉体との内的関聯を離れた霊魂なるものは意味をなさない筈である。能動的知性が如何に最高の能力であるとはいえ、それは全ての従属的能力から超然と離在して、完全独脱的に働くことはできない。実在捕捉の目的に向って全ての従属的諸機能が発動した時、すなわち形相認識の下準備が其等の諸機能によって予め充分にととのった時、はじめてそれが最後の仕上げをなすべく発動し得るのである。アリストテレスが、認識は全て感性に始まると説き、「表象像なくしては思惟は不可能である」(noein ouk estin aneu phantasmatos—De an. III, 7, 431 a, 15)［注：井筒のギリシア語の引用は『記憶と想起について』449 b, 30 である］と言うのはこの意味である。表象によって提供された感性的形相を受けとると共に、これに対して自ら積極的に働きかけ、其処に含まれている質料性の夾雑物を完全に拭払しつつ、それを純粋形相として現勢化することがすなわちヌースの機能なのであるから。認識枢軸の発端に位する感覚能力が具体的感性的事物を対象とすることなしには発動し得ぬごとく、認識枢軸の終端をなす思惟能力もまた具体的思惟対象なくしては発動することができない。能動的知性は受動的知性を直接に現勢化するのではなく、対象を現勢化することによって間接的に現勢化する。故に能動的知性といえども具体的対象が現在しない限り、無内容なる虚空に向って働きかける訳にはいかないのである。

かくて人間の側から、肉体に内属する霊魂の一部として見られるとき、能動的知性は紛うかたなき人間的能力の円成に外ならず、その働きには何等特に「神的」と呼ばるべきものは認められない。同一霊魂について、認識能力の漸層的進展の系列を、その最下底から上に向って仰ぎ見るならば、霊魂の諸機能は「恰も四角形が三角形を含むごとくに」上なるものが下なるものを包摂しつつ層々相重って、而も全体が一の中軸によって貫かれた階層的統一体の形をとって現われるであろう。全図形を縦に貫通するこの中軸の上端に能動的知性の場所がある。それは人間を超越する能力であるどころか、却って人間をして真に人間たらしめるところの優れて人間的なる内在的機能といわれなければならない。

然るに下からではなく上から、即ち神の側から眺める時、能動的知性はこれとは全く違った相貌を呈して現われる。ここで神の側からというのは、具体的には脱自的観照体験に入って、その体験の立場に立って、ということである。脱自的観照において意識面から自他内外すべての差別が湮滅して蹤跡なきとき、個人的小我の自己意識は杳然として消え失せ、全宇宙が煌々たる光と化して自己を意識する。この宇宙的「思惟の思惟」こそ能動的知性の本然の姿(touth' hoper esti)であり、それがすなわち叡知の脱自的エネルゲイアにほかならぬ。その時、霊魂はもはや特定の肉体の現勢ではあり得ない。特定の肉体を超脱することが脱自的活動なのであり、それが霊魂の不死、不滅なのであるから。すなわち脱自的観照の状態においては、能動的知性は完全に独立自全なる絶対無依の実有であり、それはその働きのために他の如何なる機能の支持をも必要としない。故に魂の他の全ての部分が滅び去っても、それのみは絶対に滅びない、否、むしろあらゆる従属的機能が悉く死滅することが能動的知性の脱目的なる生の円現なのである。

されば、下から見るときは諸他下位機能と有機的聯関を保つことによってのみ在り得る能動的知性は、上から見るときは他の何者にも依倚《いい》せざる独脱離絶の神的実有として顕現する。「デ・アニマ」第三巻の最も重要な箇所においてアリストテレスが「かかるヌースは本質上現勢である故に、離絶的であり、非受動的であり、かつ純一無雑である」(houtos ho nous khōristos kai apathēs kai amigēs tē-i ousiā-i ōn energeia—De an. III, 5, 430 a)と言うとき彼はこの脱自的エネルゲイアに在る能動的知性を意味しているのである。* そしてまたかかる状態にある時のみ、それは真に知性本然の相に還るのである。肉体に内属するかぎりにおいて、人間的知性としてそれが示す働きは、いわばそれの仮りの姿に過ぎない。能動的知性の本当の姿は、肉体の死によって、或は実際の死以前でも「観照」(テオーリア)における脱自的「死」によって、それが肉体の桎梏を完全に離脱せるときに甫めて自ら開顕されて来る。「ヌースは離絶してある時のみ、醇乎として本来あるところのものである。そしてかかる(本来の姿にある)ものにして甫めて不死であり永遠的である」(khōristheis d' esti monon touth' hoper esti, kai touto monon athanaton kai aidion—ibid.)と言われる所以はここに存する。アリストテレスは、かくのごとき本然の姿に還る可能性を有する点よりして能動的知性を特に「観照的知性」(nous theōrētikos)と呼んで、その離在的本性**と、脱自的根拠とを暗示している(De an. II, 3, 415 a, 11)。

* 故にここで「非受動的」(apathēs)というのは、別の箇所(De an. III, 4, 429 a-430 a)において受動的知性について言われている「非受動性」(apatheia)とは、少くとも位層的に別である。受動的知性が非受動的であるというのは、それが謂わば「未だ書かれざる文字板」の如くあらゆる個的形相を潜勢的に含みながら、而もそれらの中のどの一つも限定され切ることなしに、個々の対象を超えて全ての対象に成り得る可能性の自由を保持することを意味する。然るに脱自性における能動的知性の非受動性とはそれより一段上の自由、すなわち全ての下位機能からの働きかけを絶対的に超脱していささかもその影響を蒙ることなきを意味する。

** アリストテレスが霊魂の諸機能の階層的序列を幾何学的図形の序列になぞらえつつ、最下底の植物的栄養能力から感覚能力を通って最高位の思惟能力に至る「全体的霊魂」(holē psȳkhē)の有機的統一性について論じた後、突然「しかしながら、観照的知性はまた別問題である」(peri de tou theōrētikou nou heteros logos)と言ってそれを諸他の「部分」の漸層的(tō-i epheksēs) 整序から除外している事実は意味深いものがある。註釈家テミスティオス (Themistii librorum de anima paraphrasis, 49, 8, ed. Heinze) はこの異論多き一文を次の如く解している。「しかしながら観照的知性はまた別問題である、というのは、このものは上に述べた霊魂の一能力でも一部分でもないからである。それは全然別の優れた実体が、より低級なる実体の内に宿ったものである」(mēpote gar houtos oute dynamis oute meros tēs proeirēmenēs psȳkhēs, ousiā de hetera beltiōn engignomenē tē-i kheironi)。

かくして、脱自的エネルゲイアの状態に在るとき能動的知性はもはや霊魂の部分ではない。それは霊魂の最上部でないばかりか、霊魂の全体でもなくして、ただ端的に「全体」なのである。言い換えれば全宇宙であり、「一者即一切者」としての宇宙的自己意識である。ここでは、それ故に、個々の可滅的肉体のごときは何の意義も有ち得ない。人間の側からでなく神の側から見るとき、ただ能動的知性のみ照々たる光を浴びて永遠の現在に在り、他はことごとく無の深闇の裡に姿を没し去る。されば肉体が死滅し、それに伴って肉体に内属する霊魂の全ての機能が死滅しても、ひとり超然として能動的知性は生き残り、いささかも滅失するところはない。これを「ヌースの不死、不滅」というのである。かくのごとく能動的知性それ自体としては、本質上エネルゲイアである故に、永劫より永劫に渉って照々たる永遠の現在に存続しているのであるが、このヌースの永遠性をそのままに永遠の自己意識として意識するものはひとり神あるのみであって、人間は脱自的観照体験によってただ間歇的にこれに参与し得るに過ぎない。アリストテレスにとって、神は言うまでもなく生ける神であるが、この神の生は不死不滅なる純粋ヌースの永遠の現在の自覚として現われる。彼は形而上学の名高い一節において神の生について語り、「それは、人間には極く僅かの時間だけ享け得る最善の生き方のごとき生である。蓋し神は終始渝《かわ》らずそのような状態にあるが、人間にはそれはできない」と説き、脱自的観照が最も快く最も善きものである(hē theōriā to hēdiston kai ariston)と断じた後、更に進んで、「されば、人間が僅かに時折与ることのできるに過ぎないかかる至福の状態を神は常に有するものとすれば実に素晴しいことである。また若しそれが(人間の享け得る至福より)更に一層よい状態であるとすればますますもって素晴しいことである。然るに実際その通りなのだ。のみならず生もまた神に属する。何故ならばヌースの現勢はすなわち生であり、神はまさしくその現勢であるから。而も神の自体的なる現勢は最善にして永遠なる生である。かかる次第であるから私は、神は永遠にして最善なる生者であると主張する。従って生と、不断不滅の永遠性が神に属する。なぜならばかかるものこそ神にほかならぬからである」(Metaph. XII, 7, 1072 b)と言っている。

以上の如く考えれば、能動的知性の永遠不滅なる現勢は、ただ神において、神の現勢としてのみ全き充実性において成立し得るものであることが明かであろう。人間は脱自的観照に入ることによって、その観照体験の続く間だけ、能動的知性の純粋離脱的エネルゲイアに没入し、かくしてその僅かに限られた時の間だけ「神のエネルゲイアの似像」(homoiōma ti tēs toiautēs energeias—Eth. Nic. X, 8, 1178 b)を実現すると考えられる。そして、この観照体験の続くあいだ、完全なる離在状態にあり、従って謂わば肉体の外に出ていたヌースは、観照が終れば直ちに再び肉体的生に還り、「全体的霊魂」の最上部として、下位の諸部分と有機的生聯関を保ちつつ人間的に活動するのである。しかしながらたとい間歇的に、而も極く僅かの時間だけであるにせよ、ひとたび脱自的観照によって永遠の世界に踰越し、神的生活の一端を窺い識った人は、もはや決して能動的知性の純粋本然の姿を忘れることはないであろう。肉体的生の意識がある限り、離在的ヌースの神的自覚は絶対にあり得ないが、一度ひとが観照の経験を有った後はそれは確乎たる記憶となって肉体的生意識の支配圏の中までも浸透して行くのである。尤もプラトンの如く霊魂の先在ということを主として考えるならば、敢て脱自体験によらずとも、人間霊魂は全て肉体に宿る以前の嘗ての経験として、かかる状態の先天的記憶を有っている筈であるが、とにかく現実の人間はそのような記憶を全然もってはいない。プラトン的「記憶」は現実に生きる人間の具体的経験的事実ではなくして一のミュトスである。

アリストテレスにとっては、人は嘗ての状態を「憶起する」のではなく、全然新しく実経験し、その経験を記憶するのである。脱自的状態において自証されたヌースの神的現勢は、人が観照から脱落して肉体的生に還ってもなお生々として記憶され、そして肉体的生そのものを一歩一歩変質させて行くのである。またそうであればこそ、人間はテオーリアに努めることによって「出来る限り不死になる」(eph' hoson endekhetai athanatizein—Eth. Nic. X, 7, 1177 b, 33)ことが許されているのではなかろうか。神の観照は、永遠不変であって絶対に断絶されることはないが、人間の観照は間歇的であり断続的である。しかし断続的であっても、それを出来るだけ多く繰返して行くことによって、不完全ながらも神の観照を模し、神に近付くことができる。それを「神的生活」というのである。故に厳密に言えば、肉体との聯関において見られた能動的知性は本源的にはいささかも神的ではないのであるが、脱自的エネルゲイアの記憶に基いて、これを霊魂における「彼岸的なるもの、神的なるもの」(thyrāthen epeisienai kai theion einai)と呼ぶのである。

かくて能動的知性を純粋なる自体性において見れば、それは永遠のエネルゲイアであって、其処には潜勢ということは絶対にあり得ない。即ちそれは或る時は思惟し、また或る時は思惟しないというものではなくして、常に、永遠に、思惟して居り、純粋思惟の無限なる現在である。潜勢的要素は個別的人間においてはじめて入って来る。そしてそれと同時に、受動的知性の問題が起るのである。神においては、ヌースは永劫不断の現勢に在るが、個的人間においては具体的対象の現前と欠除とに支配されて或は現勢的であり或は潜勢的であって、而も潜勢は必ず現勢に時間的に先行する。ヌースの神における絶対現勢と、個人における現勢—潜勢交替のこの実相を人は脱自的観照を通じて親しく自証することができる。「デ・アニマ」第三巻第五章の後半は同書中の最も難解なる箇所として古来有名であるが、大体以上の如き事態を表現せるものと考えてよいであろう。次に先ずその原文を逐語訳し、更にそれを上述の趣旨にそって解釈してみたいと思う。

　この章の前半でアリストテレスは所謂二つの理性を区別した後、次の如き一見極めて理解し難い言葉を連らねているのである。曰く「扨て現勢的なる認識は物と同一である。(to d' auto estin hē kat' energeian epistēmē tō-i prāgmati) 然るに潜勢的なる(認識)は一なる者においては時間的に先行する、がしかし、全体から見れば時間的に(先)ではない。(hē de kata dynamin khronō-i protera en tō-i heni, holos d' ou khronō-i) 否、それは時には思惟し、時には思惟せぬというものでない。(all' oukh hote men noei hote d' ou noei) それは離在しているときにのみ、それが本来あるところのものであり、且つかかるもののみが不死であり永遠的である。(khōristheis d' esti monon touth' hoper esti, kai touto monon athanaton kai aidion) 然るに我々が記憶していないのはこのものは、非受動的であるのに、受動的知性は可滅的だからである。(ou mnēmoneuomen de, hoti touto men apathes, ho de pathētikos nous phthartos,) 而もそれはこのものなしには何も思惟しない。(kai aneu toutou outhen noei)」(De an. III, 5, 430 a, 19–25)。

先ず冒頭の一文であるが、これは先行する文脈の続きから見て、明かに個別的人間に内在する限りのヌースについて語られたものに違いない。即ち現勢的に働きつつある瞬間の人間知性は、物(すなわち対象)と渾然一如の同じ現勢をなすということである。否、更にアリストテレス的に言えば認識主体と認識客体とが同一現勢をなす、そのことがとりもなおさずヌースのエネルゲイアなのである。表象像として現前する感性的形相の上に能動的知性が「恰も光のごとく」働きかけてこれを純粋なる叡知的形相たらしめ、それによって受動的知性を潜勢から現勢に曳き出す、この過程が対象の出現と共に間髪を容れず実現されるとき、其処に「現勢的なる認識」がある。故に個人に内在するヌースは個々の具体的対象の現前を条件としてのみ現勢的となるのである。従ってそれは、諸対象の次々に或は来り或は去るにつれ、潜勢から現勢へ、現勢から再び潜勢へと変転交替せざるを得ない。換言すれば、現勢的に対象と同一化する以前に必ず潜勢的状態の裡にあらねばならぬ。それが第二文の前半の意味である。ここで「一なる者」というのは個別的人間を指す。

個別的人間においては、かくのごとくヌースの現勢が断続的であるからこそ、ヌースは認識主体たるの任務をよく果し得るのである。何となならば、個別的人間にあっては思惟対象もまた個別的である故に、其等の対象のいずれかと現勢的に同一化したまま永久に潜勢に還ることがなければ、ヌースはただ一つの対象を抱いて化石となり、最早それは認識者として何等の意味をも保ち得ないであろうから。かくて、個人においては、現勢—潜勢の変転交替が却ってヌースの現勢を保証するものとなる。

然るにアリストテレスはこの文に続いて、「全体から見れば曰々」と言い、個別的人間と全体とを対比している。全体とは疑いもなく宇宙全体ということ、換言すれば「一者即一切者」ということである。すなわちこの文の意味するところは、個々の人間の側よりすればヌースの現勢にはその潜勢が先行するが、「一者即一切者」としての神の側より見れば、ヌースの現勢にたいして何かが時間的に先行するというようなことは全然問題にならぬというのである。「それは時としては思惟し(現勢)、又時としては思惟せぬ(潜勢)というものではない」。何故ならば「一者即一切者」自体が外ならぬ思惟そのものなのであり、それはヌースの永遠不断の現勢であるから。而もこの場合は、嚮の人間的思惟の場合とは違って、思惟の対象は直ちに全体であり、渾然たる包一性における一切者であって、個々の形相ではないからして、ヌースが永遠的に「物と同一である」ことはいささかもそれの認識性を傷けはしない。否、むしろここでは永遠不断に物と同一であること、即ち永遠不断の現勢であることこそ認識の窮極的完成を意味するのでなければならぬ。かくて神的思惟については、認識主体も「一切者」、認識客体も「一切者」であり、主客は全く同一であっていささかたりとも間然するところはない。これがすなわちアリストテレスの「形而上学」に所謂 noēsis noēseōs noēsis である。

故に冒頭の「現勢的なる認識は物と同一である」という命題は、個別的人間の思惟に該当すると共に、否、それにもまして最も充実せる意義において神の思惟に契合する。のみならず後者は前者にとって存立の根拠でなければならない。神の永遠の現勢において、主体と対象とが絶対不断なる永遠の同一をなしておればこそ、この永遠的主客同一に定礎されて、個々の人における間歇的主客同一が成立し得るのである。潜勢から現勢への連鎖が必ずその終端に「純粋現勢」を予想すべきことは、単に霊魂論のみならず一般にアリストテレス全哲学の根本的原則である。神的ヌースの永遠現勢は人間的ヌースの間歇的暫時的現勢を謂わば無限の高みにおいて、最も純粋にして且つ最も完全なる形の下に実現せるものにほかならないであろう。故に上の一文は人間の思惟については

「ヌースは現勢態にある間は対象と一になる」ことを意味し、神の思惟については「ヌースは本質的に現勢なるが故に、それは永遠に対象と一である」ことを意味する。前者の観点よりすれば現勢には潜勢が先行するが、後者の観点よりすれば現勢が絶対的に先である。アリストテレスが「形而上学」の著名なる章において「潜勢が現勢に先行するという考えは或る意味では正しいが、或る意味では正しくない。その点に関しては嚮に述べた通りである。しかし(本源的には)現勢が先であるということは既にアナクサゴラスも神的ヌースが現勢であるとの説によって証言しており、且つエンペドクレスも「愛」と「憎」の説によって、また運動の永遠性を主張する人々、例えばレウキッポスの如きも確証するところである」(Metaph. XII, 6, 1072 a)と言うとき、彼はまさしく同じ思想を表明しているのである。

かくのごとく、「全体から見れば」ヌースは永遠不絶の現実であって、時には思惟し時には思惟せぬというような相対的なものではないが、一たび個々の人間に内在するや、それは潜勢・現勢相転換して或は思惟し或は思惟しないという状態に陥る。従ってヌースは肉体の繋縛を脱し、離在状態にあるときのみ、真に本然の相にあると言わなければならない。そしてまた、離在的な本然の姿にある時、ヌースは純粋現実なるが故に、かかる状態にあるヌースのみが不死であり永遠的であることは当然であろう。故に第四文は何等解釈上の難点を有しない。困難なのは最後の二文である。それは、「然るに我々は記憶していない」という言葉で始まり、続いて何故我々に記憶がないかということにたいする理由が述べられている。

ここで「我々」というのは勿論、個々の具体的人間を指す。しかしそれでは一体、個々の人間は何を記憶していないと言うのであろうか。また何の関聯があってアリストテレスはかくも唐突に記憶なるものを持出して来たのであろうか。それは明かにプラトンの——そしてまた或る意味では彼自身の——霊魂先在論に対する関説であると思う。元来「エウデモス」を執筆した頃の若年のアリストテレスは、ファイドン篇に代表されるプラトン的地盤の上に立って、前世、現世、来世の三代を通じて同一なる「全体的霊魂」の連続性(つまり密儀宗教そのままの輪廻転生)を情熱的に主張していたのであった。然るに彼の思想傾向が時と共に著しく現世的となり反ミュトス的となって行くに伴って、この初期的霊魂観も動揺し、遂に全体的霊魂についてではなく、ただその最高の一部分(ヌース)に就いてのみ不死不滅性が保留されることになったのである。*しかしながら仮令、嘗て全体的霊魂に認めていた不滅性永遠性をこれから奪取して、全体の中の一部のみに限ったとしても、結局この永遠的なる部分については事情はいささかも変ることなく、依然としてその連続性が考えられる訳である。肉体の形相である限りの現世的霊魂は、全体的には永遠性を有たず、一部は可滅的、一部は不滅的であっても後者のみは肉体的世界と生成変滅に関わることもなく、永遠から永遠に亙って自体的存在を続けて行く。否、肉体が死滅して、その束縛から離れた時こそ、ヌースは真に本来の状態に入るのである。そして、若し果してそうであるならば、それは肉体死滅の後ばかりでなく、未だ肉体と結合せざる以前にもまた同様に本来の状態にあったのでなければならない。尤もいわゆる科学性を意識的に追求しつつあった後期のアリストテレスは、多分にミュトス的幻想的なる「前世の状態」を最早「エウデモス」時代の如く、またプラトンの如く物語ることを完全に止めて了っていたが、しかし「時には思惟し時には思惟せぬ」個人的ヌースの相対的現勢に先立って永遠に思惟する離在ヌースの絶対的現勢を認めることは、要するに或る意味において肉体以前のヌースを認めることになるであろう。そこで問題は、肉体との結合以前に能動的知性が永遠不滅の本姿において既に存立していたのであるならば、肉体と結合した後に何故この先行状態がいささかも記憶されていないのであろうか。それは不思議ではないか、というのである。

＊　アリストテレスは「形而上学」の一節(Metaph. XII, 3, 1070 a)で、一般に物が滅失した場合にその物の形相は後に残存するか否かという問題を論ずる際、物によっては確かに形相が生き残ると断じ、「例えば恐らく霊魂のごときはこの種のものに属するであろう。尤も霊魂がそ

っくり全体（残るというの）ではなくして、ヌースだけであるが。惟うに（霊魂）全体（が残るということ）はあり得ないから。」と言っている。因みにイエーガーの「発展史」に従えばこの箇所は「形而上学」の中でも初期的部分に属することが注意されてよいであろう。

「このものは非受動的であるのに、受動的知性は可滅的であるから」というのはこの問いに対するアリストテレスの答えである。その要旨は、肉体と結合する以前の純粋離在的ヌースと、肉体に由来する種々の障礙に縛されたヌースとの相違が絶対的であり本質的であることを強調するに存する。一方は神的にして永遠不滅、他方は人間的肉体的にして可滅的、両者は同じヌースでありながら然も本質的には無限に相距って居り、記憶は言うまでもなく後者に属する。両者間の絶対の断絶を記憶は架橋するに由もない。即ちヌースは肉体と結合すると共に謂わば自らの過去を完全に忘逸するのである。

かくの如き考え方は決してアリストテレス後期独特の思想ではなくして、実は「エウデモス」時代のプラトン的想起説と直接に連結するものである。前世の想起を説いたプラトンに対して、其処ではアリストテレスは興味ある「現世の想起」を説いている。人は健康の状態から病気にかかるとき、甚だしき場合には前によく習い覚えていた文字を忘失して了うことがあるが、反対に病気の状態から健康にもどる時は、かかる忘却現象は決して起らない。そのごとく、霊魂はこの世に生れ来ると同時に、前生において直接観照していた全てのもの(theāmata)を悉く忘逸するが、反対にこの世から出て彼岸の世界に行く時は、現世で遭遇した諸経験(pathēmata)を記憶したまま保持するのである、と(Arist. Fr. 41—Rose)。この説明がプラトンのファイドン篇・メノン篇の「認識(epistēmē) = 想起(anamnēsis)」説に直接依拠することは勿論であるが、それに纏綿する一切のミュトス的要素が掃蕩され、且つ全体的霊魂の不滅性がヌースのみの不滅性に変じても、肉体以前の状態と肉体的状態との間に一の断絶が介入することには依然として変りはなく、従って肉体に宿るヌースは自己の純粋に本源的なる状態を全然「記憶していない」といわれるのである。「デ・アニマ」時代の所謂アリストテレス認識論において記憶が著しく肉体的なる霊魂の機能であることはいうまでもない。それは本来的には表象能力に所属するものとして、広義における受動的知性の下底的一機能である。故にそれが、絶対に肉体を超越するヌースの現勢を包摂し得る筈がない。「然るに我々が記憶していないのは、このものは非受動的であるのに、受動的知性は可滅的だからである」というのはこの意味である。ここで「このもの」とは純粋離在性における能動的知性を指し、それが「非受動的である」というのは嚮にも一言せる如く、離在ヌースの絶対的自由、即ち絶対的超越性を意味する。上なるものは下なるものを含むが、下なるものは上なるものを含まないという原則はここでも通用するのである。

最後の一文「而もそれはこのものなしには何も思惟しない」ほど形式的には多数の解釈の可能なものはないであろう。しかしながら先行の諸文を以上のごとく解釈して来れば、この謎のような短文の意義を如何なる方向に求むべきかは自らにして決定される筈である。先ず「このもの」(touto)が前文の「このもの」(touto)即ち能動的知性と同一であることは疑いの余地がないからして、「このものなしには」とは「能動的知性がなければ」という意味である。従ってこの文の主語「それ」は当然、広義における受動的知性でなければならぬ。*そして冒頭の「而も」はこの文にも述べられる事実が上文のそれと正反対の関係にあることを示す。具体的に言えば、能動的知性は本来絶対に「非受動的」であり如何なるものによっても感触されることはない故に、受動的知性はこれに対して毫末も働きかけることを得ず、またその必要も無いのに反して、逆に能動的知性は受動的知性に対して積極的に働きかける、否、受動的知性は能動的知性の協力なくしては全然認識活動を行うことができないというのである。そしてここで問題となっているのは記憶(従って表象)をも含めた広義の受動的知性である以上、結局能動的知性の作用は感性の末に至るまでも及ぶものとなるであろう。具体的個別者の裡に其等の本質として内在する感性的形相を捕捉し、次第にこれを質料性の外皮から純化して最後に純粋叡知的対象を捉えるまで、全認識段階を貫通して終始能動的に働くものこそ能動的知性の「光」に外ならないのである。

＊ 原文 outhen noei の outhen「何ものも」を目的格と見ずに主格と見て「思惟する」の主語と考え、従って noei という三人称単数の動詞に内的に含まれた「それは」という主語を措定する必要を認めない解釈も一応は成り立たぬ訳はないが、所謂原典解釈もその程度まで進むと寧ろ一つの語学的遊戯となる。——cf. W. D. Ross: Aristote (trad. fr.), p. 213.

かくして我々は、アリストテレスによって能動的知性が二つの根本的に異なる相において観られていることを知る。それは同一のヌースでありながら、その在り方を異にするに従って、全く違った機能を発揮すると考えてもよい。能動的知性本然の相というべき純粋無雑の離在状態にあるとき、それは時間空間を絶対に超越する純粋現勢態として、永遠から永遠に渉って不変不動なる宇宙的思惟である。動と言うならば動の極致、静というならば静の極致、動きわまって静となり静きわまって動となる、その極限に永遠のエネルゲイア即永遠のエンテレケイアとしてそれは在る。其処では全宇宙が一点一劃もあますことなく直ちにそのまま現勢的であり、且つ全宇宙が一挙に現勢的であることによって一切のものが深き根源的統一性において思惟されている。個々のものが次々に、一歩一歩と現勢化されて行くのではなくして、あらゆるものが一挙に、始めから現勢化され切っている。否むしろ端的に始めから現勢的なのである。また全宇宙が始めから現勢的であるならば、この次元に成立する「思惟《ノエーシス》」は自己以外の何ものをも思惟の対象として有つことはないであろう。宇宙的「一切者」に対して外在的なる何物かを措定することは絶対に許されないのであるから。宇宙的一切者が宇宙的一切者自身を反照的に思惟するところに、極度の充実的緊張を以て顕現する「一者」こそ神の永遠の浄福をなすテオーリアであり、「思惟の思惟」としての神的自意識であるにほかならない。故に聖トマスがこの「思惟の思惟」に註解して、「神は自らを識ることによって他の一切のものを識る」(intelligendo se, intelligit omnia alia... Deus cognoscendo seipsum omnia cognoscit. —Thomas Aquinas, In Arist. stag. libros nonnullos comment., IV, 221 b-222 a)と言う時、彼は「アリストテレスの中にアウグスティヌスを読み込んでいる」のではなくして、スタゲイラの哲人そのひとの思想を正確に把握しているのである。

然るに全体的霊魂の一部として肉体に内在して働くときは、能動的知性は肉体に由来するあらゆる制限に服さなければならない。それはもはや原初の絶対自由を以て働くことを得ず、霊魂の下位機能の全てと密接なる関聯においてのみ発動する。しかしながら、種々なる肉体的制限に束縛されて殆んど本来の面目を喪失して居りながらも、他面においてそれは仄かに神的本性の面影をとどめ、それによって離在的ヌースとの聯関を依然として保持しているのである。かの脱自的観照体験の可能性は正にこの最後の聯関において成立するものである。簡単に言うならば、内在的状態にあるヌースは離在的状態にあるヌースの超時間的働きを、謂わば時間の一線上に引き伸ばして、遠廻わしに、一歩ずつ実現して行くと考えてよいであろう。ここでは最早ヌースは端的に純粋なるヌースではなく、「一切に成る」(panta ginesthai) ヌースと「一切を為す」(panta poiein) ヌースとの二つに区別され、前者は霊魂の裡における質料的なるもの――それが即ち受動的知性である――といわれ、後者は霊魂の裡における原因的なるもの――それが即ち能動的知性である――といわれる (De an. III, 5, 430 a)。従って、嚮の神的離在ヌースに一切のものが現勢的に包摂されていたのと同じくここでもまた一切のものがヌースに含まれているのであるが、それ等は「一切を為す」側にではなくして「一切に成る」側に、換言すれば現勢的にではなくしてただ可能的に、潜勢的にのみ含まれているのである。

神の思惟は永遠の現勢(エネルゲイア)にして窮極の完全現実(エンテレケイア)であって、其処には潜勢的な如何なるものもあり得ないが故に、それに包摂された一切の思惟対象は全て一挙に皓蕩たる現勢の輝きの内にある。否、其等一切の対象は個々のものの集合として外的に存在するのではなく、渾然たる現勢的一者として他ならぬ神そのものである。然るに人間的思惟が「一切に成る」可能性を有し、従って思惟は潜勢的に一切の思惟対象であると言うとき、其処では個々の一つ一つの対象(表象に内在する形相)が意味されているのである。人間的ヌースは潜勢的に全てのものを含んでいるが、それは飽くまで潜勢的、可能的にであって、決して現勢的現実的にではない。此等の潜勢的なるものを現勢化することがすなわち思惟活動ノエーシスなのであるが、それとても人間的ヌースには、全てを一挙に現勢化する能力は与えられていない。かくて人間的ヌースは、自己の内に可能的に含んでいるものを、一歩一歩、而も外的客体の顕現に従って、断続的に現勢化し、それによって少しずつ一切者の剰すところなき現勢化という窮極の目標に近付いて行くのである。しかしながら、この窮極目標が、人間にとっては現実には遂に到達されることなき無限の彼方にあることは言うまでもないであろう。無限に遠き最後の目的に向って、一歩ずつ無限に近接して行くことこそ人間的思惟に負わされた宿命というべきであろうか。

しかしながら、ただ一つ、人間にはこの無限の距離を一挙に飛躍し去る手段が与えられている。そしてそれが即ち上来論じ来った脱自的観照の道にほかならぬ。脱自的観照体験が生起するや、今まで肉体的全機能の重量によって謂わば地上に引きとめられていたヌースは忽ちにして現実的生の葛藤を悉く截断して、暫時的に完全離在の状態に没入する。従ってまたそれと同時に、今まで潜勢的にのみ内に含まれていた一切の思惟対象は悉く一時に現勢化されるのである。言い換れば、一切者が最高次の統一性においてそのまま現勢化され、全宇宙は挙げて了々たる意識と化す。而もこの場合、一切者の意識化といい全宇宙の意識化といっても、それはヌースに対して外在的なるものが意識の裡に取り入れられるということではなくして、始めからヌースの裡に潜勢的に内在していた全てのものが、継起性の羈絆を脱して一挙に、而も根源的統一性において現勢化されることを意味するにほかならない。故にここに顕現する宇宙意識はヌースの自己認識であり、「思惟の思惟」なのである。肉体と結合せる限りのヌースの活動においてもやはりヌースの自覚ということが考えられていた。否、潜勢的に内在する対象の一つ一つを継起的に現勢化して行く、その漸進的な歩みの一つ一つが同時にヌースの自覚の歩武なればこそ、能動的知性は肉体に内在しながらもなおヌースとしての本来の面目を保ち続けることを得るのである。しかしながらここに成立する自己認識は飽くまで間接的、第二義的(en parergō-i)であることが注意されねばならぬ。換言すればここでは自己意識は個別的対象思惟に伴って、謂わば個別的対象を現勢化することを通じて、間接的にのみ生起する。「惟うに認識や感性や臆見や、悟性などは必ず何か他のものを対象となし、自己自身を第二義的に対象とする」(phainetai d' aei allou hē epistēmē kai hē aisthēsis kai hē doxa kai hē dianoia, hautēs d' en parergō-i）と「形而上学」（Metaph. XII, 9, 1074 b）に言われているのは、まさしくかかる事態を意味するのである。然るに今や能動的知性が脱自的観照において肉体的諸機能と生の聯関を截ち切られ、純一本然の離在状態に入るや、ヌースの自己意識は完全に第一義的、直接的となる。其処ではヌースが自己を観ることがとりもなおさず全宇宙を観ることであり、全宇宙を渾然不可分なる最高形相の包摂的統一において思惟することが直ちに自己自身を思惟することなのであるから。然して、それがすなわち「一者即一切者」といわれ、「思惟の思惟」といわれるものに外ならない。

然るに我々は嚮にアリストテレスの神が「思惟の思惟」であることを見た。この神的「思惟の思惟」と、今ここに脱自的観照によって成立する人間的「思惟の思惟」とは果して全く一物であろうか。換言すれば、脱自的体験によって人は神に成るのであろうか。人神か神人か——二者択一の岐路に立たされる近代的人間にとって余りにも深刻なる意義を帯びるこの問いに対して、アリストテレスは明確に肯定も否定もしていない。神的「思惟の思惟」と人間的「思惟の思惟」との差違は、アリストテレス自身にとっては、寧ろ程度の差であって、両者を分つものは本質的懸殊ではなかった。勿論アリストテレスによっても、人間は飽くまで人間であって、決して神には成り得ない。人間が神になるというようなことは全然考えられてもいないのである。しかしながら他面、人が脱自的観照に入る時、其処にあるものは最早普通の意味における人間ではないことに我々は注意する必要がある。純粋観照の照々たる自覚を実現する主体は、前述の如く、あらゆる肉体性の纏綿を完全に脱却し去った後の純粋離在状態にあるヌースにほかならず、然して肉体なきものは人間ではないからである。しかしこの脱自的体験によって顕現する「思惟の思惟」も、神の永遠の「思惟の思惟」に比すれば、著しく間歇的であり、而も極く僅かの時間しか続かない点で遥かに劣るばかりでなく、内質的にも一段劣ったものであることは嚮に引用した「形而上学」の一節(1072 b)が明瞭に説くところである。人間の脱自的観照は神の観照を、謂わば遥かに下の段階において、間歇的暫時的に而も著しく微弱な程度において「写す」に過ぎぬ。かくて人間は、その最高能力はおろか、脱自的にそれを更に一段踏み越えた超越的境位においてすら、神に似るだけであって、所詮神に成ることはできない。人間が神に成ることではなく、自己の裡に伏在する「神の似像」を実現することに、言い換えれば「出来る限り神に似ようと努める」ことにアリストテレスは人生窮極の目的と至福とを見たのであった。そしてまたこの点において彼は偉大なる師プラトンの衣鉢を継ぐ偉大なる門弟であり、且つ典型的なる古典ギリシアの哲人であった。

第四章　プロティノスの神秘哲学

（1）　プロティノスの位置

アリストテレスを越えてプラトンへ！　若しプロティノスの立場の歴史的意義を一言にして表明せんとするならば、我々は恐らくかかる標語を以てするほかはないであろう。アリストテレスによって定立された「思惟の思惟」を超え、「思惟の思惟」の彼方にプロティノスは、「一者」を措いた。しかしその「一者」即「善者」とは、かのプラトン的「善のイデア」を更に深遠なる相において捉えたものに外ならなかったのである。

しかしながら、アリストテレスを越えるということは勿論、アリストテレスを貶斥することを意味しない。プロティノスの哲学は、アリストテレスによって拓かれた広大なる宇宙的視野と、確乎たる存在論的基底とを前提としてのみ成立し得たのである。問題は寧ろ、かかる存在論体系の窮極的頂点をなす超越的絶対者を如何にしてロゴス面に定着するか、ということにかかっていた。そしてこの点においてプロティノスはアリストテレスの「思惟の思惟」に満足できなかった。彼の見るところによれば、それは絶対究竟者を一段下の階位において定着することであったからである。ノエーシス・ノエーセオースは究竟者が謂わば絶対超越的「無」の寥廓たる境位を一段降り来って、縹渺と自己を開顕せる顕現面であって、それは絶対究竟者を真に究竟的なる本源の境位において把住せるものではない。ここにおいてかプロティノスは「思惟の思惟」に対してそれが本来あるべき前究竟的位置を指示し、自らはそれを踏み越えて更に一歩を進め、窮極絶対のアルケーの本体そのものを把握すべくプラトンの「善」に赴くのである。彼の観照体験はかくも深刻であり、プラトン的絶対善にたいする彼の内的把握はかくも深かった。否、彼はプラトンが不文の教説の闇に包んで絶対にロゴス化しようとは試みなかった「善」を、窮極の限界までロゴス的に追求して行った。其処にプロティノスの神秘哲学者としての異常なる意義が存するのである。ギリシア思想史の長き旅路をはるばるプロティノスまで辿り来て、ここから過ぎしかたを振りかえれば、我々は絶対者にたいするプラトンの哲学的把握が、少くとも彼の著作に具体化された限りにおいて、未だ窮極的ではなく、なお最後の一歩を残していたことを見出さざるを得ない。もとより「善」それ自体は、観照的体験によって捉えられた最後の究竟絶対者であって、これを更に越えるということは如何なる意味においても不可能であるが、この究竟者を形而上学的にロゴス面に移して行くその移し方に、なお一歩を進める余地を残していたというのである。かくして「実在と思惟の彼方」、「美と善の彼方」、「万有の彼方、いと荘厳なるヌースの彼方」に、絶対充実即絶対無としてのプロティノス的「一者」が定立された。彼以前の思想家達はいずれも絶対者を無としてではなく有として、積極的肯定的にのみ捉えんと焦燥し、ために却って絶対者の深玄幽邃なる本姿を逸し去った。この点においてプロティノスの思惟は正に卓立独歩の観があった。彼はその絶対無の形而上学によって、単にアリストテレスを越えてプラトンに帰ったばかりでなく、プラトン精神を窮極にまで推しすすめつつ遂にプラトンその人をも越えたということができるのである。

勿論、以上の主張によって私はプロティノスの観照体験がプラトン或はアリストテレスのそれに比して一層深かったと言うのではない。問題は、嚮《さき》にも一言した通り、体験の深浅ではなくして、原体験をどの程度まで哲学的に再現し得たかということである。かのイオニアのミレトス市に哲学思想が興ってよりアレクサンドリアの新プラトン主義に至るまで常に神秘主義的体験を基盤とし、謂わばこの超越的体験をロゴス面に写しつつ形而上学的思索を展開し来ったギリシア哲学の主流については、原体験と思想との関係は実に重大なる意義を有するのである。脱自的観照体験そのものの深さのみを問題とするならば、プラトンは明白にプロティノスと優劣なき絶塵の浄境に悠揚として遊戯三味する悟達の人であったし、また恐らくはアリストテレスといえども此等二人に比して決してひけをとることはなかったであろう。ただ、アリストテレスが生成的存在者の生命に湧きかえる現実の世界から出発して、現実界の只中に絶対者を追求し、一歩一歩思想的にこれに肉迫しつつ、遂に「思惟の思惟」として最後のとどめを刺した時、或は刺したと信じた時、其処に出来上った結果から見れば彼は自らの観照体験の深さに忠実ではなかったのである。言い換れば、アリストテレスは絶対者を「思惟の思惟」として定着することによってプラトンよりも遥かに明確に絶対者の内的構造を捉えることを得たが、しかしその反面、同時に彼はこれによって絶対者をプラトン的「善」の位置より一段低く引き下ろす結果を招来した。究竟的絶対者をただミュトス的にしか語ることができなかったプラトンの立場に較べて、それを「思惟の思惟」という形で把握するアリストテレスの神学は確かに厳密に哲学的であり、その意味において思想的に一大進歩をとげたものであったが、翻ってプラトンの嘗て立っていた深玄なる神秘主義の高処から見るとき、「思惟の思惟」は絶対者の端的なる本体ではなく、既に其処には一種のずれが生じていることを認めざるを得ないのである。正にここからして、アリストテレスを越えてプラトンに帰るというプロティノス的立場の歴史性が生じて来る。而もアリストテレスを飛び越し、或は迂廻するのではなく、飽くまでアリストテレスを通り、アリストテレスが後世に贈った偉大なる遺産ともいうべき形而上学を充分に活用しつつ、それを足下に踏まえてプラトン的「善」にもう一度還行しようとする。かくてプロティノスの神秘哲学は純然たるプラトニズムであり、謂わばプラトン的神秘主義の自己展開でありながら、かの宇宙的規模を有するアリストテレス形而上学を通過することによって、おのずから全宇宙に渉る雄大な存在論体系を形成するのである。この意味において新プラトン主義は、少くともその代表的思想家について見る時、決して先行諸説の雑然たる混淆でも所謂「折衷」でもなくして、寧ろ全ギリシア思想史の創造的綜合であり、総決算であったと見るべきであろう。「善」「ヌース」「霊魂」の関聯についてプラトンの見解に説き及びつつ「ここに述べる私の説は何ら新しいものではなく、また今日の新思想でもなくして、既に遥か昔に唱導されながら未だ充分に展開されなかったものにすぎない。私は今ここに述べる説を以て此等古人の註解たらしめんとするのであり且つプラトン自身の著作を証拠として、古人も既に私と同一の説をなしていたことを示さんとするにほかならぬ*」(Enn. V, 1, 8, 489)と断ずるプロティノスは、己が身に担うこのギリシア哲学七百年の全伝統の重みを明確に自覚していたのである。

＊　以下プロティノス原文の引用は原則としてフォルクマンの校訂せるテクスト(Plotinus: Enneades, ed. R. Volkmann)に拠る。但し、全ての場合を通じてこのテクストの読方をそのま

ま採用することは勿論不可能である。

言うまでもなくプロティノス程の神秘道の達人であってみれば、観照的生の秘奥をなす窮極的なるものを言語によって詮表し或はそのまま哲学的思索の対象としてロゴス面に定着することの絶対に不可能なることは分りすぎる程わかっていたのであり、また、さればこそ彼の哲学が実に濃厚なる秘教的性格を帯びるに至ったのであろうが、しかし彼はこの神秘主義的窮極者をプラトンの如く門外不出の教説として隠蔽し、或は純ミュトス的形象に訴えて謂わば気分的に描写する芸術の道によらずとも、アリストテレス存在論の道によって、すなわち「思惟の思惟」を一歩踏み越えることによって、絶対者のミュトスではなく絶対者の形而上学を打ち建てることができると信じた。彼が「一者」について語る時、その思想及び表現が著しくプラトン的であるに反して、それより一段下の階層をなす「ヌース」の規定が著しくアリストテレス的である事実は、この点において洵《まこと》に意義深きものがあるといわざるを得ない。

かくて我々はギリシア哲学史上におけるプロティノスの歴史的位置をほぼ正確に決定することができるであろう。それはプラトンとアリストテレスとをつなぐギリシア哲学主流の線上に、而も両者の思想が脱自的観照生活の一点を通じて相交叉するところに存立する。しかしプラトン的観照とアリストテレス的観照の交叉交流とは、かのミレトスの自然学以来連綿として陰に陽に、あるいは対立しあるいは協力しつつギリシア思想の底流をなし来ったイオニア的自然神秘主義と、密儀宗教的霊魂神秘主義との最後の綜合でなくて何であろう。外面に向って限りなく流亡せんとする肉眼を閉じて「他の眼」を開き、黙々として自己に還り行くことを要求し、「汝自身に還向せよ、然して観よ」(ana-ge epi sauton kai ide)と教えるプロティノスの神秘主義は、その著しき内観性においてプラトン的であり密儀宗教的であるが、それと同時に、霊魂が自己自身の内奥に向って次第に深く沈潜して行くその内観の一歩一歩が、単に個人霊魂の解脱救済への一歩一歩としてではなく、遥かに大なる全宇宙的射程において把握され、その存在論的意義が闡明されて行く点において著しく自然神秘主義的でありアリストテレス的である。プロティノスの立場が実に徹底せる観照主義でありながら、それが同時に雄大なる存在論体系として展開する所以はここに存する。

而もプロティノスにおける観照生活と哲学との関係については殊に顕著なる一つの特徴が注意されなくてはならない。それは観照生活の上昇面のみならず下降面も、否むしろ下降面の方がはるかに多く形而上学の形成に役立っていることである。脱自的観照によって肉体の繋縛を一切離却し、現実的生を超脱して絶対無の境位に入った霊魂は、やがてこの幽邃なる浄域の高処から没落し始め、次第に現実的生に還り、現実的肉体的生に目醒めて来る(ekpiptōn de tēs theās palin egeirās aretēn tēn en hautō-i—VI, 9, 11, 771; cf. V, 8, 11)。この下降はすなわち観照的緊張の弛緩を意味するものに外ならないのであるが、プロティノスはこの弛緩の一段一段に深遠なる形而上学的意義を認めるのである。極度の緊張にあった霊魂が、次第に自己の緊張を弛めつつ、現実的生の意識をとりもどして来る、その一段毎に宏大なる形而上学的領域の地平がひらけて行く。霊魂は観照的無の世界から現実的有の世界へ哲学しながら降りて来ると言ってもよい。そしてこのようなことが可能であったのは、観照的生においては霊魂の自己認識が同時に霊魂の宇宙認識をも意味するからである。其処では自己を意識することがすなわち直ちに世界を意識することとなるのであった。

かくしてプロティノスにおいては、宇宙の存在論的構成は、観照的生のなまなましい下降体験から切り離しては考えることができない。観照の実存的緊張が弛緩するに伴い、霊魂は絶対超越的無の境位を下り、自己自身の意識に目醒めて「思惟の思惟」の位に至り、更に下っては肉体的霊魂の状態に入り、ここに感性的多者の意識が油然《ゆうぜん》として湧き興る。超越的主体として絶対的脱自性にあった霊魂が次第に脱自性を失って遂に再び日常的生の地盤に還り来る、この下降的還行過程に伴って宇宙が形而上学的に形成されて行くのである。一者からヌースへ、ヌースから堕在霊魂の状態へと霊魂が一段ずつ本来の神姿を失いつつ降りて来る。それと共に一段ずつ世界もまた降りて来るのである。人はこの過程を外面から眺めて、これをプロティノスの「流出」(Emanatio)論と呼び「発出」(Processus)説と名付ける。しかしながら、自ら親しく観照的生の何程かを実体験したことがなければ、恐らくかかる流出論的宇宙論の真の意義を立体的に理解することはできないであろう。「屢々私は肉体を脱して我が本然の相に目覚めることがある。私は他のあらゆるものを遠く離れて私自身の内奥に在り、そこに実に驚嘆すべき美の極致を目観する。そのとき私は、今こそ洵によなき至福に逢着したと思う。私は最上の生を現実に生き、且つ完全に神と合一し、神の裡に置かれてかの現勢に入り、一切の他の思惟対象を超えたところに私自身を置く。然るに、かくて神の裡に憩うこと暫し、やがて直観知の境位から降りて比量的思惟に至り、私は思い惑う、抑々いかにして私はかくの如く下降して行くのであろうか、またいかにして霊魂程のものが肉体の内に宿るのであろうか、肉体裡にありながらも自体的存在を保つごとく見えるのに、と」(Enn. IV, 8, 1, 468)。約そかくの如き体験がプロティノスの流出論的形而上学体系の基底をなしているのである。

脱自的観照体験の下降面を、かかる意味において形而上学と結び付けることは、ギリシア哲学史上実に空前の試みであった。観照的緊張の弛緩面において形而上学が形成されようとはプロティノス以前の何人も嘗て想到したことがなかった。観照的生といえばその上昇道のみ、というより寧ろ上昇道を登りつめた終端に成立する脱自状態のみしか問題とせぬアリストテレスは勿論であるが、明かに神秘道の上昇面と下降面とを区別して、両者に夫々異なる意義を認めたプラトンにおいても、その下降面は全然プロティノスとは別の意味で評価されているのである。すなわち脱自的観照体験は上昇道の絶頂に至って完全に了るのであって、更にこの観照緊張が次第に弛緩して脱自霊魂が再びもとの肉体的状態に還り行く過程などは全然哲学的に重要視されていない。かの国家篇の哲人が弁証法の道を登りつめ、一旦超越的主体としての「綜観者」が成立した時、そこに神秘主義的観照の役割も終局に達する。すなわち道の堂奥を窮め得たプラトン的弁証家は、この忘我静観の法悦境に何時までも没入し昏沈することを許されず、敢て自ら湛寂たる無為の境位を後にふり棄てて再び現実の世界に還帰し、地上に逞しく実践的生命を切り拓いて行かねばならぬ。弁証家のこの実践的活動は最早観照的生の一部でないばかりか、むしろ却って観照を否定するものですらあるのであった。観照的体験の秘奥に到達すると共に、進んで観照そのものを踏み破らんとする凜烈たる実践的意欲がなければプラトン的神秘主義は完成しなかった。故にここで問題となっているのは、厳密に言えば観照の下降面ではなくして、観照から肉体的現実に還った後の建設的創造的活動に過ぎない。勿論、国家篇には、このような実践的側面ばかりでなく、弁証家がイデア連鎖の頂点に達して「綜観者」となった後に再びそのイデア連鎖を下まで降りて来るという真の「下降《カタバシス》」が語られて居り、而もこの側面が後期プラトン哲学の主要なる対象となるのであるが、それは飽くまで超越的主体道によってイデア界の絶頂を窮め了った弁証家が、自己の登り来った道筋を、今度は観照体験を離れて純思弁的に反省し、それによって頂上から最下底にまで及ぶ全存在界の本質的構造を把握せんとする論理的下降であって、決してプロティノスにおけるごとく観照体験そのものの下降ではない。プロティノスにあっては、霊魂が感性的世界を超脱して上に昇り、遂に「一者」と合一するに至る上昇面のみが観照体験の全てなのではなく、逆に「一者」から分裂して絶対無の境域を離れ次第に現実的生の意識をとりもどしつつ、謂わば肉体の裡に息を吹きかえして来る、その体験的下降自体に異常なる哲学的意義が認められているのである。而もこの観照的霊魂の上昇と下降とが単に個人的霊魂の個人的解脱と個人的堕落の過程としてではなく、全宇宙の上昇・下降過程として把握されるところにプロティノス哲学の比類なき特徴が存する。ありとあらゆる存在者は悉く神より出でて神に還る、この雄大なる全宇宙的循環過程を人は観照的生の上昇・下降によって、自ら親しく主体的に体験し、これを実存化することができるのである。プロティノスの形而上学は人が思弁的に案出した死せる抽象的理論体系ではなかった。それは人間霊魂が全宇宙と共に絶対者に還流し、再び全宇宙と共に絶対者から発出して百花繚乱と流れ散る宇宙的生の生ける形而上学であった。我々がプロティノスを以てプラトンとアリストテレスの綜合となし、密儀宗教的霊魂神秘主義とイオニア的自然神秘主義との合一となす所以のものもまたここに存するのである。

さればプロティノス哲学の枢軸をなす「形而上学的世界の彷徨者」(the wanderer of the metaphysical world—Inge: The phil. o. Plotinus I, p. 203) たる霊魂は、紀元前六世紀以来全ギリシア思想史を通じて並行し来った「二つの霊魂観」——密儀宗教的内在的霊魂観とイオニア的汎霊魂主義——との最後の合流点であり、従って此等二つの霊魂観を担う二つの精神史的伝統によって彼の哲学は裏から支えられているのである。すなわちプロティノスの霊魂観は一方において著しく密儀宗教的であり、その現世観は極めて暗く憂いに充ちている。それはまさしくファイドン篇のあの沈痛な世界である。霊魂はもとその性神聖にして高貴なること燦爛と輝く純金のごときものであるが、一たび地上に生れ来て肉体に宿る時は、忽ち本来の神的容貌を喪失し、自己よりも遥かに下等なるものと混淆することによって堕落し、「恰も泥濘の中に転落せる人が、あたら生来の美貌を汚されて醜怪なる姿を人目に曝すごとき」有様となる。「人間霊魂は、肉体の裡に宿れば、数々の悲哀、慾望、恐怖、その他限りなき禍難に襲われて、苛酷惨烈なる苦悩を受ける。されば霊魂にとって肉体は牢獄であり且つ墓所にほかならず、世界は洞窟であり洞穴である」(Enn. IV, 8, 3, 471)。故にここでは神秘道の終局目的は霊魂から地上的泥濘の穢汚を拭い去ること、霊魂を再び嘗ての神的本姿に還すことに置かれる。換言すれば、観照的生の実現は個人霊魂の救済という形をとる。然るに、他方においてプロティノスの「霊魂」は、嘗てミレトス自然学発祥の機縁となり、更に下ってはアリストテレスのかの特徴ある生物学的霊魂論の基体をなしたイオニア的汎生命主義の正嫡としての面をも有しているのである。そしてこの面から見るとき、世界は清澄明朗にして美しく、あらゆるものが整然たる秩序を保ちつつ潑剌として生命に沸き溢れ、各々その場にあって絶対者を渇仰している。ここでは霊魂は、全宇宙を貫いて澎湃と瀰漫する偉大なる生命の主体である。あらゆるものが生きて居り、従ってあらゆるものが霊魂を有っている。凡そ宇宙に存在するものにして、生命なく霊魂なきものはない。若し然らずば全宇宙も一個の死物と化するであろう。「全宇宙において全てのものは夫々の仕方で生きて居る。然るに我々は、或るものが我々の感覚に訴えるような運動を宇宙から受けていない場合、そのものは生きていないと考える。つまりそれは、その個物の生命が我々には捉えられぬということである。のみならず、生きて居るということが我々の感覚ではっきり分る物でも、実は我々には感覚できないような仕方で生きている多数のものから合成されているのであり、其等全てのものが件の生物の生に対して驚嘆すべき作用を及ぼしているのである。(例えば)人間は、彼を内から動かすところの内在的諸能力が全然霊魂を欠くものであったとしたならば、これほど自由自在に動くことはできないであろう。否、それどころか全宇宙それ自体も、若しその裡に存在する各々のものが夫々固有の生によって生きているのでなかったならば、生命なきものとならざるを得ないであろう」(Enn. IV, 4, 36, 431)。あらゆる存在者が生きて居り、従ってあらゆる存在者が霊魂を有する故に、ここでは霊魂が観照するということは直ちに全宇宙が観照することを意味する。「一切者は観照を希求し、それを目的として瞻望する(panta theōrias ephiesthai kai eis telos touto blepein)。ひとり叡知を有する存在者のみならず、叡知なき動物も更に植物的自然も、植物を生育する大地も一切が悉く、各自に可能なる範囲において、夫々の仕方で観照している。即ちあるものは真実の観照を、他のものは真の観照の模倣と影像を獲て観照している。……例えば現に我々は喜戯している時も、それによって観照しているのではないか。我々も、また全て喜戯するところの人は誰でも観照しているのであり、且つ観照を渇望しつつ喜戯しているのである。子供たると大人たるとを問わず、戯れているか厳粛な仕事をしているかを問わず、全て観照のために、或は戯れ、或は厳粛に働いているのである」(Enn. III, 8, 1, 343)。「自然は観照を愛する」といい、「一切者は観照している」という。最早ここでは個人的霊魂の解脱救済のごときは全然問題となり得ない。何のための解脱か。何のための救済か。全てはありのままの姿において救済されているではないか。全宇宙を鳴りとよもして響き来るあの万有の歓喜の合唱が聞えないのか。山川草木悉く聖なる光を浴びて燦然と輝きわたり、あらゆるものが神を憶いあらゆるものが神を讃えているあのよろこばしげな姿が見えないのか。大宇宙を包摂する永遠の調和のうちに、一切のもの神より出でてまた神に還り行く静かな流れが無限の円環を描いている。其処にはもはや罪もなければ堕落もないのである。一切は自然であり、一切は必然である。感性的事物を生むことは何等霊魂の本性を晦さない。肉体の裡に宿っても、「霊魂は依然として高きに在って統御するが故に、肉体は己が支配者をいささかも害することはない」(Enn. IV. 3, 9, 379)。否、肉体を産み、そこまで下って行くことは霊魂の本質的働きに属するのである。それは霊魂の堕落でも贖罪でもなくして、寧ろ霊魂の神的本性の端的なる顕現である。かの絶対超越者たる「一者」が、永遠の無為に孤在することによって「一者」なのではなく、それは真に「一者」であり切るとき、即ち無が真に無に徹し切るとき、却って自らの外に出で自らを分与して存在界を創造せずには居られぬごとく、「霊魂もまた何ら自らの活動の成果を現わすことなしに、超然と独り離在すべきではない。生産すること、すなわち謂わば種子のごとき或る不可分の原理から出て感性的成果にまで発展して行くことが全てのものの本性に属する」(Enn. IV, 8, 6, 474)。従って霊魂が肉体に宿り、その生の原理となることは宇宙的秩序の必然的にして自然的なる一環をなすのである。

かくしてプロティノスにおいては、深き罪の呪いに充ちた陰鬱なる苦悩の世界と、罪を知らぬ明るい無邪気な歓びの世界とが背中合せに並立して居り、而も両者は同一である。大地に遍満する暗澹たる穢汚と苦悩に堪えかねて遥かなる久遠の光の世界を恋い、観照的生の実践によって現世を棄却した霊魂は、道の秘奥を窮めた後ふたたび地上に還り来れば、万象ことごとく絶対者の寂光の裡に摂取され無上の歓喜に相融和する幽邃かぎりなき風光に接するのである。観照は罪の世界に始まり、罪なき世界に終る。そして観照の始めと終りをなす罪の世界と罪なき世界とは同じ一つの世界なのである。其処にプロティノス的観照生活の真髄が存する。そしてまた其処にこそ我々は、密儀宗教と自然神秘主義というギリシア精神の二大伝統を綜合するプロティノスの史的位置を認め得ないであろうか。プロティノス的観照が、その上り道において著しく密儀宗教的であり、その下り道において著しく自然神秘主義的である事実は決して偶然ではなかったのである。

以上の考察をもって私はプロティノス哲学における伝統的なるものと独創的なるものとの限界及び相互聯関の輪郭をほぼ闡明し得たと信ずる。然して其等の伝統的なるものも独創的なるものも共にギリシア的観照生活の体験的現実に直結することによって、同一なるヘレニズムの正統的潮流に帰属するのである。従って、一時西欧の学界を賑わしたかのプロティノスに対する東方思潮の影響の問題についても、それを如何なる方向に解決すべきかは自ら明かでなければならぬ。プロティノスの思想には、少くともその主要なる諸点に関しては、ギリシア的ならざる何ものも存在しない。プロティノス自身があれほど真摯に、あれほど情熱的に、自説のプラトン的伝統に外ならぬことを力説し標榜して止まぬ事実をすら、単に一種の当時流行の表現形式としてしか受取れぬほど近代の哲学史家は捻くれ者なのであろうか。嘗てミュラー(Müller, H. F.: Orientalisches bei Plotinos? Hermes, 1914)が周到な研究によって論証したように、種々様々なる東方宗教と東方思想が滔々たる濁流をなして相混じ相撃しつつあった西暦紀元三世紀のローマ帝国の只中にありながら、プロティノスは独り超然としてギリシア的知性主義伝統の保持者たるの矜持に生きていた。正に一世を風靡し去るの観があった其等の東洋的祭祀に対して、またそれに伴う「救済」宗教の神と人との間に中間者を置く思想に対して彼は明かに反感を抱いていた。かくて、あらゆる外面的類似にも拘らず、プロティノスの超越神は、東洋的宗教の神とその超越性の系統を異にする。況んやプロティノスの脱自的ヌースの観照が、ブレイエ（Bréhier: La philosophie de Plotin, ch. VII, L'orientalisme de Plotin）の説く如き印度的ウパニシャド的宇宙我体験の輸入再生でないことは勿論である。イオニアの自然学からプロティノスに至るギリシア哲学の連綿たる流れの下に、神秘主義的体験の基底を徹見し得る人にとっては、そしてプラトンやアリストテレスにおいてヌースが如何にダイモン的であるかを知悉する人にとっては、プロティノスの知性論はいささかも exotisme の印象を与えない。ブレイエがこの知性論を以て、伝統的ギリシア思想からは絶対に説明することのできぬ純然たる外来要素と見做し、それの歴史的源泉を探って、遂にウパニシャドの宗教思想にまで至った抑々の端緒は、博識を誇るこのフランスの哲学史家が、彼の所謂「ギリシア的合理主義」（le rationalisme grec; le rationalisme hellénique）なるものの本質を生ける姿において捉えていないことに存するのである。ギリシア哲学のヌース観を若しギリシア的合理主義と呼ぶならば、そのギリシア的合理主義と近代的合理主義とは実に霄壌《しょうじょう》の差によって甄別《けんべつ》されなければならない。そして若し人が真にプラトンを理解しアリストテレスを理解するならば、彼はプロティノスの観照的ヌース論が、非ギリシア的なる一の外来要素であるどころか、寧ろ却ってプラトン・アリストテレス的知性主義の正統的発展であり、純ギリシア的「合理主義」の極致ですらあることを見出すであろう。同様に、プロティノスの絶対超越的「一者」の裡に、プラトニズムでは全然説明することのできぬ外来的要素を認め、それを一種のヘブライズムとして(具体的に言えばアレクサンドリアの猶太人フィロンの超越神観の影響として)解釈しようとする人があれば、これもまたプラトンのイデア論をただ外面的にのみ理解して、その基底に在る根源体験を内面的に把握せぬ哲学史家の通弊に陥ったものと言わざるを得ないのである。しかしながら、その点については、本書全体が既に一つの組織的論駁なのであるから、ここにことさらに論述する必要はないと考える。

滔々たる時流に対して如何に超然たる矜持の態度を守り続けたとはいえ、当時の羅馬的世界一般の雰囲気から見て、また彼の門下生達の出身系統から見て、更にはまた彼自身の青年時代のペルシア及びインドの思想に対して示した情熱的関心の事実から見て、プロティノスにたいする東方思潮の影響を全く否定することは勿論正しくないであろう。しかしプロティノスの哲学におけるそのような「東方的なるもの」の位置は飽くまで従属的であり第二義的であることを我々は、プロティノスを正しく評価するために、そしてまたギリシア哲学史一般を正しく理解するために心に銘記する必要がある。プラトンを真に深く理解する者のみアリストテレスを深く理解することができる。然してプラトンとアリストテレスとを共に生きる体験によって理解する者のみよくプロティノスを理解することができるのである。

（2）　プロティノスの存在論体系

発出論あるいは流出論体系という名称が果して当を得たものであるか否かは別問題として、兎に角プロティノスの存在論体系を客観的に出来上った一つの形態として見る時、人は通常それをこの名を以て呼ぶ慣わしになっている。しかしこの所謂発出論体系なるものの外面的形態は既に西洋哲学史の最も常識的部分に属する故に、ここにことあたらしく叙述する必要はないであろう。問題は体系を内から支えている生命であり体験なのである。従って私は以下展開される本論の理解の謂わば足掛りを造る意味において、ここでは極く簡単にこの体系の形式的構成を説明して置くにとどめたいと思う。

嘗てプラトンは「線分の比喩」なるものを案出し、霊魂の脱自的超越的上昇過程、及びそれに伴って展け行く諸存在領域の位層的構造を一の直線によって具象化したのであったが、我々はプロティノスの発出論体系をも同じく一本の直線によって次の如く表示することができるであろう。

「一者」――「叡知」――「霊魂」――「自然」――「質料」

しかしながらこの場合、プラトンの線分の比喩のごとく直線の両側に認識主体の秩序と認識対象の秩序とを区別する必要がないことに先ず注意が向けられなければならぬ。嚮に説明した通り、一者については言うまでもなく、それ以下の叡知にしても霊魂にしても、それだけで夫々に既に一の形而上学的世界、すなわち一の存在領域なのであるから。認識といえば直ちに何か外在的な対象を考える普通の意味の認識論的立場はここでは全然通用しない。この世界でも勿論、一者以下の基体については認識主体と認識客体とが区別されるのであるが、しかしその客体とは、それを認識する主体それ自身以外の何ものでもないのである。認識主体としての霊魂が認識する対象は霊魂それ自体にほかならず、ましてや「主客同一」を本質とする叡知において、認識客体が叡知それ自らであることは言うまでもないであろう。而も、霊魂が認識する自己自身も、叡知が認識する自己自身も畢竟するに全く同じ「一者」なのである。霊魂は自己を視ることによって一者を視、叡知は自己を視ることによって一者を視、全ては自己を通して一者を視る。叡知や霊魂の如き上位基体のみならず、自然についても、否、最下底の質料についてすら、極めて微弱な程度においてではあるが、同じく一者への趣向ということが認められなければならぬ。また、そうであるからこそ嚮に述べた如く「一切万物は観照する」というプロティノス独特の宇宙的観照主義が成立するのである。全てのものは最も充実せる意味において自己自身である時、完全に自己自身であり切ることによって却って皮層の自己を離脱し、自己の深底ともいうべき一者に帰趨する。故に、この意味よりすれば、全ては一者の裡にあり、全ては一者なのであって、一者を離れ一者の外には何物も有り得ない。プロティノス自身が好んで用いた形象によって、全系列の頂点をなす一者を光源に譬えるならば、叡知、霊魂、自然と順次下降して光源から遠ざかるに従い次第に光は弱まって遂に最下底の質料に至って「全き暗闇」となるほかはないが、その「全き暗闇」といえども決して一者の外にあって一者と対立する何物かなのではなく、寧ろ一者が下に向って創造主として働く際の謂わば一者自らの足場であり、結局一者自身の消極面に過ぎないのである。プロティノスの存在論的体系は動的一元論であって、決して二元論ではない。彼が屢々質料の悪を論じ地上的生の悲惨を説くとき、それは一者から最も遠い生成界に在りながら、いささかも一者を憶い一者に憧れることなく、感性的世界の誘惑に欺かれて自己本来の面目を喪失し、神への愛を忘れ、地上的事物に「娼婦のごとき愛慾」を抱いてひたすらそれに耽溺しつつある哀れな霊魂への警告としてのみ意味を有するのである。一者から一段一段と創造的生産に離遠して行くことは、宇宙的必然の過程であって少しも悪ではないが、かくしてひとたび一者を遠ざかり最下底に至ったものが、其処に展開される現象的美の世界に心魂を奪われ、そのまま其処に留って再び自己の太源たる一者へ帰還することを怠るとき、はじめて質料は真に恐るべき悪として の性格を帯びて来る。「エンネアデス」の中に、明るく朗かな美しい現世肯定と、暗澹として沈鬱な現世否定とが並び存しているのはこのためである。現世を肯定せしめるも否定せしめるも、全ては霊魂の態度に掛かっているのである。

以上の如く考察するならば、一者を頂点とし質料を下底とするこの系列の全体がまた一者そのものであるという矛盾的事実に我々は逢着せざるを得ないであろう。一者は発出系列の頂点において一者であると共に、また全体において一者なのである。言い換えれば一者は絶対超越者即絶対内在者である。一者は全宇宙の窮極的中心、一切存在者の存在の太源として、一切者を無限に遠く超脱せる絶対超越者でありながら、而も同時に一切者の「父」として恒に一切者と共にあり、一切者を包摂し一点一毫たりとも剰すところがない。ひとたび自らを開叙するときは恰も巨大なる光源より光が四方に発散するごとく縹渺として無限宇宙を顕現し、ひとたび自らを収摂するときは一切存在者を悉く自己に還元せしめ、全界を寥廓たる無の浄光に帰一せしめる、この雄大なプロティノスの形而上学こそ、かのイオニアの「一者即一切者」でなくて何であろう。この意味においてプロティノスはまさしくイオニア的自然神秘主義の正嫡であった。

扨て、一者から質料に渉る上記の直線は、上から見れば創造(乃至は生産)の系列をなし、下から見れば愛(乃至は憧憬)の系列をなす。この系列においては、上なるものは必然的に順次下なるものを生み、逆に下なるものは上なるものを恋い、上なるものに憧れてそれに還行せんとする。その場合、かかる一般的通則に対してやや例外的立場にあるのは系列の上端と下端をなすところの一者と質料のみである。具体的に言うならば、一者は下からの憧憬系列における唯一の例外者であり、質料は上からの創造系列における唯一の例外者をなす。下からの還行道において一者が例外をなすことは当然であって何等問題とするにあたらないであろう。あらゆるものは一者に憧れ一者に還って来るが、一者それ自身は最早憧憬し還行すべき何物をも有さないのであるから。あるがままの自己に欠けたところがあり不完全なところがあればこそ、全ての者は自己以上のものを愛しこれに憧れるのである。一切者の窮極的根源として絶対自足する一者に上への愛がある筈はない。全ての者が自己以上のものへの愛慾に駆られて上へ上へと志向し行くとき、其等の者は各々真の自己を欲求しているのであり、而も各々のものが欲求する真我とは畢竟するに万有の太源たる一者それ自体に外ならなかった。従って一者は宇宙的愛慾の究竟の目標であり、憧憬の系列の終端であって、自らは他の何物をも絶対に欲求することはない。この意味において一者は下からの道の唯一の例外者である。然るに上から下への創造序列において、質料が例外者であるということはこれ程簡単な意味ではない。それは一般にプロティノス哲学体系の中で特に質料問題に纏綿する種々の著しい思想的困難を見ても直ちに推察されることなのであるが、今我々の問題としている創造序列のみに限っても、事態は非常に複雑なのである。下から上への憧憬の系列において一者は道の窮極であり全ての終りであって、自らは何物をも求めず何物をも欲することがなかったのと同じく、上から下への生産の系列においても質料は道の窮極であり全ての終りであることには違いないのであるが、その内実は全く異なっている。生産系列が質料に至って終るということは、単に質料が最早自らは何物をも生産することがないということだけではない。質料が自らそれ以下の何物をも生産しないことは勿論であるが、しかしそれは上なるものによって生産されたものでもないのである。生産系列は質料の一段上で完全に止っている。すなわち一者は叡知を生み、叡知は霊魂を生み、霊魂は自然を生むが、その下の質料は自然によって生み出されたものではない。質料は始めから其処にある。否、それどころか、質料は凡ての生産の容体として、一者が叡知を生んだ時、既に其処にあったのである。換言すれば、苟も一者が何等かの意味において活動するとき、必ずそこには質料が恰も影の形に添うごとく予想されねばならない。元来プロティノスにおいては、生産あるいは創造は形相を生むことを意味するが故に、その生まれた形相を映すべき容体がなければ生産ということも全然あり得ない訳である。形相を映し容れるこの礎体が質料なのである。プロティノスが「叡知的質料」(hē nooeidēs hȳlē)「彼方の質料」(hē ekei hȳlē)なるものを説く所以はここに存する。従って、生産系列を形象化する上記の直線においては、質料はその最下底に位置してはいるが、実はその勢力圏は遥か上方まで伸びて、一者の直下まで及ぶものと言わなければならぬ。ただ質料は系列の最下底に至って甫めて真に自己に徹し切る、即ち純粋絶対なる質料性を発揮するというに過ぎない。然して質料が真に自己に徹し切ったとき、それは純粋なる「無」(メー・オン)である。かくて質料は、充実性の極における絶対超越的「無」(一者)が投ずる「無」の影とでも称すべきであろうか。一者は自己が投じた無の影を謂わば一種の足場として、其処に創造的活動を展開するのである。一者がその本源的超越性の静謐裡に湛寂として独脱自存する限りにおいては、全ては清朗明澄にして一点の翳もないが、ひとたびその寂静を破って動き出すや忽ちにして周囲に影が生じ、その影が「鏡」となって一者の神姿を映しだす。これが一者の創造活動であった。故に、いやしくも一者が直接間接に働くかぎり、必ずそこに質料が伏在するものと考えられなければならない。言い換えれば、一者の創造的活動の全範囲は、質料のひそむ全範囲と完全に相覆うのである。故にプロティノス哲学体系における質料の意義は意外に大きく、決してそれは文字通りの「最後のもの」(to eskhaton)ではない。発出論系列の直線上にそれが占める形式的位置は確かに「最後のもの」に違いはないが、内実的には寧ろ万有の出現に先立つところの一種の「最初のもの」(to prōton)である。少くとも生産されて現われ来る一切存在者の立場よりすれば、質料は其等全ての存在者が生産される場所として、飽くまで其等のものに先行するところの一種の始源《アルケー》でなければならぬ。この意味においては、質料の勢力は、プロティノス形而上学の一元論的性格を突き破って危く二元論に転落せしめんとする程に強いとも考えられるであろう。しかしながら翻って惟うに、質料の力がこれほどまでに強いのは、それが一者そのものの直接の翳りに外ならないからではなかろうか。一切万有にとってこそ質料は生成の始源であり「最初のもの」であるが、一切万有の彼方なる一者にとっては自己に対立し並立するところの独立的原理ではなく、単にその創造的不動の顫動が自己の周囲に投げ散らす無の影に過ぎない。従って若し新プラトン主義の愛好する光と闇の比喩を使うのならば、一者を光、質料を闇として二元的に対立させずに、寧ろ一者から光と闇との両方が流出すると考えるべきであろう。しかしこのことは一者の中に光と闇(或は善と悪)とが二つながらに包摂されているという意味ではない。光といい闇というも、全て一者それ自体に関することではなくして、一者の創造的活動の顕現する範囲、言い換えれば叡知的存在から感性的存在を含めて全存在的世界の限界内の事柄を象徴するに過ぎず、ひとたび存在の限界を超えて一者の本体的聖域に入り、生成存在に纏る一切の束縛を空了し去れば全ては玲瓏透徹して其処にはもはや光も闇もあり得ないからである。真の「最初のもの」はただ一者あるのみ。従って真の始源《アルケー》はただ一つである。プロティノスの存在論体系は上端と下端とが、絶頂と最下底とが、無限の距離をへだてて相背きながら、而も間髪を容れる余地もなく相触れ相合するところの、内的緊張に張る一元論である。然してこの内的緊張の矛盾性こそ、上来屢々開説し来った神秘主義的体験の実存的緊張の矛盾性に外ならない。故に自らかかる矛盾体験を味識したことのない人にはこの哲学は著しく難解であるばかりか、殆んど無意味ですらある。プロティノスが繰り返し繰り返し実体験の必要を説き、「自ら見たことのある人は私の言わんとするところが分るであろう」と言い、或は「自ら親しく証得した者でなければ絶対にわからない」と戒めて止まぬ所以は、決して単に一者との神秘主義的合一体験の困難のみを考えてのことではないのである。一者との合一のみならず、既に彼の哲学の全体系そのものが観照的生の実体験によって裏打ちされている。観照体験の以前にこの哲学を外から学ぼうとしても、全ては空しき徒労に終るほかはない。プロティノスの哲学を学習し理解せんとする意志はおろか、他のありとあらゆるものを理解し認識せんとする凡そ一切の対象的思惟活動を止め、全てを放擲し去ることこそ却ってこの哲学に入る第一歩である。凡ゆる知解を一挙に処決し、知解を求めてやまぬ自己をすら捨却して顧ぬとき、人は思わずしてプロティノスの世界に入る。嘗てプラトンのアカデメイアの戸口には「幾何学を識らざるもの入るべからず」という文字が厳然と掲げられていたと伝えられるが、今プロティノス形而上学の光耀燦爛たる世界に憧れ、その久遠の殿堂に近付いて将に足を踏み入れんとする人は、堂門に高々と掲げられた「一切を棄却せよ」(aphele panta—Enn. V, 3, 17, 516) の大文字に行手をはばまれるのである。そしてここでは一切を棄却するということは観照するということにほかならないが故に、プロティノスの見えざるアカデメイアの入口には「観照を知らざる者入るべからず」と記されていたのである。

(3)　一者

一者はプロティノス形而上学体系の窮極点であり絶頂であると共にその全てでもある。嚮にも指摘した通り、一者は発出論系列の頂点において一者であるばかりでなく、全系列に渉って一者なのである。一切有は悉く一者の裡にあり、一者をよそにしては毫厘の末といえどもあり得ない。しかしここでは叙述の都合上、まず一者を仮りに一切者への聯関から截断し、謂わば発出論系列の上端にまで逐いつめて、「独一なるもの」としての純粋本然の実相における一者の神姿を捕捉することに努めて見よう。もとより言説以前の絶対不可測者なる一者を直接如実にロゴス的把握の対象となすことは何人にもできないのであるが、少くとも我々はその周囲を低徊することによって次第にそれに肉迫することができる。「我々はそれを認識的に把握することはできないが、しかし全然把握できぬわけではない。つまり、それ自体をロゴスの対象とすることはできなくともそれについてロゴスを展開するということによって把握できるのである。事実、我々は、それが何であるかは語れずとも、それが何でないかは論じ得る」(V, 3, 14, 511)。蓋しプロティノスにとっては表現は表現以前のものに対する象徴、而も極めて信頼すべからざる象徴にすぎず、表現と表現されるものとの間には、表現がたまたま完璧の域に達した場合といえども、なお巨大なるずれがあった。謂わばこのずれを一歩一歩埋めて行くところにプロティノスの哲学の歩みがあったと言ってよいであろう。終生渝ることなくただ一つの事に全精神を傾けていたプロティノス、如何なる問題を何時如何なる方面から論じ始めても必ず最後には同じ一点に帰着して了うプロティノスにもこの意味における発展は認められるのである。円周上の如何なる処から出発して円心に向っても、道は結局同一の中心点に窮通する。プロティノスの一者はまさしくかくの如き円の中心に位するものとして表象されないであろうか。しかしながらこの円が観照的生の実体験を表わさず、謂わばその原円を後からなぞって行くロゴスの円であるとき、人は永遠にただ中心への傾向に在るばかりであって、絶対に中心そのものまでは到達できないのである。けれどもこの窮極的不可能性を知りすぎるほど知りながら、而もなお体験の円の上にロゴスの円を重ねずには居れぬ宿命的な情熱こそ、形而上学的情熱と言われるものなのであろう。プロティノスはそのような人であった。

プロティノス全哲学の始源をなすところの一者あるいは善者とは、かくの如く、思わんとして思うべからず、言わんとして言うべからざる絶対不可測者である。それはあらゆる形におけるロゴスの詮索を一切拒絶する。このものを前にしては人間が誇りとする論理も忽ちにしてその惨憺たる無力を曝露され、あらゆる思弁言詮は悉く幼児の遊戯と化す。「絶対不可言者」(to arrēton)！　それがこの名なきものの名であるごとく見える。「言われもせず書かれもせず」(oude rēton oude grapton)！　それがこの言うべからざるものについて言われ得る最後の言葉であると思われる。勿論、一旦凡ての論索を放擲し、観照道の完成によって一者に直触して来た達識の人が、体験知の後でこれに論理的思弁を向けることは別問題であり、またそこにこそ神秘哲学なるものの成立し得る余地が生ずるわけであるが、それにしても言うべからざるものを言うことには大きな危険が伴うことを知らなければならない。「蓋し一者は凡ゆる真理に遍満し、我々が現に与りつつある真理にも剰すところなく行き亘っているのではあるが、それにも拘らず若し人がそれに就いて語らんとし、思惟せんとするや忽ち逸脱して了う。それというのは元来我々の論理的思惟は、何事かを語らんとする時必ずそのものを端から次々に少しずつ捉えて行くより外はないからで、従って論述は常にかかる形をとらざるを得ない。されば、絶対的に純一なるものを抑々如何にして論述することなどできようか。それはただ叡知的直観によって触捉されるばかりである (en de pantē haplō-i dieksodos tis estin? all' arkei kān noerōs ephapsasthai)。しかしそれが実際に触捉された場合、その触捉の状態にある限りは、人はそれについて何かを語るべき力もなければ余裕もない。ただ後になってから色々とそれについて論索をめぐらすことができるのみである」(V, 3, 17, 515)。ここに言われている脱自的ヌースの触捉状態が終った後で、色々の角度からその状態を追想的に反省し論議して見る。それがすなわちプロティノスの哲学に外ならないのであるから、この哲学は本質上、そのような超越的状態を知悉する斯道の達人の独白であり、たとい聴衆がある場合にも、相手は全部かかる体験——勿論深浅強弱の差はあるにせよ——の持主であることを始めから予想しているのである。この哲学に積極的に参与することを許される人は、既に少くとも一度は「かの光りに触れ、それをほかならぬかの光り自体によって見る」(ephapsasthai phōtos ekeinou kai autō-i auto theāsasthai—ibid. 515-516)という如き照明体験を経た者でなければならない。そういう光に接し得た極く限られた人々が、一同共通の地盤の上に立って、互に自己体験を語り合い、鋭く批判し反省し合って行く、その緊迫したロゴスのやりとりが哲学となって展開する。ここでは、いまだ道の終局を識らぬ人が、未だ見ぬ目的地を見ようとして、識ろうとして哲学して行くのではなく、既に完全に識っていることを、識って居るが故に、思索する、それが哲学なのである。絶対超越的綜観的覚識の内実、いわゆる totum simul を、謂わば分析的にばらばらに解きほどし、一つずつロゴスによって定着しつつ、外面からふたたび次第に原型を再現して行こうとする努力が哲学として結晶するのである。正にここからして、プロティノスの哲学は著しき秘教的性格を帯びて来る。否、むしろそれは既にまぎれもなき知性の密儀宗教である。未だかの totum simul を識らぬ人々に対してはこの哲学は固く門扉を閉ざして開かない。仮令門扉を大きく開け放って、万人をその堂屋に招じ入れたにしても、其処に観られる物事は其等の人々にとって全く無意味であり、それのみならず一部の人々を真理の恐るべき邪解に陥れる危険すらなしとしないからである。「世上諸々の密儀宗教が、密儀に与らぬ一般人に神事を明かすことを厳に戒めているのは、まさしくこのことを明示する意図に出でたものにほかならぬ。すなわち、かの事は絶対に外部に齎らすことのできぬものなるを以て、偶々幸いにして自ら親しくそれを目視するを得た人以外には何人にも神の秘事を洩らすべからずと命じたのである」(V, 9, 11, 770)。

この点においてプロティノスはプラトン精神の紛れもなき継承者と言うべきであろう。但しプラトンは、彼の哲学のこの側面を、文字通り門外不出の秘教として絶対に書き残さなかったのに反して、プロティノスは寧ろこの側面ばかりを書き残したところが違うだけである。嚮にも引用した第七書簡の有名な一節が明かに示す通り、プラトンは彼の窮極的絶対者(「善」)の深玄なる超越面については一切公開の論述を断つことを固く決意して居り、終生この自己の禁断を破らなかった。周知の如く彼が書き残した数々の対話篇は悉く一般外部社会に対する公式の教説であって、直ちにそのまま学園内部において秘かに口授されていた彼の真の思想を表わすものではない。この意味よりすれば、プラトンの教説、特に絶対者に関するそれは二つの著しく異なる相貌を有っていたわけである。かの「善のイデア」「絶対美」のごときは、いずれもこの絶対者の公けの相貌であり、謂わば「公開しても害毒のない」部分に過ぎず、その真の相貌は深き冥暗の霧にかくれて、外部からこれを見るに由もないのである。ただ一回だけ、プラトンは国家篇第六章の前掲の箇所(Resp. VI, 509 B)において「実在ですらなく、実在を更に超えた善者」

について語り、その窮極的超越性を指摘しているが、恐らくプラトンにとっては、これが神について公けに語り得るぎりぎりの限度であったのであろう。それかあらぬかこの箇所は、プラトン全著作中にあって寧ろ異様な例外をなしている。通常彼が絶対者について公けの思索を進めるとき、それはこのような寂莫たる超越性に独在する絶対無としてではなく、光輝燦然と照り映ゆる全イデア界の頂上に位してイデアのイデアたるの光栄に溢れる「善のイデア」として顕現する。若し仮りにプラトンの絶対者の秘教的側面を「善者」とし、公教的側面を「善のイデア」と区別して呼ぶことができるとすれば、彼の全著作は常に「善のイデア」を論ずるのみであって、「善者」については殆んど何事も語らない。然るにプロティノスの最大の、そして唯一の関心事は、正にプラトンが公開の著述においては固く口を緘して語らなかった「善者」に凝集していた。而も幸いにして彼はそれに関する自己の思索を赤裸々に書き遺して後世に伝えた。こうした奇しきめぐりあわせによって今日我々は、プラトンが「神」について親しき門弟達に何を教え何を語ったか、その秘教の内容を、プラトン自身の著作からではなく寧ろプロティノスの著作から、ほぼ推察することができるのである。プロティノスが自己の教説の絶対者を呼ぶに「一者」(to hen)、「第一者」(to prōton)などの名を以てせるのみならず、特に好んで「善者」(to agathon)の名を用いたのは決してかりそめの思い付きではない。プロティノスの「一者」はまさしくプラトンの秘教的「善者」なのである。

扨て絶対に思惟すべからず言説すべからざる一者について、敢て思索の歩を進めるため、謂わば思惟の手掛りとして、この縹渺たる空無中に何事かを措定せねばならぬとすれば、我々は先ずその絶対超越性を挙げるべきであろう。上に問題としたプラトン国家篇の「実有の彼方」(epekeina tēs ousias)がプラトンにおいてはむしろ例外的表現であったのに反して、プロティノス一者論は「彼方」「彼岸」「以前」の恐るべき連続である。「存在の彼方」「実在の彼方」「万有の彼方」「思惟の彼方」「善の彼方」「いと荘厳なるヌースの彼方」「美の彼方」「形相以前」「静以前」「動以前」……と限りなく epekeina, hyper, pro が続いて行く。要するにそれは一者の絶対超越性を徹底させんがための方便にすぎない。一者は有を超越し、無を超越し、更に有無を超越する超越をも超越する。それは絶対超越の端的である。否、それについては始めから絶対とも超越とも言ってはならないのである。一者を捉えんとして何事かを思えば、既に一者はその彼方にあり、何事かを言えば、はやそれを無限に超えている。故に人は一者について如何なることも述語し得ざるは勿論、それはあらゆる述語を排除するところの絶対的主語ですらあり得ない。それはただ端的に「無」であるというべきか。否、我々がそれを「無」として定着する時、それは既に一者の真相を遠く逸している。人が一切万事を放擲し、一者を捉えんとする自己をも滅却して、ただ黙然と無の深底に沈み行くとき、一者は照々として到るところに現前するが(VI, 9, 7, 765)、ひとたびこれに精神の視線を向けんとするや忽ちにしてそれは杳然と姿を没し去る。然らばこの不可思議なる一者とは抑々何ものであろうか。それは凡ゆる存在者にもまして、この上もなく有りながら、何故に精神の捕捉をかくも宛転と遁れ去るのであろうか。プロティノスは「エンネアデス」最終篇最終章の有名な一者論において自らこの問いを発し、自らそれに回答を試みている。「抑々一者とは何ものであり、且つ如何なる本性を有するのであろうか。この問いに答えることが決して容易の業でないのは寧ろ当然である。蓋し存在や形相《エイドス》(に就いてすら、それが何であるかを断定すること)は容易ならざることであり、否それどころか元来我々の智解は全く形相に依拠するものである(estin hēmin gnōsis eidesin epereidomenē)のに、ましてや霊魂が無形相なるもの(aneideon)に向うということになれば、(霊魂は何かにぶつかって)限定を被ることもなく、何かはっきりと捉えどころのある印章によって謂わば印を捺されるようなこともないために、全然捕捉力を働かすことができず、つるつると滑って、むなしく虚空を摑むのみのような気がするのである」(VI, 9, 3, 759–760)。かくのごとき霊魂の捕捉作用の対象となるには一者は余りにも澄浄(katharon)であり純一(haploun)でありすぎる。一切者を無限に高く超越するところの「最澄浄者」(to katharōtaton)こそ一者なのであるから。勿論、叡知《ヌース》はこの上もなく澄浄純一なるものであり、「叡知の裡なる諸物もまた清朗澄浄ではあるが、ヌースの先なる諸物はそれより更に澄浄で更に純一であり、それの先なるかのもの(to pro autou)はいよいよもってそうである。故に一者はヌースですらなく、寧ろヌース以前である(oude nous toinyn, alla pro nou)。何故ならば、ヌースは存在者のうちの何かであるのに、かのものは何かではなく、むしろ凡て個々のもの以前であり、存在者ではない(ekeino de ou ti, alla pro hekastou, oude on)からである。事実、存在者は謂わば存在するという形態を有するのであるが、かのものは無形態であり、叡知的形態すら有しない(amorphon de ekeino kai morphēs noētēs)。蓋し一切万有に対して一者の本性は生産者の立場にあるが故に、それは一切者のうちのいずれのものでもないのである。かくして一者は実体にあらず、性質にあらず、量にあらず、叡知にあらず、霊魂にあらず、また動きつつあるものでもなければ、さりとて静止しつつあるものでもなく、場所の中になく、時間の中になく、ただ独絶自全の単相者(to kath' hauto monoeides)、というも未だ足りず、寧ろ全ての形相に先立つ無相者(aneideon)で、動に先立ち、静に先立つ」(VI, 9, 3, 760)。故に我々は哲学することの必要上、止むを得ずこれを「一者」と呼び「かのもの」(ekeino)と名指すが、「実は厳密に言えば、かのものともこのものともいってはならないのであって、ただ我々は謂わば外側をぐるぐる駈け廻りつつ我々自身の主体的印象を、ある時は的に近く、ある時は対象に纏綿する数多の障礙に阻げられてまるで的はずれになりながら何とか解明しようと腐心しているにすぎない」(ibid. 761)。

従ってプロティノスが「かのもの」即ち一者を時と場合によって種々様々に呼ぶ名称、例えば「善者」(to agathon)、「善の本性」(tou agathou physis)、「真の王者」(ontōs basileus—VI, 8, 9)、「諸王の王」(basileus basileōn—V, 5, 3)、「創造者」(poiētēs—V, 8, 7)、「万有の原因者」(aitios tōn pantōn—V, 5, 13)、「万有の力」(hē pantōn dynamis—V, 4, 1)、「万有の始元」(hē pantōn arkhē—VI, 9, 5)、「根」(riza—VI, 8, 5)、「円心」(to kentron—IV, 9, 8)等々はいずれも的はずれになることを覚悟の上で、この言詮以前の窮極者から受ける主観的感銘を強いて言語的に解明し定着せんとした試みの現われに外ならぬ。「本当はそれに適する名称は全然ない」(VI, 9, 5, 763)のである。主語も述語も考えられず、存在と言えば「あらゆる存在者の中で最も高貴なるものよりも更に先」(pro tou en tois ousi timiōtatou)であって存在ではなく、ヌースと言えば「ヌースより先なる驚嘆すべきもの」(to dē pro toutou thauma)であってヌースではないかのものを一体何と名付け何と呼ぶことができようか。イング(Inge: The phil. o. Plotinus II, p. 107-108)は、若しギリシア人がゼロを表わす記号を有し、而もその記号が神秘主義的象徴円であったとしたならば、恐らくピュタゴラス派の人々やプロティノスは、絶対者を「無」Nihil と呼んだかのスコトス・エリウゲナの先駆となったであろうと言っているが、仮令一者を「無」と呼んでも事態は依然として同じことである。一者に適する名前は本当は全然存しないと断じた後でプロティノスが「しかし何か名前をつけなければならないとすれば、全般的に一者と呼ぶのが適切であろう。尤もそうはいっても、決して相対的意味で一と名付ける訳ではないので、それで認識が極めて難しくなってくるのである」(ibid.)と言うのも正にこの事を指しているのである。またここからして甫めて、彼が一者を殆んど決して「神」と呼ばない理由も理解される。一者を措いてプロティノスの真の神は全然ほかにはあり得ない筈であるのに。

実際、ギリシア精神文化の最終期に当る紀元第二世紀にあって、連綿たる七百年の歴史を背負う「神」(theos) の一語は、余りにも多種多彩な内容を包蔵し過ぎて居り、余りにも具体的、否、感性的な聯想を伴い過ぎていた。プロティノスは、厳密にはかのものとすら言ってはならない「かのもの」を神と呼ぶことによって、それを余りに具象化し、具象化することによって一者本然の神姿を毀損し、かくして読者の心に真の神ならぬ神の虚像を造作せしめることを懼れたのであろう。故に彼がヌースに対しては憚るところなく公然と「神」の名を与えながら、一者を殆んどその名によって呼ばないというところから、イングの如く「ヌースこそプロティノスの神であって、一者は神ではない」と考えるのは間違っている。既にヌースすら純然たる神であるならば、ヌースの根源であり本体である一者はいよいよもって勝義における超越神ではないか。ましてや彼はヌースをはっきり「第二位の神」と呼んでいるのである。ただ問題は、一者に関しては神という名目の下に何か具体的な、謂わば感性的乃至知性的に「手ごたえのあるもの」(stereon)を表象してはならないということに存する。従ってプロティノス自身も極めて稀にではあるが、誤解の虞れのない確実な文脈中においては明瞭に一者を神と呼んでいるのである(例えば霊魂の上なる叡知、叡知界の上なる「神」について語るI, 1, 8, 5、その他I, 8, 2; V, 1, 11; V, 5, 11; VI, 3, 11; VI, 5, 4; VI, 7, 35; VI, 8, 1 等々)。かくて全ては神の前に立つ人間的ロゴスの惨めな無力さに帰着して了う。観照的生の完成によって親しく神の実相を徹見し得た人にとっては、一切万有は悉く挙げて絶対者の象徴となる故に神を如何なる名目によって指示することも自由であるが、未だ自ら神事の秘奥を窮めぬ人に対しては、神を神と呼ぶことすら甚だしき冒瀆とならざるを得ないのである。何となれば、そのような人々が「神」の名を聞いて心に描く神は実は至聖なる神ではなくして寧ろ嫌忌すべき偶像にすぎないのであるから。しかし大多数の人々は各々胸に偶像を抱きながら、自己の跪拝する偶像を真の神と信じて疑うところがない。かかる偶像神を儼乎として一挙に破壊し、人間精神を一物の頼るべきものもない絶空裡に無情冷酷と見ゆるまでに突き放し、かくして真の生ける神に面接せしめんとするものが外ならぬプロティノスの峻烈なる観照精神であった。この観照道を最後まで歩み切った後に甫めて哲学が可能になって来るのである。換言すればプロティノスの哲学が所詮万人のための哲学であり得なかった理由はここにある。プロティノスにおける哲学的思惟の営みは、かのプラトンの「死の修錬」を絶対必須の前提条件として予想するのである。「若し霊魂が、道に伏在する一切の障礙を脱して円転自在に第一者からの充溢と照明とを(plērōsin kai ellampsin autē-i tēs physeōs tēs prōtēs)稟けんとするならば、それは自ら無形相者となること(aneideon... ginesthai)が必要である。従って霊魂はありとあらゆる外的なものから離反して内部に向って全面的に方向転換しなければならぬ。すなわち外界のいかなるものにも倚傾することなきは無論のこと、却って其等一切のものを、今までは単に漠然と気分的に拭捨するに過ぎなかったが、今度は形相的にもはっきりと意識から滅却し去り(alla agnoēsanta ta panta kai pro tou men tē-i diathesei, tote de kai tois eidesin)遂には自己自身をも剰すところなく忘逸して、かのものの純粋観照に入り、かのものと合一する(agnoēsanta de kai hauton en tē-i theā-i ekeinou genesthai kākeinō-i syngenomenon)。そして謂わば充分に交歓した後に帰り来って、若し出来れば他の者にもかしこの交融の有様を伝え聞かせるべきである」(VI, 9, 7, 765)と。ここに言われている「かしこの交融」(hē ekei synousia)の模様を他人に述べ伝えること、それがプロティノス哲学の本来の趣旨であった。

扨て一者との霊魂の合一の側面、即ち所謂一者の在所の問題は後にプロティノス的観照道を叙述する際にあらためて詳しく論ずることにして、ここでは一者そのものについて、嚮に指摘した超越性の観点から、果してどの程度までの事がロゴス的に捕捉されるか、プロティノスの説くところを聴いて見よう。しかし一者に対する人間的ロゴスの関係が約そ以上の如きものであり、一者がその本質上絶対不可言者であるからには、これを一歩ずつ思惟として定着して行くロゴスの道の進み方も大体始めから既に決っていると考えるべきであろう。上述した通り、一者に関しては徹頭徹尾全てを否定して否定して否定し切ってしまう、所謂否定の道こそ唯一の正当な方法なのであるが、それでは全然哲学にはならない。故に我々はこの直接端的な否定道を故意に避けて、肯定・否定・肯定という非常に遠廻りな操作を用いることを余儀なくされるのである。すなわち先ず最初、一者について何事か(例えば存在)を措定し、次にこれを一旦絶対的に否定し(一者は存在ではない!)、更にこの絶対否定の上に立って、謂わばそれを足下にしっかりと踏まえた上で、絶対超越的意味において再びそれを肯定する(一者は他に比類なき優越性において存在である！）のである。

今アリストテレスの例に倣って神の本質にヌースのエネルゲイアを措定し、「一者は思惟である」と言ったならどうであろうか。この命題は直ちに否定される。否、一者は思惟でなく、ヌースでなく、意識でない。一者は絶対に思惟しない。一般に思惟あるいは意識なるものは、必ず何等かの程度において主と客との分裂対立を予想する。仮令ヌースの活動がその極に達し、所謂「思惟の思惟」として渾然たる主客未分の統一体を現出したにせよ、やはり依然としてそれは絶対的一の世界ではなく二の世界である。言い換えればそれは創造者の世界に属する一ではなく、被造物の世界に属する一である。主体と客体の分離対立――既にこの事実はそのような対立の彼方に、そのような分離も対立も始めから全然ない真の純一無垢なる世界を予想するものでなくて何であろう。「故に叡知は第一位を占めるものでなく、更にそれを超えた彼方なるものがなければならない。然してそれこそ先刻から我々が探求し来ったものに違いないのである。……蓋し叡知は思惟主体であると共に思惟客体であり、従って同時に二者である。然し若し二ならば、この二の先なるものを捉えねばならぬ。それは何だろう。主（ヌース）だけであろうか。否、全て思惟主体には思惟客体（ノエートン）が結合している。だから客体を引き離してしまえば主体もまたなくなってしまう。従って若しそれがヌースでなく、二に堕することなしというからには、此等の二者より先なるものは当然ヌースの彼方なるものでなくてはならない。それでは何故ノエートンがそれであってはいけないのか。つまりノエートンもまたヌースと密接に結合しているからである。それではヌースにもあらずノエートンにもあらずとすれば一体それは何だろう。ヌースとノエートンが二つながら同時に出て来る源泉がそれである。と私は答えよう」(III. 8. 9. 350)。思惟主体と思惟対象とは密接不離の相関性においてあり、従って対象なきヌースは全然あり得ないと共に思惟主体なきノエートンは完全に無意味である。言うまでもなく叡知の観照はアリストテレスの謂わゆる「ノエーシス・ノエーセオース」であって、其処ではヌースが対象を観るといっても自己以外の何かを一歩離れて眺めるのではなく、ヌースがヌース自身をノエートンとして、つまり自己が自己を間髪を容れぬ直接性において捉えることではあるが、それにしても同一のヌースがヌースであると共にノエートンでもある点から見ればやはり純然たる二者の世界であるには違いなく、一者であるとしても二者即一としての謂わば不純な一者であると言わなければならない。然るに叡知の彼方なる真に純一窮極の一者にあっては、最早如何なる意味における二もあり得ない。主客の対立はおろか、始めから主もなく客もない絶対的「以前」の世界でそれはあり、従って其処には思惟とか意識とかいうものの介入すべき余地は全然ないのである。のみならず、更に考えて見れば叡知界は決して純然たる二者の世界ではなく、それは既に無限なる多者を孕んだ世界であり、多を含み多の上に立った二ではないか。思惟対象は渾然たる一の姿をなしているがその内実は一切万有であり、従って思惟主体も多における一である。嘗てアリストテレスが「全てのものに成るヌース」を説いた時、彼は外ならぬこのことを考えていたのであった。叡知界は主体的にも客体的にも多者の世界である。詳しく言えば、それは多にして二、二にして一であり、多が一となった世界である。「叡知は自己の裡に一切万有を包蔵し自ら一切万有であるところの深静にして微動だになき動というべきであり、それは渾然として不可分でありながら同時に明晰に分別された多者である(noun hēsykhon kai atremē kīnēsin phateon panta ekhonta en hautōi kai panta onta, plēthos adiakriton kai au diakekrimenon)。何故なら、それは既に一つ一つの語に分けて考えられた言葉のように分節されているのではないが、さりとて其処に包蔵されている全てのものが混淆錯雑しているのでもない。何故なら各々のものは、はっきりと別れて出て来るので、その様は恰も学問の分野において全てのものが相依って不可分の統一をなしながら而もその各々が他から明確に区別されている状態を憶わせる。かくて、この渾然一体なる多者こそ叡知的世界に外ならず(touto oun to homou plēthos, ho kosmos ho noētos)、それは第一者《プロートン》の次位にあり、若し人が霊魂なるものの存在を認めるならば必然的にそれの存在をも肯定せざるを得ないのである。そしてこのものは霊魂よりは優位にあるけれども、しかし第一者なのではない。何となならば、このものは一でもなく絶対素純でもないから。真の一者にして万有の始源なるものは絶対素純である。故にそれはヌースより更に先の何かであるとすれば、あらゆる存在者の中の最も高貴なるものよりもなお先のものということになろう。ヌースは一者たらんとしてはいるが、一者ではなく、ただ一者の形姿をとっている([nou]... hen men einai boulomenou, ouk ontos de hen, henoeidous de)に過ぎぬ。それというのは、ヌースはそれ自体としては決して散乱して了うものではなく(hautō-i[Volkmann: autō-i] mē dieskedastai ho nous)、真に自己自身と合一して居り、一者のすぐ次に位することによって終始自己自身を保持し続けて行くのであるが、しかしまた或る意味では敢て一者から離反するものだからである。かようなわけで、ヌースの先なるこの驚嘆すべきものこそ一者なのであって、それは決して存在者ではない」(VI, 9, 5, 762–763)。

かくて、純粋端的なる一ではなく、多者が二者となり二者が合一することによって謂わば危く形姿上の一を保っている叡知は一者の下位に立つ従属的基体であって、到底自ら真の一者たることはできぬ。プロティノス特有の言葉を以て表現するならば、叡知は一者そのままではなくして一者の弛緩し淡弱化せる状態である。一者それ自体は絶対的に思惟を超えた彼方なるもの（[to] tou noein epekeina—V, 6, 6, 538）であって、其処には全く思惟もなければ意識もない。一者の自全自足性、即ち「自由」は実に超越的絶対的であって、思惟或いは意識の如きものは全然必要としないのである。一者の緊張が弛緩し、淡弱になった時、はじめてそこに意識が生じて来る。後述する通り、人が一者に近付くの道は勿論観照的生の実現を措いて外にはないが、厳密に言えば、本来の観照は「ノエーシス・ノエーセオース」に至って終るのであって、それを更に一歩踏み越えた一者の世界には最早観照ということすらないのである。万物は悉く観照するが、独り一者のみは湛寂として観照の彼方にある。観照道の事実上の完成を意味する「ノエーシス・ノエーセオース」は言うまでもなく純粋叡知の脱自的エネルゲイアの極致であるが、一者はエネルゲイアではなく、エネルゲイアの以前であり彼方であるから。従って一者には他者の意識がないことはもとより、自意識すらあり得ない。自己自身と絶対自同的に一になっている一者、否、始めから自己自身との合一ということさえ考えられぬ素純者にあっては、他者意識は無論のこと自己が自己を意識する自意識すらないのはむしろ当然であろう。自己意識にせよ他者意識にせよ、一般に意識は主客の異別（heterotēs）を予想し、主客間の懸隔を連結する一種の運動（kinēsis）としてのみ成立する。然るに異別性は叡知界に至ってはじめて現われる範疇である。「一者は思惟活動《ノエーシス》ではない。ノエーシスだとすれば、そこに異別性ということが出てくるからである。それは運動《キネーシス》でもない。運動にもノエーシスにも先立つものであるから。ノエーシスだとしても一体何を思惟するというのか。自分自身をであろう。ところがそうすると、思惟活動する以前には無知の状態にあることになり、完全無欠なる自足者が、自己自身を識るために自分に足りない思惟活動を必要とするということになるであろう。かくて一者は自己自身を意識したり思惟したりするものではないが、さればといって無知の只中に沈湎している訳では勿論ない。なぜなら無知とは、何か異なった二つのものがあって、その一方が他方を識らないという場合に起ることであるから。然るに絶対独一なるものは何かを識るということもないし、また無知の対象を有つこともなく、純一なる故に自己自身と共にあり、自己自身を思惟する必要もないのである。しかしながら実際は、若し君が一者を本当に証得せんがためには、共にあるというようなことも附け加えない方がよいのだ。否、寧ろ、思惟するということも、共にあるということも、さてはまた自己自身の意識もその他あらゆるものの意識も一切きれいに掃蕩して了うべきだ。何故なら、一者は思惟する主体の側面よりも、むしろどちらかといえば思惟活動の側に属するからである。尤もそれは一者がノエーシスとして思惟活動をするという意味ではなく、他のものにとって思惟活動の原因となるだけのこと。しかし原因は、その結果生じたものと同一物ではないからして、一切万有の原因たるものは、勿論其等のもののうちの一つではない」(VI, 9, 6, 764-765)。

かくのごとくプロティノスは一者からありとあらゆる思惟、意識を否定し尽して了うのであるが、それは飽くまで超越的に否定するのであって、ノエーシス以前ということは決してノエーシス以下ということではない。一者は文字通り意識(に至る)以前ではなくして、意識の究竟的極限をも更に踰越したという絶対超越的意味において意識以前なのである。意識が足りないのではなくて、謂わば意識がありすぎて、意識が強すぎて、意識を越えた状態である。それは無意識ではなくて、超意識である。従って一旦そのような絶対超越性を確立した以上は、今度は逆に、絶対超越性を飽くまで念頭に置きながら一者について思惟をも意識をも肯定することができるのである。換言すれば、一者は下から観れば絶対に思惟でなく意識でなく、無ですらないのであるが、上から観れば余りにも思惟であり意識でありすぎる。もはや思惟とも意識とも言われない程に思惟であり過ぎるからこそ、謂わばそのあり余った力が張溢して本当の思惟を生むのである。一者は真に一者であり切る時、却って自己の外に立ち出でて下位の基体を創造せざるを得ないと言われる所以はここに存する。勿論、対象的思惟はいうまでもなく、完全に脱自的な自意識でも、其処には既に意識する自己と意識される自己との間に或る意味の距りがあり、従って謂わば自己が自己を必要とし自己を求めるという一種の欠足性が入って来る。故に、そのような意味のノエーシスは飽くまで「第二次的に自足自全なるもの」(to deuterōs autarkes)に過ぎず、それは決してかの第一自全者、即ち自己自身をすら必要とすることなきまでに「絶対的に素純であり第一次的に自足自全するもの」(to pantē haploun kai autarkes ontōs)ではあり得ないのであり、またそうであればこそ「第二次的自全者は自己自身を必要とし、従って自己自身を思惟することが必要となって来る」に反して第一自全者は「自己自身を思惟することもなく、自己自身の思惟でもない」(out' oun hauto noei, oute esti noēsis hautou [Volkmann: autou])と言われるのであるが、その反面、かかる普通の意味の思惟への聯想を一切払掃し去った後の絶対自由にして絶対超越的なる意味においては一者は立派に思惟である。否、それどころか一者こそ真に絶対優越的意味における思惟でなければならない(V. 3. 13. 511)。思惟するものと思惟されるものとの二つがあって、其等両者が渾然たる一にまで合体し合一するというのでなく、そのような主―客関係を絶対的に超越し切って思惟するものも思惟されるものも始めからない思惟、「謂わばただ不可言不可思の触のごときもの」(thiksis kai hoion epaphē monon arrētos kai anoētos―V. 3. 10. 507)こそ思惟の極致でなくてはならないであろう。かかる意味においてプロティノスは一者を「絶対思惟」katanoēsis(「普通のヌースの思惟活動とは全く違った風に思惟する絶対自己思惟」hē katanoēsis hautou［Volkmann: autou］... noēsei heterōs ē kata tēn nou noēsin—V, 4, 2, 518)と呼んで、それに全き自意識を認め(pantē diakritikon hautou—ibid.)、またそれを「超思惟」(hypernoēsis)と呼び、「実有とヌースと意識的生の彼方なる覚醒」(egrēgorsis... epekeina ousiās kai nou kai zōēs emphronos)、「永劫の覚醒」と呼ぶのである(VI, 8, 16, 751)。覚醒とは言うまでもなく絶対超越的意味における意識の謂いである。

　ここでプロティノスが用いている論法は、神について先ず何らかの属性を述語して置いて、直ちにそれを完全に否定し、この否定によってアナロギアを絶対度にまで高めた上で再び絶対超越的にその属性を肯定するという、後世の神学に所謂 per eminentiam の肯定法であって、神の恐るべき超越性と人間的ロゴスの惨めな脆弱さとを真に深く知悉する人が敢て神について何事かを積極的に語らんとすれば、必ずこの道に拠らざるを得ないのである。故にプロティノスは一者に関して凡そ考え得るかぎりのあらゆる属性についてこれと同じ形式の論述を繰り返して行く。

　例えば一者について存在が断乎として否定されると共に、その反面において絶対的に肯定される。一者が存在者ではなく「存在の彼方」(epekeina ontos)であり「万有の彼方」(epekeina ousiās)であるということは「エンネアデス」の至るところで強調されて居り、嚮に引用した文中にも出て来るのであるが、プロティノスにおいては叡知界がすなわち存在界である以上、一者が叡知より先なるものであるならば同時にそれが存在よりも先なるものであることは当然であろう。しかしまたそれならば、絶対超越的意味において一者が叡知であったように、同じく絶対超越的意味に解するかぎり一者は存在であるとも言われる筈である。「存在の彼方」とはそういう意味の彼方なのである。従ってそれは存在の原因であると言ってもよい。一者は叡知を生み叡知の原因であると共に、否叡知の原因であることによって全存在界の原因(aition tōn pantōn—V, 5, 13)であり一切万有の始源《アルケー》である。「あらゆる存在者は、第一義的に存在する者はいうに及ばず、何等かの意味において存在すると言われる者も総て一であることによってのみ存在者たり得るのである(panta ta onta tō-i heni estin onta)。抑々一であることなくして何者が存在し得るか。如何なるものでも、一であることを奪われるならば最早そのものではなくなってしまうではないか」(VI, 9, 1, 757)とプロティノスは言う。この箇所の文面は、一見すると恰も単に事物の統一性を指しているようにも思われるが、プロティノスの真意は、すべて苟も何らかの意味において何かが「存在する」ということは必ず「一者によって在る」ということ、換言すれば一者が一切万有の存在の窮極的始源であることを卑近な例によって指摘しようとするところにある。故にここで彼が、軍隊は一体をなしていなければ最早軍隊としては存在しないと説き、また合唱団や家畜群は一であることによってはじめて夫々に合唱団であり家畜群であり、一でない家は家でなく、一でない船は既に船でない、と例示するとき、その表面上の意味はともかくとして、彼が本当に考えていることは決して数としての一ではないのである。だから彼は明確に、「私の言う一とは点とか数的一とかの一ではない」(ibid. 5. 763)と断っている。プロティノスがここで真に言わんと欲するところは、上位領域から下位領域に及ぶありとあらゆる存在者をして夫々の程度において存在せしめるところの存在性の生ける根源こそ、其等の全存在者を超越する一者に外ならぬということである。「夫々の存在者の存在度は一者を有つ度合に応じて異なってくる」(ibid. 1. 758)というのはこの意味である。これと同じ事を彼はまた、一者は万有の窮極的「基体」(hypokeimenon)であるという形で表現している。故に一者に関して用いられた場合、基体とは、偶性の担い手としての普通の意味の substantia を表わすのではない。全て創造されたものは創造したものの裡にある、従って窮極的創造者はあらゆる存在者の窮極的基体でなければならない、という意味の基体なのである。「総て他の者によって生み出されたものは、自分を生んだその当のものの裡か、或は若し生産者の下にまだ何かがある場合はその他者の裡か、いずれかに在る。何故ならば、他の者によって生み出されたもの、つまり自分が生れて来るために他者を必要とするものは、如何なる処においても他者を必要とするのであり、それは要するに他者の裡に在るということでもあるから。かような次第で、最下底の存在者はそれより一段上の最下底のものの裡にあり、上位なるものは更に上位なるものの裡にあるという風に次々と続いて遂に第一の始源《アルケー》に至るのである。然るに第一始源は最早自分の先に何者をも有たぬ故に、如何なる意味における他者の裡にもない。諸他の存在者中の如何なるものの裡にもあらずして、このものは其等のものを超えた先のところで、他の一切万有を自らの裡に包蔵している。しかし包蔵はしているが、決して其等のものの中に散乱してしまうことはなく、何者にも有たれることなくして全てを有つのである。ところが全てを包有しながら自らは何者にも包有されないのであるから、それは何処にもないところはない。何故なら、若しないとすれば、包有するということもないわけであるから。しかし他方、何者にも包有されることがなければ、結局ないことになる。従ってそれはあると共にない、つまり何者にも包蔵されない点においては存在しないが、あらゆるものから独脱自由である点においては立派に存在するのである」(V. 5. 9. 527-528)。一切万有を裡に包有しながら、自らは他の何者によっても包有されることはないという、この「包有」(periekhein)の絶対自由性が一者をして万有のヒュポケイメノンたらしめる。「第一始源が直ちに多者であってもよいではないかと論じる人があるかも知れないが、仮令そう考えるにしてもやはり其等の多者を支える一なる基体を認めなければならないであろう。蓋し多者というものは、其等の源泉ともなり基盤ともなるところの一者がなくては有り得ない」(V, 6, 3, 535)。

　プロティノスにおいては叡知界は存在界である。否、叡知界こそ唯一真正なる実在界であり、語の最も充実せる意味において在りといわれるものは、この世界を措いて他にはない。叡知は端的に存在である。すなわち個々の叡知は夫々に存在であり、全叡知界はそのまま全存在界である。従って両者の間に前後優劣の差違があり得る筈はなく、叡知が存在の原因になるのでもなければ、また反対に存在が叡知の原因となるのでもない。叡知と存在との両方にとって同時に原因となるものは、両者とは別に、即ち両者を超えたところに、換言すれば「万有の彼方」に求められなければならぬ。「叡知界においては個物が夫々ヌースであり、存在であるばかりでなく、全体がまた全的ヌースであり、全的存在なのである。そして思惟《ヌース》は思惟することにおいて存在を成立せしめ、存在は思惟されることによって思惟に存在することと思惟することの両者を可能ならしめる(ho men nous kata to noein hyphistās to on, to de on tō-i noeisthai tō-i nō-i didon to noein kai to einai)。しかし思惟の原因は別にあり、それがまた存在にとっても原因をなす。換言すれば此等の両者の原因が別にある訳である」(V, 1, 4, 485)。

かくて、全存在界の「原因」として一切万有を生み出だし、全存在界の「基体」として一切万有を存在の裡に保つところの一者自身は、それらの一切の存在者を無限に超越せる「存在の彼方」でなければならない。万物の窮極的根源たるものは、万物の総和でもなく、また万物の中に含まれる何物かでもあり得ない。すなわちこの意味において一者は絶対に存在ではない。しかしながら一者のこの超越性は決して内在性を排除する一方的な超越性ではなくして、寧ろ絶対矛盾的に内在性を含んだ動的超越性である。つまり宗教的に言えば、一者は無限に遠くして且つ無限に近き神、後にアウグスティヌスをして《Idem est summum quod intimum. Tu autem eras interior intimo meo et superior summo meo》と歎ぜしめるところのかの生ける矛盾の神なのである。ただ一方的に宇宙を無限に超越するだけの神であるならば、それは一切万有には何の関係もなき無《ニヒル》であって、万有の創造者ではなく、神ですらないであろう。万有を無限に超越すると同時に、「我が秘めたる心の内より更に内」なる内在者なればこそ一切を生み一切を存在の裡に保つことができるのである。これは宗教的体験知の端的であって、ここではもはやこの思想が汎神論であるか否かというような「貼紙」式分類は意味をなさぬ。この神的内在論について、それがPantheismusか或いはPanentheismusかを議論する必要もない。プロティノス自身の一者観の肯定的側面、即ち内在論的側面においては、神が万有に内在するのではなく、明かに万有が神に包有され、神の裡に内在するのである（「一者以外の全てのものは何処にあるのか？　一者の裡にあるのだ。蓋し一者は他の全てのものから離遠してはいない、がさればといって自ら其等のものの裡に在るのでもない。一者を包有する者は何もないが、一者は万有を包有している」(V, 5, 9, 528)）。しかしながら同時に、「到るところに現在《パレスティ》し」あらゆるものと共にあり「如何なるものに対しても外にない」ところの一者は、或る意味においては明かに万有に内在する内在神である。恰も我々が、我々自身の内部にある最上の部分を我々に内在すると共に我々を超越するものと見做すように(III, 5, 3)、「一者は超越的に離在しながら而も現在する」(esti gar kai pareinai khōris on—VI, 4, 11, 654) と考えられる。否、むしろ一切者を絶対的に超越して居るからこそ一者は一切者の裡に絶対的に内在して居るのではないか。一者は飽くまで独脱自全に自己自身の裡に留るが故に、留ることによって一切者の裡に現在する(VI, 5, 10)。自己自身の裡にあり、自己自身であり切ることが、すなわち一切者の裡に自己を露現せしめる所以なのである。一者は何物でもないことによってあらゆるものであり、何処にもないことによって至る処にある。プロティノスはこの事を、「一者は一切者であるが而も何者でもない」(to hen panta kai oude hen—V, 2, 1, 493)「到るところにありながら、而もまた如何なるところにもない」(ou monon pantakhou, all' ou pros toutō-i kai oudamou—III, 9, 3, 358; cf. V, 5, 8–9–10）という超越即内在的矛盾の形式で表現せんとしている。従って一者が万有の内にあるか外にあるかを問うことが既に間違っていたのである。一者は万有の内でもなければ外でもない。しかしながら若し敢て内というならば、内よりも更に内なる内、若し敢て外というならば外よりも更に外なる外であり、一切万有の内であると共に外（VI, 8, 18）である。一者はその内在面においてあらゆるものと倶にあり、あらゆるものを充たし、一切者にくまなく遍満しているのに、殆ど全ての者はその事実を意識していない。意識しないどころか、却って一者から逃避しようとさえしているのである。哀れにも気の狂った子供が生みの父親の顔を見忘れて、怖れ遁れんとするように。「それは如何なるものにとっても外にあるものではなく、一切のものに倶在しているのだが、一切者の方ではそれを識らないでいる。それというのは、みんな自分の方から敢て一者の外に、否むしろ自己自身の外に逃げ出そうとしているからである。何しろ一者から逃げておきながらそれを捕捉できよう筈はなく、また自分自身を喪失し切っているくせに他者を探求することができる訳がない。まさしくそれは、気が狂って自己自身の外にある子供が自分の父親の見覚をなくしてしまうのと同じである」（VI, 9, 7, 766）。「一者は他の一切者から隠逸して何処かに蕭索たる幽居を守っているのではなく、寧ろそれを触捉し得る者にとっては現にそこに在るのだが、そのような能力のない者のところには現在していないのである」(ibid. 765)とも言われている。

以上の如く見て来ると、プロティノス的一者の形而上学が、かの古きイオニアの「一者即一切者」の正統的伝承であり且つそれのギリシアにおける最後の完成であることが誰の目にも明かとなるであろう。飽くまでそれ自身でありながらそれ自身にとどまらず、全てでありながら全てでない、絶対超越的即絶対内在的なるこのプロティノスの一者こそ全ギリシア形而上学を通じて渝らぬ形而上学的窮極者なのである。ギリシア形而上学の主流は、最初の一線から最後の一線に至るまで常にかくの如き絶対矛盾の神体験をめぐって展開して来た。この生ける神体験のロゴス面にたいして、「同一性」を曰々し、これに「汎神論」の貼紙を附して晏如たる人々には結局ギリシア哲学は全然わからないのである。

扨て以上述べ来ったところによって我々は、元来何事も思うべからず一言も言うべからざる窮極者について敢て考えらるべき二つの属性、すなわち思惟と存在とを措定し、これを否定・肯定の両側面から瞥見したのであるが、爾余の属性については、最早同様の論述を続ける必要はないと思う。何となれば、嚮にも指摘した通り、一者に関しては如何なることを言い如何なることを考えても全ては結局同じ処に帰着するに過ぎず、同一なるロゴス過程の繰返しに過ぎないからである。故にここでは、措定し得べき多くの属性の中からプロティノスにおいて最も重要なる位置を占める「一」「善」「美」について若干の考察を試みるにとどめたい。

先ず「一」から初めよう。扨て「一は一ではない」と言えば、未だプロティノスの思想に親しんでいない人にとっては実に奇怪な命題とも思われようが、これを上述したところに従って解釈すれば寧ろ一が一でないことこそ当然でなければならないであろう。その意味は一者は数としての一ではないということであるから。元来プロティノスが万有の窮極的始源を「一(者)」(to hen)と呼ぶ所以のものは、無名無相なる絶対不可言者を仮りに何等かの名によって固定しなくては全然ロゴスの展開がはかれないという余儀なき事情に発するのであって、決して「一」なる名目が絶対者の本性に適合しているからではなかった。「我々がこの(万有の先なる)ものを一と名付けるのは、ただ何とかお互同志の間に通用する名前によってそのものを指示し、かくすることによって絶対不可分の観念にまで心を導き(eis ennoian ameriston agontes)、魂を一に集定すること(tēn psўkhēn henoun)を欲するための必要上やむを得ざる手段にすぎない。故に一とか不可分とか言っても、それは点とか数の単位としての一とか言うのとは別である」(VI, 9, 5, 763)。元来、点や数的一の如きものは本当の意味における「一」ではなく、ただ量と分割とを蒙らぬところから、かの真の不可分者へのアナロギアにおいて(en analogiais tō-i haplō-i)仮りに一と呼ばれるにすぎない。点とか数的一とかいうものは、「人が幾何学的大きさや数の上の多を棄却し去って最後に残った最小なるものに至り、或る不可分者に逢着して」獲られるのであるが、かかる不可分者はもともと或る可分割者の裡にあったものであり、従って他者の裡に在るものである。「然るにかの一者は他者の裡にあるものでもなければ、可分割者の裡にあるものでもなく、また最も小さき者という意味で不可分的なのでもない。小さいどころかそれは一切万有のうちの最も大なる者なのだ。尤も最大といっても数量的にではなく、力の上でのことであるが。故に力という点からして数量のあり得ないものなのである」(ibid. 6, 763–764)。

一者はあらゆる数の否定であるとプロティノスは言う。あらゆる数の否定であるからには、それは当然一をも否定するものでなければならぬ。しかしながら一をも含めてあらゆる数を否定する一者は、あらゆる数を滅ぼし撥無する否定者ではなくして、却ってあらゆる数を生みあらゆる数を成立せしめるところの窮極的根源である。自らは一切の数量を超越しながら、一切の数量の源底である。それは数量的意味の一ではないが、謂わば数量的意味の一の裡にあってそれを支えている根源的一である。かくして嚮の思惟や存在の場合と等しく、一者に関して「一」はひとたび完全に否定された上で、あらためて絶対優越的意味において肯定される。「数の一や幾何学的点が一とされるのとは違って、それより遥かに充実せる意味において一と措定すべきである」(pleionōs tithemenon hen, ē hōs monas kai sēmeion henizetai—VI, 9, 6, 763)。故にこの肯定的観点に立って見るならば一者は一でないどころか、一よりも更に一なる一であり、「真に一なるもの」(alēthōs hen)「純粋に、本当に、即自的に一なるもの」(to katharōs hen kai ontōs kai ou kat' allo)であり(V, 5, 4, 523)「先ず何か他のものであって次に一、というような一ではなく、本当に一であるもの」(on ontōs hen, oukh heteron on, eita hen—V, 4, 1, 516)と言われるのである。多と対立し多を否定するところの一は相対的一であって絶対的一ではない。真の絶対者としての一は、そのような一をも多をも一挙に超絶した数量の彼方に求められねばならぬ。一をも多をも越えながら一をも多をも共に成立せしめる根源者がプロティノスの一者であった。彼の所謂「一に参与することによってはじめて一である」(metousiāi henos hen)即ち「相対的一」(ti hen)にあらずして「自体的一」(autohen)なるものが一者なのである(V, 3, 12; 15)。

次に「善」については、万有の絶対窮極的始源を善の名を以て呼ぶことは、言うまでもなくプラトンの正統的伝統に属するのであるが、プロティノスにおいてはそれは主として窮極者が宇宙万物の愛と憧憬の最終最高の目的であることを意味する。すなわちそれは、宇宙的「愛欲《オレクシス》」の窮極目標としての側面から一者の性格を捉えたものであり、この点からしてプロティノスの善者はまさしくアリストテレスのかの「不動の第一動者」の伝統をひくものである。故に善者は自己以外の一切万有にとってこそ善であるが、自己自身にとっては善ではあり得ない (ou toinyn oud' agathon hautō-i, alla tois allois—VI, 7, 41, 733)。前述の如く一者は完全自足の絶対者であって、万有はこれを求めるが、そのものは自己を求めるということはないのであるから。「完全無欠に自己充足し独脱自全的なるものは当然何物にも不足することなきものでなければならぬ。然るに凡て多であって一でないものは、多者から成るが故に欠けたところがある。従って多なるものが実在するためには一であることが必要となる。しかし一者は既に自ら一なのであるから、自分自身を必要とする訳がない。のみならず、多なるものは元来それを成立せしめているだけの多者を必要とするのであり、而もそこに含まれている多者の個々のものについて見ても、其等はいずれも完全に自立しているのでなく、他の全てと相依ってはじめて存立しているのであり、その意味でいずれも他を必要とするものであるからして、結局個々に見ても全体から見ても多的存在は何か欠けたところを有っているのである。かかる次第で、若し実際何か絶対的に自足自全なるもの (autarkestaton) ありとするならば、それは自己自身をも他者をも何等必要としないところの一者のみでなければならない。蓋し一者こそ、在るためにも、よい状態に在るためにも、否、ただそこに位置を占めるためにも、何物をも要求しないものである。何故ならば、他の一切者にたいして原因である者が、自分というものを他から与えられる道理はなく、またよい状態と言って見たところで自分以外のところに何があり得よう。良いということは一者にとって決して偶有的なことではなく、自分が正にそれなのである。……凡そ始源《アルケー》なるものは自分より後にあるものを必要とはせぬ。まして一切万有の始源はいよいよもって一切のものを必要としない (hē d' hapantōn arkhē anendees hapantōn)。一体、何か自分だけで不足したところのあるものは、自分の始源に不足してそれを欲求しているのである。ところが仮りに一者が何か不足しているとすれば、それが求めるものは勿論一者ならざることでなければならないであろう。従って一者は自分を撥無するものを必要とすることになるであろう。しかし一般に何かが必要を痛感するという場合には、よいことを求めているのであり、自分を護持してくれるものを必要としているのであるからして、つまるところ一者にとっては善なるものは全くあり得ないわけである。だから、また何かを欲するということもない。寧ろそれは超善(hyperagathon)であり、何か他のものがそれを分有し得る場合に限って他者に対しては善であるが自分自身に対しては善ではない」(VI. 9. 6. 764-765)。「他者にたいして善を提供するところのこのもの自身は決して善と呼ばるべきではなく、若し善というならばそれは他の一切の善を超越した全然違った

「善」と言わるべきものである」(ou toinyn oude agathon lekteon touto, ho parekhei, alla allōs tāgathon hyper ta alla agatha—ibid. 765)。

従って一者の「善」を相対的な所謂価値領域の善、例えば倫理的善の如き意味に解することは全然始めから問題にならない。全て人が価値領域的に善と名づけて評価するところのものは agathon ti(相対的善)であって tāgathon(「善」)ではない。一即善としてのプロティノス的善者は、そのような一切の領域的善を超越し去って、最早善とも何とも名づけようのない謂わば絶空の高処に見出されるものである。それは実に一物をも有することなく、善すらも有さない。何者も有さず、善さえも有さぬという「無一物」(ouden ekhei)であることがすなわち絶対善なのである(ouden ekhōn tō-i mēden ekhein esti to agathon—V, 5, 13, 532)。「真に充実せる意味において、第一義的意味において善なるものの裡には善も善ならざるものもない」「しかし善も善ならざるものも有たないというからには、何ものをも有たないのである。そして無一物である以上、それは他の一切のものから離絶した独脱者である」(ei oun mēte to ouk agathon mēte to agathon ekhei, ouden ekhei, ei [de] ouden ekhei, monon kai erēmon tōn allōn estin—ibid.)。

次に一者を「美」と見ることについてもこれと殆んど同じ道を通ってロゴスが展開される。元来、絶対美は真に窮極的なる絶対者であるか否かということは、プラトンの弁証法と愛の道につながる重大問題であって、プロティノスにおいても結局、「善」と「美」とは全く同一か、或は「善」に比して「美」は一段下位の領域に属するかという形で問題は提起されている。しかしながら、当然予想されるごとく、この問題もまた上述の諸属性の場合と同じく、「措定――否定――肯定」の形で解決されるほかはない。すなわち、先ず絶対窮極者は美であるかと問われ、直ちに一切の美が否定され、次にその否定の上に立って再び美が絶対超越的に肯定され、最後にその結論として「美」と「善」との同一が断定されるのである。但しここで注目すべきは、「善」の場合とは違ってプロティノスは屡々「美」を自体的美(kallonē)と美者(美しきもの to kalon)の二つに言葉の上でも区別して使っていることである。この第二の意味に解された美は文字通り美しき存在者であり、存在の領域に属する叡知的形相の美であって、これが一者であり得ぬことは言うまでもない。「無形無相」(amorphon kai aneideon)にして、存在の全領域を高く超越する自体的美こそ一者であり善者である。従ってこの意味からすればプロティノスは善についても自体的善(agathotēs)と善者(to agathon)とを区別し、to agathon よりも寧ろ agathotēs を一者の異名とすべきであったとも考えられるであろう。しかし不正確とは知りながらも、彼が敢てこの区別を立てなかったのは、プラトン的学統における「善者」の権威を尊重する心から出たものであろう。

いずれにしても、美の道によって一者に参着せんがためには、凡そ存在の領域に属する一切の美が否定され超越されなければならない。しかしながら感性的、叡知的一切の美が否定され超越され尽した後に、一切の美の生きる源泉として、その彼方にある「第一美者」(to prōton kalon) 或は「超美者」(to hyperkalon) は善者それ自体に外ならず、従って直ちにそのまま一者なのである。「善者を観たことのある人は、それがどれほどまでに美しいものであるか、私の言うところがよく分る筈である。……未だそれを観たことのない人は、それを善きものとして欲求するが、ひとたびそれを観た人はそれを美しきものとして讃嘆し、言慮を絶する法悦に充たされる」(I. 6. 7. 55-56)。後述するところの観照的生の昇り道において、人が先ず内外一切の穢汚を掃蕩して「美しき魂になる」ことを要求されるのも、観照の対象が絶対超越的美であるからに外ならない。真に美しきもののみ真に美しきものを目観することが許されるのである。神を視んとする人は先ず自ら神の如くならねばならない。「何かを観ようとする人は、その対象と同類、同等のものになってから観照に向うべきである。というのは、如何なる目も先ず自ら太陽的にならなければ、絶対に太陽を視ることはできず、霊魂は先ず自分から美しくならなければ美しいものを視ることはできないであろう。だから若し誰かが「善・美なるもの」(tāgathon te kai kalon)を観たいと思うなら自ら、完全に神的に且つ完全に美しくなるがよい。そうすると先ずヌースの方に上昇して行き、其処に目もさめるばかり美しい諸イデアの姿を目観するであろう。そして「美」(to kallos)とはまさしくこれだ、つまりイデアだ、と叫ぶであろう。其等は全てヌースの生みの子でありヌースの本質であるから、あらゆるものは其等によって美しいのである。然るにこの世界を超えた更に彼方には、私の謂わゆる善の本性なるものがあって、それが自分の先に美を放射しているのだ(to de epekeina toutou tēn tou agathou legomen physin probeblēmenon to kalon pro hautēs ekhousan)。つまり簡単に言えば、これ(善)が第一美(to prōton kalon)なのである。しかしヌース的存在の領域をはっきり区別して考えるならば、ヌース界における美なるものは諸イデアの場所であるに反し、善者はそれを超えた彼方なるものであり、美の源泉にして始源であると言うべきであろう(to men noētōn kalon ton tōn eidōn phēsei topon, to d' agathon to epekeina kai pēgēn kai arkhēn tou kalou)。或は(美ということを上述の絶対超越的美の意味に解して)善と第一美を同じ位置に措いてもよい。但し(普通の意味での)美しいもの(to kalon)ならばかしこ(即ちヌース界)に在るものにすぎぬ」(I, 6, 9, 57–58)。従って善と美とが完全に同格であるか、それとも後者が前者に対して一段と従属的位置にあるかということは、主として人が「美」の名の下に如何なる美を理解するかによって決る。若し下から眺めた美であるならば、仮令最高窮極の境域に達した美といえども未だ善者と同格ではない。何とならば下から眺めた美は、その極限においても叡知的美、即ちプラトン的イデア界の美に止るからである。下から眺めた美の窮極は叡知界であって、それ以上に美しいものは絶対にあり得ない。従って叡知界を更に超越した一者は最早全く美の名を以ては呼ぶことができないのである。しかしながら若し逆に、このような超越的見地に立って、謂わば美を上から眺めるとき、一者は美を超えて美よりも更に美しき「大美」(to mega kalon)として自己を顕現する。然してかくのごとき絶対超越的意味における美、すなわち「美を超えた美」「超美」「大美」は善と同格であるどころではなく、正しく善者そのものであり、直ちに一者それ自体なのである。「醜と第一悪とは同一であるから、善と美と——つまり厳密に言えば「善者」と「美自体」と——もまた同一である(to d' auto [aiskhron] kai prōton kakon, hōste kākeino tauton agathon te kai kalon, ē tāgathon te kai kallonē)。故に我々は美と善、醜と悪を分けへだてなしに探究すべきである。而もこれに際しては美自体を「第一者」とせねばならぬ。そしてそれが勿論「善者」に外ならないわけである(kai to prōton theteon tēn kallonēn, hoper kai tāgathon)。それに続いて次位に来るのがヌースであって、これが美(to kalon)である。霊魂は更に下ってヌースによって美しきものであり、なおそれ以下のものは霊魂に形成されることによって美しきものとなる」(I, 6, 6, 55)。

此等の引用文が明かに証示する如く、絶対価値としての美は、そのまま直ちに絶対者そのものであり、一者そのものであって、善者と全く同一なのであるが、これを一旦相対的に、即ち人間の主観的態度との関聯において観る場合には、善は美に対して争うべからざる優越性を現わして来る。すなわちこの見地よりすれば、同じ「一者」でありながら、美としての一者は善としての一者に比較して著しく狭隘であり、その作用には大きな制限がある。嚮にも述べた通り、宇宙一切の万有は悉く一者への愛欲に駆られ、一者を希求するのであるが、其等万有は飽くまで善者としての一者に憧れているのであって美としての一者に帰趨せんと焦心しているのではない。若し人が美に捉えられ、烈しき讃嘆に撲たれ、その胸にやみがたきエロースが目醒めたとすれば、それはその人が謂わば既に美を識って居り、美に覚醒しているからであって(tou men kalou ēdē hoion eidosi kai egrēgorosin hē antilēpsis kai to thambos kai tou erōtos hē egersis)、そのような極めて少数の恵まれた人を除いては、美としての一者によってかかる形而上学的情熱を点火される者は全然ないのである。然るにこれに反して善としての一者は実に全宇宙的欲求の対象である。あらゆる人が、あらゆるものが、生れながらにしてこれに憧れ、これを希求している。「善は始めからそこに現在して居り、それに対する憧憬は生得的であって、眠っている者にまで現在している。故にそれを見ても誰も讃嘆の念に撲たれることはない。何しろ終始渝ることなく全ての者と共に在って、其処にはもう想起というようなことさえないのであるから」。はじめて美に目覚め、美にたいして開眼された人がこの世のものならぬはげしい感動にうたれ、プラトンの所謂「美の恐怖」に思わず慄然とする、かの美的体験の異常さは、却って美が本源的でなく、その力には著しき制限のあることを物語っている。然るに善は何人をもかかる異様な体験に引き入れることがない程に自然的であり普遍的である。善に対する欲求は余りに本源的であって、殆んど特別に意識されることがない。この「無意識的なる欲求」(anaisthētos ephesis)こそ善の本源性を証明するものでなくて何であろう。美は人間にとって本源的なものでなく、謂わば不自然なものであるが故に、これに目覚めた人は霊妙なる快感を享け得ると同時に、その美しき対象を獲得せんとする「美のエロース」(tou kalou ho erōs)に駆りたてられて痛ましき懊悩に苦しまなければならない。美は狂乱の世界であって、其処には善に伴う静謐は見られないのである。そればかりか、如何なる人も善(tāgathon)に到達すれば、遂に道の終局に達したことを感じて完全な満足を獲るが、美(to kalon)は少数の人だけが目覩し得るのみでなく、仮令幸いにそれを観た場合でも決して窮極的な満足感を享けることはできない。恰も我々の現に生活している地上において、美はその美を有する人(美しき人)のものであって他人の美とはならぬように、超越的領域においてもまた、美はそれの本体をなす者の美であって、遂に完全にはそれを観るものの所有とはならないことを美の体験者は痛感するのである。この意味において「かしこ（即ち超越的領域）においても、善なる者自身は美なる者を必要としないが、美なるものは善なるものを必要とする」(kālei to men agathon auto ou deitai tou kalou, to de kalon ekeinou) と言われている (V. 5, 12, 530–531)。

以上の所説は屢々哲学史家をしてプロティノスにおける美の善にたいする従属性を論断せしめる源となったものであるが、この一節の真の意義を正当に把握するためには我々はこれが飽くまで下からの議論であることを忘れてはならない。プロティノスはここで善と美とを下から、すなわち人間の側から眺めて、その優劣を比較考察しているのである。一者に向って昇り行く人間精神の側から眺めると、美は極めて特殊な、局部的なものとして、善より遥かに劣ったものに見える。美の印象は極めて強烈であるが、またそれだけに美の道には善の道とは比較にならぬ程の様々な制限がある。しかしながらそれは実は美そのものの制限ではなくして、却って人間の側の制限なのである。美が何か非常に異様なものであるのは決して美の罪ではなくて、それを自然的に受けとることの出来ぬ人間の欠陥である。人間の脆弱な魂にとっては、美は余りにも強烈に過ぎる。美の感動は余りにも蠱惑的であり過ぎる。故にこの誘惑多き美の道を辿ることによっては人は殆んど絶対に真の「大美」にまで参入することはできないのである。美の道を選ぶ程の人、すなわち美に対する目を有する程の人は、あまりにも美の妖力を深く感得するが故に、叡知的美の光輝燦爛たる光景に心奪われて、却って「美を超えた美」に飛躍することがむずかしい。このような人に向ってプロティノスは、美の更に彼方なる超越者として「善」を指示し、それによって最後の超越的飛躍を促すのである。しかしながら、ひとたびこの最後の飛躍が敢行されたあかつきには、全ては皓蕩たる神の世界に転じて、そこには最早善もなく美もなく、善といえば全ては善の極致、美といえば全ては美の極致となる。何ものでもなくして全てであり、全てであって何ものでもないという、否定か将た肯定か。否定をも肯定をも共に超えて、否定をも肯定をも共に成立せしめるところの生ける矛盾こそプロティノスの一者にほかならなかった。

（4）「流出」

嚮に述べた通り、一者は一切万有を踰越する遥か彼方に、何物をも欲することなく何物をも要することなく、超然として永遠に自足自全する独脱無依の絶対者であるから、本来ならば自己より下の如何なるものをも産出し創造する必要はない筈であるのに、意外にも一切者を産出する創造的働きは却って一者の本性そのものに属する。一者は卓立自足の絶対超越者、絶対の「孤独者」(to monon)でありながら、それと同時に、絶対に「孤独の裡に幽居することができず」他の一切を産出せずんば止まぬ一切万有の「生みの父」(gennētēs)でもあるという。プロティノス自身の言葉通り「一者は上述せる如きものであるのに、どうして一者はそれ自体に留っていることをせずに、そこからこれほどの多者の世界が流出して来たのか」(ouk emeinen ekeino eph' heautou, tosouton de plēthos ekserryē—V, 1, 6, 486)それが問題である。尤もプロティノスにおける「流出」乃至「発出」の問題は、既に第一節でも詳説した如く、観照的生の降り道、すなわち観照的緊張の極限において脱自的に絶対無我の境位に入っていた霊魂が緊張の弛緩と共に一段下りて「思惟の思惟」の境に還って来る、脱自的観照の弛緩面に対応するものであって、従って体験的には始めから解決されているのであるが、それを思想化して一の形而上学にしようとすると非常に困難な問題となる。一切万有を無限に超越し、有にあらず無にあらず、善にあらず美にあらず、一ですらない絶対孤独の超越者が、如何にして、また何の必要があって、一切万有を生み出すのか。絶対無から如何にして有や無が、即ち存在界が出て来るのか。これは体験面に即して言えば、脱自的観照によってかの言亡慮絶の境地に入り、謂わゆる脱自冥合の秘境に還滅し得た魂が、何故永遠にこの神的世界に留り得ないで忽ちにして転落し、「再び重くなって恰も火の消えたようになって了う」(VI, 9, 9, 769)のか、ということである。従ってそれは肉体的生に附随する必然的制限として簡単に説明できるが、この体験をロゴス的に定着し、その上に立って形而上学を展開することには大きな困難がある。それは一者そのものが、そして一者をめぐる体験そのものが元来ロゴスを絶対的に排拒するものだからである。プロティノスはこの問題の哲学的解決への道が、人力を以てしては如何ともすべからざる障礙に阻まれている事実を誰よりも明瞭に意識していた(cf. V, 1, 6)。そしてあらゆる知的努力にも拘らず彼は結局一種の比喩によって、問題を僅かに暗示的、象徴的にのみ解決し得たにすぎなかった。この比喩が余りにも有名な「流出」論であり「発出」論なのである。一者の創造的働きについて流出を説き発出を語るとき、プロティノスは細心の注意を以て必ずhoion(譬えば、謂わば)の語を冠し、それが一種の譬えであり、絶対に形象化すべからざるものを敢て形象化せんがための窮余の一策にすぎぬことを示している。このhoionの一語には実に千金の重みがある、と言ったなら人は表現の誇張を嗤うであろうか。しかしながら若し我々がこの助辞を無視して、文字通りの「流出」論をプロティノスに帰するならば、彼の真の思想は完全に歪曲されてしまうのである。*

＊　この問題に関する詳細な考証についてはH. F. Müller: Ist die Metaphysik des Plotinos ein Emanationssystem? (Hermes, 48)。

扨て既に前節において説明した通り、一者は「万有の彼方」なる窮極の超越者であり、裡に一物をも有することなき「絶対無一物」(mē ekhein en hautō-i mēden; ouden ekhei)であるとすれば、その一物もなきところから如何にしてあらゆるものが生れて来たのであろうか、其処に問題の中心がある。如何にして絶対の無から一切の有が出て来るか。しかしながら、翻ってプロティノスの立場から観れば、かかる問題の立て方自体が既に間違っているとも考えられよう。どうして一切万物が出て来るのか、其処に何もないのに……と言う。否！　何もないからこそ一切万物が出て来るのだ。絶対無一物なればこそ絶対無尽蔵なのである。自ら何物でもなく、自らの裡に何物もないからこそ、あらゆるものであり、あらゆるものを生むことができるのである。自らが存在であり存在を裡に有するものは、諸他の存在者と並立する一の相対的存在者であって、それは全存在界の太源たることを得ず、絶対者たることを得ない。このことは、人がプロティノス的「無一物」の外形でなく内実を考えて見るならば直ちに明かになって来る。一体プロティノスの謂わゆる無一物なるものは、いわばただ平面的に何もないということではなくて、有の充実の極限における無、つまり余りに有りすぎて最早有るとも無いとも言われないような「無」なのである。絶対無一物という否定は、単純に存在を撥無する一重の否定にあらずして、謂わば立体的な二重の否定であり、絶対否定である。絶対否定であるから、それは裏がえして見ればそのまま絶対肯定となる。ただ簡単に有が否定されるのではなく、寧ろ有が肯定され尽すことによって、有でありすぎることによって絶対超越的に有が否定されたものがこの無一物である。有でありすぎるが故に、それが極限に達すればおのずからにして漲溢し、あふれ出ずには居られない。一者は飽くまで一者に留って微動だにすることなきにも拘らず、というより寧ろ一者に留り一者であり切ることによって、おのずから他者を発出する。「一者が自己自身の裡に留りながら何物かを生み出すとすれば、その物は一者が最も一者であり切った時に一者から生れて来るのである。一者は飽くまで自己本然の処に留って居りながら、そこから被造物が生れ出る。つまり(一者の方から言えば)留りつつ生むのである」(ei ti oun menontos autou en hantōi ginetai, ap' autou touto ginetai, hotan ekeino malista ē-i ho esti. menontos oun autou en tō-i oikeiō-i ēthei eks autou men to ginomenon ginetai, menontos de ginetai—V, 4, 2, 518)。一者が最も一者であり切った時とは、有の側から言えば、有が充実し切った時ということである。充実し切った有はありあまる力となって外に溢れ出なければならない。雪は欲することなくしておのずから周囲に冷気を発散し、火は努めずして熱を発する。薫よき名花は馥郁たる香をはなってやまず、太陽からは燦然たる光りがおのずからにして迸出し、泉からは清水が滾々と溢れ出る。恰もその如く一者は求めずして万有を創り出すとプロティノスは言う。「一者は絶対自同であって其処には何の多様性も見られず、如何なる意味における二もないのに、どうしてこの純浄なる一者から万有が生ずるのか。その中に一物もなかったからこそ、それから一切のものが出て来たのである。そして存在者なるものが在らんがためには、一者自身は存在者ではなく、却ってそれの生みの親でなければならぬ。そしてこの産出は謂わば第一義的な産出である。蓋し一者は何物をも求めず何物をも有たず何物をも必要とせぬことによって円成し切って居る故に、譬えて言えば水が溢れ出たようなもので、この一者の漲溢が他者を作ったのである(hoion hypererryē kai to hyperplēres autou pepoiēken allo)」(V, 2, 1, 494)。

故にこの意味よりすれば、一者の絶対的自由は絶対的必然性と完全に一致する。一者は絶対超越者であってその自由は限りを知らないが、またその故にこそ却って一者の自由は絶対的必然と化するのである。具体的に言うならば、一者は卓立無依の独在者でありながら而も自己の孤独を寂莫たる無為のうちに守り通すことは出来ない。「一者は孤独者であってはならない」(dei mē hen monon einai—IV, 8, 6, 474)。つまり一者は一切万有を生み出さなければならないのである。それが一者の必然性である。しかしながらこの必然性は一者に対して他から強制された外来的必然性ではなく一者それ自身の必然性である。換言すれば、一者がその孤独を立ち出でて存在界を創造せねばならぬということは、いささかも一者を制限し束縛するものではなくして、寧ろ一者自身の完成を意味するのである。何とならば一者の充実が完璧の域に達し、一者が謂わば真に一者になり切った時に、それは思わず念わずして、この上もなく自然に存在界を産出するのであるから。しかしながら、一者が真に充実し真に一者になりきった時と言っても、勿論それは時間的前後関係を意味するのではない。すなわち、何か以前に一者が真に充実していなかった時があって、それからはじめて充実するということではない。絶対超越者なる一者は言うまでもなく絶対に超時間的であって、それに関することは悉く無時間的超時間的に前後の関係なしに生起する。故にここでは普通の意味の生成とか産出とかいうものはあり得ない。一者は始りも終りもなき永劫不変の完全充実であり、従ってその「流出」は永遠の漲溢である。一者の充実は永劫より永劫に渉って完璧の域に達しているのであるから、その創造もまた永遠の創造である。更にまたこの創造の働きは何等かの空間的関係を含意するものでもない。一者は超時間的であると共に絶対的に超空間的である。故に流出とか発出とか言っても、何かが一者から流れ出して来る、或は何かが一者の周囲に空間的に拡がって行くという意味ではなく、「譬えて見れば唯一つの泉から水が流れ出るようなもの」(hē hoion rhoē ek miās pēgēs—VI, 7, 12, 705)であり、従ってそれは「流出というより寧ろエネルゲイア」(IV, 5, 7)或は「自己開叙」(ekselittesthai)という方が近いのである。ここでエネルゲイアとは、丁度或る事物が受容力のあるもの(即ち鏡)に働きかけて自己の映像を鏡面上に投射するのと同じ様に、一者が質料の上に自己の影を映し出す、そういう意味での一者の働きに外ならない。本当に一者から何かが流れ出て来るのであれば、一者が永遠に自己自身に留っている(menei; menon oude proion—I, 6, 8; cf. ou gar menei, alla rhei hē sōmatos physis pāsa—IV, 7, 8)ということはあり得ないばかりでなく、生産に際して受容者として質料を必要とすることもない筈である。然るにプロティノスにおいては、一者といえども創造的活動が結実するためには質料を要求する。物が鏡に映るように一者がその影像を質料の上に投ずることがすなわち一者の創造なのであるから。一体プロティノスにおいては、一者のエネルゲイアに限らず、すべて上なるものが下なるものを創造し産出するということは、かくの如き質料面への影像の投射の意味を有って居り、またされぱこそ一者から自然界に及ぶ創造体系は全体に亙って必ず質料的なるものを要求するのである。影像はこれを受容するものがなければ生じない。影像の本性は正に他者の裏にあるということだからである。影像を投ずる本源物が自分で実際に影像となって出て来るのであれば何もそれを受容するものは要らないわけであるが、本体はあくまでもとのままに留って居りながら、謂わば自分の写しだけを外に向って発出したものが影像なのであるから、それには受容体がなければならない。「すべて他者の裡に生ずることを本性とするものは、他者がなければ全然生じない。それというのは何か他のものの裡にあることが影像の本性なのであるから。蓋し存在するものから何かが発出して来たのなら、他者の裡にあるという条件なしでも在り得るであろうが、本体は飽くまでそのままに留っているのであるから、若し他者の裡に顕現しようとすれば、どうしても自分自身ではこちらまでやって来ない本体のために場を提供する他者がなければならないのである」(III, 6, 14, 317)。

かくの如き創造の働きによって、先ず一者が直接に産出するものが叡知界であり、同様にして叡知は霊魂界を生み、霊魂は最後に自然界を生んで、ここに一者の創造過程の下り道は終了する。この産出の第一段の有様を、今プロティノス自身の言葉によって更に仔細に点検して見よう。「凡そ動くものには、動いて行く目標がなくてはならぬ。然るに一者には、全然そのようなものはないのであるから、我々は一者を動くと考えるわけには行かないであろう。だから若し一者以下のものが何か生れて来るとすれば、それはどうしても一者が自己自身に向って永遠的に帰趨するにつれて生れたのでなければならない (all' ei ti met' auto ginetai, epistraphentos aei ekeinou pros hauto anankaion esti gegonenai)。尤もここでは永遠的なものについて論議しているのであるから、当然、時間的な生成などと考えてはいけない。我々が論議の上で、其等の永遠的なものに生成という語を適用するにしても、それはただ因果関係と秩序をあらわすためである。だから一者から生ずるものは、一者が不動のままで生じて来ると考えるべきである。というのは、若し一者が動いて何かが生ずるのだとすれば、一者から生ずるものは(一者の)運動より後に生ずることになり、従って第三位であって第二位ではない訳であるから。だから若し何か第二番目のものが一者の後位にあるとすれば、そのものは一者が如何なる方向に偏傾することもなく、何ものを意欲することもなく、否全然動くことすらなく、つまり絶対不動のままで居るのに、而も成立して来たのでなければならぬ。一体どうしてそのような事が起るのか。またそれが不変不動であるならば、それの周囲に何を考えるべきであろうか。一者から発するところの、即ち静止したままの一者から発する円耀《ペリランプシス》を考えるべきである。それは譬えば太陽が周り一面に燦然たる光耀を放射するようなもの、太陽は不変不動でありながら不断にそこから光りが生れ出る。一者にかぎらず総て存在するものは自己を変失することなく守るかぎり、自己の実在の中核から外に向ってあたり一面に、自分に依存する存在を、裡に現在している力のあまり必然的に生み出して行くものであるが、こうして成立する存在はそれを生み出した原型とでもいうべきものの似像である。例えば火は、それから発出する熱を生み、また雪は冷気を自己の内部のみに保持しては置かない。しかし何といってもこのことの一番よい例証は、凡て馥郁たる香りを有するもので、現にそのようなものが存在すれば、その周囲にはおのずから何かが発出して、附近に居るものはえも言われぬ心持になる。ところで総じて既に完全に成熟したものは産出する(panta de hosa ēdē teleia gennā-i)。だからして永遠に完璧の域にあるものは、永遠不断に産出する。尤も自分自身より劣ったものを産出するのであるが。そうして見ると、最も完璧なるものについてはどうであろう。それから生ずるのは、それに次いで最も偉大なるもの以外の何ものでもあり得ないであろう。然るにそれに次ぐ最大なるものといえば叡知《ヌース》であり、それが第二位である。それが証拠に、叡知は一者を見、且つ一者のみを必要として求めるが、一者は叡知を全然必要としない。だから叡知より高次のものから産出されたものは叡知でなければならない。そして一切万有より高次のものが叡知である。何故ならば一切の他のものは叡知の後に生れるからである。例えば霊魂は叡知の表現(ロゴス)であり、一種の現実態(エネルゲイア)であるが、それは叡知が一者に対する関係と少しも異なるところはない。しかしながら、既に霊魂という姿をとって表現されたものは、叡知の影像に過ぎず、従って叡知を仰望せずには自立し得ない故にそれは淡弱である。また叡知自身にしても同じことで、それが叡知として存立するためには上なるものを仰望せねばならぬ。尤も仰ぎ見るとは言っても決して距離を置いて見るのではなく、直接無媒介的に(met' auto kai metaksy ouden)見るのであって、この点では霊魂と叡知との関係も違いはない。凡て生みの親たるものを生れた子が慕い愛するのは世の常であるが、親と子とが本当に水入らずであるときはその愛はひとしお深いものがある。だからそれに加えて、生みの親が最上の者であるならば、生れた子がそれに密着していることは必然であって、この場合両者の間に距りがあるとすれば、それはただ差別されているという意味の距りに過ぎないのである」(V, 1, 6, 487-488)。

この引用文において、一者から下へ向っての産出系列が、「デュナミス(潜勢)—エネルゲイア(現勢)」系列として考えられていることが特に注意さるべきであろう。而もその系列は下からの実現過程ではなしに、上からの実現過程である故に、潜勢と現勢との優劣関係がアリストテレスにおけるそれとは正反対になっていることである。言うまでもなく「潜勢—現勢」はアリストテレスによって形而上学に導入された極めて特徴ある相関観念であるが、プロティノスはここでそれを謂わば逆用しているのである。アリストテレス形而上学においては勿論、潜勢は不完全なるもの、下位なるものであり、現勢は完全なるもの、上位なるものであって、全存在界は最下底の潜勢から一段また一段と現勢の度を増して上昇し遂に最高度の現勢に至って終るところの整然たる動的秩序として捉えられている。従ってアリストテレスの神は最高窮極の現勢(エネルゲイア)であり完全現実態(エンテレケイア)であって、其処には一点の潜勢性も残っていない。潜勢の影だになきこの玲瓏純粋の現勢を actus purus というのである。然るにプロティノスの神「一者」は最高窮極の潜勢、一切万有を未発現のままに包蔵しながら而も裡に一物をも含まぬ潜勢態の極致、「一切万有の潜勢」(dynamis tōn pantōn—III, 8, 10)である——勿論、ここで問題にしているのは上からの潜勢であるから、質料が潜勢であるという意味での潜勢ではないが(cf. V, 3, 15)。この窮極的潜勢態の未発現力が具体的に実現して、右の引用文に謂わゆる「表現《ロゴス》」として手ごたえのあるものが出て来ると、それが叡知界となる。しかし、この「表現」は、それが発現して来る本体であった絶対潜勢と比べれば一段下位のものであり、更に叡知の「表現」たる霊魂は叡知に対して同様の従属関係に立つ。ここでプロティノスは表現《ロゴス》という語の意味を現実態《エネルゲイア》という語で敷衍していることが注目される。すなわちこの流出体験においては原初の潜勢がより現実化すればする程、その階位が低くなって行くのである。ここでは潜勢の極はすなわち充実の極であり、発現したものよりも発現する以前のものの方がより完全である。しかし勿論これは先にも注意した通り、プロティノス独特の流出論体系に従って全系列を上から観たからのことであって、プロティノスにおいてもアリストテレス的に下から観る場合には一者は当然「第一エネルゲイア」(energeia hē prōtē—VI, 7, 18) となる (cf. VI, 8, 20: ei oun teleioteron hē energeia tēs ousiās, teleiotaton de to prōton, prōton an energeia eiē)。周知の如くアリストテレスにおいては、「潜勢—現勢」関係は「質料—形相」関係と密接不離の関聯にあったから、現実化ということは一方向的に、下から上への動きとしか考えられなかった。この意味においてプロティノスは、「潜勢—現勢」関係を「質料—形相」関係から截断することによって此等の形而上学的基本概念をより純粋化し、その使用をより自由にしたとも言えるであろう。すなわち、純可能性においてあるものが実現し、現実的なかたちをとって顕われて来るということは、下からの方向に沿って言えば質料から形相への上進であり、*未熟不完全なるものの自己完成を意味すると共に、上からの方向に沿って言えば、逆に形相から質料への下降であり、完全無欠なる絶対者の自己限定を意味する。前の方向においては自己実現は即ち自己完成であるが、後の方向においては自己実現は即ち自己限定である。

＊　嚮にも述べた如く下から上への一線上では、本質的に相対者たる一切万物は絶対者を憧憬し、自己の存在の太源へ太源へと趣向している。窮極的絶対者「一者」に帰趨せんとして止まぬ一切万有のこの本源的動性をプロティノスはエネルゲイアの語を以て表現している。従ってこの意味では energeia という言葉は、前述の宇宙的「欲求」「憧憬」をあらわす oreksis ない

しはephesisという言葉と完全に同義語である(cf. ephesis kai energeia pros to ariston agathon—I, 7, 1)。故にここではエネルゲイアは潜勢に対する現勢、つまり現実態を意味するのでなく、働き或は活動の意味であり、強いて言えば終局的現実態を目指しての自己実現の動きを意味する。万有の帰趨点たる最高善を規定した次の重要な一節はその適例である。「扨て、万有の欲求(ephesis)と働き(energeia)とが最高の善者に向うものである以上、善者そのものは他者を仰望することなく、他者を欲求することなく湛寂と静まりかえって、万有の自然的活動の源泉と始源をなし、他の一切者を善たらしめるものでなければならない。但し他の一切を善ならしめると言っても、決して其等のものに対して働きかけるわけではない。何故なら、働きというのは其等のものの方から太源へ向っての動きであるから。善者が善者たる所以のものは、働きによるのでもなく、思惟によるのでもない。それはただそれ自体において端的に善者なのである。一者は実在の彼方なのであるから、それがまた活動の彼方でもあり、ヌースとノエーシスとの彼方でもあることは当然である」(I, 7, 1, 61)。

かくて、「生の源泉であり、叡知の源泉であり、存在の始源、善の原因、霊魂の根元」(VI, 9, 9)なる一者は一切万有の永遠不滅の源泉なのである。それは湛寂として微動だにすることなく全き自己同一にとどまりながら而もよく一切万有を創造し、一瞬も休むことなく永劫より永劫に渉って不断に創造しながら自らは一糸一毫も増減するところがない。一者より発出し、一者をめぐって百花繚乱と流れ散り、また再び翕然として八方から一者に還り来る全存在界の壮麗な光景を、奇しくもプロティノスはギリシア芸術の生ける華ともいうべき合唱舞踊団の円舞に譬えたのであった。美しき合唱の歌声は全宇宙に鳴り響き、無数の踊子達は綾羅の衣も軽ろやかに翩翻と身をひるがえして舞いめぐる。舞いめぐりつつ四方に拡散し、拡ろがってはまた窄ばむ、この全宇宙を舞台とする一大合唱円舞の中心には一人の指揮者《コリュファイオス》が居て、彼が全員に整然たる秩序を与え、一瞬の休みもなく舞踊の正しい歩みに心がけているのである。若し彼が中心に居なかったならば、全ては解体離散し、宇宙は絶望的混淆錯雑に陥って、阿鼻叫喚の裡に絶滅してしまうであろう。しかしながら不幸にして全ての踊子達がこの事実を心得ているわけではない。却ってその中のある者は、与えられた自由を絶対の自由とはきちがえて浮誇慢心し、不遜にも指揮者に背き、全体の秩序を蹂躙して顧ず、その結果、或いは舞いそこない或は調子はずれの歌声を発して合唱舞踊の美を攪乱しているのである。世の一切の邪悪と紛擾とはここに淵源する。されば総ての踊子が、ただ一人の例外もなく全員一致して指揮者の挙止に注意の目を向け、厳粛にその指揮に従う時、はじめて宇宙の美は円成し、またそれと同時にこの舞踊に参加する各人も夫々窮極の目的を達成して限りなき浄福を享けることができるのである(VI. 9. 8-9. 767-768)。全ての罪は存在者が自己を産み自己を存在せしめつつある「生みの父」を忘れ去るところに発する。神を忘れてはならない、自己の本源を忘れてはならない。否、むしろ不断に神を憶い、不断に神を慕うことにこそあらゆる存在者の本然の道がある。プロティノスの言う観照精神とは、全ての被造物が創造者を念じてやまぬ切なき焦心、万有の神への思慕にほかならなかった。

（5）神への思慕

—cuncta corpora transcenderunt quaerentes Deum... animam omnem mutabilesque omnes spiritus transcenderunt quaerentes summum Deum
—(Augustinus, De civitate Dei VIII, c. 6)

「一切万物は、本然の性のあらがいがたき力に曳かれて、かのものを慕いそれに向って焦心する。まるで、それがなければ自分達も在り得ないという予告でも受けたかのように……」(panta gar oregetai ekeinou kai ephietai autou physeōs anankē-i hōsper apomemanteumena hōs aneu autou ou dynatai einai—V, 5, 12, 530) と言う。神に対する万有の切なき焦心、止み難き神への思慕は「観照」として具体化する。従ってプロティノスにおける観照は、嚮に第一節で述べた通り、全宇宙的規模の観照である。ここでは宇宙にありとあらゆるものが観照している。真面目な仕事に没頭している大人は大人なりに、嬉々として遊戯する無邪気な子供達は子供達なりに、否、心なき自然の山川草木も、大地も皆夫々に観照し、或は少くとも観照に向って動いているのである。言い換れば宇宙全体が愛慾に駆られている。全宇宙が唯一つの対象を目指して灼熱し、灼熱しつつ沸騰している。プロティノスの心眼に映ずる世界は神への情熱に燃え上り沸きたぎる世界である。然してこの全宇宙的情熱が、烈々たる形而上学的情熱となって彼の胸の中に凝集し、彼を駆って神の知的行者たらしめたのであった。

万物は神より出でて神に還る、これが宇宙本然の法則であるならば、下への道を辿り了った一切万有が窮極の太源に向ってはげしき憧憬に悩み、上に向って欲求の念を抱くことは当然の理でなければならぬ。そしてこの宇宙的焦心は、自然界はおろか、存在世界の最下底をなすかの暗冥の質料界から既に或る意味では始まっているのである。もとより質料は存在界の最下底をなすと言ってもそれ自体は既に存在者ではなく、却って「真に非有なるもの」(alēthinōs mē on)なのであるから、積極的意味における欲求や憧憬をそれに認めることはできない。しかし、それにも拘らず質料は純消極的可能的意味においては明かに一種の「存立への焦心」(hypostaseōs ephesis)なのである(III, 6, 7)。故にプロティノスは質料について、或る時は欲求焦心であると言い(II, 4, 3)、また或る時はそれを否定している(VI, 7, 28)。だからそれは思想の矛盾ではなくて、観点の推移の反映にすぎない。要するに質料は確かに欲求であり憧憬ではあるが、この欲求は完全に盲目的であり、それには目的がないのである。或いは、質料は「形相を絶対に獲得しないような具合に獲得しようとする」(houtōs ekhein to eidos hōs mēdepote ekhein—III, 6, 13)自己矛盾的な欲求であると言ってもよい。それも一種の ephesis には違いないが、しかしそれは「不定の欲求」(ephesis aoristos)、つまり何も欲するもののない欲求である。何物をも積極的に希求することなき朦朧たる欲求は、見方によって欲求であるともないとも言える。しかしながら、この欲求であるともないとも言える茫漠とした欲求こそ、存在界の最下底として、余りに稀薄な存在性の密度の故に最早「有」であることを止めて純粋なる「非有」である如き、見方によって有るとも無いとも言われ得る質料に最も適合する欲求でなければならぬ。而もこの朦朧として危うげな欲求が、一者への全宇宙的欲求の発端をなすのである。

故に質料を越えて一段上の自然界に至ればこの欲求はいよいよ明確な形をとって現われ、更に自然を越えて霊魂に至れば一者への憧憬は完全に意識的となる。すなわちこの段階まで上り来れば、嘗ての盲目的欲求は霊魂の自覚となる。然してここでは一者への欲求が霊魂の自覚なるが故に、霊魂は自覚の道すなわち内面への道、を深め行くことによって、脱自的に霊魂の境位を踰越してヌースとなり、更にヌースの境位をも踏み越えて遂に絶対超越的境位に入り、一者との合一を完成することができるのである。一切万有は悉く夫々に観照しつつあるとはいえ、かくの如く次々に脱自的に自己を超えて一者に逢着するまでに観照の上り道を窮めることは、ひとり人間霊魂にのみ許された偉大なる特権である。しかしそれが偉大なる特権なればこそ、人間に負わされた責任もまた極めて重きものがあると言わなければならない。人間は謂わば全世界の輿望を一身に担って観照道を完成し、かくて全宇宙に漲る絶対者への憧憬に窮極の満足を与えるべき重大なる責務を有するのであるから。

かくの如き重き責任を自覚し、絶対者に対する烈々たる情熱に燃える人が、翻って自己の周囲に反省のまなこを向ける時、彼が至る処に見るものは、ただ限りなき廃頽と穢汚と罪悪のみ。神に憧れ神を憶い、ひたすら澄浄清朗なる神の国への焦心に悩む人にとっては、地上にある全てのものは道の障礙と思われ、現世は戦慄すべき一大伏魔殿とも見えるであろう。否、そう見えなければならないのだ。現実的世界の一切を嫌悪し、外的世界より来る全ての蠱惑を儼乎として拒斥する意欲なくして、どうして現実を超えた真の世界に出ることができよう。神の国へと志す求道者は、極端なエゴイストと見えるまでに万物に対して無関心であり冷酷であらねばならぬ。彼の全情熱は唯一つの対象に向ってのみ燃え上っているからである。「神と霊魂とを知らんと欲す、他の何物をでもなく」というアウグスティヌスの言葉を我々は移して以て直ちにプロティノスの言葉となすことができる。そして正にここからしてかのプロティノス的 Via Negativa が、かの蕭索たる否定の精神が生じて来るのである。「一切を放下せよ!」(aphele panta)。ひとはこの二語にこめられたプロティノスの全情熱を感知しなければならない。然してこの熾烈なる否定精神を以て見る時、現世は厭うべく怖るべき淫楽と穢悪の荒み果てた泥沼となって現われるのである。而もこの靡爛せる悪の世界は実在なき影の影に過ぎない。自己本来の真面目を喪失し、己が神的本性を忘れ果てた不幸な人間達——否、「人間の影」(anthrōpou skiā) 達——は巷に右往左往しつつ徒らに「外なるもの」を覓求して「内なるもの」を無視し、かくて愴惶として空しき影を追い歩いている(III, 2, 15)。彼等は「彼等の所謂現実」(hē homōnymos ousiā) が偽りの現実であることを知らぬ。偽りの現実を真の現実と信ずるが故に、彼等の生活は一切を挙げて、ただ下へ、外へと向って行く(toiauta gar erga anthrōpou ta katō kai ta eksō mona zēn eidotos—ibid.)。かかる生活は生活ではない。それは意味なき戯れごとであり、軽佻浮薄なる悪ふざけであるに過ぎない。このような偽りの生を生きるともなく生きながら人々は、或は悲しみ或は喜び、自ら作り出した喜怒哀楽の奴隷となってその日その日を迎え送っている。しかしながら彼等の哀傷は真の哀傷にあらず、彼等の歓楽は真の歓楽にあらず、全てはたわいもない児戯

(paidia, paignia)にすぎぬ。この世は譬えば一の劇場である、とプロティノスは言う。皆んな「お芝居」をやっているのだ、而も自分達のやっていることがお芝居であるとも気付かずに。人々は舞台の上で泣いたり笑ったりしながら、それが本当の涙であり笑いであると信じきっている。しかしながら実はこの泣いたり笑ったりしている偽りの人間の奥には、絶対に泣きも笑いもせぬ真の人間、「内的人間」が厳然としてひそんでいるのだ。我々は俳優の衣裳をいさぎよくかなぐり棄て、劇中人物としての作為された表面的人間であることを止めて、真の内的人間に、換言すれば真の自分にならなければならない。そしてこの真の自分に還るということ、即ち真の自己を自覚するということ(「汝自らを識れ!」)こそ「上への道」の第一歩であり、畢竟するに神への還行の始りに外ならないのである。

真の自分、真の我れ、それはプロティノスが「内的霊魂」(hē endon psȳkhē)と呼んだものである(III, 2, 15)。影の世界を真実在と信じ、現世の事物に妖惑されて地上を彷徨している人々にあっては、「内的霊魂」は肉体の奥深きところに埋れて眠り、ただ「外的霊魂」(hē eksō [psȳkhē])のみ目醒め活動している。我々はこの肉体の内に眠る真の霊魂を目醒めさせねばならない。しかし霊魂の目醒めとは何であろうか。それは肉体から離れ、肉体の羈束を脱することである。夜の眠りから目醒める朝毎の目醒めは真の目醒めではない。それは肉体と共に起き上ることにすぎないから。「真の目醒めとは、肉体から離れて真に起き上ることであって、肉体と一緒に起き上ることではない。肉体と一緒に起き上るのは、一つの眠りから別の眠りに移ることで、それは恰度寝台を替えるようなものにすぎぬ。本当に目醒めるというのは、截然と肉体から離却することである」(III, 6, 6, 310)。故にプロティノスの説く霊魂の覚醒は、嘗てプラトンが「死の修錬」と呼んだものといささかも異なるところがない。真に目醒めるとは、要するに肉体に死ぬこと、肉体に死に尽すことなのである。この世の生命を失うことなくして永遠の生命を獲ることができないのである。肉体に死し、肉の眼を閉じて心眼を開くことこそ霊魂の真の目醒めに外ならない。そして、かくてはじめて人はなつかしき父なる神の国に急ぎ行くことを得る。神の国！……「それは我々が出て来た故郷、それは我等の父のいます処。されば我等が現世を遁れ、かしこを指して一路急ぎ行く、その逃避行とは抑々いかなるものであろうか。この旅は足で歩く旅ではない。足はただ一つの土地から別の土地へと人を運び行くにすぎないからである。車馬や船舶の用意も要らぬ。否、そのようなものは悉く放擲して、何物にも視線を向けぬことが肝要だ。謂わば肉眼を閉じ、そのかわりに、万人が有っていながら而も極めて少数の人しか使うすべを知らずにいる「もう一つの眼」(心眼)を開かなければならない」(I, 6, 8, 57)。謂わば肉眼を閉じて他の目を開け、と言う。肉眼といい心眼といってもそれは畢竟するに一つの比喩に過ぎないことを知るべきである。肉眼を閉じるとは、外へ外へと傾いて止まぬ散乱の念慮を、ただ一点に集定し、一切の妄見妄情の蠢動を制止して次第に深く自己の内奥に沈潜して行くことを象徴する。「一切を放下して、一物をも見ない」(panta apheinai... kai mē blepein)とはこの意味である。そして、かかる内部沈潜の道を辿りつつ全霊魂が寂然として自己の中心点に凝集し、謂わば外的自己に死に切った時、忽然と霊魂は或る全く新しき光りに照明されて蘇生する。これを「他の目を開く」と言うのである。「他の目を開く」とき霊魂は何か他のものを見るのではなくして自分自身を見るのであり、他のものに赴くのではなくして真の自分自身に逢着する(hēksei ouk eis allo, all' eis heautēn—VI, 9, 11, 771)。そして、それがまた直ちに父なる神の膝下に還り行くことにもなるのである。故に要するに「肉眼を閉ずる」ということは神秘道に所謂「浄化」(katharsis—purificatio)、すなわちプロティノス的に表現すれば「霊魂が真に独り(monē)になる」ことに外ならない(cf. III, 6, 5)。霊魂が肉体に由来するあらゆる溷濁と惑乱とを去って本来の澄浄無垢なる姿に還り、「真に独りになり」真に裸かになりきるとき、はじめてそれは夢の幻影ならぬ真の現実(to malista pantōn)を見ることができる。「肉眼によって神を求めること勿れ！」(mē toinyn zētei thnētois ommasi touto)。肉眼を開いたままで神を求め、或は現実について喋々している人々をプロティノスは、一生の間うつらうつらと居眠りしながら、夢に朦朧と浮び来る幻影をそのまま直ちに唯一の実在と信じて疑うことなき愚者に譬えている(V. 5, 11)。

ひたすら神の国に焦心し、自己浄化への情熱に燃える求道の人にとって、現世の生活が、そして特に自分の肉体が、この上もなき桎梏と見え、悪の根源と思われることは当然でなければならぬ。さればプロティノスはこの点から、密儀宗教的プラトン的伝統に従って肉体を霊魂の牢獄と呼び、現世における霊魂の生活を霊魂の堕落「失翼」(pterorryēsis)等と呼んだ。扨て我々は嚮に第一節において、プロティノスには明るく美しき現世肯定(否むしろ現世讃美！)と陰鬱なる現世否定(否むしろ現世にたいする烈しき忿恚！　嘲笑！)が相並んで存在し、而も両者は夫々の正当な根拠を有している事実を指摘した。若し我々が上からの「流出」の観点に立って見るならば、一者が叡知を、叡知が霊魂を、霊魂が自然的物体を生むことは宇宙的必然の過程であって、霊魂が自分以下の物体、即ち肉体を産出してその中に宿るということは全然罪でもなければ悪でもない。肉体と結合してそれを生かし、それを正しく支配するのは霊魂の使命である。のみならず、肉体という場所がなければ、霊魂は現われることすらできないのである。「肉体がなければ霊魂も出て来ることができないであろう(sōmatos men mē ontos oud' an proelthoi psȳkhē)。というのは霊魂はそれ以外に自分の本来の場所《トポス》を有っていないからである。だから若し出て来ようとすれば先ず自分の居るべき場所を、つまり肉体を産出するわけである」(IV, 3, 9, 379)。従って霊魂の降下はそれ自体としては決して堕落ではない。尤も霊魂が「上から」「降下して肉体の中に這入りこむ」(kateisi kai eiseisin)といっても文字通り空間的に上から下へ降りて来るのではなく、強いて言えば却って身体の方が霊魂の中に入り霊魂に包まれるのであり、更に正確には始めから空間も時間もなき「一種の共同《コイノーニア》」「一種独特なる混合《クラーシス》」、内在即超越的なる聯関性(cf. I, 1, 3; IV, 3, 21)として考えらるべきものであるが、いずれにしてもこの共同は霊魂の堕落ではなく、従って現世的生は本源的には罪の生活を構成しない。この世界の極悪醜穢を強調し、かかる悪しき世界を創造した造物主を傲岸不遜にも敢て誹毀譴責する当時流行のグノーシス派的ペシミズムに対して、プロティノスは断乎として神の摂理(pronoia)の宏大無限なるを説き、現世の善美なるを主張するのであった。我々が現に生きている感性的世界は、成程、叡知的世界の影にしか過ぎないが、しかし美しきものの影はやはり美しい筈である。美それ自体の世界なる叡知界から生れ、叡知界によって支配される感性界は本源的に醜悪穢汚の世界ではあり得ない。しかしながらひとたび観点を転じて、逆に下から上への方向において見る時、前述の如く現世は完全に否定さるべき悪となるのである。肉体に宿り、質料的なものと結合せる霊魂は最早純粋本然の神姿を保つ霊魂ではない。霊魂は地上的生の条件に羈束されて本来の真面目を失っている。のみならず、大多数の霊魂は肉体に宿った状態を真の自分であると誤信して疑うことなく、感性的現実に自足安住し、地上的美の絢爛たる輝きにまどわされて本性を晦冥されている。肉体を生かし肉体を支配すべき筈の霊魂が、肉体に殺され肉体に囚われて逆にその支配を受けている有様である。ここにおいて肉体はまさしく霊魂の恐るべき「牢獄」となる。唯々諾々として質料の奴隷たるに甘んじ、牢獄の内で朦朧たる夢を夢見つつある此等の霊魂を喚び起し、一刻も早く肉体の桎梏から解放してやらねばならぬ。然してこの霊魂解放の道はただ一つ「一切放下」の浄化道、すなわち観照的生の峻厳なる実践あるのみである。下を見るな、上を見よ、上への道を辿ることによって自己を識れ、自己の奥底を浄めつくすことによって霊魂の秘奥に神を見よ、とプロティノスは教えた。しかしながら「一切放下」の浄化道は、この世に生きこの世に心ひかれる人にとって実に苛酷惨烈な試錬である。一切を敝履《しょうり》の如く棄却し去って、悠々と帰するが如く、上への道を辿り行くことを果して何人かよくなし得るであろうか。さればあらゆる苦痛と禍難に堪え、この至難の道を窮極まで歩みつくさんがためには、人は炎々と凄まじきまでに燃え上る愛《エロース》の焔を胸に抱いておらねばならぬ。「神よ、汝の裡に休らうまでは、我がこころ安きを得ず」という後世の聖者の言葉の如く、神以外の何ものによっても癒されることなき狂おしくも執拗な愛の情念がなければならないのである。しかし霊魂はまさにこのような愛を生れながらにして抱いているのだ、とプロティノスは言う。古来、絵画においても神話においても、「愛」（エロース）と「霊魂」（プシューケー）が必ず結び付けられているのはそのためである、と。「一体、霊魂は神とは別のものであるには違いないが、しかし神に淵源するものなるが故に、当然それを愛慕せずには居られない。尤も霊魂がかしこに在る間は、その抱く愛も天上的であるが、地上では現世的愛となる。そうだ、愛の女神とても彼方でこそ天上的であるが、こちらへ来れば現世的で、謂わば娼婦型になってしまうのだ。しかしいずれにしてもともかく霊魂は愛の女神であるには違いないのである。……そういう訳で霊魂は、少くとも本然の性を保持して居るかぎり、神を愛慕し、それと合一することを希求する。恰も乙女が美しき父親にたいして美しき愛慕の情を寄せるごとくに。ところが一旦生成界に来ると、引く手あまたの甘言についうかうかとのせられて、嘗ての愛のかわりに儚き愛を選び、父を見棄てて放蕩に走ってしまうのである。しかしながらやがてまた現世の放縦な生活がいやになれば、地上の一切のものを脱して清浄の体にかえり、いそいそと喜びいさんで再び父の膝下をさして旅立って行く。この感激を全然知らない人は、この世の愛の経験に基いて、自分が必死に愛慕している対象を見事手に入れた時どれ程嬉しいものかを憶い、そこから推察するがよい。而もそのようなこの世の愛の対象はすべて儚きもの、害なすものであり、その愛は幻影を恋する愛、たちまちにして色褪せる淡き愛であることを思うべきである。つまりかかるものは真の愛の対象でも、我々の至高善でも、また我々が本当に覓求して止まぬものでもなかったのである。否、(地上ではなくて)かしこにこそ真実の愛の対象はあるのだ。而もこの対象は外側を肉でかこまれたようなものではない故に、直接にそれと触合し、本当にそれを我がものとするという形でそれと合一することができるのである」(VI, 9, 9, 768)。

求むる愛の真の対象はかしこにある、と言う。「かしこ」(ekei)とは抑々何処であろうか。神の在所はいずこであろうか。この問いに対してプロティノスは、神は近くにあり、神への道は霊魂そのものの内に与えられていると答える。「霊魂は実に高貴にして神的性質を有するものなのであるから、この素晴しいものに全幅の信頼をよせて神を追うべきである。すなわち、かかる根拠の上に立って、目指すかのものの方へ昇って行くがよい。君は全然遠くまで出掛けて行くことは要らないであろう。それに、沢山のものが間をへだてているわけでもないのだ。つまり、霊魂というこの神的なものより更に一段と神的なもの、即ち霊魂の先きにあってその本源をなすところのものが、霊魂より上にすぐ隣接しているので、それをまず捉えればよいのである」(V, 1, 3, 484)。これは簡単に言えば、要するに霊魂に向って純粋になれ、真の自己の姿をとりもどせ、自己の根源にたちかえれということにすぎない。そして霊魂はもともと叡知から出て来たものであるから、霊魂が純一無雑になり、その根源に還帰すれば、それは最早霊魂ではなくて叡知なのである。換言すれば霊魂は脱自的に自己自身になるのである。プロティノスの世界においては霊魂が自己自身に成り切るということは直ちに霊魂が自己自身を超越することを意味する。それは霊魂が裡に自己超越の原理、かの「霊魂の円心とでも言うべきもの」(to... tēs psykhēs hoion kentron—VI. 9. 8)を包蔵しているからである。そしてこの円心は、さしあたっては先ず叡知であり、純粋叡知の先端であるが、しかし純粋叡知をその窮極的根源まで辿れば遂にそれは神の意識にまで突き抜けるものなるが故に、結局或る意味では霊魂の中心に神が在るとも言われなければならないのである。「我々の霊魂は一種の神的なものであるが……それは叡知を有つことによってはじめて円成する。ところが叡知《ヌース》と言っても、それには思弁する叡知と、思弁させる叡知とがある(nous de ho men logizomenos, ho de logizesthai parekhōn)。扨てこの思弁するものは霊魂に属しながら、思弁活動のために何ら肉体的器官を必要とすることなく、自己の働きを純粋不濁の状態に保っていて——その故にこそ純粋に思弁することができるのだ——絶対超越的であり、いささかも肉体とは混淆することがない(khōriston kai ou kekramenon sōmati)

のであるから、我々はこれを叡知的なるものの第一位に措いても決して誤りではないであろう。と言っても我々はこのものを置くべき場所を求めたりしてはならぬ。むしろ一切の場所の外におかねばならぬ。蓋し、かくの如くにして、一切の肉体的なものから絶縁して完全に独りである場合にのみ、それは自体的存立者であり、超越者であり、非質料的存在者(to kath' hauto kai to eksō kai to aylon)たり得るのであるから……」(V, 1, 10, 491)。

「扨て我々の霊魂は色々な正しいものや美しいものについて様々に思弁し、例えば、これは正しいとか、これは美しいとか判定しようとするものである以上、其処には先ず何か確然として動ずることなき「正」(ti dikaion)があって、そこから思弁が霊魂の裡に生じて来るのでなければならない。そうでないとすれば、如何にして思弁することができようか。のみならず、霊魂はそのような物事について或時は思弁し、また思弁しない時もあるというのであるからには、我々の裡には単に思弁するものばかりでなく、常住不断に「正」を保有するところの叡知も存在している筈であり、またその上に、叡知の始源であり、原因であるもの、つまり神も存在している筈である。尤もそうは言っても、かのもの(神)が部分的に分割されて我々の裡に宿るわけではなく、かのものは飽くまで元のままに超在しているのであるが。それにまた超在すると言っても決して場所の中に存在するのではなく、他者としてのそれ(つまり直ちにそれ自身ではなく、寧ろそれの影像)とでも称すべきものを受容する能力を有するものがある限り、幾つでも其等のものの一つ一つに顕われるのである(註、プロティノスは無数の鏡に映った同一の太陽の如きものを表象しているのである)。それは譬えば、円心がそれ自体で存立して居りながら、而も円周上の一つ一つの点と結んで居り、全ての半径がそれに対して夫々自己独特の寄与をなして居るようなものである。丁度この円心に相当するようなものが我々の裡にあって、我々もまた(かの円周上の諸点のごとく)それに接合し、それと共在し、それに依存しているわけである。だから、我々が一切を挙げてこの中心点に向って会流させて行けば、遂にはかしこに集定することを得るのである」(ibid. 11, 492)。

「それでは、これ程の素晴しいものを裡に有しながら、我々はこれを意識することなく、大抵の場合、このような働きを無為に放置し、甚だしきに至っては全然働かせずに置く人さえあるというのは一体どうしたことなのであろうか。いや、実は叡知と叡知の先なるものは常住不断に自己自身の裡にあり、従って其等のものはそれ自体としては常住不断に働いているのだ。こうして霊魂には不断に運動している処があるわけなのである。惟うに霊魂の裡にあるものが全部そっくり始めから知覚されているのではなく、知覚に入って来たものだけが我々の意識に上るのであるから、いくら自分では働いていても、知覚器官に訴えて来ないかぎり、未だそれは霊魂全体には透徹していない。従ってそれは未だ我々の意識に捉えられない。それというのは、元来、我々は知覚器官をもって生れた者であり、そして霊魂の一部分が我々なのでなく、全霊魂が我々なのであるから。のみならず、霊魂の各部は夫々自体的に独立して常住不断に生き、常住不断に働いているのであるが、それが意識されるためには先ず知覚中枢に訴え、そこで捕捉されるということがなければならない。であるから、若しこういうように(意識されずに)現住しているものを捕捉しようと思うなら、捕捉する役割をもったものを内面へと転向して、その方向に全精神力を専注することが肝要である。恰も或る一つの音を聴きたいと思って待期しつつある人が、ほかの一切の音は棄ておいて、耳を欹《そばだ》てながら、かの望む音の聞えて来るのを今や遅しと待ちかまえているように、丁度この場合も、絶対にやむを得ざるものは別として一切の感覚的聴力の働きを停止し、全霊魂の捕捉能力を純粋状態に保持するにつとめ、かくて天来の妙音を聴くに準備怠りなきよう心がけねばならない」(ibid. 12, 492-493)。

扨てかくの如き内観の道を辿って霊魂が脱自的に上昇し、遂に叡知の境位に入る時、そこに縹渺と展開される光と美の世界が、嘗てアリストテレスによって窮極の神の境地とされた、かの「思惟の思惟」の世界であることは言うまでもない。それはまた永遠の真実在界として、まさしくプラトン的イデアの世界でもある。それは「永遠の今」の世界、久遠の生命の世界、一瞬が直ちに永劫、一点がそのままに全宇宙、個が全体を含み全体が個を含む無礙透徹の光の世界である。

一者からの最初の流出である叡知が、一者自身の観照であり、従ってその限りにおいては飽くまで一者それ自体でありながら、而も一者の観照である限りにおいては既に何らかの分裂がそこにあり、最早それは純粋窮極の一ではなくして二の世界であることを我々は嚮に論述した。確かにこの意味においては、叡知は二であり従ってまた多でもあることには違いはない。それは思惟をも観照をも遥かに超絶せる絶対無ではなくして、純然たる思惟と観照の世界であって、其処には明かに思惟者と思惟対象、観る者と観られる者との論理的区別がある。仮令理論上にもせよ、思惟は思惟の主と思惟の客とに別れている。またそうでなければ思惟も観照も有り得ないのである。しかしながら、かくの如く思惟の主と客とが一応は区別して考えられるにしても、ここでは思惟の主体が思惟する客体は当の主体自身である点において、換言すれば主客は絶対窮極の自己同一なる点において、それは二でなくして一である。故に叡知は二であるが飽くまで一であり、一でありながら而も二であると言うほかはない。思惟観照の主客が明別されるといっても、感性的世界でものを考えたり観たりするのとは違って、眺める眼とその対象との間に何らかの距りが存するのではなく、直接に自己でありながら自己を観るのである。対象は何処か自己の外に在るのではなく、自己の裡にあり、否、更に端的に自己自身なのである(VI, 6, 7)。然して、かかる主客の絶対同一が叡知にその永遠の現勢《エネルゲイア》を保証する。若し思惟の主体と客体とが絶対同一ではなく別のものであったとすれば、叡知は永遠の現勢であることを得ずして潜勢となるであろう。そして潜勢的であるならば、当然それは最早真実在ではあり得ないであろう。「我々が叡知なるものを、語の正しき意味に解そうと欲するならば、それを潜勢的なものとか、無知の状態から有知の状態に入って来たものとか考えずに――若し事実そのようなものであるとすれば、我々はそれよりもなお先のものを探ねなければならないであろう――、現勢的に且つ永遠的に叡知なるものとして解すべきである。一体、叡知にとっては思惟するということは外的なことではないのであるから、それが何かを思惟するとすれば、自己自身から思惟するのであり、またそれが何かを有つとすれば、自己自身から有つのである。しかし、自己自身から、自己自身を源として(par' hautou kai eks hautou)と言うからには、それ自らが思惟の対象でなければならない。蓋し、叡知の本質と、叡知の思惟するものが別々であるとすれば、叡知の本質そのものは非叡知的ということになろう。そればかりか潜勢的であって現勢的でないということにもなろう。だから両者を相互に切り離してはいけないのである」

(V, 9, 5, 558)。

かくの如く思惟の主と客との絶対同一、すなわち観るものが直ちに観られるものであり、観られるものが直ちに観るもの、或は観ることがそのまま観られることであるような世界が叡知界であるならば、それがまた同時に唯一の窮極の存在界であることもおのずからにして明かである。「思惟と存在は一致する」のであるから。プロティノスは自らこのパルメニデス的伝統の重味をはっきり意識していた。叡知が思惟する対象は叡知自身に外ならないけれども、対象としての叡知は既に一切万有と同じことである。一切の存在者(ta onta)は一切の叡知的対象(ta noēta)として悉く叡知の裡に包蔵されて居り(ouk eksō tou nou ta noēta)、謂わば具体的内容の点から見た叡知それ自体である。従って叡知は思惟することによって存在界を成立させるのであり、自ら存在界なのである。「叡知が如何なる思惟活動であることを根拠として、我々は叡知とその思惟する対象との同一を断ずるのであろうか。それは言うまでもなく、叡知が真に実在するものとして、存在者の世界を思惟し且つ定立し、従ってまた端的に存在者の世界そのものだからでなければならない(ē dēlon, hoti nous ōn ontōs noei ta onta kai hyphistēsin. estin ara ta onta)。元来、叡知が諸存在者を思惟する場合、それらの存在者は叡知の外に在るか、或は叡知の裡に、叡知自身として在るか、いずれかである。然るに外にあるということは不可能である。何故なら、外とすれば何処に在り得ようか。故に其等は自己自身であり、自己自身の裡にある。……かくして叡知は真に一切の存在者であり、従って其等は思惟する叡知の外にはあり得ない。蓋し存在界は叡知に先立って在るのでもなく、それに後れて在るのでもなく、寧ろ叡知は譬えて見れば存在性の第一立法者、否、存在性の法則そのものなのである。されば古人は奇しくも「思惟することと存在することは同一である」とか、質料なき世界における認識は対象と同一であると説き、また、全存在の窮極の一としての「余自身を余は探求した」などと言っているのである」(V. 9, 5, 558-559)。

存在者一切を剰すところなく自己の裡に含み、自ら存在界そのものである完全自己充実の「飽満神」(koros)なる叡知が、超時超空の永遠の静止であることは当然であろう。ここには最早、時間もなければ空間もないのである。時間は叡知的永遠の模像に過ぎぬ。あらゆるものが時間の裡にあり、時間の順に従って展開するところの感性的世界とは違って、この世界においては、「一切のものが永遠の裡にあり、而もその永遠たるや文字通りの永遠である。時間は霊魂のまわりを馳けめぐりつつ次々に継起する諸物を或は送り出し或は迎え入れして永遠を模倣しているに過ぎない。事実、次から次へと別のものが霊魂の領域内に生起して来る。つまり今度はソクラテスが、次には馬が、という風に不断に存在者の中の何かが一つ現われる。然るに叡知は全部を一挙に捕えてしまう。一切万有が寂然と静止している、それをそっくりそのままに叡知は自己自身の裡に収摂しているのである。だからそれはただ端的に「現在する」だけであり、而も永遠の「現在」のみであって、其処にはいささかも未来というものはない。なぜなら、将来になっても依然として現在するのみであるから。また過去もない。なぜなら、其処では何一つとして過ぎ去って了うものはなく、全ては恰も自分の現状に満足し切っているかのように永劫不変に集定しているからである」(V. 1. 4. 485)。それは謂わゆる「永遠の今」の世界に外ならない。無限の時間がただ一瞬に凝縮し、而もその一瞬が直ちに無限の時間であるような、と言うよりは如何なる意味の時間をも完全に超越し切った純粋永遠の世界である。

叡知界には時間的継起がないのと同じく、また空間的全体・部分関係もない。空間は時間と共に、ただ感性的世界を規定するものに過ぎぬ。感性界においては全体は全体であり部分は部分であって直接互換的ではなく、また各部分も夫々あくまで自分の場所を占めて他を排除する。言いかえれば感性界は同一律と矛盾律の王国である。然るに叡知界においては、個は個でありながら、而も直ちに全体であり、全体は全体でありながら、而も直ちに夫々の個である。換言すれば、ここでは至るところに全体がある。正にそれは「一粒の砂に全宇宙の宿る」世界なのである。ここでは「あらゆるものが透明で、それを礙《さまた》げる一翳《いちえい》だにない。一切が悉く互に底の底まで透き通って、恰も光と光と相透徹し合うごとく、各々が皆自己の裡に全体を包蔵し、また互に他の裡に一切を見る。従って至るところに一切が瀰漫し、全体が全体であり、各個が全体であって、その光明の燦爛たること限りを知らぬ。この世界では各個が巨大である。というのはここでは小なるものも大なのであるから。ここではまた太陽が全ての星であり、個々の星が太陽であり、全ての星が太陽である。そして個々のものが互に光を反射し合い、全てが皎々と煌いている。また純粋の動もある。それは、互に他を動かすものがこの動の進展を溷濁させることがないからである。しかしまた其処には静寂ならざる何ものも混入していない故に、それは静であり、而もいささかたりとも蠢動することなき静であるとさえ言える。そしてこの世界の美は、美ならざるものの裡に宿る美ではないから、本当に美しいのである」(V. 8, 4, 545)。

この純粋透明なる永遠の美と光明の世界を神の世界と呼ばずして何を神の世界となし得るであろうか。確かにそれは神の世界である。叡知は神の境位である。故にプロティノスは叡知を「第二の神」(theos deuteros)と呼ぶ(V, 5, 3)。しかしそれは飽くまで第二の神であって、未だ第一の窮極の神ではない。真の神はこの驚嘆すべき美の世界を更に一段と超えた彼方なる美の原因まで溯ってはじめて直接に拝することができる。元来、叡知の世界がこれほどまでに美しく照り輝いて見えるのは、それ自体が光を放つのではなくして寧ろ叡知の彼方なる一者が其処に照映しているからなのであった。下方から昇り来った霊魂が純粋透明なる叡知界に踏み入る時、霊魂は謂わばこの純粋透明なる光の紗を通して下から一者を観ているのである。この透明体を通して観られた一者(「第一のノエートン」)が目も眩むばかりの煥然たる美となって霊魂を撲つ。しかしながら如何にそれが美しくあろうとも道は未だ窮極に達してはいない。観照道の完成にはなお最後の一歩が残っている。叡知の世界は要するに未だ神像《アガルマ》なのであって、神そのものではないのである。「謂わば神殿の秘奥に独り在って、一切万有の彼方に寂然と鎮座するかの神」(V. 1. 6)を観ようと志すものは、美しく立ち並んで輝く神像をいさぎよく後に見棄てて、ただ独り宮の内陣深く進み入らなければならない。「ただ独りなる神のもとに、ただ独りになって」近付かなければならない。

「叡知は窮極者ではない(ou to eskhaton ho nous)。叡知はあらゆるものによって希求されはしないが、善はありとあらゆるものに希求される。その上、叡知を有っていないものは全てが全て叡知の獲得を求めるわけではなく、既に叡知を有っているものは其処に留ることに不満を抱いて更に善を求めずにはいられない。人は叡知を思弁の結果求めるが、善はこれをあらゆるロゴス以前に求める」(VI. 7. 20, 713)とプロティノスは言う。

然らば何故に霊魂は叡知の境位に窮極の満足を見出し得ないのであろうか。この永遠の真実界まで昇り来て、燦然たる光耀の美に包まれながら、愛の懊悩はいささかも消滅せず、却って霊魂はいよいよはげしき焦燥感に駆られるのは一体どうしたことなのであろうか。それは、かの愛の悩みが実は上からの、善者からの喚びかけだったからである。愛欲のはげしき悩みに堪えかねて、ただ一筋に上へ上へと自分で昇って行くと思っていたその一歩一歩が実は恐るべき神の促しと牽引の現われであることを霊魂は気付かずに来た。彼女は自分が神を欲し、自分の力で神を追っているものと信じていたが、実は反対に神が彼女を欲し、神が彼女を追っていたのであった。若し上からの喚びかけがなかったならば、霊魂は「上へ駈け登ろうとする」心を催すことなく、安閑としてあるがままの現実に自足安住していたことであろう。叡知界の永遠の美も霊魂の眼には生ける美として映ずることなく、従って何らの感動をも惹起しなかったことであろう。言い換えれば愛《エロース》は上からの恩寵である。そしてかかるプロティノスの見解が、前述の如く純然たるプラトニズムであることは言うまでもない。霊魂をして神への道を辿らしめるものが神そのものであればこそ、真に道の窮極に達するまでは、いかなる美の蠱惑も最後の満足を霊魂に与えることができないのである。神からのこの促しは、感性的世界の事象に譬えて見れば一種の光りとして象徴化される。光りに照らされて燦爛と輝きわたる事物も確かに美しいが、光りそのものは更に美しい。霊魂はかかる光りに促されて、先ず照り輝く事物に至り、次に其等の美しき事物を悉く後に見棄てて、遂に光りそのものの裡に進み入るのである。「人がこの光りを見る時、ここにはじめて其等の事物に向って希求の念を発し、それらのものの上に映じている光りそのものを潑剌として追求しはじめる。地上の愛《エロース》にしても、人は単に肉体という外殻を恋するのではなくて、実は肉体の上に顕現している美を恋するのである。元来、叡知界の諸物は夫々自分だけで立派に存立しているのではあるが、善者によって色づけられてはじめて、つまり善者が其等のものには優婉な雅味を与え、其等を愛慕する側のものには愛《エロース》を与える時に、はじめて愛慕の対象となる。扨てこうして霊魂が、上から流溢し来る力を自己の内部に受け容れるやいなや、それは動乱し、神に憑かれたようになり、恋の悩みに充たされて、愛《エロース》と化す (kai toinyn psȳkhē labousa eis hautēn tēn ekeithen aporroēn kīneitai kai anabakkheuetai kai oistrōn pimplatai kai erōs ginetai)。それ以前には、霊魂は叡知に向ってすら少しも心を動かされることはない。勿論、叡知は美しいのだが、その美は、善者から光りを受けるまでは全然作用しないのである。霊魂は仰向にひっくりかえっていて、何ものにも気乗りせず、叡知が現に目前に居ても、それに対してただ一片の感動すら抱かない。然るに、かしこから流れ来る一種の温気に触れるや、霊魂はたちまち活気づいて目を醒まし、文字通り翼を展べ、すぐ身近かにある地上的なものに飽くまで耽溺せんとする気持に礙げられながらも、謂わば仄かな記憶によって更に価値高きものと知るかの（天上的な）ものに向って飛騰して行く。そして何処まで昇っても、なおその先に何かがある限り、この愛《エロース》を与えた者に引き上げられて自然に上へ上へと飛び続ける。かくして、それは叡知をも超えて行くが、しかし善者を超えて進むことはできない。善の彼方にはもはや何ものもないからである。若し叡知界で止ってしまうなら、数々の美しい貴いものを観ることはできても、未だ自分の求めるものを完全に獲たことにはならない。叡知界は譬えて見れば、非常に美しくはあるが、その美には生きた雅趣が欠けているために、見る人の心を魅する力のない顔のようなものである。だから地上においてすら、ただ単なる均斉だけよりも、均斉の上に煌く美の方がすぐれて居り、またそのようなものにしてはじめて愛の対象になるというわけである」(VI, 7, 22, 714-715)。

かくて霊魂は美と実在の世界にも最後の安住の場所を見出すことを得ず、何ものかに憑かれたように、更に上なる一者へと焦れて行く。「一切を放下せよ」というかの道初の訓戒はここに残りなく実現され、観照の上り道はここに窮極の秘境に入る。既に一切を放下し去り、自己をも自己の足場をも悉く自ら蹴落してしまった霊魂は、今や完全に無依無力である。霊魂は自ら進んで為すべきことは剰すところなく為しつくした。今や彼女はただ上からの働きかけを、上からの光りを、上からの「恩寵」を絶対受動の裡に待つのみである。もはや彼女は上からの恩寵を希求するということすらできない。それは純粋無雑の受動である。一切の働きを棄てて、ただ純粋に働かれるのである。もはや霊魂は一物といえども自分の側から与うべきものを有たぬ。大いなる「一切」を新しく与えられんがために、古き「一切」を放擲し去ったからである。「ただ独りになって、ただ独りなる者を受け容れんがために」(hina deksētai monē monon—VI, 7, 34)己が身にまとうていた全ての衣を脱ぎ棄てて来たからである。そして、このように無一物となり切った霊魂の上に、恩寵は「突如として《エクサイフネース》顕われ来る光明」のごとく下される。繰り返し使われるこの「突如として」(eksaiphnēs)というプラトン的表現が、ヌースから一者への絶対的断絶と、其処に行われる体験の飛躍性とを示唆している。「その時ひとは見ずして見る(oukh horōn horā-i)。そしてその時こそ本当に見るのである。何故なら光り自体を見るのであるから。それまで見て来た全てのものはただ光り輝くものであって、光りではなかった。かくてヌースの境位にある霊魂は他の一切のものに対して自分自身を閉じ、いよいよ深く自己の内面に沈潜して行く時、一物をも見ることなくして、何かに映じた光りでない本当の純粋な光りそれ自体が突如として煌々と顕われ出でるのを目覩するであろう。それが余りにも突然なので、霊魂はこの光りが何処から現われて来たのか、外からか、内からか判断もできないであろう。そして光りが消え去った後に反省すれば「確かに内にあったのだが、しかし内になかったようでもある」と思うに違いない。第一、何処から来たのかなどと考えることが間違っているのだ。「何処から」でもないのだから。それは何処かから来るのでもなければ、何処かへ行ってしまうのでもない。ただ見えるか見えないかというだけのことなのである。故にこの光りを覓求したりしてはいけない。丁度日の出を待ちかまえている場合のように、観る準備だけして、後はただじっと先方から顕われて来るのを待つばかりである」(V, 5, 7-8, 526-527)。

かくの如くにして、プロティノス的観照生活は最高窮極の「観照」(テオーリア)に達する。彼はこれをプラトン(Resp. VII, 532 C)に従って「観」(theā)とも呼んでいる。しかしながら観照とは元来ヌースの働きである故に、それはヌースを超越した境位に対しては、厳密に言えば適用することができない。すなわち観照的生はその極限において観照そのものをも超えるのである。一者の世界には観るということも観られるということも最早ない。観照的ヌースとは照々として自己自身を意識するところの絶対的自覚者であり、「正気を失わぬ叡知」である(kai estin... men hē theā nou emphronos)。然るに一者の世界に入ったヌースは「恋に狂った叡知」であって、それは「霊妙な神酒に酔って正気を失って」いる(nous erōn... aphrōn... methystheis tou nektaros—VI, 7, 35)。我れを失い恋に狂ったヌースは既にヌースではなく、従って其処には観照ということもあり得ないのである。否、それは最早いかなる言葉によっても本来的には表現できない事柄に属する。しかし一般に、言語によって絶対に詮示すべからざるものを、敢て言語に定着することがプロティノス哲学の特徴ある方法であるが故に、ここでも彼はこの超ヌース的体験に種々様々なる側面からロゴス的に近接しようと試みている。かくして、それは或時は「観照」「観」(cf. V, 5, 8; VI, 7, 34; VI, 9, 4-7, 10-11)と呼ばれ、「触」epaphē, ephapsasthai, prosaptesthai, synaphē, thigein (cf. V, 3, 17; VI, 9, 4; VI, 7, 36; VI, 7, 40; VI, 9, 8; VI, 9, 4-7)と呼ばれ、* 或いはまた「臨在」「共在」(parousiā, synousiā—VI, 9, 4; VI, 9, 7)、「脱自」(ekstasis)、「純一化」(haplōsis)、「自己を委せ切る」(epidosis hautou)、「直触への希求」(ephesis pros haphēn)、「静止」(stasis)等々(VI, 9, 11)凡そ考え得るかぎりの表現が次から次へ積み重ねられて行く。

＊ 霊魂の神的部分が絶対者を捕捉する働きを「触れる」という言葉で表現したのはプラトンである——hapsasthai, ephaptesthai (Resp. VI, 490 B)。

観照的生の往道をこのような窮極の高みにまで登りつめて来るとき、霊魂は何かを「観る」のであろうか。それとも自ら何かに「成る」のであろうか。そしてここで言う何かとはもはや絶対者以外の何ものでもあり得ないからして、この問いは結局、人間は観照的生の絶頂において「神を観る」のか「神に成る」のかという古来の神秘道に纏る最も恐るべき問題に導くのである。これに対してプロティノスは両者をふたつながら肯定する。然り、人間は確かに神を見、神に成る——但し「或る特殊の意義において」、「人間に可能なる範囲内において」、「譬えとして」、「仮りにそう言えるとすれば」……。これは西洋精神の発展史上に幾多の血腥い悲惨事を惹き起した所謂「人間神化」、「神人合一」の問題である。観照道によって人間が霊魂の秘奥に沈潜し、其処で神に逢い神を見る、というだけならばこれほど慎重に条件を附加する必要はなかったであろうが、プロティノスにおいては(そして一般に霊魂神秘主義においては)見るということは直ちに成ることを意味するが故にその影響するところ頗る重大となるのである。しかしながらプロティノスは決して近代の神秘主義批判者が考えたような意味で人間神化を説くのではない。直接の人間神化として解釈されそうな表現を用いる場合には、「謂わば」(hoion)、「譬えば」(hōsper)、「敢てこういう表現を使うとすれば」(ei dei kai touto legein)、「人間に許された限度で」(kath' hoson dynatai)と繰り返し繰り返し執拗に過ぎると思われるまでに慎重な条件を附している事実は抑々何事を物語るのであろうか。それは、人が神を見ると言い、人が神と合一すると言い、或いはより端的に人が神に成る、神であると言っても、要するに此等の言葉が、神秘主義的神体験の生ける現実から無限に遠き比喩に過ぎず、たかだか一種の不完全極まる象徴的表現に過ぎぬことを余りにも意識しているからである。かのプラトン以来の正統的ギリシア思想の精神に生きる哲人達にとっては、神・人の現実的同一化、即ち人が次第に自己を越えて遂に文字通り神と化す、というが如きことは始めから全然問題にならない。またそのような意味で神に成ろうと欲した者も一人もない。ただ彼等の言わんとするところは、「出来る限り神に似ること」換言すれば人間が生来与えられている「神の似像」を出来る限り純粋に現実化すること、そして神の似像になり切ることによって超越的に神に「触れる」ことに尽きる。しかしこの神との接触が、これを実体験する人にとっては余りにも驚嘆すべく、余りにも強烈なるが故に、彼は大いなる危険を犯してまでも敢て「神に成る、神である」というような考え得るかぎりの最も強烈な表現を以てこれに当てざるを得ないのである。「この窮玄の境地に至って目に入るものは、人間として見ることが許される限りにおける神であり且つ自己の真我——叡知的光明にあふれて燦然と輝く真我、いな寧ろその光明自体なる真我、清らかに、軽ろやかに、無礙の境に入り、神と成り、否、既に神であるところの真我なのである」(horān dē estin entautha kākeinon kai heauton hōs horān themis; heauton men ēglaismenon, phōtos plērē noētou, mâllon de phōs auto katharon, abarē, kouphon, theon genomenon, mâllon de onta)という「エンネアデス」第六篇九章(VI, 9, 9, 768-769)の言葉は、プロティノスを例として観照的神秘主義の「不敬」「冒瀆」を譴責糾弾せんとする信仰家が必ず引用する有名な一節であるが、既にアルヌーが綿密周到な実証的検覈に基いて強調している如く(R. Arnou: Le désir de Dieu dans la philosophie de Plotin, p. 245-248)、この文章から謂わゆる人間神化の主張(「人神論」)を曳き出すことは、少くともプロティノスの著作を実際に読んでいる人には出来る筈がない。* プロティノスが、観照的生の窮玄処たる所謂 unio mystica を描写する次の重要な一節を読む人は、かならず上述の如き厳格な条件を念頭に置いてそれを理解する必要がある。

＊ 然るにかかる章句を文字通り人間神化と解するばかりか、甚だしきに至っては、プロティノス的観照主義を以て、「相対有限なる人間の身にして神の聖位を覬覦せんとする超人的驕傲」となす驚くべき論者すら今日でもなお存在しているのである。このような人々は自分でプロティノスを読んだことがないか、読んでもギリシア語がわからなかったのか、いずれか一方なのであろう。

一者の境位においては、「観ること」は直ちに「成ること」である。故にそれは厳密に言えば観るという言葉で言い表わされるものではない。何かを観るのではなくて、それと交流し、それの裡に消融し去ることである。若しそれでも強いて観るという言葉を使うなら、絶対他者と交流し、変融した自分自身を、交流し変融しながらに観るとでも言うほかはないであろう。しかしこの際、観る自分自身と観られる自分自身との間には、一厘一毫の区別も、つまり純論理的区別すらないのであるから、結局どうしても観ることにはならない訳である。「真の自我を見る人は、正に見る瞬間に、かくの如き（神的な）状態にある自分を見るであろう。というよりは寧ろ、かくの如き神的自我と共にあり、それに帰一し切っている自己をかくの如き神的自我として感知するであろう。いや恐らくは見るであろうなどと言ってはいけないかも知れない。一体何かが見られる場合には、必ず見る方のものと見られる方のものの二つが区別されて、両者が純粋に一なのではないとすれば、いささか乱暴な言い方になるが、我々が今問題としている場合では見るものは実は何も見ても居らず、何も区別もせず、いわんや二を表象することはないので、謂わば自分で自分に対してあかの他人となり、彼方なる国の市民となってしまうようなものである。そしてかの国に所属する身となることによって、譬えて言えば一つの円心を他の円心と重ね合わすことによって一円ができるような具合に一となるのである」（VI. 9, 10, 769）。更にこの合一体験が了った直後、プロティノスは自分の体験にたいして次の如く反省の目を向ける。それは「神秘主義的合一」に関して全ギリシア思想史が遺した最も個人的にして同時に最も普遍的な、生々しい体験の記録である。「そこには（主客という）二つのものはなく、見る者は見られるものと完全に一になっており、見るというより合一するという方が正しい程なのであるから、かのものと混融しつつあった時に自分が何者となっていたのかを記憶している人があれば、彼は自分自身の裡にかのものの影像をとどめて居る筈である。あのときには彼はかのものと全く一であって、自分自身の裡に、自分に対してもまた他者についても一切の差違というものを有っていなかった。なぜなら彼の裡には何一つとして動くものはなかったからで、かかる高処を窮め尽した彼には最早情念の散乱も、他者にたいする貪慾もあろう筈はなく、理性も知的直観も、いや敢て言うならば自分自身すらもなかったのである。謂わば恍惚として我を忘れ、或は聖乱に憑かれたようになって、寂滅止息の静境に入り、自己の本質において微動だにせず、如何なる方向にも偏傾せず、自転することすらなく、絶対不動の状態にあり、謂わば自ら不動そのものになり切っていた。そして一切の美しいものから離れ、いや既に美それ自体を超越し、諸徳の合唱隊すらはや踰越し去っているのである。それは恰も俗人禁断の至聖殿に参入するを得た人が、外殿に立ち並ぶ数々の神像を後にのこして行くようなもので、内宮の秘処で御神体を拝観し、写像や肖像ならぬ本体そのものに交融した後、ふたたび至聖殿から出て来れば先ず第一に目に入るものは其等の神像であるには違いないが、既にそれは第二番目の拝観物でしかない。尤もここでは恐らく拝観物(観もの theāma)というような言葉を使うべきではないであろう。それは普通の意味で観るのとは全然違ったものなのであって、脱自であり、純一化であり、自己を先方に委せ切ることであり、直触への希求、静止であり、若し幸いにして至聖殿裡に鎮座するものを拝することができたならば、それと完全に合致しようとしてただひたすらに憶いをこめることである。若しこれとは違った見方をすれば、人は何者をも見出すことができない。もとより、かかる叙述は全て単なる象徴にすぎないが、しかしよく神意を解し得る人々にとっては、如何にすればかの神が見られるかということを暗示するものともなる。だから真に優秀な聖職者なら必ずこの象徴の真意を解して、至聖殿の奥深きところに入り、神体拝観を立派になしとげるであろう。また仮令奥処までは入れなかったにしても、少くとも至聖殿裡なるものは何か絶対不可視なるものであり、万有の源泉にして始源なることを認知し、始源を以てしなければ始源を見ることができぬということを悟るであろう。そして遂には霊魂が有し得るかぎりの一切の神的能力を挙げて、かのものの同類者となり、かのものと合一するに至る。尤も、この観照が円成しつくさないうちは、霊魂は観照の最後にのこった窮極のものを求めてやまないのであるが、しかし今や一切万有を超えて来たこの霊魂にとって、最後にのこったものといえば、まさしく一切万有の先なるもの(to ho esti pro pantōn)でなければならない。元来、霊魂はその本性上、決して絶対的非有に帰没するということはないのであって(ou gar dē eis to pantē mē on hēksei hē psȳkhēs physis)、勿論、下降すれば悪に到り、従ってその意味では非有に到るけれども、それとて完全なる非有に到るわけではなく、また方向を逆にとって上昇しても、何か自分とは別のものに行くのではなく、却って自分自身に帰着するのであり、従ってそこでは自分以外いかなるものの裡に在るわけではなくして、ほかならぬ自分自身の裡に在るのである。然るにただ醇乎たる自分自身の裡に在るのみで、存在界に在るのでないものは既にかのもの(絶対者)の裡に在る(to d' en hautē-i monē-i kai ouk en tō-i onti en ekeinō-i)。蓋しそれはもはや実在であることをやめ、却ってかのものと交融するかぎり、実在の彼方にあるのだから(ginetai gar kai autos tis ouk ousiā, all' epekeina ousiās tautē-i hē-i prosomilei)。かくして若し人が、かかるものとなった自分自身を見ることを得るならば、彼は既にかのものの模像となった自分を所有している(ekhei homoiōma ekeinou hauton)のであり、更に若し彼がかかる自分自身をも脱離して、あたかも模像が原型に帰するごとくにかのもののところまで参入することができれば、道は遂に窮極に達したものと言ってよいであろう。そして、やがてこの観照の高処から陥落しなければならないにしても、また再び自己の裡なる神的能力を喚び起し、完全無欠に美化された自分自身を認知するならば、再びその能力に乗じて身も軽々とヌースに向って飛騰し、叡知を通ってかのものに至ることができるであろう。およそかくの如きが神々の、そしてまた神に似た至幸なる人々の生活である。すなわち、それは地上的なる一切の羈束からの解脱、この世のものに何の歓びも見出さぬ生活、ただ独りなるものに向ってただ独りなるものが遁れ行くことである(apallagē tōn allōn tōn tē-ide, bios anēdonos tōn tē-ide, phygē monou pros monon)」(VI, 9, 11, 770–771)。

嘗てアリストテレスが観照的ヌースの自意識に人間最高の浄福を見たように、プロティノスにとってここに描かれた「神秘主義的合一」が人間に許された窮極の幸福であることは言を俟たない。「人は神に属せざる一切のものを棄却して上昇し、遂に絶対独脱の身となって、かの絶対独脱者、即ち万有の根基、万有瞻望の的、万有の存在と生命と思惟の源なる神を、その真の、純一の、澄浄の姿において目覩するに至る。それは本当に生命と思惟と存在の原因なのであるから。かくして人がこのものを見る時、これと合一せんと焦心して、いかばかりはげしき愛を、いかばかり切なき憧憬を抱くことであろうか。歓びのあまり、どれほど燃え立つことであろうか。未だこのものを実際に見たことのない者はそれを「善」として希求するに反し、ひとたびこれを見た者はそれを「美」として歓賞し、あまりの歓びに茫然となり、いささかも苦痛を伴わぬ驚愕に撲ちのめされ、真実の愛を以て愛し、(嘗て自分が抱いていた)棘のある情欲やその他一切の愛情を侮蔑し、以前に美しいと考えていたものを悉く軽視するようになる。……かかる至高の観照に達し得たものこそ真に幸福な人であり、これを獲ぬものこそ真に不幸な人である。蓋し不幸な人とは、絢爛たる色彩や美しい肉体を有たぬ者でもなく、権力や支配権や王国を有たぬ者でもなくして、仮令他の一切のものを所有するとも、若しひとたび地上的なる所有物の全てを軽視し身を転じてそれを見るならば、王国も地上権も海上権も、大空の支配権すらも無価値とならしむるところのかのものをただ一つ欠く人が不幸なのである」(I. 6. 7. 56)。しかしながら、かくばかり巨大なる浄福も未だプロティノスに従えば完全無欠ではなかった。なぜならば嘗てアリストテレスが明瞭に指摘した通り、そして「エンネアデス」からの嚮の引用が示している通り、人は観照的生の絶頂には極く僅かの時間しか停在し得ないからである。観照的生によって到達し得る浄福は恐らく神のそれにもまがうばかりの驚嘆すべき浄福ではあるが、それは間歇的、断続的であって永遠的ではない。人間が現世において実現する unio mystica には、なお一抹の暗翳が残っている。プロティノス程の観照道の達人にして而も上に描写されたような窮極の境位に入り得たのは全生涯に僅か数回であったと言われている事実をひとは思い合すべきである。しかし彼は、かかる永遠の浄福がやがて与えられるであろうことを確く信じていた。「何故に人はこの至高の境位に永遠に留ることができないのか。それは、未だ完全に肉体を離脱し切っていないからである。けれども、やがていつの日か、肉体の障礙に全然さまたげられることなしに、永遠不断の観照を享け得るときが来るであろう」（VI, 9, 10, 769）と。しかしながらそれは既に哲学の領域に属することがらではなくして、プロティノスの信仰の領域なのであった。

神秘哲学（ギリシアの部）　終り

附録　ギリシアの自然神秘主義——希臘哲学の誕生

覚　書

今から数年前、私は慶應義塾大学文学部において、ギリシア・ラテンの古典的教養を欲する極く少数の学生諸君のために、ギリシア神秘思想史と題して特別の講義を行ったことがあった。最初の計画では、ソクラテス以前の自然学から神秘体験の系譜を辿りつつプラトン的愛の神秘主義とプロティノス的一者の形而上学を主として考究する積りであったが、不幸にして当時学内一般の民族主義的思潮はかかる純超越的観想をこころよしとせず、加うるに日米間の情勢は頓に緊迫し内外の風雲急を告げて、大多数の学徒が業半ばにして動員さるるに及び、私はこの計画を中断するの止むなきに至った。爾来その時の講義草案は、筐底深く蔵して蠹魚《とぎょ》に委せ、私は自分でも殆んどこれを忘却し果てるばかりであった。本書はこの旧稿を、松本信廣教授の懇篤なる慫慂に励まされて検察再考究し、全く新たなる構想の下に初めから書き直したものである。本書の目的とするところは、一の精神史的見地に立って、ホメロスに端を発するギリシア知性の史的展開の流れを下り、如何なる時代環境において、また如何なる思想的地盤の上に所謂ソクラテス以前期の自然学が発生するに至ったかを説述するにある。故に私がここに試みたものは、ミレトス学派のタレスに始まる常識的ギリシア哲学史ではなくして、寧ろギリシア哲学以前である。かかる精神史的背景の前においてのみ、ギリシア哲学の発生は正しく理解され評価されるものと私は確信して疑わぬ。もとよりタレス以前には特に哲学の名にふさわしき思想形態の認められぬことはいうまでもないが、しかしミレトスの自然学は紀元前六世紀、忽焉として無から生じ来ったものではなく、あらゆる人間精神の所産と同じく、長き伝統を背後に負いつつ歴史の尖端に開花結実せるものなのである。私はギリシア的知性をはじめて結晶せしめ、以て西洋に哲学と科学とを与えたこの尊き伝統を能うかぎり広般なる視野の下に検覈《けんかく》し究尽したいと思った。

しかしながら、ギリシア精神が抒情詩より自然哲学へ移行するその中間に、自然神秘主義体験を置かんとする私の立場は必ずしも全ての読者を満足せしめないであろう。ギリシア哲学の神秘主義的起源——かかる主題は或る人々を苦笑せしめさえするであろう。また神秘主義か！　再びニイチェ・ローデの昔に還ろうとするのか。かの幻想豊かなるニイチェの神秘主義的解釈は、既にバーネットの細心精緻なる文献学的実証によって完全にその非学問性を曝露しつくされたではないか。現代の碩学イエーガーの俊異なる精神史的研究によって剰すところなく批判排斥されたではないか、と。

しかし、それにも拘らず私は深き確信を以て、ギリシア哲学成立に対する神秘主義体験の決定的意義をここに再び高唱擁護せんとするのである。私はイエーガーと共にギリシア精神史の「連続」を認むるにいささかも躊躇しないが、しかし抒情詩と自然学との間を結ぶ精神史の流れは連続しつつ而も断絶していると思うのである。果してこの断絶が私の個人的幻影であるか否か、また果してそれが私の考えるごとく自然神秘主義に由来するものであるか否かは、私がここに敢て提唱すべきことではなく、読者の厳正なる批判に一任すべきであろう。

第一章　自然神秘主義の主体

Il faut à la pensée d'immenses panoramas. Plus que de vérités partielles, elle a soif de vastes hypothèses, d'où rien ne soit exclu de tout ce qui est son bien, mais où tout s'harmonise... (Romain Rolland: Empédocle d'Agrigente)

宏壮な眺望が思惟には必要なのである。部分的真理の数々ではなく、凡そ思惟に所属するところのもの一切を包括し、全てを調和せしめるごとき広大なる仮説を思惟は渇望している……

——ロマン・ロラン——

悠邈《ゆうばく》たる過去幾千年の時の彼方より、四周の雑音を高らかに圧しつつ或る巨大なものの声がこの胸に通い来る。殷々として耳を聾せんばかりに響き寄せるこの不思議な音声は、多くの人々の胸の琴線にいささかも触るることなく、ただ徒らにその傍らを流れ去ってしまうらしい。人は冷然としてこれを聞きながし、その音に全く無感覚なるもののごとくにも思われる。しかしながらこの怖るべき音声を己が胸中の絃ひと筋に受けて、これに相応え相和しつつ、心臓も破れんばかり鳴響する魂もあるのだ。

私は十数年前はじめて識った激しき心の鼓動を今ふたたびここに繰り返しつつ、この宇宙的音声の蠱惑に充てる恐怖について語りたい。嘗てディールスの蒐集せるソクラテス以前期断片集を通読した最初の日から、いまだ何事ともさだかには識別し難きままに、其処に濛々と立罩める妖気のごときものが私の心を固く呪縛してはなさなかった。私は本書においてこの妖気の本体を究明し、その淵源を最後まで辿ってみたい。

ソクラテス以前期の哲人達の断片的言句に言い知れぬ秘妙の霊気が揺曳し、そこから巨大なる音響の迸出し来るごとく思われるのは、彼等の思想の根基に一種独特なる体験のなまなましい生命が伏在しているからである。すべての根源に一つの宇宙的体験があってその体験の虚空の如き形而上的源底からあらゆるものが生み出されて来るのである。彼等の哲学はこの根源体験をロゴス的に把握し、ロゴス化せんとする西欧精神史上最初の試みであった。彼等については「はじめに思想があった」のではなくして、「はじめに直観があった」のである。あらゆることのはじめに有無をいわさぬ絶対的体験があったのである。私はこの根本体験を西洋神秘思想史の伝統に従い「自然神秘主義」Natur-mystik と呼ぶことにしたい。自然神秘主義的体験とは有限相対なる存在者としての人間の体験にあらずして、無限絶対なる存在者としての「自然」の体験を意味する。人間が自然を体験するのではなく自然が体験するのである。自然が主体なのである。故にここに所謂「自然」とは輓近カトリック思想界において、教会内の基督教的神秘主義に対し教会外の神秘主義に一種の前聖寵的真理性を認め、これを自然的神秘主義と名付ける場合に見らるる「自然」とは全く意義秩序を異にする。ここでは自然は一の形容詞ではなく、主語であり、絶対的超越的主格である。それは宇宙万有に躍動しつつある絶対生命を直ちに「我」そのものの内的生命として自覚するところの超越的生命の主体、宇宙的自覚の超越的主体としての自然を意味する。

ミレトスのタレスに始まるソクラテス以前期の哲学・自然学を、生命なき屍としてではなく豊満横溢の生ける姿において捉えんが為には人は先ず自ら進んでこの潑剌たる生命噴湧の只中に躍入し、言説を絶する自然体験の端的を直証せねばならぬ。自らも彼等と同じ直観を以て宇宙の深奥幽邃《ゆうすい》なる秘義に徹入し、彼等と同じ体験によって霊覚の境涯に転身しなければならぬ。かくしてはじめて人は言説以前の、言説を超絶せるものが、いわば覚束なき足取りを以て一歩一歩言説《ロゴス》の世界に入り来る微妙なる過程を剰すところなく検覈することが出来るであろう。

本書は古代ギリシアの自然学の発展を平面的歴史的に叙述せんとするものではなく、

身をこの一種独特なる世界観生成の渦中に投じ、西欧哲学史の発端に傲然と蟠踞して全宇宙を睥睨する巨大なる哲人達の自然体験を自ら親しく追体験し、以てギリシア哲学の発生の過程を主体的に把握せんとするものである。すでに主体的把握である以上、それが極めて主観的であることは言を俟たないであろう。而して若し客観的であることが一般に学的認識の根本条件であるならば、かかる主観的叙述は学たり得ないかも知れぬ。しかしながら、こと苟《いやしく》も神秘主義に関する限り徹底的に主観的なることこそ却って真に客観的なる所以である。ここでは所謂客観的態度は何ものをも齎すことができない。神秘主義的体験を外面から観察してこれを客観的に捕捉せんとするとき、既に神秘主義の生命はいずこへか消逸して其処にはもはや死せる形骸のほか何物も見出されないからである。神秘体験に対する純客観的態度はあたかも滑浄たる氷の球面上を疾駆せんとする車の如く、走らんと焦慮すればするほど車輪は徒らに空転して前進することができぬ。人もしこの窮地に逢着して、なお敢て前進を意図するならば、いさぎよく己が乗輿を抛擲し、自ら氷の球体そのものと化して転進するよりほかはないのである。正にそのごとく、神秘主義的体験に対しては徒らに「客観的」に、その周囲を反転することをやめ、自らその体験の渦中に翻入し、内部から主観的に主体的にこれと同一化するのが唯一の正しき途である。かくて甫《はじ》めて神秘主義はその深遠幽玄なる秘奥を人に開示するであろう。すなわちここでは真に主観的なることが却って真に客観的たる所以である。

かのツェラーの厖大なるギリシア哲学史以来、殆んど無数の哲学史家が、ソクラテス以前期の思想史を取扱ったが、その中の極めて多数の人々がこの「自然哲学」の根本精神を逸して居るごとく思われるのは、その態度が余りにも外面的、客観的であった為ではなかろうか。蓋し人が意識的あるいは無意識的に、合理主義的哲学史観に立つ限り、如何に精緻なる文献学的研究も、如何に細慎なる言語学的検察も、この古き存在論の基底に伏在してこれを根本的に色づけている生ける精神の躍動の把握には完全に無能なるほかはないであろう。いな、多くの哲学史家は、ソクラテス以前期の思想発展の根柢に一種の宇宙的神秘体験がひそむことすら気付いていない。しかしながら、この中心的一事を看過すれば、ソクラテス前哲学の諸断片は忽ちにその統一を喪失して四分五裂し、死せる切片の堆積と化してしまうのである。

イオニアの自然学に始まりアレクサンドリアの新プラトン哲学に至るギリシア形而上学形成の根基には常に超越的「一者」体験の深淵が存在しているのであるが、この神秘主義的体験は個人的人間の意識現象ではなく、知性の極限において知性が知性自らをも踰越《ゆえつ》する絶空裡、忽然として顕現する絶対的超越者の自覚なのである。人もしこのギリシア的神秘体験を識得せんと欲せば、先ず自ら相対者の境位を独脱して経験界の彼岸に翻転し、自然神秘主義の主体とならねばならぬ。言い換れば自ら親しく汎神論の主体とならねばならぬ。「似たものは似たものによって、等しきものは等しきものによってのみ」認知さるという考え方は単にプラトン認識論の原則たるのみならず、古き昔からギリシア人の間にひろく行われていた特徴ある思想であるが、この原則は背後に一種の超越的直観を予想するとき甫めて最も充実せる意味を発揮する。而してソクラテス以前の哲学思想もまた、まさに類似せる精神に対してのみ自己の核心を開顕するところの極めて特異なる体験の所産なのである。今ここにこの「似たもの」の体験を有する人があって、ソクラテス以前期諸家の断片集を繙く機会を有つならば、必ずや彼は直ちに、あらゆる論議を超脱して、じかに己が胸に迫り来る或る不思議な力を感得し、言いしれぬ興奮と歓喜とを覚えるであろう。かかる人にとっては、ソクラテス以前の自然学者は正にニイチェのいわゆる「巨人たち」なのでありまたひとりかかる人のみ、時代と場所との懸殊間罅を凌いで此等の巨人達と面々相対し、膝を交えてこれと語り、彼等の雄渾なる体験の窮玄処に親昵《しんじつ》するを許されるのである。

然るにこの「似たもの」を未だかつて親しく直証せることなき人の眼には、此等支離滅裂なる断片の主たちはいずれも素朴幼稚なる自然科学者、いまだその思想極めて粗笨《そほん》なる幼年期の哲学者としか映じないであろう。彼等は「巨人」ではなくして、たかだか後にソクラテス、プラトン、アリストテレスのごとき偉大なる思想家を生み出すべき西洋哲学の古き祖先、西欧的自然科学への第一歩を拓いた記念碑的自然観察者として、歴史的意義を認めらるるに過ぎないであろう。然して偶然に現在まで伝えられた彼等の言説の断片の如きは、自然学としても哲学としてもただ純粋に歴史的なる文献学研究の対象たる以外には殆んど何の意義もなき、稚気愛すべき哲学幼児の片言に堕するほかはないであろう。

のみならず、若しかくの如くして人が此等古代の哲人達の思想の背後にあって全てを貫き流るる洋々たる大河のごとき根源体験を失逸するならば、彼は互に聯関なき断片として僅かに伝来せるこの古思想の残骸を如何ようにでも自己の好むがままに曲げ歪めて解釈することが出来るのである。かくして人は平然としてパルメニデスを唯物論の祖となし、或いはかの深刻なる宗教的詩人クセノファネスに宗教的感情なしといい、後にアリストテレスが「思惟の思惟」と名付くるところの知性の極限をも体験的に踰越せる人を「合理主義者」と呼んで憚らず、また超越的生命感の脈々たる躍動に生きる彼の一神観に対して、一片の感動すらなしに「汎神論」のレッテルを貼り付ける。汎神論あるいは汎神観といっても、問題は如何なるものをこの名の下に理解するかである。すなわち問題の重心は、ひとえに自ら汎神観の主体となったことがあるか否かにかかっている。

宇宙万有を十方に貫通しつつ生々躍動する汎生命の久遠の脈搏を直下に「我」そのものの心臓の鼓動にかよわせ、尽天尽地に遍満する生命の寂光を直ちに自己の内的生命として主体的に把握せることありやいなや、その実体験の有無によって、所謂「汎神論」の虚実が決定されるのである。かかる体験なき者が、自然神秘主義者の体験より生れ出る表現の外側を眺めつつ、これに汎神論の貼札を懸ける時、原体験に横溢していた強烈なる生の力は早くも杳然と消え失せて、ただ生命なき死灰をとどむるに過ぎないのである。

「万物は神々に満つ」というタレスの言葉がアリストテレス (De anim. I, 5, 411 a) によって伝えられているが、ソクラテス以前期思想家達の宇宙が神々に満てる如く、彼等の断片も亦神々と精霊の気に満ち充ちている。イオニアの自然学もエレアの存在論も当時の濃厚な宗教的雰囲気の真只中より生じたものである。この哲学については宗教の影響を云々することすら妥当でない。いな、それは宗教的体験そのものから発生せるものであり、寧ろ直ちに当時興隆せる新宗教精神の端的なる表現であった。そこでは宗教と哲学とは異質的なる二物ではなく、却って全く同一物であった。すなわち宗教的体験のロゴス化がそのまま彼等の自然学なのであり存在論なのであった。彼等の自然哲学は西暦紀元前六世紀におけるギリシアの新宗教哲学であった。最古のギリシア思想家達はアリストテレス (Metaph. I, 5; III, 4) の所謂「自然学者《フュシオロゴイ》」であると同時に、否、それより先に

「神学者《テオロゴイ》」なのであった。オルフィズム・ピュタゴリズムと自然学・存在論とは源泉を異にして偶然六世紀に相接触し影響し合った二潮流にはあらずして、同一の源泉より発した同一物の二つの異相であるにすぎない。

自然学といい哲学といっても、その頃の思想は決してアリストテレス的意味において独立し専門化せる学ではなく、それは当時ギリシア全土に新しく勃興せる新世界観であり、新宗教であり、新科学であり、新思想であった。故に今その本質を正確に理解せんがためには、これを四周の環境より離脱孤立せしめて純哲学史的に検察するよりも、寧ろ広汎なる視野の下、時代精神の具体的動向の中心部において仔細にその生成発展の様を究尽するにしくはない。イオニア植民地の母都ミレトスに、ギリシア最初の自然哲学が力強き第一声を発した西暦紀元前六世紀は、先行する七世紀より後行する五世紀に亘って、ギリシア全土をあまねく覆いつくした未曽有の大動乱時代であった。人々の眼前に、あたかも夢のごとき大帝国が次から次へ相踵《あいつ》いで出現し隆盛し、またたくうちに通り魔のように湮滅して行った。西洋の先端、アジアとアフリカとヨーロッパが地中海をめぐって相会し、燦爛たる南国の太陽に燃え上るところ、ここに文明の花咲き匂う幾多の都市国家が興隆し、興隆したかと見ればたちまちに色褪せて枯れしぼんで行った。それは「万物流転」の時代であり、ロマン・ロランのいわゆる「宇宙的痙攣」convulsions cosmiques の三百年であった。白色、黒色、黄色とあらゆる肌色の、あらゆる人種の、あらゆる宗教の、「人間」という無数の蟻が群動しつつ入り乱れ衝撃する絶望的混沌の凄まじき光景を人は己が眼を以て目覩し、壊滅の渦巻より立ちのぼる叫喚と慟哭の惨烈なる音響を己が耳を以て聞いた。而もこの混乱はギリシア民族の外部のみに起った現象ではなかった。他人ごとではなかったのだ。収拾すべからざる動乱の溷濁《こんだく》せる激流は一抹の仮借もなくギリシア民族の生活の内部にも侵入し来った。社会的にも精神的にもあらゆる古きものが伝統の地盤から根こぎにされ、次々に崩壊して行った。宗教生活の分野においてはホメロス的神話の神々が人々の素朴純真な尊信を喪い、政治生活の分野においては神々の後裔たるを誇る世襲門閥の王家が威信を失墜して、実力ある個人がその素性経歴の如何を問わず自己の腕一つで君位を僭取し得る実力時代となり、また社会生活の分野においては新興民衆勢力と旧来の貴族階級が血で血を洗う惨烈な内乱党争の大波に揉まれて人心はいやが上にも惑乱錯雑し、国々の礎もゆらぐかと見えた。長らくギリシア民族を統一支配し来ったホメロス・ヘシオドス的叙事詩が遂に凋落して、これに替った絢爛たる抒情詩の隆盛に、個人がはじめてその胸の憶いを心のままに歌い上げたのもこの頃であった。それは万象壊滅の暗澹たる混淆錯綜のうちにあって堪えがたき苦悶に阿鼻叫喚の声を発しつつ、しかも始めて逢着せる個人的自我覚醒の機に全ギリシアが自我昂揚の強烈な意識をこころゆくばかり味わった「我」の時代でもあった。イオニア、イタリアの哲学思想は実にかかる矛盾多き動乱時代の生み出せる新しき世界観なのである。

私は以下、章を重ねつつ、ギリシアが経験せるこの最初の精神的社会的大変革の実相を叙述し、特にソクラテス以前期存在学の発生と関係深き抒情詩的世界観の精神を詳細に論じて、如何なる歴史的苦悩のうちにギリシア人達が自然神秘主義に近づき、遂にその洗礼を受くるに至ったか、またこの特異なる体験の洗礼が如何なる新思想を形成せしめて行ったかを仔細に検討考究してみたいと思うのである。

しかしながら、ここでもまた窮極の鍵は「似たもの」の有無に掛かっている。私と読者との間に、自然神秘主義に関していささかも「似たもの」が存しないならば、本書はその全き意義を消逸するであろう。そのような場合には、私はかの古きオルフェウス教徒の範にならい、次の一句を呈して自らもまた固く「扉を閉す」のみである。

Φθέγξομαι οἷς θέμις ἐστί· θύρας δ᾽ ἐπίθεσθε βέβηλοι

「語るべき人々にのみ私は語る　戸を閉ざせ、局外者たちよ」

第二章　自然神秘主義的体験——絶対否定的肯定

「青春の日を楽しめよ、わが胸よ。やがて他の人々生れ来てこのわれは息の緒絶え、か黒き土くれとなりてはつべし」

とメガラの抒情詩人テオグニスは歌う。若き日は逝焉として去り、美わしき春の花は夏を待たずして散る。有為転変は世の常であり、生の儚さはこの世に存在するものの現実である。しかしながら敢てこの存在の常則に拮抗し、生滅無常の纏縛《てんばく》を截断して永遠の生命に参入せんとするところに、人間の宗教的要求があり、神秘主義への切実なる憧憬が生ずる。

久遠の生命！　しかしそれはいずこに尋覓《じんべき》せば見出さるるであろうか。

西暦紀元前六世紀、澎湃としてギリシア世界に興隆せる自然神秘主義的思潮は、西欧思想史上における実に異常なる出来事であった。西洋の哲学と西洋の自然科学とは同時にここにその祝福された誕生を有った。ソクラテス前のギリシア哲学はこの新宗教運動の滔々たる潮流の真只中から生れ出た。イオニア・イタリアの代表的思想家達はいずれも自然神秘主義の洗礼を受けて出発せる人々であり、いずれも思想家であるより以前に自然神秘主義の主体であった。ここにギリシア哲学発生に至る歴史的情勢の推移を叙述せんとするにあたり、まず一応それに先立って、自然神秘主義なるものの内実を簡単に説明して置きたいと思う。

凡そ存在するものはすべて無を契機として含んで居り、あらゆる存在者の根柢にはかならず無がひそんでいる。何かが有るということは、すなわち無いということでもある。我々の経験圏中に入り来るものにして絶対的に有りといい得るものはなく、あらゆるものは無の絶壁上に懸けられた危うく脆き存在である。人は自己の、そして自己以外の万物の存在が含むこの無の契機に対していいしれぬ不安を抱き、万物を呑下せんとする暗冥の深淵を時として覗き込んでいまさらのごとく慄然とする。意識なく自覚なき諸々の事物は、己が存在の基底にひそむ無の契機を知ることなく、ただ端的に無を抱きつつそこに在るだけであるが、自己の存在性を自覚するところの自覚的存在者たる人間は、ほかならぬ我れと我が身において、直ちに万物の存在が包蔵する無の深底を自覚するのである。「悲劇的実存」といい「実存の不安」といわれるものは、かくのごとく存在そのものが既に存在否定的要素を不可避的に抱いている事実、即ち存在の非存在性という根源的パラドクスに深く基いているのである。

存在者の有がその本質的要素として無に裏づけられ、無を含むということは、それが本質的に相対的存在であるということにほかならない。存在の含むこの無がいわゆる「無の深淵」の不安として自覚的、実存的に把握さるるにしても、或いは自同律 $A = A$ の反面としていわばこれを裏から支えている矛盾律 $A \neq non\ A$ の形で論理的・ロゴス的に表明さるるにしても、畢竟するにそれは存在の相対性を意味するのである。存在の無とは自己の裡なる無であると共に、他者に対する無でもある。すなわち全ての存在者は他者を否定することなくしては自らの存在を確保し得ぬ罪深きものなのである。イオニア的考え方によれば存在そのものが既に「不義《アディキア》」なのである。およそ世界にあるものは悉く他を否定し、他を限定しまた他によって否定され、限定され、かくて相互に「罪を犯しつつ」*存在する。

紀元前六世紀、かのミレトスのタレスを生んだイオニアにおいては、幾多の詩人達が去来転変して窮まるところなき諸物の儚さを深き抒情の主題として、哀韻嫋々たる悲愁の歌を竪琴の絃にのせていたが、これとならんで哲学者達も同じ無常遷流のペシミズムの中にあって、同じ存在界の生滅成壊を主題としつつ思索を尽していた。広きギリシア世界においてイオニア人達は変転止ることなき事物の実相を繊細なる神経によって敏感に意識し、その堪えがたき哀感に深く胸を痛めた最初の人々であった。そこでは詩人も自然学者も区別はなかった。かのヘラクレイトスが「同一の河流に我々は足を入れ而も入れず、我々は在り而も在らぬ」(Fr. 49 a—Diels)という時、彼は存在の動的実相を説く哲学者であると共に、万象転変を歎く憂愁の詩人でもある。存在の根源的悪に対する哀傷は、前六世紀イオニアの精神的空気であり、あらゆるイオニア人がこの空気を吸って生きていた。

アナクシマンドロスの有名な断片に「それらのもの(存在者)は己が不義に対し、「時」の判決に従って互に罰を受け、償いを払わねばならぬ」(Simpl. Phys. 24, 13)というのも、存在者のかかる相互否定的相対性をイオニア国家《ポリス》における社会的法的人間生活のアナロギアに依って表現せるものにほかならない。他者を否定することなしには自ら存立すること能わざる相対者の存在は、いわばその存在することによって既に他に対して不義不正の罪を犯しているのであり、他者の権利を侵害し「越権行為《プレオネクシア》」の責を問われねばならないのである。人間の社会生活において「義《ディケー》」の損傷が正しき裁きによって罰されねばならぬごとく、自然的世界における権利侵害も当然裁かれなければならぬ。然してかかる峻厳なる宇宙的ディケーの秩序の下にあるとき、自然は混淆錯雑の相を脱して「コスモス」となるのである。夙にイエーガーが鋭犀なる批判考究によって明示せるごとく(W. Jaeger: Paideia, I Bd., S. 154, 217)アナクシマンドロスのこの特異なる表現の真意は、イオニア植民地の自由なる天地において個人がその正当なる権利を主張すると同時に、その反面、固く他者の権利を侵害することを禁じらるる法的国家の成立を背景としてのみ理解されるのである。しかしながらこの法的国家生活の類比によってアナクシマンドロスが表現せんと欲した根本の事態は、飽くまで存在の相対性であることを人は忘れてはならない。あらゆる存在者の相対性を痛感し、不断に成壊去来して常なき事物の実相を徹見したればこそ、旧きイオニアの詩人達は常住不変の彼岸の世界に憧れ、イオニアの哲人達は永恒不滅の絶対者、「根源《アルケー》」を求覓したのではなかったか。

＊　個物的相対者の存在は、嘗てニイチェ、ローデ等が主張するごとく、絶対者に対する「罪」なのではなく、個物相互間の「罪」であり「不義」なのである。アナクシマンドロス断片に確立された「相互に」(allēlois)の一語が所謂神秘主義的解釈を一挙に覆すものではない。又私は「存在することが直ちに罪なのではない。かかる考え方は非ギリシア的である」というイエーガーの見解にも全面的に賛同することはできぬ。所謂アポロ的なるもののみがギリシア的ではないからである。なおこの点については後述。

人はしばしば「存在の謎」について語る。しかし存在者がすべて有りつつ無きものであり、無きものでありながら而も有るという有無のパラドクスこそ、存在そのものの核心に纏綿する最大の謎でなくて何であろう。ありとあらゆる存在者は、物質的事物も、生命ある物も、いな、かく語りつつある我も、これに耳を傾けつつある汝も、現に今この瞬間に有を喪失して無に顚落し顚落しつつも而も存在し続けているのである。数多き西欧抒情詩人の中で異教ギリシアの預言者オルフェウスの宗教的存在体験を最もよく近代文学に再現する詩人リルケは、「秋」Herbst と題する絶唱に、この万物顚落の凄じき光景をいかにもさりげなく、しかしかぎりなく荘厳に形象化している(Wir alle fallen. Diese Hand da fällt./Und sieh dir andre an: es ist in allen.)。ギリシア的「夜」の精神の詩人リルケが凝視する物たちは、いなむ身振りをしながら降りしきる秋の落葉のように小やみなく、刻々に、無の暗黒の底深く陥落して行く。而も、一瞬の休みもなく落下して行く此等のものを、何処かに一つの者があってそのやさしい両手にそっと受けとめ、刻々に新しい存在を与えている(Und doch ist Einer, welcher dieses Fallen/unendlich sanft in seinen Händen hält.)。

「万物流転」の壮麗な光景！ 人はこの光景を眺めながら、感覚の虚妄に欺かれて有無転換の深相に気付かず、冷然として物が在るといい、現象界の多様多彩を見てその夢幻の如き実体を徹見せず、不変恒常の事物が存在するものと思い、物に名を付け、物を固定化する。相対的な事物を指してこれを絶対視する。いわんや彼は自分自らの存在の相対性については嘗て顧みたこともない。しかしながら、あらゆる事物の、そして特に自分自身の存在性の本質を意識する能力を人は生れながらに与えられている。それはひとり人間のみが有する特権ですらある。一切のものは絶えず無に顚落し、その同じ瞬間にまた有に向ってつき上げられながら、永遠にそれを自覚することなく、ただそのまま「永遠の交換」(ヘラクレイトス)を繰返すばかりであるが、ただ人間にのみ忽然としてこの実相が開示される瞬間が来る。その時、人は自己の、そして自己を囲繞する万物の没落しつつある無の深淵の怖るべき裂罅《れっか》をのぞき見て、思わず絶望の叫喚を発すると共に、それと同時に、落下する自己と万物とをどこかで優しくうけ止めてくれる不思議な愛の腕のあることに気付くのである。この幽遠なる「一つのもの」に対して人は、切ない懊悩と堪えがたき憧憬とを感じないであろうか。人の心の秘めたる奥域に、かかる懊悩と憧憬の萌すことが、すなわち宗教の初めである。宗教的懊悩とは相対的存在者が自己の相対性を自覚した結果、これを超脱せんとし、流転の世界を踰越し得ざる苦悩であり、宗教的憧憬とはしかもなお霊魂が永遠の世界を瞻望《せんぼう》し、絶対者を尋求してこれに帰一せんとする切なき願いにほかならぬ。

しかし、それにしても、この愛の腕は何者がこれをさしのべるのであろうか。底なき無の深底に陥没せんとする万物を抱きとめ、これを存在に還すものであるからには、それは森羅万象の生命の源泉、あらゆる存在の太源、いな、「存在」そのものでなければならないであろう。然らば、宇宙的愛の主体としての「存在」は窮極においてそも何者であり、且つ人はいずこに求むれば、この「一なるもの」に逢着できるであろうか。

この真摯なる求問に対して、自然神秘主義は儼乎として一の意外なる解答を用意するものである。すなわち、汝の尋覓する真実在は渾然たる一者としての宇宙そのものであり、然してその宇宙は汝自らにほかならぬ、と。されば徒らに妄情を起し外に向って真実在を尋ぬることなかれ、散乱の念慮を集定して心に塵累を絶ち、ひたすら汝自らの胸の奥処に神を求め、求めつつ汝が心底をうち破って大宇宙に窮通せよ、と。これすなわち汝自らを識れという神託の神秘主義的解釈である。しかしながらかくのごとき解答は、多くの素純なる人々を困惑させ、歴史的宗教の信仰に生きる敬虔なる人々には恐るべき冒瀆と見える。如何にしてかかることを許容し得ようか。人が直ちに神だというのか。自然的宇宙がそのまま絶対者だというのか。それにしても余りに不可解なる矛盾ではないか。嚮《さき》に自己と万物の相対性を認知し、あらゆるものが刻々に無の闇中に陥落しつつ何者かに受け止められて危く存在を保つ光景を目覩せるその人が、しかもこの「何者か」であり、宇宙的愛の主体であり、「存在」そのものであるとは。またかかる粗暴な主張が許さるるものとすれば、それこそ相対有限の身を以て絶対者の聖位を窺わんとする不遜僭上の沙汰であり、ギリシアにおいて神々の最も忌み憤るところとされた倨傲《ヒュブリス》の限りを尽すものではないか。「世界は神の世界である。故にひとり神のみ世界を救うことができる。この世から神への連続性はなく、其処には絶対的裂罅がある」とカール・バルトの言うごとく、神と人との間には踰《こ》えんとして踰え得ざる絶対の懸隔が儼乎として存在し、人間はただ従順謙虚にこの事実を認め、断崖の岸に跪いて無限の彼方に見えざる神を拝しつつひたすら燃ゆる憶いを祈りとして捧ぐるのみであり、またかくして生ずる神と人との絶対隔絶的結合こそ宗教とよばるるものの神髄であるごとくにも思われる。人は相対性こそ自己の本質なることを素純なる心を以て認知し、人間の身は所詮ピンダロスのいわゆる「影の夢」に過ぎざることを悟ってあらゆる無益なるはからいを棄却し、全身全霊をあげて神に捧ぐべきである。踰越しがたき間隙を徒らに飛躍せんと試みることなく、寧ろすべてを抛擲しすべてを絶対他者のはからいにうち委すべきである。かくして自らを棄て自らを滅し、自我が完全に破砕されたとき、はじめて人は無限に隔絶する神と隔絶せるままに超自然的愛の不可思議なるいとなみによって結合されるのである、と。しかしながら果してこれが人間の自己砕滅の究極であろうか。自然神秘主義とは、かかる自己砕滅の宗教的意義を充分に認めつつも、この程度の人間否定に絶対的究極性を認めることを峻拒するものである。人間否定はここにおいて更に飛躍的一歩を敢行せずんば究極的否定となることができない。自己を完全に抛擲し、自我を完全に破砕されて、神と無限の溝渠をさしはさんで絶対乖離的結合に入れる人は、やはり依然として「人」であり、否定された人が、新しき人として神と和解しているのである。否定され砕破されても、なおそこには砕破され否定された自己が存するから隔絶関係が成り立つのである。其処には積極的に神に反抗する自我は跡かたもなく消滅しているが、反抗を全く放棄せる自我が生れて、いわば絶対者と新しき関係において対峙し、絶対者を消極的に障礙しているのである。すなわち其処には新しき意味における相対者が留存しているのであって、そのかぎり絶対者は真に端的なる絶対者ではない。自然神秘主義的体験とは、かくのごとく第一次的に否定された自我が更にもう一度徹底的に否定され無化されて全てが杳然として湮滅する体験である。この自他内外を断滅する蕭索たる絶対空無が現前するに及んで、はじめて絶対者は真に絶対者としての自己を露現する。そのとき其処にはもはや如何なる意味における自我も、如何なる意味における相対者もなく、且つまた今まで相対者と隔絶対立していた絶対者もない。否定的に表現すれば、如何なる意味の相対者も絶対者もないということが、すなわち真の絶対なのである。これ自然神秘主義において絶対否定即絶対肯定といわるる所以である。

譬えば人が容器に水を注ぎ入れんとする時、若しその容器の底に何物かが伏在すれば、水は容器を完全に満たすことはできぬ。この物体がいかように小さきものであろうとも、それが残留する限り、その量だけ水は入らないのである。人もし容器を剰すところなく満たさんと欲するならば、直ちに在裡の物体を除去し、容器の内部を完全なる空虚となすにしくはない。このとき何等の作為なくして水は自ら一毫の隙もなく満々と容器を満たすであろう。自然神秘主義体験に見らるる絶対相対の否定的聯関もまたかくのごときものとして具象化することができる。恰も容器中に何物か先在する限り水は完全にこれを満たすこと能わざるごとく、如何なる意味においてであれ人間がその自性を保持し、依然として人が在る限りは、絶対者は渾然たる全者たることを得ぬ。すなわち絶対者は真に絶対者ではない。人が完全無欠に消滅し去り、もはや如何なる意味においても人が、在ると言い能わざる時、この絶対否定の湛寂たる虚空裡、浩蕩として絶対者が露顕するのである。ここに人間の個人的意識はいずこかへ忽然と消え失せて蹤跡《しょうせき》なく、ただ絶対者の全宇宙的意識が、息詰るばかり緊張せる極度の鮮明さのうちに自己自らを了々として意識するのみ。かのクセノファネスの著名なる断片「全体が視、全体が識り、全体が聞く」(*οὖλος ὁρᾶι, οὖλος δὲ νοεῖ, οὖλος δέ τ' ἀκούει*—Fr. 24)とはかかる絶対的全者の宇宙的自己意識を表現するものにほかならぬ。

この絶対者の渾一的全体意識の境位を神秘主義は屢々《しばしば》「人が神になる」と表現し、この言亡絶慮の瞬間を親しく体験せる神秘家は歓喜の極、「我は神！」と叫ぶ。しかしながらかかる表現の外面的意義如何に拘らず、真実にはこれはもはや人の体験ではない。人の体験ではなくして神の体験なのである。人が神になるのではなくして神が神になり、絶対者が絶対者になるのである。この絶対者の絶対露現に際して人間の体験は否定的契機たるにすぎぬ。しかし他面より観れば、相対的人間意識の超越的無化ということがなければ、絶対意識の自覚が顕現せず、相対者の完全尽滅を転機としてのみ絶対者の覚存が現証さるるのであるから、この意味において、否定さるる相対者の側よりして、人滅神現の境地を仮りに人が神に成るとも言い得るであろう。スコトス・エリウゲナが、かかる超越的絶対意識の出現を人間の「神化」と名付ける所以である。畢竟するに自然神秘主義に依れば、人は窮極的に殺さるることによって、徹底的に生かされ、絶対的に否定さるることによって否定的に絶対化されるのである。ここにおいては、人間の絶対否定即絶対肯定であり、人間意識は尽滅され無に帰することによって宇宙意識となるのである。この宇宙的覚者の生々脈動する意識より如何なる思想が発展し来るか、その具体的展開の過程の叙述はこれを後章に譲り、私はここに暫く、自然神秘主義思潮勃興の背景をなすギリシア精神の消長をホメロスまで溯って検討したいと思う。

第三章　オリュンポスの春翳

巍然《ぎぜん》として雲表に聳え立つオリュンポスの山頂が、永えの春光に明るく照り映ゆるあたり、華かな饗宴にうち興ずる美しき神々の間より天地をとよもす哄笑の声がほがらかに湧きあがる。オリュンポスの神々——それは真にギリシア的とよばるるに適わしき久遠の美と青春に輝く芸術的神々であった。ホメロスによって描かれたオリュンポス神族の成立は正にギリシア精神の新しき世紀を劃するものであった。闇は去り、光は生れた。イリアス・オデュセイアの生誕はただにギリシア文学史上の一事件たるにとどまらずして、それは実に稀有なる運命をギリシア精神に予言する黎明の鐘声であり、精神史上未曾有の大事件であった。今日、我々はこれを古代ギリシアが経験せる一種の宗教改革として把握することを知っている。宗教的にはそれは、ギリシア諸民族中、最も繊細優雅な美的感覚と、覇気満々たる進歩的知性を併せ有したイオニア貴族階級によって果敢に断行された伝襲的地方神霊崇拝の浄化であり醇化であった。如何なる特定の地域にも限定されず、蒙昧猥雑な伝承的儀礼祭式の羈絆を脱したオリュンポス神系の確立によって、ギリシア民族は歴史上はじめて普遍的全ギリシア的国民宗教の可能性を与えられた。

扨《さ》て久しい間、人々はこのオリュンポスの神々がギリシアにおける始源的神々であると信じていた。他の東方諸民族が奇怪なる木石、野獣を神として崇拝し、血腥き祭礼に没溺しつつあるとき、ひとりヘラスの天才的民族のみは、彼等を取巻く自然界の諸力を人格化し、輪郭鮮かなる塑像のごとき美しき神々として形象化した。たぐい稀なる天賦の感受性を有する古代ギリシア人は、その自由無礙の精神をあらゆる方向にひろびろとうち開いて大自然の無限なる語りかけに聴き入り、自然より与えられた光彩陸離たる印象を神々の形姿に結晶させて自然に贈りかえし、かくて世界を神々で充たし、大自然を濃厚に神話化した、と。芸術の天才ギリシア人！　かつてギリシアを研究せる人々はかくも単純素朴であった。

然るにその後の研究はギリシア宗教にもやはり原始時代の存在せることを証明した。オリュンポス的神々の成立は、ギリシア民族がその無比なる想像力を奔放に駆使して自然界を直接に神話化せる結果にはあらざることが次第に判明し来った。自然界の総ての出来事を何者か人の如き霊力の働きと観ずるところの、ひろく原始未開民族一般に共通する幼稚なる擬人観、即ち所謂 anthropophuism「自然擬人観」が、天才的ギリシア芸術家達の描き出せるオリュンポスの神々の塑刻的世界とは全く別の段階に属することを人は既に熟知している。

オリュンポスの芸術的神々が突如としてギリシア世界に出現し、ギリシアの自然を優美なる神話に充たしたのではなくして、彼等の背後には長き発展の歴史の存することが次第に明かにされて行った。オリュンポスの春光うららかなる神像の地下から暗く不気味なものどもの影が蠢めき現われた。この不老不死なる神々の清純に麗わしき姿態の裏面に無数の模糊たる地方神霊の薄明の形姿が、そして更に彼等の背後には妖しきその前身が曝露されはじめた。「聖獣」——大蛇、獅子、牡牛、豚、鷲、梟、蜥蜴のごとき妖怪変化や、生殖を象徴する「聖物」の見るもおぞましい呪術的溷濁の世界がそこにかくされていたのであった。

相踵いで行われた考古学的発掘の結果と近頃頓に盛んになった広汎精緻な比較宗教学的研究は、オリュンポスの輝かしき神々がギリシアの始源的神格にあらずして、其等の背後にはこれと似ても似つかぬ原始的信仰の奇怪なる冥闇が潜在することを明示した。既に今日多くの優れた社会学的民俗学的研究の成果がギリシアもまた人類一般に通ずる宗教発達の大則に対して決して唯一の例外をなすものではなく、ギリシア宗教は芸術的オリュンポスの神の確立に達する以前、所謂未開民族の間に今日現に行われつつあるものと共通の原始的信仰の長き段階を経ていた事実を否定すべからざる幾多の例証によって教えている。今や我々はオリュンポス神族の眩しきばかり燦然たる形姿に聊《いささか》も欺かるることなく「その背後によこたわる幽暗の諸領域、彼等の生命の根源をなすところの無数の淫欲と恐怖と夢想との縺れ纏る太古の混淆」(G. Murray: Five Stages of Greek Religion, 1925, p. 28)をおぼろげながら覗き見ることができる。

しかしそれにも拘らず、オリュンポス神族の成立はギリシア精神史上空前の大事件であることに、いささかもかわりはないのである。それはギリシア的神観における或る全く新しきものの出現を意味しており、ギリシア精神史を截然と二つの部分に両断する分水嶺である。これによってギリシア民族は、理念的には過去一切の不気味なる怪物と訣別した。それは人の屢々指摘せるごとく、蛮的世界に対するヘラスの、禽獣に対する人間の勝利であった。もとよりホメロス叙事詩は小亜細亜沿海植民地に栄えたイオニア種族の貴族階級が生み出した文芸作品であり、ホメロス神観はその起源においてはイオニア貴族の神観であるには違いなかった。又この所謂「ホメロス的神学」がイオニアの郷国を離れ海を渡ってギリシア本土に入り、アテナイを中心としてあまねくヘラス全地の人心に絶大なる魅惑を与えはじめた後でさえ、下層社会の一般民衆が直ちに過去の信仰を放棄してこれにはせ参じた訳でもなかった。全て人類の発展史上において、新しき世紀を劃する偉大なる改革の思想はまず社会の進歩的一小部分に萌すのが常であり、一般大衆は寧ろ長期間の反撥反抗の後に甫めてこれに従うものである。オリュンポス神観のギリシア民族に対する浸透の経過も亦かくのごとくであった。夙に磽确《こうかく》の本土に跼蹐《きょくせき》するを嫌い未知なる海洋に富と冒険を求めて進出せるイオニア種族は、精神的にも著しく進歩的民族であり、彼等は正に全ギリシア人の叡知を代表する知性の前衛部隊であった。宗教の分野においても、同胞に先んじてまず彼等が暗冥なる原始的信仰の羈絆を一挙に超脱し去ったのであった。同胞は徐々にこれに続いた。イオニア的進取自由の精神が敢行せるこの決定的一歩によって、ギリシア世界の一隅より耿々たる光明が輝き出で、煥然と耀発しつつ次第にヘラス全土を照らしていった。偉大なる人間的神々の支配が始まり、不気味な怪物共は遠き彼方に追いやられた。神聖なる怪物の時代は終った！　少くとも其等の妖怪共は縹渺たる光の面紗に覆いかくされて人間の視野からその姿を没してしまった。大地は新しき神々の誕生を祝して歓喜の声をあげ、華かな神々の饗宴にヘラスの蒼穹はどよめいた。さんさんと降り灑ぐオリュンポスの春陽のもと、かつての陰鬱なる暗黒は影だにとどめず、全ては光に溺れ五彩に映えわたって、ここにルナンのいわゆる久遠の美と青春の象徴たる古典ギリシアが生れた。

オリュンポスの神々の燦爛たる芸術的形姿に眩惑されたのは、ひとり近代のギリシア研究者のみではなかった。いな、まず第一にこれに眩惑されたものは、ほかならぬ古代ギリシア人自らであったのである。ホメロス・ヘシオドス的神話成立の後と雖も、民衆は依然として父祖伝来の地方色豊かなる祭式によって昔ながらの土着神を崇拝していたには違いないが、しかし彼等は己が跪拝する地方神霊を次第にオリュンポス的神々の姿において表象するようになって行った。かくて人々は無意識の裡に、抒情詩が歌い、絵画が描き、彫刻が塑んだ輪郭も鮮かなるオリュンポス神の姿体をそのまま生ける神の姿として受容するに至ったのであった。この意味において、「私見によれば、ホメロスとヘシオドスこそ、ギリシア人のために神々の系譜を作成し、神々にそれぞれ呼名を与え、且つその職分と権能を配分し、その形姿を描いたものである」(Herod. II, 53)というヘロドトスの有名な言葉は、依然として真理たるを失わないのである。

ホメロスの世界——それは、輝かしき地中海的昼の世界、澄明に冴え渡った大気の中にあらゆるものが光を浴び光に充ちて在る美しき明澄と諧調の世界である。それは嘗て日が暮れ夜の来ることなき久遠の白日の形象界であり、混沌として濁ったもの、不定不形なるもの、暗く湿ったもの、全てかくの如き幽暗夾雑の力は、この一面の光の海に入り来ることができなかった。其処ではあらゆるものが、聳え立つテッサリアの山々の示す清澄なる稜線そのもののごとく、海近きアクロポリスの神殿の明確なる輪郭そのもののごとく、また截然と全ての方向に人の視野を限るギリシア世界の地平線そのもののごとく、くっきりと際だって限定され、全てが名匠の鑿《のみ》に刻みだされた彫像そのままの冴えきった形姿の静謐に安らっていた。あらゆるものがその存在の基底まで悉く開放的に呈示し、全てが美しくすきとおって一抹の翳もない明るく朗かなこのホメロス的大気が、縦《たと》いギリシアの現実とは程遠き一の理念的世界であるにしても、ギリシアが精神的には確かに一度、かかる清澄の高層圏を通過せることを人は忘れてはならないであろう。古典ギリシアを愛する人々は、ありとあらゆるギリシア的事物の上に、このオリュンポス的光明と平和の刻印が余りにもあざやかに捺されていることを決して否定しないであろう。

然るに、オリュンポスの人間的なる神々が、久遠の青春と永遠の美を象徴しつつアテナイを一大中心地として次第にギリシア全土に勢力を拡大しつつあった、丁度その頃、此等の神々の発祥地たりしイオニア諸国においては、はやくも又もや新しき精神の動向が強力に勃興し始めていた。嘗てイオニアの自由なる精神が生み出し、今や駸々《しんしん》として全ギリシア世界の民心にまで浸徹しつつあった叙事詩的宗教に、もはやこの進取的種族は慊《あきた》らなかった。彼等の胸には新しきものへの要求が萌し、そこに新しき精神傾向が芽生えた。この新しき傾向からイオニアの抒情詩が生れて、叙事詩をその輝く王座から駆逐し、ついにその窮極するところ、オリュンポスの神々を傍若無人に罵倒嗤笑して恬然たるイオニアの自然学者達の誕生に至るのである。ここに新しき精神傾向とは、一言を以てすれば「直接に現実へ！」ということにほかならなかった。

かくてふたたび、清澄なるホメロスの世界の空高く、あやしき黒雲が去来し、明るいギリシアの昼は翳りだす。青春の歓びを象徴するこの国に深き憂愁の影が迫り来る。人間精神に神秘的な地平を開示するところの、かの蕭然たる「夜」は近い。直接に現実へ――西暦紀元前八世紀末に現われ始め、七世紀に至って繚乱と全盛の華を開くギリシア抒情詩はこの新傾向の最も顕著なる所産であったが、空想を去って生々しき現実に向わんとする精神態度は、抒情詩の発生以前にも既にヘシオドスの作品中に、いな、更にホメロスそれ自体の中にすら明瞭にその萌芽が看取されるのである。すなわちこの点に関して、ホメロスの名の下に伝わる二大叙事詩を詳細に検察するならば、人は両者の間に少からざる態度の逕庭《けいてい》が存することに気付くであろう。イリアスより稍々後れて成立せるものと思われるオデュセイアには、既に明かに前者に見られぬ新しき精神が働いている。イリアスの叙事詩的世界は、遥かに古き民族移動時代の生々しき戦乱闘争の状態を如実に反映する初期英雄譚の伝承形式をそのままうけ継いで作り成された純空想的理想図であるに反し、オデュセイアの基底には、かかる伝襲的形式の桎梏を廃して自己自らの眼によって世界を観察せんとする現実主義的態度が伏在している。イリアスにおいてもオデュセイアにおいても、詩人の主たる関心は人間とその運命に懸っていることに相違はないが、イリアスの英雄達がいずれも完璧なる理想化を経た超人間的人間であり、人といわんよりも寧ろ神に近き偉大なる存在であり、イリアスの主題が其等の半神達の荘厳なる情熱と魁偉豪壮なる運命の悲劇との描写に存するに比すれば、オデュセイアの主人公達には、遥かに人間的なる感触がある。それは、オデュセイアの作者（或は作者達）の興味が、イリアスのそれのごとく単に太古の英雄の神々しき武勲を絢爛たる幻想図に織りなさんとするにあらずして、却って反対に自分自身の生命的現実を古き昔の英雄達の運命の中に反映させ、伝来の英雄譚の中に己が生活を読み込まんとする所まで移って来たからである。イリアスとオデュセイアの印象の違いは、外面的物語の筋と性質の相違より来るのみでなく、現実に対する態度の相違に深く根ざしている。

されぱオデュセイアの詩的幻想はイリアスのそれほど純粋ではなく、オデュセイアの夢はイリアスの夢ほど自由奔放ではない。もとよりオデュセイアの世界は幻想的メルヘン的なるものに満ちあふれているが、其等の優婉夢幻の要素とならんで、余りにもこれと対照はなはだしき経験的要素が混入している。其処には、はやくも現実的なるものの翳がさしかけている。オデュセイアには既にヘシオドス的な何物かがあり、既に抒情詩への第一歩が明瞭に感得される。要するにオデュセイアの空想界は依然として空想の世界ではありながら、そこに現実の溷濁がひそかに透入し来ってその澄浄を乱しているのである。ただひたすらなる詩的構想力の沸騰奔迸、空想の無礙放恣なる展開ではなくして、何かどっしりと抵抗するところの実質的なるものが潜在しているのである。

明澄の光まぶしき天空より暗雲の翳くろき大地へ――空想を去って現実に赴かんとするこの傾向は、ヘシオドスの叙事詩に至って明確にその姿を露わす。オデュセイアがイリアスに比して如何に現実的であるとはいえ、要するに全体として観れば、両者の世界は共に詩的幻想の世界に過ぎぬ。然して空想の物語は、如何に絢爛豪華を極むるといえ所詮一篇の美しき夢であって、夢は畢竟するところ現実ではない。燦然として目もあやなる五彩の夢も、ひとたび醒めたる人にとっては索寞としてその美は消え去り、残るは幻滅の苦渋のみ。神々と英雄と絶世の佳人等入り乱れ相混じて展開するホメロス的叙事詩の壮麗華美なる舞台面も、飽くまで現実を求め真実を欲する新しき世代を満足させることはできぬ。現実へ、現実へ、――ギリシア人の心は止みがたき衝迫に駆られて現実世界に向う。この新傾向の第一線に立って大胆朴訥なる歌声をあげたのが、ギリシア本土の農民詩人ヘシオドスであった。

第四章　知性の黎明

抑えがたき現実の魅惑に牽かれ、具体的人生の流れに身を浸さんとして、人は永遠の光きよらかに澄み渡るオリュンポスの高峯を後に見棄て、か黒き現実の大地に下りて来る。其処には生々しい現実生活の波が逆捲き渦巻いている。そして現実は不気味で怖ろしく、この世界は著しく暗い。あらゆるものは幽冥の闇に沈み、ここからはもうホメロス的清澄の光まぶしき青空は見られない。美しく輝くホメロスの世界は、現実の姿ではなく、それは遠き過去の彼方に流れ去った人類の「黄金の時代」であり、最早かえらぬ夢にすぎない。今や世は人類五時代の最後、「鉄の時代」に入り、人間の現実生活は絶望的惑乱錯雑の相を呈している。はて知らぬ禍患が人生を支配し、正義は失われて暴力これに代り、人は荒蕪の地より僅かなる食物をもぎ取らんがために、夜となく昼となく苛酷な労苦に疲弊せるその身をまかせねばならぬ。

地はくさぐさの禍いに充ち、海もまた充つ。
夜となく昼となく、人これを求めざるに様々の病患は
無数の苦悩をば、おのずから、黙々として
人々がもとに運び来る…………………
(Erga. 101-104)

というヘシオドスの歌声に、早くも人は後に来るべきギリシア抒情詩人達の、あの特徴ある「生の歎き」——ギリシアの憂愁の調べを聞きとらないであろうか。

而もなお、この暗鬱なる現実に、ヘシオドスは敢然として正面からたち向うことを欲する。彼がひたすら求むるものは現実であり、真実であって、断じて夢ではないからである。如何ほど夢が美しくあろうとも、そして如何ほど現実が暗く悲しくあろうとも、儼乎として彼は現実への途を択ぶ。遠い人間の過去に消えた黄金時代に恋々として、空しき夢想に耽溺すべく生の現実は余りに峻厳酷烈ではないか。人はむしろ大胆率直に現実を直視し、現実界の溷濁紛擾の由って来るところを冷静に考究し、以て人間生活を正しき道に導かねばならぬ。ヘシオドスのかかる予言者的情熱と、現実主義的態度とはギリシア精神における一つの新しき時代の出現を意味するのである。

ヘシオドスは、かのホメロス叙事詩を生んだ優婉典雅なるイオニア貴族社会に属する

洗煉された文化人にはあらずして、ギリシア本土は山深きボイオティアの瘠地に孜々として土壌と闘う労働者である。この勤勉な田夫野人の現実主義的眼識よりすれば、奔放自在の空想力によって生み出された瑰麗《かいれい》なるホメロス的詩歌も、ただ「さまざまのでたらめを、まことしやかに物語る」(Theog. 27) 空しき業にすぎない。彼の歌はかかるものとは全く性質を異にする。彼はそのことを自ら明瞭に意識していた。されば彼は、我が物語るところのものは「将来あらんとする物事と嘗てありし物事」(Theog. 32) のみ、「真理」(Theog. 28) のみと宣言し、且つ堂々と、

みよ、我が歌わんとするはまことの事どもなり　(Erga. 10)

と公言するのである。かくてヘシオドスの詩歌は、等しく叙事詩の名を以て呼ばれ、その外面的表現形式は詩型から語句の末に至るまで明かにホメロスを模せる正真正銘のエポスでありながら、このホメロス的外形によって表現された内容と、内容を生かす精神とはイオニア系英雄譚のそれと意識的に対立している。いわばホメロスは天に近く、ヘシオドスは地に近い。ヘシオドスには新鮮な大地の香があり、一切の虚飾をかなぐりすてた現実が其処に黒々と露出している。

而もヘシオドスは単に現実を描写するだけではない。彼は世界の実相をただありのま

まに描くところの写実家ではなく、飽くまで現実を説明せんとする。ここにギリシア精神発展史上におけるヘシオドスの新しさが存するのである。彼は暗鬱なる現実を外から眺めて、その悲しき風景を表面的に描き出さんとするのみに満足せずして、進んで現実の奥深くわけ入り、現実を内面から説明せずんばやまぬ思想家である。いまだその思索は素朴幼稚なりとはいえ、彼は既に哲学者である。後世ギリシア思想の根本的特徴となるところの執拗に事物の「原因」を尋求する積極的探究精神、いわゆる因果的思惟が既に彼の裡には明白に働いている。彼は自己の周囲に不義と暴力の支配する暗黒の現実を見た。今や世は「鉄の時代」である。現実は黯黮《あんたん》として悲惨である。しかし嘗ては輝く「黄金の時代」もあったのである。然らば如何にして、且つ何故に、燦然たる神光は去り、人間は慰めなき不幸の中にとりのこされたのか。現実の暗黒はそのよって来る根源的原因から説明されねばならぬ。この世界苦の説明を彼は神話に求める。ホメロスにとってと同じく、いな、全てのギリシア人にとってと同じく、ヘシオドスにとってもまた神話は絶大なる興味と関心の対象であった。しかしながら彼にとっては、神話は光彩陸離たる幻想的美の芸術性のためにでも、また後の抒情詩人達における如く文体上の一種の高貴なる装飾としてでもなくして、専ら現実を因果的に説明するものとして価値を有つのである。従って、太古より伝承され来ったあらゆる神話が無差別に尊いのではなく、例えばプロメテウスやパンドラの物語のごとく、人間生活の惨憺たる現状を根本原因まで溯って説明する神話が特に選び出される。何故にこの世はかくまで不幸に充満し、何故に人間は昼夜を分たぬ労苦の重き軛を負わなければならないのか。かかる切実なる人生問題に神話は思想的解答を与えねばならぬ。これは既に神話の完全な変体《メタモルフォシス》である。古き神話は詩人預言者の個人的新思想を盛る容器として活用されるのである。

しかしヘシオドスは現実を観察し、その悪と苦とを説明するのみで満足しない。彼は予言者である。彼はこの悲惨なる世界の現実を救済せねばならぬ。あらゆるものが混淆顚倒して収拾すべからざる様相を示すこの絶望的現実の暗闇の底深く、彼は永恒不変の神的秩序を発見しようとする。現実の混沌を彼はそのままに放置しては居られない。世界はその表面的惑乱の蔭に偉大なる秩序を隠している筈である。世界生成の過程は一の根源的組織力に従っている筈である。然して世界の理想的秩序とは、当時の神話的思惟方法によれば、すなわち神々の系譜における秩序ということに他ならなかった。この神々の組織探究が彼の大著たる神統記となって具体化したのである。彼の意図はただ、従来無秩序に地方的祭式の主神として伝襲され来った神々を相互に関聯させることにあったのではなく、寧ろこれによって世界開闢とその生成とを理性的統一において説明せんとするにあったから、彼は古来の神話的神々のほかに自然の諸力は素より、饑餓、殺人、虚偽のごとき人間生活の諸要素をも自由自在に神格化し、宇宙万象を通ずる根本秩序の構成に努めた。ここに我々は組織的抽象的思惟のギリシアにおける力強き第一歩を認めることができる。

しかしながら、凡て組織と秩序とは一の中心点なくしては成立するを得ぬ。ヘシオドスは世界統一の中心として「正義」をおいた。「正義《ディケー》」の思想こそヘシオドスの世界観、神観、人生観全てを通ずる核心であり、現実の世界悪を世界善に転成せしむべき宗教的倫理的枢軸である。「正義」によって人間は救済され、禍患は幸福に、闇は光に転じる。ヘシオドスの全思想は、この「正義」という唯一つの強力な中心を与えられることによって一時に緊張し、峭峻《しょうしゅん》なる倫理性に収攬されて著しく積極的かつ建設的となる。彼は「正義」を大神ゼウスの意志と全く同一視する。ヘシオドスの神は美と歓喜の神にあらずして、粛然たる義の神である。世界の運命は正義の軸をめぐって展開するのである。彼は、人間を山野のけだものや水中に棲む魚類から区別するものは正義にほかならずと説き「(ゼウスは)ひとり人類にのみ義を与えたり、そはこよなく善きものなり」(Erga. 279)と歌う。かくの如く正義に至高なる宗教的価値を認めたところに、ヘシオドスの特色がある。勿論かかる正義観は、思想それ自体としては決してヘシオドスの創見ではなく、既にホメロスのイリアスにおいてもその明かなる萌芽が認められ、オデュセイアに至っては、正義の護持ということが神々の世界統治の根本条件とされ、また神々は窮竟において正しき者に味方するという考えが人間行動の根本動機とされておる程であるが、それはいわば冷淡な客観思想であって、ヘシオドスに見らるるごとき烈々たる予言者的パトスとは全然その質を異にする。ヘシオドスにあっては正義はまさに正義宗教であり、世界と人類を救済する根源力である。彼は正義を重視するの余り「正義」という神体を、新たに創り出してオリュンポス神族の中に加え、而もこれをゼウスの愛娘となして父神の側近に坐せしめた。彼女は絶えず人間界に鋭き目をくばり、人もし邪悪なる心を胸に抱くや直ちに大神に訴えて矯正せしめる(Erga. 256 ff.)。のみならず、総数三万に上る不可見不可触の神霊が幽暗の雲に姿を隠しつつ全世界を充たし、世界の隅々にまで恐ろしき監視の目を光らせている。されば邪なる人間は到底この世に最後まで栄ゆることはできない。

君公等よ、おんみら自らもまたこの神罰に
こころせよ。そは、不死なる者ら人々のさなかに在りて
邪曲なる裁きによりて己が同胞を害し
神々の忿怒をかえりみぬ人々を厳に監視す。

そも三万の不死なる者ら肥沃なる大地の上にあり
ゼウスの命をかしこみて死すべき者共を監督し
諸々の裁きとよこしまの行いを見張り
窈冥の雲に包まれて地上いたるところを徘徊す。
(Erga. 248–255)

大神ゼウスのかくも周到なる配慮と厳粛なる聖意によって統御されて居る以上、世界が根本的に悪であるということは、絶対にあり得ない。如何に人間生活の現実が暗澹として不幸であっても、若し人間が力を合せ営々として正義の実現に努むるならば、遂には新しき幸福の世が到来するであろう。もとよりその路は険阻、陥穽は多い。人もし一瞬たりとも、心を弛め安佚《あんいつ》に身を任せれば、災厄《カコテース》は群をなして寄せ来る。災厄への路は平坦にして、その住いは人間から程近きところにある。しかるに栄達《アレテー》*への路は遼遠にして凸凹はなはだしく、その絶頂を極めることまた容易の業ではない。不死なる神々の意志によって、人間栄達の途次には額の汗が定置されているからである(Erga. 287 ff.)。

* ここに「カコテース」「アレテー」とは後の古典ギリシア語の用語法におけるごとき「悪」「徳」という倫理的概念を表現するものではない。参照 Wilamowitz: Sappho und Simonides, S. 169.

かくしてヘシオドスの一見著しくペシミスティクなる現実観は、「正義」思想を回転軸として、真摯かつ強靱なる勤労の讃美に究極するのである。額に汗しつつ、夜となく昼となく苦しき労務を続けなければ、人間は日々のパンを獲ることが出来ぬ。しかしながら、この労働は、人間が精神的にして同時に物質的なる真の「栄達」を手に入れるための当然の代価なのである。故に人が働かねばならぬということは、決して人間の頭上に落ち来った神々の呪咀にはあらずして、却って神々の祝福である。「勤労は屈辱にあらず、徒食こそ屈辱」(Erga. 311)なのである。

これらヘシオドスの思想に通ずる特徴を、一言にして要約するならば、それは現実主義と呼ばるるを以て最も適切となすであろう。蓋しヘシオドスの世界をホメロスの世界と比較する時、その全雰囲気が著しく現実主義的なることを何人と雖も否定し得ないに違いない。其処には既に現実と真実への強烈なる欲求が芽生えている。「仕事と暦日」の主題は理想化されざる現実であり、暗いなまなましい生の実相である。ヘシオドスは現実とじかに接触せんと欲する。而も彼はその現実観察の結果を彼自身の名において発表する。彼の作品は、等しく叙事詩《エポス》と称さるるにしても、ホメロス的な純客観的物語ではなくして極めて主観的にして極めて個性的なる思想詩である。彼は既に、ホメロスの知らぬ反省的思惟を知っており、人間及び人間を取巻く世界に対して、個人的判断を下し個人的批判を与えんとする知性的要求を持っている。ヘシオドスには明かに「我の自覚」がある。然してこの現実への傾向を強化し、我の自覚を極端にまで推しすすめ、遂に燦然たる詩華を開花せしめたものが、次の抒情詩であった。この意味においてヘシオドスは正にギリシア抒情詩人達の先駆者と見做されなければならぬ。紀元前七世紀、イオニア沿海諸都市に興隆せるエレゴス調イアンボス調の抒情精神は、いわばこのヘシオドス的態度を継承して新しき市民世界の地盤に活かしたものであり、そこには現実生活の諸相を直視して真実に徹する判断をこれに下さんとする要求と、現実への接触より捲き起る個人的思想感情をそのままに表現せんとするやむにやまれぬ欲望とが溌剌として躍動している。ヘシオドスと抒情詩人達とを結ぶ一線上にギリシア民族の反省的思惟は急激なる進展を示す。七世紀から六世紀末に及ぶ抒情詩時代は、その名によって想像さるるごとき詩的情緒の茫漠たる耽溺時代ではなく、鋭犀なる個人的知性活動の始りである。イオニアはもとよりギリシア全土に亙って、いやしくも抒情詩が絢爛たる姿を現わしたところでは、必ず大胆率直な人生批判が始まった。この時代を代表するリラの歌人達は、いずれも峻厳なる眼光を以て人生の実相を徹見し、現実をきびしく批判する知性人であった。而も、ヘシオドスに淵源するこの反省的現実批判の態度が、その赴くところ遂にヘシオドスその人の世界観をも正面から否定せずんばやまざるまでに至るとは、皮肉といえば実に皮肉な歴史の動向と考えられるでもあろうか。ひとたび現実に向って急坂を転下しはじめたギリシア人の思惟は、行きつくところまで行くまでは最早何者の力を以てしても阻止できなかった。然してヘシオドスに端を発した個人主義は、抒情詩時代に入るや忽ち無礙奔放に発展して、炎々たる火焔のごとく狂騰し、ついにその極、自然神秘思潮に流入することによって超個人主義に徹底翻転するまでは、とどまるところを知らなかった。

かく観じ来れば、ホメロスの眩耀赫奕《かくえき》たる光明界に慣れた目には恰も光なき暗陰の世界と見ゆるヘシオドスの舞台にも、或る全く新しき光源から既に晃々たる一条の光明が射しかけていることに、人は気付くであろう。やがて来るべきギリシア思想の豪華魁偉なる真昼をさきがけて、はや聳え立つ峯々のいただきには、あかあかと知性の黎明が爽昧の光をなげかけているのである。

第五章　虚妄の神々

εἰ θεοί τι δρῶσιν αἰσχρόν, οὐκ εἰσὶν θεοί.
若し神々が何か破廉恥なことをするようなら神々ではありませぬ
——エウリピデス (Fr. 292, 7)——

ホメロスからヘシオドスに至る比較的短い期間に、ギリシア精神は顕著なる変化をとげた。両者を並置してこれを仔細に検覈するならば、我々はギリシア人が、紀元前七世紀初頭までに著しく自覚的自意識的となり、早くも人生の究極的諸問題中のあるものと真剣に取組み始めている事実を確認することができる。ホメロス的人間はヘシオドス的人間に比すれば遥かに無邪気であり、天真爛漫であった。彼には未だ殆んど自意識と呼ぶべきものはなく、神々の起源と系統、人間の発生、世界の意義・目的の如き問題は彼の心を煩わすことがない。反省思索に溷濁されざる彼の心眼にとっては、神々と人間と世界とは単にそこに在るのみであって、其等がいずこより来り、いずこへ向って去るかは詩人の関知するところではなかった。かかる素純なる無反省の大気において、所謂オリュンポスの神々は誕生したのであった。かくて成立せるホメロス的神々が混沌として秩序なく、驚くべき矛盾撞着に充満することは言わずして既に明かであろう。されば、より現実主義的なる新時代を体現するところの反省的自覚的思索人ヘシオドスが此等の神々をもはや無条件には受容し得なかったことも、また当然の成行でなければならぬ。彼の「神統記」は、神々を世代的に継起する主神の統治期によって発展史的に分類し、かくすることにより、余りにも矛盾多き伝来の神話を整理し秩序づけんとするギリシア最初の試みであった。新しき時代精神は切実にかかる事業を要求していた。

しかしながら他面よりこれを観るならば、明朗無邪気なるホメロスの神々に、かかる理性的批判の目を向けるということ自体が既に一の甚だしき矛盾なのである。かかる観点よりすれば、オリュンポス的神々の齟齬撞着は正に本源的本質的であって、ひとたびその矛盾を指摘し始めた以上、全てを根柢まで破毀するにあらずんば完全にこれを駆除することはできぬ。しかのみならず、ヘシオドスの試みは、その意図においては明かに改善であったが、その結果においては寧ろ改悪ですらあった。少くとも神々の倫理的性格に関する限り、ヘシオドス的「神学」はイリアス、オデュセイアよりも遥かに粗野であり原始的である。主神クロノスが己が子供等を喰らい、また次代の主神ゼウスが一身上の危惧よりして己が妻メティスを呑噬する凄じき光景に、何人か慊焉たらざるものがあろうか。されば後世の人々が、ホメロスとヘシオドスとの間に存する根本的差異にも拘らず両者を一括して、「ホメロス・ヘシオドス的」神々を云々するも故なしとしないのである。曩《さき》に引用せる箇所において、既にヘロドトスも、ギリシア人に初めて神学を与えたものはホメロスとヘシオドスであると語っている。故に、我々も亦その範に倣い、両者を強いて区別せず、理性的反省期に入れるギリシア人達の目に、このオリュンポス神族が如何なるものとして映じたかを考えて見たい。蓋し我々が本書の主題となせるギリシア哲学の発生は、その宗教的側面に関するかぎり、まさにオリュンポス神学に反撥し正面からこれと対立せる新宗教思潮に直接端を発するものだからである。

オリュンポス神の最も顕著なる特徴を問われるとき、すべての人は異議なく、直下にその擬人的性格をもって答えるであろう。此等の神々は、その前身たりし諸地方神霊の幽暗沈鬱にして不気味なるとはうってかわって、実にのびのびと明るく開放的であり、大胆に思いきって人間的であった。彼等は古代東洋諸民族の神々の如く、濃く深き神秘の闇のただ中より気味悪き妖声を発して人間を威圧する窈冥不可見の怖るべき存在ではなくして、人々の目に、己が全き感覚的美をそのままに肉体として露示するところの愛すべく親しむべき存在であった。彼等は人間と殆んど異なるところなき四肢肉体を有することは勿論、飲食、睡眠、休養のごとき肉体生活の制限に服し、且つ生きんがためには太陽の光を必要とする。彼等の胸には絶えず熾烈なる愛憎の情熱が沸きたぎり、放恣なる性慾は彼等を駆って靡爛せる官能の享楽に耽溺せしめ、時には大神ゼウスをすら人間も遠く及ばぬ痴情無慙の穢行に顛倒せしめる。彼等を人間から区別するものは、ただ不老不死の一事のみ。その他の点に至っては、オリュンポスの神々は単により大きく、より美しき人間に過ぎない。死すべき人間に比して、彼等は遥かに大きく喜び、大きく悲しみ、大きく怒り、大きく歎く。しかし、畢竟するところ、それはただ程度の相違にすぎぬ。次から次へ展開してやまぬ神々の情事、不義、陰謀、不和、争論、蹉跌、一として其処に人間的ならざるはないのである。

ホメロスは神々の全智全能を絶えず繰返しているが、物語の現実はそれが内容なき儀礼的空辞なることを証して余りある。神々は肉体的にも精神的にも決して完全無欠の存在ではない。ディオメデスの一撃に傷けられた軍神アレスが苦痛のあまり大音に叫喚しつつゼウスのもとに遁走し、「傷口より滴り流るる不死なる血潮」を示して愁訴する滑稽な情景(Ilias V, 855 ff.)は、神々の身体が人間のそれと等しく脆弱にして、傷害と苦痛とを知らぬ完全に無垢なるものにあらざることの一例であり、しかも同様の例証は叙事詩の各処に散在している。彼等はかく肉体上の欠陥を有するのみならず、不意を襲われる時は容易に欺瞞され、目を晦まされる。神々は孜々として互に瞞着し騙し合う。この点より観れば、神々相互のまた彼等と主神ゼウスとの関係は、かたみに秘術のあらん限りを尽して他を誑《たぶら》かさんとするぺてん師の群を髣髴たらしめる。オリュンポスの神々は決して「全てを知りて剰すところなき」超越神ではない。オリュンポス最高の主神、偉大なる神々の「王者《バシレウス》」たるゼウスすら屢々謀計の裏をかかれ、彼の明智を以てしても事物の真相を洞見し得ぬことがある。例えばイリアス第十三巻の冒頭、遥けきかなたトラキアの方に渺漠たる視線を注ぐゼウスは、戦勢利あらずして、次第に窮地に陥り行くギリシア軍の有様を憂い、折あらばこれに救援の手をさし伸べんものと、サモスの高巓《こうてん》上より虎視眈々として覗いつつあった海神ポセイドンが、好機到来とばかり一散に山を下り、碧青の海波をくぐってギリシア人の陣営に向い行くのを全然気付かなかった(Ilias XIII, 1 ff.)。「人類と神々の父」(Ilias I, 544) ゼウスにして既にかくの如しとするならば、下位なる諸神の「全智」が如何なる程度なりやは、ここに一々煩わしく例示するまでもないであろう。

かくてオリュンポスの神々は、大神ゼウスをはじめとして、いずれも互に騙し且つ騙さるる相対的智力の持主であるが、更に彼等の意志行使を著しく障礙し、その権能を徹底的に制限するものがある。これすなわち「定め《アイサ》」と称する超神超人的宇宙力にほかならぬ。「定め」とは後世の表現法によれば運命、または宿命に相当するものであって、何者の力を以てしても絶対に動かし変更すべからざる宇宙万物の固定道を意味する。それは、かのヘクトルが出陣に際して悲しみなげく愛妻アンドロマケを慰めんとて「愛しき妻よ、余がためにさばかり胸をな痛めそ、何人も、未だ定めの時ならぬに余を冥暗の国へ送ることとなかるべければ。されどひとたび宿命の時至りなば、懦弱なる者も、猛き心のもののふも断じて死を免かるることなかるべし」(Ilias VI, 486–489)という有名な言葉に典型的な形において見らるごとく、神たると人たると事物たるとを問わず、あらゆるものの上にあってそれ等の成行きを究極的に支配するところの、漠たる何ものかなのである。されば如何なる者も窮竟においては絶対的に自由ではあり得ない。大神ゼウスすら「定め」に背いて己が意志を貫徹することは出来ぬ。時にそれは彼の意志と同一視されて「ゼウスの定め」と呼ばるる場合もないではないが(例えば Ilias IX, 608)、決してゼウスの意志が常に「定め」そのものと一致する訳ではない。それ故、彼は、死に定められた吾児サルペドンがむざむざ人間の刀に殺害さるるのを、深き悲愁を以て目過するのみである(Ilias XVI, 433 ff.)。まことに女神アテネがテレマコスに告げ教うる言葉に「怖るべき死の運命の襲い来るや、神々といえども、もろ人にわけへだてなき死滅より己が愛する人を護ること叶わざるべし」(Odys. III, 236–238)とある如く、宿命の赴くところ、これに抵抗してその流行力を枉げ得るものは全宇宙に一もないのである。

しかしながら、然らばホメロス的人間は、この「定め」を一種の自然法則と観じ、自然人事あらゆることのなりゆきは全て厳格なる機械的法則によって永劫に固定されたものと考えていたかというにそうでもなかった。彼にとっては、凡そこの世に生起することは悉くいずれかの神の意志である。けれども、さればといって、後世の宗教に見らる神の絶対的世界経綸、即ちいわゆる摂理思想のごときは此処では到底成立しない。オリュンポスに集う神々は全て甚だしい気紛れ者ばかりである。天地を覆さんばかりの大事件が、神々のほんのその場の思い付きや、一寸した気紛れから生起する。イリアス八巻には、ギリシア軍とトロヤ軍の大激戦第二日目、ゼウスが僅か一日のうちに二度までも態度を豹変して味方する側を変える、という頼りにならぬ有様が物語られている。父神ゼウスを中心として神々はオリュンポス山上に会議を催し、如何に世界の経過を展開せしむるかを熱烈に討論するが、彼等自身にも、事物の行方は末の末まで見通しがついているわけではない。彼等は常に左から右、右から左へ動揺して定めなく、その行動は気紛れな心の流れ行くまま、其処には厳粛なる神的摂理の影さえない。

而も此等の神々は著しく非倫理的なるをもって特色とする。若し彼等の行動を倫理的見地に立って批判すれば、彼等はいずれも自己の精神的肉体的欲望を満足せしめんがためには恬として手段を択ばぬ破廉恥漢といわねばならぬ。神々がその逞しき淫慾の力に駆られて如何なる放佚無慙の行為を敢てするかは夙に万人周知のところ、更に彼等の性悪しき権謀術数に欺かれて、何等の罪もなき身を悽愴なる滅亡の手にゆだねた人々の数は枚挙に遑《いとま》なきばかりである。「正義の護持者」と呼ばるるゼウスすら、己が思いの障礙とおぼしきものに逢着するや、忽ちに欺瞞、眩惑の手段を用いて人間を陥れ、いささかも恥ずるところがない(例えば Ilias II, 5 ff.; IV, 1 ff., etc)。

かくの如き敗倫没徳の神々が一喜し一憂するにつれて人間の栄達と没落とが決さるるものとせば、人間はそも如何にすればよいのであろうか。かかる性格の神々に向って人は倫理性の地盤に立って対処することは絶対にできない。此処において唯一の可能なる途は、ただ儀礼祭式の途のみ、すなわち人は、犠牲、灌奠《かんてん》の如き所定の祭祀儀式によって神々に尊信の誠をあらわし、かくて彼等の愛顧恩寵を確保しなければならないのである。ヘシオドスは邪路に迷い入った弟を戒めていう。

されど汝は、かかる邪悪の所業より愚鈍なる心をそむけて
清浄にして穢れなき心身もて、能力のかぎりをつくし
不死なる神々に犠牲を捧げよ、また脂濃き腿骨を炙きて供えよ。

且つはまた、夕べの床に憩うとき、暁の光清らにさしいずるとき
灌奠をそそぎ香木を焚きて神々を宥め奉るべし。
そは、神々の深く御心に汝を嘉し給いて
汝のみ他の人々の領地を購入し、汝の土地を他人が買い去ることなからんためなり。

(Erga. 335-341)

ここに引用せる詩句の最後の一行が明瞭に示すごとく、神々も利己的ならば、これに対する人間もまた少からず利己的である。要するに神々と人間とは相互に権利義務関係に縛らるる同一社会の二階級であるにほかならぬ。されば、かかる世界においては、人間がその神聖なる義務を怠り、捧ぐべき犠牲を供えない時は、たちどころに神々の忿怒の雷霆は哀れなる人間の頭上に激破して、怖るべき災害を招く(Ilias I, 65; IX, 533 ff.; Odys. IV, 351 ff., etc.)と共に、若し人が正しき犠牲供捧の礼をつくしたにも拘らず禍患を蒙る時は、人間もまた憤然として神の不注意を詰問し、その無責任を非難することができる(Ilias VIII, 236 ff.)。定めの儀礼を完全に果した人に対しては、これを嘉賞し、恩恵を以てこれに応ずるのが神々の義務でもある(Ilias I, 37-41)。ここには未だ後世の意味における宗教的「罪」の意識は全くないといってよい。叙事詩の世界における宗教的

罪悪とは、たかだか礼拝の責を果たさず、死すべき身の分を忘れて浮誇驕慢《ヒュブリス》の言行を敢てすることにとどまる。かかる世界の宗教は、プラトンの言う如く(Euthph. 14 E)、神と人との間にかわさるる一種の「商業取引」行為に過ぎない。

理性に目覚め反省の道を歩み出した「醒めたる人」の眼に映ずるオリュンポスの神々とは凡そかくのごときものであった。久遠の青春と永遠の美を象徴するホメロスの燦爛たる世界も、理性的批判の飽くことを知らぬ穿鑿《せんさく》の刃によって優婉なる面紗を縦横に切り裂くならば、かの崇高荘厳を極むる詩的情趣は跡かたもなく消え失せて、其処にはただ色褪せたる神殿の廃墟残骸と、厚顔無恥なる擬人神達が醜悪陋劣の裸身を露出するを見るのみ。ホメロスの叙事詩は本来、純粋なる芸術品としてのみ鑑賞さるべきものであり、その神々は宗教の神としてではなく、ただ芸術の神としてこれを拝する者にのみその整斉完璧の至美の秘奥を開示するものであった。ホメロス的世界は純芸術の世界であって、所詮、宗教ではなかった。然るにこの純芸術が、純芸術としてではなく、むしろ宗教として、否、国民宗教として全ギリシア民族に受容されざるを得なかったところに、いわばギリシア精神史におけるホメロスの宿命が存したのではなかろうか。凡そ理性の目を有する程の者ならば、何人も気付かずに過し得ぬ、余りにも明かなあらゆる不合理と矛盾とを包蔵しつつ、それはギリシア民族の普遍的国民宗教として、駸々としてヘラス全土に拡まって行った。かかる精神史的背景を後にして甫めて我々は、イオニアの哲学者達の、あの凄じいオリュンポス神糾弾を理解することができるであろう。国民宗教の聖位を僭取せるオリュンポスの神々に対して、彼等が傲岸不遜傍若無人と見ゆるまでに激甚なる怒罵をあびせ、これを迷妄として蹂躙し、一挙に没落せしめんとした烈火の如き義憤慷慨の真意を、かくて甫めて我々は同感を以て味識することを得るであろう。彼等はいずれも新しき時代に生れた新しき宗教の一騎当千の闘士であった。深遠なる体験を経た此等天才達の目より見れば、国民宗教の擬人神は神にあらず、ただ人間、而も多くの場合、悪しき人間を形だけ巨大に引伸したものに過ぎぬ。彼等は、屢々人の誤り臆測するごとく、宗教の何物なるやを解せざる合理主義者なるが故に宗教を非難攻撃したのではなく、余りに深く宗教を理解するが故に余りに高き神の姿を識る故に、愚劣低級なる神話の神々に我慢できなかったのである。

しかし、今、この問題を更に追究するのはいささか先走りにすぎるであろう。それ故、私はここでは有名なクセノファネスの擬人神痛撃の断片を二つ三つ訳出するにとどめ、直ちにその「新しき時代」の到来について筆を進めたいと思う。

しかし、若し牛や〔馬や〕或は獅子などが手を有って居り
人間の如く手を以て画を描き、作品を創り得るものとせば、
馬は馬のごとく、牛は牛のごとき
神々の姿を描き、且つその肢体をも
彼等自ら〔それぞれに〕有する肉体に倣い作り出すであろう。　（Xenoph. Fr. 15）

エチオピア人は〔彼等の神々を〕低鼻にして色黒しとなし
トラキア人は青眼にして赤毛〔なりと称す〕。　（Fr. 16）

全てをみさかいなしに神々になすりつけて了った者はホメロスとヘシオドス、
人間においてすら恥辱とされ非難の的となることを。
神々の賤劣なる行いを、げに様々と彼等の物語りしことぞ
窃盗、姦通、はたまた互いの騙詐瞞着。　（Fr. 11–12）

第六章　新しき世紀――個人的我の自覚

新しき時代！　それは驚天動地の混乱と破壊とを伴ってギリシア全土に襲い来った。時は西暦紀元前七世紀より六世紀に亘り、ギリシア本土たると沿海植民地たると海上の渺たる島嶼たるとを問わず、何物をも仮借することなき混淆惑乱の暴力は、当るべからざる飆風《ひょうふう》をなして人々の生活を根柢より鼓蕩し、ヘラスの天地を北から南へ、ぼうぼうと吹き渡って行った。未曽有の動乱時代、大変革の時代が来た。滔々と流入し来って止むことを知らぬ溷濁の怒濤の前に、古きものは次々に壊滅し去り、いままさに波浪に呑まれんとする人々の悲愴なる叫喚と慟哭が立ちのぼった。

しかしながら、この慌しき紛擾錯雑の囂々《ごうごう》たる騒音を貫いて、高らかに、清らかに、新しき世紀の到来を祝う黎明の鐘声が雄大なる余韻も遠く響き渡っておるのを人は聞かないであろうか。若々しき創造力に沸きたぎるギリシア民族にとっては、旧き秩序の壊滅の苦悩は直ちに新しき秩序出生への陣痛なのであった。かの清澄のほまれ高きヘラスの蒼穹を暗澹たる黒雲に覆い去った混乱と動揺も、この偉大なる民族には、天与の一試煉に過ぎなかった。収拾すべからざる階級間の闘争も、日を逐うて蔓延する諸党の紛擾も、単に古き社会を破壊せるのみではなく、却ってこの動乱と紛糾の只中に力強く胎動しはじめた新しき精神の誕生を助けるものであった。ギリシア民族が誇りとする「自由」は、この一大危機を経てはじめて贏《かちえ》られたものではなかったか。新しき精神、それは自由平等の精神であり、個性的「我」の自覚にほかならぬ。

されば紀元前八世紀中葉に始まってより爾来約三百年間、次第に溷濁の色濃くなりまさりつつギリシア全土に陰翳を投じた大動乱は、屢々人心を抜路なき絶望のペシミズムに陥れはしたが、同時にその反面において、民族の精神に澎湃として湧き起る灼熱的創造の情熱を点火するものでもあったのである。政治生活においても、経済生活においても、また精神生活においても、積極的に実力を示し得る者のみ成功し栄達の途を極めることができた。それは自由へのパトスの異常に昂揚せる若く雄々しき実力時代であった。ギリシア各地に独裁僭主(テュランノス)が興って旧来の君主を倒し、支配者の位を簒奪した。神々の末裔と自他ともに許し、永らく人々を思いのままに圧伏し来った王家の威信は、到処に衰頽し、門地の如何に拘らず真に実力ある者が、自己の腕一つを頼りに天下を領し得る下克上の時代が来た。然してこれ等の新しき君主達の豪奢華麗なる生活と旺盛なる政治力とは、人々の個人的野心をいやが上にも煽り立てずにはいなかった。さらでだに、海運の興隆によって海外貿易は著しく発達し、四方より流入する金貨財宝の限りなく堆積さるるままに、企業心盛んなる商人のうちには、僅か一代にして巨万の富をなし遂にその財力によって王侯貴族をもはるかに凌ぐ威信に達する者さえ少しとせぬ時勢であったから、苟も自己の才能力量に自信を有するほどの人は、みな競って何等かの分野において立身出世の路を拓き、衆に抽《ぬき》んでて頭角を顕わさんものと向上の意欲を燃やして止まなかったのも、また当然の成行きと考えらるべきであろう。かくして七世紀より六世紀に及ぶギリシアの二百年は実に顕著なる矛盾的性格を示すのである。すなわち、それは一方においては闊達清新なる自由のパトスと火焰のごとく奔湧し狂騰する野心の情熱との灼熱的時代であると共に、他方においては暗澹たる壊滅と動乱と絶望の瘴癘《しょうれい》の気に充てる時代であった。そこでは深き生の憂愁と、若々しき生の昂揚とが同じ時代の矛盾する両面をなして並存していた。そして現実が、かくも甚だしき矛盾的性格を帯びて人に迫り来ったが故に、これに対処する人もまた、ますます現実主義的たらざるを得なかったのである。それは生死に関わる根本問題だからである。この矛盾多き現実を肯定するにせよ否定するにせよ、敢然としてそれに直面し、それを直視するにあらずんば、人は生存の権利を拋棄するのほかはない。かくて人は美しき昔の夢をいさぎよく去って、冷厳なる心をもって冷厳なる現実に向う。自己の運命を自ら開拓し、世界人生の謎を自ら解決すべく、雄々しく現実にたちむかって行く。しかしながら現実の壁は粗硬であり、その障礙の前には人間の努力も屢々稚戯に等しい。この苛酷惨烈な試煉によって人間の力は琢磨され、全身を以て現実と衝突するところに人の個性は目醒める。かくてここにはじめて明確なる「我」の自覚が生じたのであった。

自覚せる個人的「我」の成立こそ、この時代の精神史的根本特徴をなすのである。紀元前七世紀より六世紀にかけて、渦巻き逆巻く混沌錯雑のさなかに、百花繚乱と咲き誇ったギリシア抒情詩と踵を接してそれに続いた哲学思想とは、いずれも「我」の自覚の上に立って現実を深き抒情と思索の主題となせるところに発生したものであった。然してここでもまた、新精神運動の端をひらき、他の諸族にさきがけて新しき秩序の創造に先導的役割を演じたものは、小亜細亜のイオニア人であった。今、私は、沿海植民都市において自然哲学思潮の発生に僅かに先行して興隆し、これに精神的素地を提供せる抒情詩の思想的意義を論ぜんとするにあたり、一応ここに、この動乱の渦中にあってイオニア人の果した顕著なる役割を説明して、以ていささか時代環境の素描を試みたいと思う。

「聖地パニオニオンを有するこのイオニア人達は、余の識るかぎりあらゆる人々の内で最も美しき空のもと、最も快き気候に恵まれた地域に国を建てたのである。〔なぜならばこの地帯の上に位する地域も、また下にある地域も、さらに東に当る方も西に当る方も、あるいは寒気と湿気に悩まされ、あるいは暑気と乾気に攻められて、到底イオニアとは比肩すべくもないからである。〕*」とヘロドトス(Herod. I, 142)が語る小亜細亜リュディア沿岸植民地帯のイオニア種族は、数あるギリシア種族のうち最も繊細優美なる感受性と、飽くまで自由独立を追求してやまぬ進取的気稟《きひん》をもって生れた人々であった。彼等が常にギリシア精神進展の先頭に立ち、根強き伝統の桎梏を大胆に打破排除し、真の人格的自由への道を開拓するの光栄を獲たのは、決して単にこの第二の故郷の恵まれた自然環境にのみよるものではなかった。

＊　この部分は後世の補註であろうと推定されている——Herodotos, ed. Abicht, I, S. 180, Anm.

さて此等のイオニア種族をも含む本土のギリシア人達が、連続的大波をなして次々に活潑なる移民運動を開始したのは、北部山地よりドーリス人がペロポンネソスに侵入定着(Strab. XIII, 1)しはじめた紀元前十二世紀頃のこと、*爾後数百年にわたり、ギリシア本土より未知の天地に新しき祖国と自由とを求めて集団的遷移をなすもの、そのあとを断たなかった。

＊　尤もヘラス人の海外植民活動の起源はこれより遥かに古き昔に遡るらしく、燦然たる多島海先住文化諸国の富に魅惑された彼等は夙に多島海一帯を旺盛なる移民遠征の活舞台となし、既に紀元前十三世紀中葉にはアカイア人はクレタ島を領有して、ここからエジプト遠征にまで赴いた程であった――Jardé: La formation du peuple grec, chap. II.

かくして生起せるギリシア人の亜細亜方面への集団移民運動は、これを大体三つの波に分類綜合して考えることができる。すなわちその第一波は、ドーリス人のテッサリア、ボイオティア侵入を機として、ギリシア中北部の「雑血種族」アイオリス人が、大挙テッサリアを出発して多島海を航渡し小亜細亜北西沿岸に定着したもの。第二波はドーリス人のペロポンネソス定住を機として、第一波より更に種々雑多な移民群が相踵いで小亜細亜に来り、アイオリス人の南方に遷移せるもの。かのホメロスを生み、後にギリシア哲学を創始すべきイオニア種族もその一であった。次に第三波はドーリス人自身の植民活動によるものである。アカイア人を海外に放逐してペロポンネソスに定住せる彼等は、今度は自ら半島を出でて島々に移り、クレタ島、ロドス島に入り、更に進んで小亜細亜にまで到着してイオニア地帯の南に六つの都市国家を建設したのであった。

扨て、なつかしき父祖の国を後に、未知の異境に渡り移ったギリシア諸種族が、互に親密の情を抱いて接近し、其処に次第に同胞意識が発生し、それが遂に本土には見られぬ普遍的ギリシア民族意識として強力に生長せることは当然であろう。まして此等の移民たちは決して無償で第二の祖国を建設し得たのではなく、先住亜細亜諸民族との激甚なる闘争によって先ず新しき土地をもぎとらなければならなかったのである。而もこの永く激しき戦闘、対抗の後に、幸いにして住むべき土地を獲得してからも、各地に彼等の建設せる都市国家は、イオニア地帯における僅かの例外を除いては、いわば様々の異民族が作りなす大海中に点々と散在する島嶼の如く互に離れ存して、その周囲を取り囲むものは悉く異国人であり、外国文化であった。かかる特殊なる生活環境に置かれて、さらでだに自由進歩への烈々たる愛をもって生れた情熱的イオニア種族が、如何に顕著にその天来の進取的精神を刺戟されたかは想像にあまりあるところであろう。地方的儀礼形式の制縛を超脱せる普遍的自由の宗教がそこに生れ、伝襲的権威の重圧に反抗し、新しき善きものを創り出さんとする積極的行動欲とがそこに生じた。小亜細亜植民地のイオニア人によって、ホメロスの名を冠する二大叙事詩が形成され、全ギリシア世界に贈られたことは決して単なる偶然の結果ではなかったのである。

然るにこの叙事詩的宗教が国民的宗教となり、新たなる伝統となってギリシア全土に波及して行った頃、既にイオニアにおいては早くもこの高貴なる自己の産物を打破排撃すべき旧習なりと見做して、これを除抜糾弾せんとする新しき気運が勃然として起っていた。この新精神こそ、曩に言及せる個性的「我」の自覚と、それに基く反省的現実批判の態度にほかならず、しかして、その政治的社会的分野における顕現が独裁僭主政治形態、その芸術的分野における表現が抒情詩、その思想的反省的領域における結晶がイオニアの自然学なのである。七世紀より六世紀にかけて、ギリシア各地に並び起った無数の僭主と詩人と哲学者とは、いずれも同一精神を根幹として咲き出でた三種の異花であった。今、我々は、潤沢豊饒なる創造精神の横溢奔騰に湧き立ち燃ゆる新世紀到来の活劇を紀元前八世紀に始まり、六世紀に至る小亜細亜沿海地域一帯の、慌しく目まぐるしき民族騒擾の光景によって、手にとるごとくこれを望見することができる。

この急激なる精神革命の底には、深き経済的事情がひそんでいた。すなわち海上貿易の著しき発達と、それに伴う商工業のめざましき繁栄とがそれである。原来、小亜細亜に移住し来ったギリシア人達は、故国の生活様式をそのままに移して、一人の「王」(バシレウス)を戴く農業経済形態を維持していた。尤も間もなく、王者《バシレウス》は単なる名誉階位の名に堕して、国家統制の実権は参議会を形成する少数貴族に掌握さるるに至るのであるから、王政とは名ばかりの、実際はむしろ貴族政治と称すべきものであるが、いずれにしてもこの政治形態の経済的基礎は、地主の土地私有を本とする農業であった。然るに、その後、時代の進展と共に、かかる経済生活が植民地においては維持し難くなって来た。年々歳々、日を逐うて流れ来る移民は実に厖大なる数に上り、これを受入れる沿海諸都市が忽ちにして人口過剰に陥ったことは当然であった。而も強大なる勢力を有する亜細亜民族の諸国が排除すべからざる障壁を蜿蜒《えんえん》と連ねて、海岸線より内進せんとするギリシア人の行手を固く阻んでいる。かかる逼迫せる情勢において、過剰人口の捌口を尋ね、民族の生命を隆盛に導かんためには、ただ一つ、活路を海に求むるのほかはない。茫洋たる大海へ、自由の海へ！　人々は農業を棄て、争って海上商業に向った。折もよし、地中海を中心とする海上貿易の覇者として、古代世界に赫々たる名声を馳せ来ったフェニキア人が遂に昔日の殷盛を失墜し、伝説にまで謳われたその富貴功名も嘗ての夢と化するに及び、この危険極りなき強敵との競争から解放されたギリシア人の海上権は、もはや洋々たる前途を驀進するのみとなった。恰もこの頃、沿海植民地の諸都市においては、従来の土地制度に伏在せる幾多の欠陥が、社会的矛盾となって表面化し、政治的紛擾暗闘もまた漸く盛んに、日を逐うて蔓延する不安動揺の波に揉まれて、多くの人々が或は父祖伝来の領地を奪われ、或は全財産を亡失し、或は権勢の地位より没落するなど、社会の現状に憤懣やるかたなき不平不満の輩が犇《ひし》めき合っていた。されば、ひとたび海上に新天地ありと知るや、真面目なる商人、真摯なる事業家に混じて、野心満々たる山師、困窮者、生活落伍者、零落者など種々様々な人物の異様なる大群が夫々の夢を胸に抱いて亜細亜海岸から陸続と出航して行った。一時は下火になっていたギリシア民族の集団遷移活動が、紀元前八世紀から六世紀にかけて再び潑剌たる生命の推進力を示すのはかかる原因に基く。そして今度の移住は、ギリシア本土より小亜細亜に向ってではなく既に新祖国となった小亜細亜から更に新しき海の彼方へと行われたのであった。かくて一攫千金の夢に誘われて故郷を棄てた無数の群集が地中海から黒海に至るまで、沿海地帯一面に所せましと新植民地を建設したのであった。然して、此等の新植民地と郷国諸都市との間に、自由にしてさかんなる通商関係の隆盛せることは言を俟たぬ。海上貿易が栄えれば、陸上に商業・工業が興り、富の増大堆積するは当然である。特にイオニア人が隣国リュディアより金貨鋳造の術を学んで、これを採用し、従来の物々交換制を離脱して金融経済の方向に進み出すに及び、小亜細亜ギリシア植民地の商業取引はまさに決定的飛躍をとげたのである。かくして、イオニア族の十二都市をめぐる小亜細亜海岸一帯は、東西百貨の一大集散地と化し、物質文明の栄華殷盛は際涯を知らず、四方より翕然《きゅうぜん》として集い来る諸人種、諸民族、諸国民によって齎された千種万態なる宗教、儀礼、風習、学問、技術は悉く此処に相接触し相撃衝して、喧擾囂々、史上かつてなき灼熱沸騰の活画を呈したのであった。紀元前七世紀、イオニアは名実共にアジアとヨーロッパとを経済的に聯結する関門であり、東西交通の要衝であった。さればイオニア十二都市国家中の首位を占むるミレトスが、如何に煥然たる富貴功名の桂冠を語り、如何にさかんなる生命の脈動にわき立っていたかは、何人もこれを想像するの難きを憶わぬであろう。かのミレトスの自然学は、紀元前六世紀、実にかくのごとき生の噴湧奔騰の真只中より発生せるものであった。西洋哲学史上、ミレトス学派の名を以て呼ばるるタレス、アナクシマンドロス、アナクシメネスの哲学思想はかかる史的背景の前においてのみ、はじめてその全貌を把握されるのである。ギリシア最初の、従って西洋最初の哲学思想は、屢々人が誤り考うるごとく、清澄無雑なる観想生活、純粋冷静なる抽象的思索の所産にはあらずして、大宇宙に汎在し、人間に脈通するところの生成躍動する生命の沸き返り溢れ出ずる激流のさなかより生れ来ったものであった。それは生意識昂揚の極致、全宇宙にまで拡散する異常なる生命緊張の所産であった。ひとりミレトス学派に限らず、一般にソクラテス以前期の代表的哲学者が、僅かの例外を除いて、いずれも溌剌たる時代精神をその一身に凝集する活動家であり、思惟することが直ちに行動することを意味するごとき情熱的実践家*たりしことは決して偶然ではあり得ない。彼等の時代的先輩であり且つ同輩たる抒情詩人達が、ひたすら詩美の彫琢に汲々たる純芸術家にはあらずして、内患外憂ただならざる動乱の逆巻く中にあって、生命を賭して真理と自由のために戦う熱血の闘士であった如く、此等ギリシア最古の哲人の大多数は、世俗生活に遠き思索の蓬廬《ほうろ》に幽居独棲し、淡焉として俗事にかかわることなき孤独狷介の思想家にあらず、自ら進んで身を喧騒の巷に投じ、親しく民衆と交りつつこれに正しき道を指示せんとする人民の教師、或は敢然として国難に赴き、民心を鼓舞激励して外敵をやぶる雄勁豪偉の武人、或は国風の腐敗堕落を見て憂国の至情抑えがたく、決然立って政治を刷新する一代の経世家、曠世の革命家、また故国の輝かしき立法家であった。

＊ 例えばタレスは科学技術家であると共に、イオニア諸邦聯盟を構想する政治家であり、アナクシマンドロスは故国ミレトスからポントスのアポッロニアに向う植民団の団長をつとめ、その功によって同市民に記念銅像を建てられた程の活動家、ピュタゴラスは社会改革者にして新宗教運動の驍将、クセノファネスは職業的吟行詩人、パルメニデスは敏腕なる為政家にして立法家、ゼノンは自由の名において僭主政治に対抗する情熱的政治闘士、メリッソスは海軍提督、エンペドクレスは崇高なる詩人神秘家、有能なる民衆煽動家にして同時に医者、妖術者、雄弁家、政治家であった(以上 Diog. Laert. の各処の他、Herod. I; Ael. V. H. III; Strab. VI 等に拠る)。

扨て上述のごとく、商業上の目ざましき発展によって、天下の富は挙げてギリシア世界に集中し、ここにイオニア植民地は時ならぬ地上楽園を現出するかと見えたが、実はこの物質文化の隆盛繁栄がギリシア人に裕福なる生活の平安と幸福を齎したかといえば、却って事態はまさにその反対であった。それは、社会生活の基礎をなす経済形態が急激に飛躍転換して、民衆の生活を完全に覆してしまったからである。殊に旧来の物々交換経済に替って登場し来った貨幣経済の影響は実に決定的であった。これによって、従来永らくギリシア民族の社会的政治的生活形態を根本的に支配していた地主貴族の領地制度は全く破壊され、それに伴って、旧き社会秩序は生存権を喪失した。あらゆるものが壊滅し、あらゆるものが一時に崩れ落ちた。社会はいうべからざる混乱動揺に陥り、国民生活の混淆顚倒は収拾すべからざるに至った。政治面においても、文化面においても、更にはまた宗教、思想の各分野においても、新旧両勢力の衝突が欝勃として生起し、拠るべき伝統の支柱を失った人々は、各々欲するがままに私利を求め、自己を主張して、恐るべき紛糾軋轢の渦中に流亡し、到るところに訌争と無秩序が跳梁跋扈した。なかでもこの激甚なる社会動乱をなお一層激化して、遂にこれを最後的危機にまで導いたものは、新興ブルジョワ階級の出現である。

新興ブルジョワ階級の出現は、或る意味において新しき貴族階級の成立を意味する。日を逐うて発展する海上貿易と、金融経済の著しき発達とは、商工業に従事する企業家達に巨万の財宝を与え、その多くを伝説の如き一代の大富豪たらしめた。また従来の貴族階級のうちにも、時流の趨勢に敏感なる者共があって、此等の人々はいさぎよく旧勢力への恋着をかなぐりすて、覇気満々たる貿易業者として新発足し、たちまちの内に世人を瞠若たらしむるばかりの富貴の絶頂を極めるに成功した。かくて旧貴族階級より来るにせよ、庶民階級より出身するにせよ、従来のギリシアにおいて嘗て見られざる新ブルジョワ階級が出現したのである。然して此等の富豪達が、新興階級特有の軒昂たる意気と、その手中に握る莫大なる金権実力を恃んで、政治的野心を抱き、門地門閥と父祖伝来の領土を唯一の拠り処として危く古き威信を維守せんとする貧乏貴族を没落せしめて自ら政権を掌握せんと欲することはもとより当然の経過といわなければならない。新興ブルジョワ階級のこの政治的野心は、権勢争奪をめぐって激烈な階級闘争を醞醸《うんじょう》し、ために諸党諸派たがいに我執を競い紛擾暗闘は一刻もやむときなく、貧富の懸隔はいよいよ深化して、社会の混乱は一通りでなかった。而もこの血を血で洗う凄愴な政権簒奪の不安騒擾は、燎原の火の如く都市より都市に移り、島から島へ飛火し、国から国へ伝わって四方八方に波及し、忽ちにしてギリシア全土を暗澹たる内乱の黒雲に覆い去るのであった。*かくて全国的政治訌争は人民の生活を絶望的混沌の渦中に捲き込み、人々に苛酷惨烈なる生の苦悩を齎したが、しかし他面、かかる現実の禍難は一般民衆にとって好個の政治教育でもあった。すなわちこれによって下層民衆に属する極めて多数の者が、はじめて政治意識にめざめ、政治的社会的自覚を有つに至ったからである。政治的に目覚めた大衆は、もはや唯々諾々として不当なる強権の重圧を甘受する嘗ての民衆ではなかった。いな、彼等は進んで、旧貴族・新貴族両階級に拮抗し、これと政権を争わんとする新政治勢力ですらあった。ここに人は後世ギリシア政治思想の特色をなすべき民主政治形態への明かなる萌芽を看取することが出来る。

＊ 例えば、西暦紀元前六世紀のメガラの顕著なる特徴として、全国的紛争と動乱をアリストテレス(Polit. IV, V)やプルタルコス(Quaest. Graec. 18)が指摘している。更に同時代の同じくメガラの詩人テオグニスの作品断片を通読するならば、人はこの痛憤やるかたなき抒情詩人の峻厳なる弾劾のうちに、相続く党争、暗殺、壊敗、権謀術数、暗闘、追放、財産没収などの恐るべき光景をまのあたり見ることであろう。

かくして、漸く新政治勢力として擡頭し来った下層民衆層は、旧来の威勢を飽くまで守らんとする貴族階級及び厖大な財力によって今や当るべからざる政治力を獲得する新興富豪階級と相対立し、ここに三者三つ巴をなして政権争奪の大渦をわき立たせ、社会不安をいよいよ助長醸成すると共に、貧富両陣営間の相剋裂罅をいやが上にも、激成したのであった。かかる未曽有の動乱時代到来に当って、ギリシア全土の風雲急なるに乗じ、且つは又富裕貴族の圧制によって悲惨なる窮状に陥り、この桎梏を脱せんとして而も脱すること能わざる下層社会、特に貧農・小作人階級の不平不満を利して、本土たると植民地たるとを問わず、到るところにいわゆる独裁僭主なるものが頻出した。紀元前七世紀より六世紀にわたる二百年、独裁僭主の擡頭は全ギリシアに通じる普遍的現象であり、彼等の豪放魁偉なる風格、満々たる覇気、豪奢華麗を極めた生活、伝奇的生涯はギリシア民族の歴史をはなやかなるロマネスクに彩ったのであった。

此等僭主の栄誉栄達のさまは、一般民衆の政治的社会的自覚を促し、彼等の政治的関心を高めることただならざるものがあった。僭主《テュランノス》とは門地によらず、門閥によらず、ただ実力のみによって一国の政権を贏た人物であり、己が才腕を唯一の頼りとして遂に万人翹望《ぎょうぼう》の的たる栄華の位に登り得た政治的天才である。されば君主たるの資格は身分の如何より来るにあらずして、個人の天稟《てんぴん》によって決定される。いかに卑しき生れの人間も、衆に抽んでたる人格力量を有する時は、堂々と栄達の道を進み得るのである。実力のみが全てである。かかる社会の実状が人々の政治的野心を著しく刺戟し、個人の自覚を甚だしく促進せることはいうまでもない。

のみならず僭主は高貴なる血も、聖なる伝統もなくして、ただ自己の勇気と識見によって君位を簒奪せる「成り上り者」であり、更に悪しき場合には、例えばサモスの有名なポリュクラテスの如く、素性を洗えばいわば一世の大山師ですらあったから、その性質上、従来の貴族政治に見らるるごとき一方的圧制虐政のみを以てしては到底統治権を維持すべくもなかった。いな、むしろ彼等の主権は、ひろく民衆の輿望の支持を得てはじめて安泰たるべきものであった。ひとたび政権を獲得せる後の僭主の運命は、如何にして人心を収攬し、衆望を集めるかに主としてかかっていた。されば、各地に興った初期僭主のなかには、その名の想像せしむる専制的暴君とは遥かに遠き有徳の名君が多かったのである。後世、ギリシア人が、この初期僭主時代を「クロノスの治政」(黄金時代)と呼んで、これを瞻望し、また紀元前六世紀に成立せるものと思わるる「七賢人」の内に、詩人、哲人、立法家等と並んで、僭主ペリアンドロス及びピッタコスの名が挙げられているのも故なきことではないのである。

僭主政権が一般民衆の信頼と承認とを拠り処としてはじめて安全に維持されるという事情はいたく民衆の自恃心を強めた。それは明かに民主政治への第一歩であった。僭主の出現そのものが既に個人主義的精神の政治面における端的なる現われであり、「我の自覚」の発露にほかならなかったが、これによって一般大衆もまた急速に個性的我の自覚と、自主独立的批判精神に導かれたのである。然してこの鬱勃たる気運は、公共生活においては、成文法への要求となって具体化した。

アテナイの「立法家」ソロンは余りにも有名であるが、彼以前にも、ザレウコス(Arist., Polit. II)、カロンダス(I. 2)をはじめとして幾多の立法家が民衆の総意に推されて各地各処に出現し、紀元前七世紀六世紀のギリシア政治史を特徴づけている。そしてこの事実は、ギリシア民族が正義《ディケー》に基く新社会秩序に向って一大飛躍を敢行しつつあったことを如実に物語るのである。従来の貴族政治に在っては、裁判を司る者は勿論少数貴族であり、而もその判決は何等一定の成文法に拠ることなく、ただ父祖の伝承に基く慣習法と自己の個人的判断に従って下されるものであった。然してこの伝承的規準*が、支配階級の一方的利益確保を主眼とせるものであったことは言うまでもない。しかしながら新たに到来せる「我の自覚」時代は、かかる恣意的法組織を許容することはできなかった。人々は平等を欲した。支配する者にも支配さるる者にも、富める人にも貧しき人にも、同じ権利を保証し同じ義務を課するところの平等なる法を要求した。成文法の措定は一つの階級のみでなく、社会を構成する全階級に通ずる普遍的にして公平なる正義の法の確立を意味する。法は一部少数の人々のためにあるものではなく、万人のための法でなければならぬ。裁判官は、永遠不動なる普遍法「正義」の命ずるところに従って判決を下さねばならぬ。

* かかる「上からの」強制的恣意的なる法をテミス themis という。ホメロスの世界におい

て支配的地位を占めるものはこのテミスであった。然るにヘシオドスにおいては、これに対して普遍的理性的ディケー dikē が著しく重要視されているのを我々は既に見た。然して今やイオニア植民都市の大革命期に当り、ディケーの地位は更に上昇して、遂に国家建設の根本原理となり、階級闘争の合言葉、社会改革の旗幟となるまでに至ったのである――Ehrenberg: Die Rechtsidee im frühen Griechentum.

渾沌《カオス》から秩序《コスモス》へ、暗黒から光明へ、非合理的なるものから理性的なるものへ――ギリシア精神は常に、より普遍的、よりイデア的なるものに向う。光を求めつつ、他に光を与え、自ら一大光明と化して赫奕と世界を光被することがすなわちギリシア的理念の世界史的意義に他ならぬ。普遍性への憧憬はギリシア民族精神の根本的特徴である。普遍的ディケーに基く社会生活の確立は、かかるギリシア的永遠の理念の、政治領域における輝かしき成果であった。この新社会形態が「ポリス」の姿をとって現実化した時、それが如何ばかり熾烈なる情熱を人々の胸に湧き起し、如何ばかり深刻なる印象を人々の心に与えたかは、同時代の抒情詩人達の作品に消し難き思想的刻印をしるし、更にイオニアの若き哲学に対しては重要なる術語的表現をすら提供せる事実によって確実にこれを推察することが出来る。* 西洋民主政治思想の遠き淵源をなすこのギリシアの法的国家「ポリス」を成立せしめたものが、動乱のさなかに誕生せる個性的我の自覚と、自覚せる我の批判精神にほかならぬことを人は忘るべきではないであろう。また、経験界の絶望的溷濁と苦悩の激流中にありながら、而も理想の灯を高くかかげ、遂に燦たる人類文化の峻峯を窮めたギリシア民族の高貴にして強靱なる精神力を人は心から讃美すべきであろう。私はここにイオニアの法的国家成立を以て、政治的社会的生活分野におけるギリシア精神発展の叙述を止め、眼を同時代の代表的抒情詩人達に転じ、黎明の聖光を浴びて立つこのギリシア的知性が、純主観的側面において如何なる現実批判を行うか、またそれが如何なる意味、如何なる程度に新宗教運動の興隆と関係を有するか等の問題を考究してみたいと思う。

＊　曩に第二章に引用せるアナクシマンドロスの断片(Fr. 9)が自然界における存在者の生成消滅を、法的国家に行わるる正義裁判の光景に譬えて具象化せるものであることは、既に説明した通りである。その他ヘラクレイトスの思想もポリス的表現に充ちている。イオニア哲学にたいするディケー思想の深き影響を明晰なる認識に齎したのは主としてイエーガーの功績である。しかしながら、彼の如く、イオニア自然学における宇宙的コスモスの成立を直ちに、ポリス的秩序が宇宙に投射されたもの(Paideia, S. 154)として説明するのは早計に失するであろう。当時、ディケーに基く法的国家の成立は異常なる新現象として万人注視の的となっていたのであり、放胆自在の新思想家達がその斬新なる意匠を自己の哲学思想形象化の好手段として採用せることは当然であるが、表現は直ちに思想そのものではない。我々は後

章において宇宙的秩序の成立が、更に根本的には当時の神秘主義的新宗教思潮に淵源することを説明するであろう。

第七章　生の悲愁——抒情詩的世界観

ホメロスの叙事詩オデュセイアに、美しくも仄かなる映照をのこしたギリシア海上貿易の発展は、紀元前七世紀に入るや俄然嘗てなき活況を呈して、民族の経済生活を根柢よりくつがえし、旧社会組織の均衡を破り、その究竟するところ遂に精神的革命を招来するに至る事態の推移を我々は辿って来た。然して第七・第六両世紀に亙る動揺紛乱の渦中において次第に個性解放が実現し、強烈なる「我」の自覚が勃興し、ここにギリシア史上最初の個人主義的時代の到来をみるに至ったことを我々は識った。この新時代が示す複雑にして矛盾多き現実の姿と、其処に鬱勃と湧き起る個人主義的精神の実相とを、同時代の支配的文学形式をなす抒情詩の世界において、我々は政治的社会的生活面におけるよりも更に生々しく、より一層直接的なる形姿の下に検察することができるであろう。

扨て前章に詳説せる経済生活形態の変遷と全く時を同じゅうして小亜細亜沿海植民地

に発達し、紀元前七世紀より六世紀にかけて全盛期の詩華繚乱たるを誇る抒情詩は、遂に覚醒せる個性的「我」が赤熱し激動する現実の巨濤に揉まれつつ、声高らかに発した歓喜の歌であり、また苦悩の叫喚なのである。さればこの文学は先ず何よりもさきに現実的なることを以て特徴とする。イオニア・アイオリス的抒情詩は現実の歌である。それの唯一無二なる対象は現実であり、詩人達の最も重要なる主題は、現実に対する彼等自らの感情であり思想である。彼等がリラの絃に合せ歌う抒情詩の個人的現実主義的風韻は、ギリシア文学に或る全く新しき調べを加えるものであった。

しかしながら文学の領域に生起せるこの著しき転換を、人はもはや聊も怪しまないであろう。未曾有の紛乱のさなかに生きる人々が夢を去り現実に向うことは当然のなりゆきである。崇高壮美なる叙事詩の夢を賞玩すべく、周囲の現実は余りに激烈であり峻厳であった。人間生活は内面的にも外面的にも異常な緊張を示していた。四囲に犇《ひしめ》く去来遷流の慌しき変転と動乱に押しながされて、人々は現実に遠き英雄譚の長々しい夢幻図を悠然と鑑賞する遑を見出さなかった。詩人にとっても聴衆にとっても、遥かに切実な無数の問題が現実に目の前にさし迫っていた。過去ではなく現在が、夢ではなく現実が、昔の物語ではなく今この時の真実が大問題なのであった。されば日常市井の生活を如実に反映し、現実批判を主要目的とするイアンボス調はいわずもがな、荘重高雅にして叙事詩形式に最も近きエレゴス調すら、それが紀元前七世紀、最古のエレゴス詩人カッリノス(Kallinos)、テュルタイオス(Tyrtaios)の名と共に文学の歴史の上に出現する時には、既に明瞭に現実への転位を経ているのである。例えばエフェソスの剛健雄勁なる詩人カッリノスが、

おんみら何時まで惰眠を貪るや。そもいつの日、猛き心を抱かんとするや。
若者らよ、隣国の民の目を恥じもせで
安逸に耽溺するは何事ぞ。おんみら己が身は平安のうちにありと思う、
戦雲すでに故国をあまねく覆うに。　(Fr. 1, 1-4)*

と歌って、奢侈淫逸に没溺する同胞の怠惰を弾劾し、以て烈々たる愛国の至情を彼等の胸に喚起せんとし、また、

死につつも最後の槍を投ずべし
そは、戦いの庭に征きて、己が祖国と
己が子供らと、また正しくめとりたる妻とを

害なす者より護ることこそ男の子たる身の誉れなれば。
それ、死の来るは運命の女神らの紡ぎ手のままなり。しかれども、
合戦ひとたび起るときは、剣をば高くかざし、猛き心を楯に守りて
行け、臆することなく、まず進み行け。　(Fr. 1, 5–11)

と叫びつつ同胞を祖国のために蹶起せしめんとする時、尚武の精神に溢るるこの言葉をとって、仮りにホメロス叙事詩中の一英雄の舌に載せても、人は何等の不調和を感じないであろう。「死につつも、なお最後の槍を敵に投ぜよ」という悲壮なるヒロイズムは正にホメロス的である。しかしながらここに、カッリノスの世界がホメロスの世界から截然と別たれる所以のものは、それが生々しい現実を主題としているということである。これはもはや物語の一節にはあらずして、血の出るような現実の世界なのである。遠き昔の伝説的ヒロイズムを詩人は美しく物語らんとするのではなく、危急存亡の秋に立つ祖国のため、同胞の胸に現実の切実なるヒロイズムの焔をかきたてんとしているのである。

＊　本章に引用する抒情詩の断片はすべて Anthologia Lyrica Graeca, ed. Diehl, vol. I, II による。

かくの如くギリシア抒情詩は、最初期から本質的に現実的であり、それの成立の根源には、現実への主題の転位というべきものが伏在するのであるが、カッリノスやテュルタイオスにおいては、現実は未だ集団的であり、国家的であることが注目される。然るに今、これを更に一度転位せしめて、国家的観点から個人的観点に移すとき、ここに甫めて古典的ギリシア抒情詩が成立するのである。

かく二重の転位を経ることによって叙事詩の物語的、客観的世界は、現実的にして且つ個人的なる抒情詩の世界に変じる。己が個性を明確に自覚せる「我」と、四方からこれを取り巻いて犇々《ひしひし》と押し迫り来る現実との間に奔騰する凄じいばかりの緊張が、直ちに個性豊かなる詩句の断続となって爆発する。かのパロス島の熱狂的詩人アルキロコス(Arkhilokhos)が、

嗚乎、なさけなきこの身よ、恋の苦悩に堪えかねて
生きんここちもさらなく。神々は激しき呵責をわれに下して
我が骨髄まで衝き通したり。　(Fr. 104)

と恋の懊悩を訴える時、かかる個人的苦痛の直接端的なる爆発は、叙事詩人達の嘗て夢にも知らぬ新しき芸術の領域なのであった。また彼が、全身に滲み入る胸の苦しみを凄愴なる一声に凝らせつつ、

されど友よ、恋のなやみのはげしさに、わが身は窶《やつ》れ疲れはてぬ。　(Fr. 118)

と絶叫する一行の詩句に、人はこの多情多感なる情熱の詩人の魂を刳《えぐ》る歔欷《きょき》と呻吟をじかに感得するであろう。この直接性、この個人的現実性こそギリシア抒情詩の世界なのである。

かくして客観的現実と、主観的個性我との対立相剋の上に確立された抒情詩は、時代環境のめまぐるしき変転にさそわれて、急速に叙事詩的なるものから遠ざかり、歩一歩と新しき地平を展開し、広漠たる分野をひらいて行く。卑近蕪雑なる市井生活の諸相から、幽玄高雅を窮むる精神生活の頂上に至るまで、凡そ現実の名を以てよばるるものにして詩人の琴線に響かざるはない。今や現実はあらゆる側面から分析され観察されて、鑿のあとも鮮かに、流れ散らんとするその姿を永遠に刻みとめられる。現実の歌――それがギリシア抒情詩の本質的定義である。

かくてカッリノス及びテュルタイオスにおいては、質実剛健なるスパルタ的武人精神

の小気味よい勇武の言葉を声高らかにとどろかせた同じエレゴスが、「イオニア的憂愁」の詩人ミムネルモス(Mimnermos)＊の手に移れば、忽ちにこれとうってかわり、

黄金なす愛慾の女神なくして何の人生ぞ、何の歓びぞ、
死なんかな、かの美わしきことどもの過ぎにし夢と消え去らば、
秘めし恋、心こめたる贈り物、愛の臥床。
ただ青春の艶花のみ、おとこにも、おみなにも
いつくしまるるものなるを――　(Fr. 1, 1-5)

と、繊細優婉なる享楽主義的人生観の乗輿と変じて、哀韻嫋々たる青春の悲歌を奏で、また巨匠ピンダロスをして「怒罵となって奔騰する憤懣に肥えふとりたる誹譏《ひき》家」と歎ぜしめた(Pyth. II, 55)狂激の詩人アルキロコスが、ひとたび彼独特の当るべからざる揶揄痛罵の鋒鋩《ほうぼう》をおさめるや、毒矢のごときそのイアンボス調は、たちどころに変貌して、

かの女《ひと》は桃金嬢《ミルトス》の瑞枝と咲きほこる花薔薇に
身をよそおうを好みしが

波うち垂れるその髪は
肩と背にくらき翳を映せり。　(Fr. 25)

その髪とその胸の艶めき立てる香りには
白頭の翁すら妖しき思いこらえかねけむ。　(Fr. 26)

と美しきイオニア乙女のあで姿を描写する。かくの如く、ギリシア抒情詩の内には、脈々たる生命に躍動するなまの現実が千姿万態の変化を示しつつ入り来って、絶対に他に見られざる独自の世界を形成しているのである。全ギリシア抒情詩のうちその性質上最も団体的集団的であり、且つ最も叙事詩に近き合唱歌すら、その起源よりピンダロスに至る発達の歴史を具《つぶさ》に検覈《けんかく》するならば、其処に時と共に濃厚になりまさり行く個性的色彩と、現実の迫力とを何人も否定することができないであろう。

＊　ホラティウス曰く、「若しミムネルモスの考えるごとく恋と戯れごとなくしては、世に何のたのしみなしとならば、貴君も恋と戯れごとでお暮しなさい」(Si, Mimnermus uti censet, sine amore jocisque/Nil est jucundum, vivas in amore jocisque.—Horatius, Epist.VI)

ギリシア抒情詩史の成年期を劃するものといわるる合唱歌詩人ステシコロス(Stésikhoros)は、後世、ホメロス詩魂の再現とまで謳われたほど叙事詩的であり、その詩材も殆んど全て古来の叙事詩的英雄譚に仰ぎつつ、これを物語として展開するのを常としたが、しかし全体の空気はやはり明かに抒情詩であり、終始一貫して渝《かわ》らぬ悠々たる大河の流れの如きホメロスの透明清澄の雰囲気とは根本的に異なるものであった。それはホメロス的詩魂の再現であるにしても、決して叙事詩そのものの再現ではなくして、クインティリアヌスが「叙事詩の重みを抒情の琴線にうけとめて」(Quintilianus, Inst. X. 1)と巧みに形容せるごとく、飽くまで叙事詩的素材の抒情精神による再生なのであった。

元来、合唱歌とは、国家が全てであり個人は無にも等しき強烈なる国家意識によって統一支配されていたドーリス人の諸国、なかんずくスパルタにおいて、老若男女すべての国民が、相和し相合しつつ共に歌うところの集団性顕著なる唱歌であった。それは、全国民が、国家の祭礼に際して神々を讃え、或は国民的体育競技に臨んで、燦たる月桂冠に輝く勝利者を歓呼し、或はまた国の聖なる祖先の功績を憶いつつ、全員同一の感情に陶酔し、同一の思想を楽しむための団体歌であり、国家そのものの抒情なのである。しかるに、この合唱歌の作者中最も個性色すくなく、最も叙事詩的と称さるるステシコロスにすら、なお儼乎として抒情性の支配するを認め得るとせば、自余のより個性的なる合唱歌詩人達がいかばかり抒情的であったかは推察に難からぬところであろう。果してこの抒情的主体性はステシコロスに続いて合唱詩史を飾り、優婉繊美の詩境を末代までたたえられたイビュコス(Ibykos)において煌然として露現したのであった。人口に膾炙せる彼の絶唱「愛の懊悩」を見るがよい。

春立てば　キュドニアの
林檎樹　ニンフらの戯れ遊ぶ
浄き園生《そのう》を流れ来る水に
灌《そそ》がれ　生い茂げる葡萄の葉かげ
つぶらなる若実は育つ。されども我れは
かたときも眠ることなき愛慾《エロース》に虜れの身ぞ。
そは　閃々たる電雷のはためきに
燃え染るトラキアの北風のごと
愛の女神が手もとより迸りいで
焦熱の狂気もて　暗鬱に、凄じく
いとけなきわらべの日より今日が日まで

我が心をかたく捉えて放つこと絶えてなかりき。（Fr. 6）

潺湲《せんかん》たる川の流れに灌がれて緑したたる林檎の木々、茂る葡萄の小暗き葉蔭もいと涼しげに、つぶらに育ち行く葡萄の若芽、この熙々《きき》たる春の長閑に美わしき自然と鮮かに対比して、あらがうすべなき愛慾の宿命の呪縛を歎き、狂暴な嵐となって胸中に吹き荒ぶエロスの凄愴なる風光を描くイビュコスの歌は、その激しき情熱の吐出において、集団的感情の圏界を遥かに遠く超絶し、直ちにサッポーの歌境に肉迫しているというべきではなかろうか。また、さればこそ、ギリシア、ローマの批評家達も、彼を悩ましき恋の代表的詩人として、アナクレオン（Anakreōn）の名にならべ、その作品をレスボスの独詠歌唱と同列に置くことを敢てしたのであろう。本来、著しく国家的集団的なりし合唱歌が、燦然たるピンダロス出現に至る発展の道すがら、かかる個性的情熱の境涯にまで導かれざるを得なかったところに、人は時代精神の個人主義的動向が如何に熾烈且つ強力であったかを察知することができる。個人的我の自覚は、かくばかり圧倒的なる潮流をなして動乱の時代を支配していたのである。

しかしながら、この顕著なる個人主義的時代の、個人主義的芸術ジャンルたる抒情詩のなかで、特にすぐれて個人主義的なるものを求覓せんとするならば、人は言うまでもなくアイオリス抒情詩に赴くべきである。レスボス島を中心としてアイオリス人の間に発生せる独詠歌唱こそ、全ギリシア文学のうち最も純粋に抒情詩の名に価するものである。熱火のごとき情熱の沸騰、繊細優艶なる情緒の蕩揺、澎湃たる思惟の湧出——ありとあらゆる人間の内的生命が普遍化へのいささかの顧慮もなく、個人的体験の生ける真実その儘に、潺々《せんせん》と流れ来り流れ去る。永遠無限なる時空上の一点、今この場所におりて現に生きつつある具体的個人の内部のいのちが、模糊たる原始の暗霧を払って立ち昇り、鮮かな輪郭のうちに結晶する。それは正に純粋主観の抒情であり、純粋感情の表白である。個物的なるものをも常に普遍的なるものへの関聯において把握せずんば止まぬギリシア精神特有の観想性と客観性とは、レスボス島の名を世界文学史上に輝かせた情熱の女流詩人サッポー(Sapphō)によって完全に超克されたかと思われた。ギリシア精神は、彼女の以前にも以後にも、純粋主観性のかかる目眩く絶頂に登ることは遂になかった。この意味において、アルカイオス(Alkaios)とサッポーに究極するアイオリス独詠歌唱はギリシア精神史に現われた一の異常なる例外とすら見えるであろう。

アテナイオスの伝える所によれば、レスボス島のアルカイオスが、その長き生涯に親しく体験せる様々の恋愛、歓喜、快楽、苦痛、懊悩、忿恚は積りつもって十巻の詩集をなしたといわれ、またサッポーの豊麗なる詩魂は凝って九巻の集をなしたといわれるが、その大部分は惜しくも散佚し、僅かに珠玉のごとき断章を今日に残すにすぎぬ。今、私はその中から古来最も有名なるサッポーの「恋の狂乱」を選び、その精神史的意義を瞥見してみたい。

蕭索と更け行く夜のしじまの裡に、ただ独り孤閨をかこつ静かな悲愁にそれは始まる。

月は沈み　昴座《スバル》も
かくれぬ。しんしんと夜は
更け渡り、時は流れ行くに
妾《われ》はただひとり閨にあり。　(Fr. 94)

万籟《ばんらい》寂として声なき夜半の静謐をそのまま内に映して、孤独の愁いを淡々と歌う彼女の心に、突如として恋慕の情めざむるよと見るまに、むらむらと湧き起って胸を充たす。

槲《かしわ》のこずえに吹き下ろす深山《みやま》颪《おろ》しのそのごとく
恋はわが胸をかき乱しぬ。　(Fr. 50)

寄せ来る潮のごとき恋情の焔は、心をみたし心よりあふれ、全身に滲透して遂に凄じき肉体的苦痛にまで鋭化する。

君がその愛《は》しきえまいに　わが胸の
心の臓はもの狂おしくときめきいでぬ
君が姿をほの見れば、声はみだれて
　はや物言わんすべもなく
わが舌は渇きはて、繊かなる火焔
たちまちに膚えの下を燃えめぐり
まなこはかすみ　わが耳は
　鳴りやまず
とめどなく汗はしたたり、妖しき悪寒に
身はふるえ、蒼ざめし凄貌は
草の葉の色にもまさりて、生きの緒も
絶えんばかりの思いなり。

(Fr. 2, 5–16)

深き内心に秘めたる苦悩が狂騰の極処、肉体的痛苦と転じて全身に沁み渡る、その恐ろしき光景を描く此等の詩句に、*炎々と燃え上る愛慾の情火の沸きたぎる熱気を何人か感じない者があろうか。古人の伝によれば、流麗艶美なるサッポーの竪琴に響きをとどめた題材は種々様々であったと推察されるのであるが、畢竟するに末代まで消えぬ名前をのこしたものは恋愛であった。恋の歓び恋の悩み——恋こそは正しくサッポーの名と共に先ず聯想さるる主題なのである。

＊　最後に引用した断片第二を恋の狂乱と解することはロンギノス(Longin., De Sublim. 10)、プルタルコス(Plut. Erot. 18)、カトゥルス(Catul., Carm. LI)等ギリシア、ローマ以来の永き伝統に従うことを意味する。これに対して近代の有力なる文献学的解釈(Wilamowitz-Moellendorff: Sappho u. Simonides. S. 58; B. Snell: *Hermes* LXVI, 1931)は全く異なる見地に立ってこの詩の具体的本源的意義を再構せんとしている。しかしながら、サッポーの僅かな断片ではなく、その全作品を読んでいた古代の批評家・文人が一致して示す解釈を我々は無条件に棄却することはできないであろう。尤もいずれの説に従うにしても、今ここで論じている問題には殆んど無関係である。

扨て此等の断片には、女性独特の繊鋭なる感受性を以て、悩ましき、愛の情熱が生ける姿もそのままに把握されているのを我々は見るのであるが、ここに看過してはならないことは個人的内面生活の純粋結晶ともいうべきこのアイオリス抒情詩において、主観性の確立は決して主観性への惑溺を意味しないという一事である。ギリシア的抒情精神は、その主観性の極限においてすら、なお観想的なる最後の一線を守っている。即ち其処には近代抒情詩に見らるる世紀末的なるものは遺影だにない。縹渺として際涯なき情緒の陶酔、放佚恣意なる「我」への耽溺は其処には全く認められない。山巓より騒然と吹きおろしくる嵐の如き情熱に身も心もかき乱され、骨髄に徹する苦悩に悶えながら、なおも詩人は澄潭の目を以て苦しみもがく我れと我が身を観察している。熱火のうちにありながら冷静に、凍結しながら燃え立っている。これ即ち批評家ロンギノスをして百歎なお足らずとなさしめた所以であろう。されば、内と外との別はあるにせよ、サッポーの恋愛詩においても、抒情の主題は依然として現実なのである。外面的社会的生活に向う視線は内面に転ぜられ、秘かなる心の奥処に注がれる。しかし其処に求めらるるものは、あくまで人間的現実であり、個性的真理なのである。この世に人間の存続する限り、そして人間が恋を識る限り、常に絶ゆることなき愛の悩みと愛の苦しみとが、具体的なる個性の体験を通して、鮮明この上なき形姿の中に鏤刻される。最も個人的にして最も内密なる心の生活が「永遠に人間的なるもの」にまで高められる。サッポーの歌う恋の狂乱が、歴史上ただ一回かぎりの個体的現象でありながら、個に徹して永遠的なるものに達しておればこそ、彼女によって刻まれた情熱の形姿は「恋の古典」*として後世永く讃美の的となったのである。また、かく観じ来れば、一見例外とまで思われたアイオリス的抒情詩が決して例外にはあらずして、寧ろ却ってギリシア精神の本質的特徴を確証し露顕せしめるものであることがわかるであろう。個を通し個を超克することによって普遍的なるものに翻出せんとするギリシア精神本源の動向は、ここにも亦明確に看取せられる。アルカイオス、サッポーの主観的抒情詩の世界は、これに踵を接して誕生せるミレトスの哲学と最早それほど相距るものではないのである。

＊ サッポーの激烈な「恋の悩み」は後のギリシア詩歌散文に深刻なる影響を与えた(A. Turyn: Studia Sapphica)ばかりでなく、羅馬の詩人 Catullus を筆頭に、この断片第二を翻訳し翻案せんとした文人は佛蘭西だけでも Ronsard, Racine, Boileau, Voltaire, Lamartine と近代に至るまで跡を絶たぬ――参照 J. Larnac et R. Salmon: Sappho, p. 33; Robinson: Sappho and her influence.

ラシーヌの有名な Phèdre (I, iii) の歎きはサッポー翻案の古典的実例である (Je le vis, je rougis, je pâlis à sa vue; /Un trouble s'éleva dans mon âme éperdue; /Mes yeux ne voyaient plus, je ne pouvais parler; /Je sentis tout mon corps et transir et brûler. /Je reconnus Vénus et ses feux redoutables...)。ここに人はサッポーの「近代性」と、その普遍的人間性への深き透徹を窺見することが出来る。

アイオリス的独詠歌唱からイオニアのエレゴス・イアンボス詩の世界に目を移す時、人は文字通り外に出る。アイオリス抒情詩の主題たる「現実」は、純粋主体性における人間の内面的現実であったが、イオニア抒情詩の主題は外面的現実である。其処では常に人間の外にある生命的現実が主要なる関心の対象となっている。然して外に向う人間精神が、内に向うそれに比して、より積極的、批判的であり、より行動的であることは言うまでもない。さればイオニアの抒情詩は、ただ現実を歌い現実を描くところの美的遊戯に止まらずして、あるいは現実を観察してこれを反省の的となし、あるいは現実を批判しつつ積極的にこれに働きかけんとする人間精神の営みとならざるを得ぬ。かくて、エレゴスは人生の実相について、人生の目的について、神の義について、人の運命について、自ら反省しつつ他にまた反省を促すところの明確なる一種の思惟活動であり、人生観、世界観の乗輿であった。またイオニア地方の特産物ともいうべきイアンボスは揶揄嘲弄の詩形として、現実に直面せる知性的イオニア人の峻烈なる現実批判であり、且つ現実に働きかける行動の具であった。醜怪なる容貌をひっさげて世を睥睨し、市井に揶揄嘲罵の鋭鋒をふるい、「辛辣家」のあだ名によって人々に恐れられたエフェソス市のヒッポナクス(Hippōnax)が、ひとたびイアンボスの執拗なる毒矢を放てば、不幸なる諷刺の相手は遂に戦慄悶死したと古代の伝説は語っている。更にイアンボスの完成者

アルキロコスは、己が詩歌の有する復讐的毒の力を誇示して、

　　ただひとつ我が修めたる偉大なる術あり
　人われにあだなす時はわれもまた惨虐なる害もてこれに応う。　(Fr. 66)

と宣言する。すなわち此等の詩人達にとって、イアンボスは彼等が不正不義なる現実にたち向い、これに切りかける武器なのであった。

不正不義なる現実！　外面に向う人間精神が、自己の周囲に見出した現実は、まさしく黯黮として不正不義なのであった。外的現実を主題とするイオニアの抒情詩はそれ故に概して沈鬱であり、その現実批判には激しき毒が含まれている。あたかも時は未曽有の暗雲がギリシア全土を濛々と覆いつくした大動乱のさなかに当り、人いずこを見廻すともただ目に入るものは暗冥を包む暗冥のみ。閃々と闇を劈いて飛び交す電光に照らし出される万物壊滅の狂乱の姿も悽愴に、世界は挙げて激浪に呑まれんとする人々の阿鼻叫喚の巷であった。この酸鼻を極めた現実の恐ろしさは、遠くエンペドクレスにまで悲しみの余響を伝えている。彼は現実を「禍患の牧場《アテース・ケイモーン》」と見る。

歓びなき国
そこに惨殺と忿恚と、くさぐさの禍難の群
灼燥の病患と腐敗靡爛と壊流とが
患いの牧場を暗闇のなかに彷徨す。

(Fr. 121)*

かかる現実の中に棲む人間は、その根源において不幸である。そも何者が人間をかかる不幸に陥れたのか。悲痛の傷痍に堪えずしてアクラガスの哲人は思わず慟哭の声を絞る。

嗚呼かなし、嗚呼惨たる人間の族よ、嗚呼痛ましくも幸うすき者よ
かくばかり苛酷なる闘争と悲歎より汝等は生れ来し身ぞ。

(Fr. 124)

人はヘラクレイトスの「万物流転」思想の底深く淀む存在の哀傷にも、狂乱変転して常なき時代の暗くさしかける翳を認めないであろうか。

＊　本書におけるソクラテス以前期哲学者の断片引用はすべて Diels: Die Fragmente der Vorsokratiker (Berlin 1922) の本文及び番号付けにより、クランツの改訂に従う場合は特にその旨

を記す。

この「歓びなき国」「禍患の牧場」の暗闇をあてどもなく蹌踉とさまよい歩く人間に何の慰めがあり得よう。しかしながら翻って思うに、そもそもいずこより、かくも甚だしき不幸と災禍の大群が人間を襲い来ったのであるか。そも何が故に、また何者の意志によって無辜の人間がかくも惨酷なる苦悩を蒙らねばならないのか。我と我が身に痛烈なる現実として体験される世界悪は、人生の謎に関する真剣な思惟反省を人に強要せずにはおかぬ。既にホメロス、ヘシオドスに萌していた「運命《テュケー》」思想が、紀元前七世紀六世紀に至って著しくギリシア思想界の前面に押し出されて来たのはかかる事情による。「運命」思想とは裏からいえば、人間自由の問題にほかならない。されば紀元前五世紀以後、悲劇作家を経てギリシア宗教思想の中核となる人間的自由の難問は、抒情詩人達によってはじめて提出されたものと言ってよいのである。七世紀中葉のイアンボス詩人アルキロコスには、既に明白に、人間の内的自由が自覚され始めている。

扨て抒情詩人達は、前代より継承せる神観に従って、「運命」を神々の意志と同一視した。換言すれば、彼等は神々の存在と権能とを、運命という形で内面的に体験したのである。人間及び世界の運命から離れた神々はもはや考えられなくなった。然してホメロス以来、歳月の経過と共に人は、神々という複数名詞の下に、個々のオリュンポス神の集合よりもむしろ一種の統一的神力を感得し、これを大神ゼウスの形姿によって表象せんとする優勢なる傾向にあったが故に、詩人達の所謂神々の意志とは、畢竟するところゼウス一神の至高なる聖意、乃至は少くともそれに極めて近きものを意味していた。

この世に生起することは、善も悪も、幸も不幸も、悉く神の意志により、運命の儘に来る。人生の浮沈は全てこれ神の決するところ、人の富貴功名を得、栄誉栄達を極むるも、はたまた貧困落魄の境遇に陥没してつぶさに世の辛酸を嘗むるも、ひとえにかかって神意の如何による、とテオグニス(Theognis, Eleg. I, 165–166; 171–172)は歌う。限りなく襲い来るかずかずの災禍に憔悴し、精根つき果てて黝き大地に倒れ伏している哀れな人を、思いもかけぬに立ち上らせ、また、豪壮栄華の絶頂に立って昂然たる権勢の人を一朝にして顚落せしむるは神々の常なる故に、如何なる奇蹟が現成しようとも人はそれを眺めて驚倒し周章狼狽してはならぬ、とアルキロコス(Fr. 58; Fr. 74)は戒める。要するに、あらゆるものの根源は神であり「運命のめぐり合せが人間に全てを与える」(アルキロコス Fr. 8)のである。

しかしながら、この運命観は現実悪の問題を解決するものではなくして、却ってそれを深刻化するのみであった。全ては神の聖意によって起るという素朴なる運命観によって、人々の心が満足するには、当時の社会的現実は、余りにも不条理であり、矛盾撞着に充ち過ぎていた。所謂「善人の苦悩」の謎がそこにあった。無辜なる人々、寛宏温恭の善人が困窮と苦悩のどん底に呻吟し、奢侈淫逸を事とする破戒無慚の悪人が珠玉錦繡に包まれて隆々たる栄誉を誇る光景は、何人も否定せんとして否定し得ざる現在直接の事実であった。この矛盾、この不条理を如何にして解決するか。全ては神の意志より来るものとせば、至聖至善なる正義の神がかかる不当なることを欲するのであろうか。然らば神の義の意義は何処にあるのか。「善人は栄え、悪人は没落す」という単純なる古き応報観は、痛烈なる現実の前に潰滅し去った。現実は「善人しばしば不幸に陥り、悪人かえって隆盛する」ことを痛切なる幾多の実例を以て証明した。かくて「善人の苦悩」の問題は道徳的思想の焦点を人間の倫理性から神の倫理性に移す。人間の正義不正義よりも、先ず神の正義不正義が大問題となるのである。ギリシアにおける神義論《テオディセ》は、紀元前六世紀の抒情詩人達によって始めて明確なる問題として提出されたのであった。尤も抒情詩人達は、問題を提出はしたが、遂にそれを解決することはできなかった。神義論のギリシア的解決は、アテナイの悲劇作家達の知的努力を俟たねば到達されなかった。紀元前六世紀初頭、詩人ソロン(Solōn)が悪人栄達し善人悲境に陥るごとく見ゆるは単に一時の仮現に過ぎぬ、黙々として万物を知悉する正義の神は、かならずや最後には悪人を倒し、善人を興すであろう(Fr. 4)と説いて善悪応報論は一応の落着を見たかと思われたが、六世紀中葉以降に至るや、滔々たる現実的矛盾の激流は、アテナイの賢人の温和な思想を忽ちに押し流してしまった。余りにも甚だしき現実の不条理に、思わず激昂せるテオグニスが、忿怒に声をうちふるわせつつ「悪事をはたらく者その報を受けずして、他の人かえって彼の罰を蒙るは我等の現に目観するところ。神々の王者よ、不正なる行いに関わることなかりし人が不正なる応報を受くるが何の正義ぞ」(Eleg. I, 743 ff.)とゼウスに迫り、「大神ゼウスよ、汝は最高の王者なるに、などて正義を守る善き人々が貧困と災禍と苦悩に襲わるることを許し、義を棄て暴力に赴く悪しき人々の栄華を極むるを放置するや」(Eleg. I, 373 ff.)と叫ぶ時、そこには最早ソロンの平凡穏健なる思想を以てしては到底抑え宥めることのできぬ、生々しい現実が爆発しているのである。ここにギリシア倫理思想史上はじめて、矛盾多き人生の実相が、そのまま道徳神学の一大問題として呈示された。人間存在のかかる本源的問題性を、抒情詩時代以前のギリシア人は嘗て考えたことがなかった。

しかしながら、テオグニスは神の正義を否定した訳ではなく、彼も他の詩人達も究極においては神を信じ、神の正義を信じていた。従って、彼等にとっては、人生は結局人智の透徹し得ぬ偉大なる謎と化する。人間には事の表皮のみが見えて、真相は全く分らないのである。未だ生起せぬ事物について神が将来それを如何なる方向に実現して行くかを察知すること程困難なるはない、とテオグニスは言う。人間の行手には濛々と暗霧が立罩め、一足さきも見えわかぬ(Eleg. I, 1075-1078)*。全ては神意より来り、全ては運命として決定されるにしても、人間に未来を予見する能力が全然与えられていない上は、彼はただ運命の不気味なる糸の曳き寄せるままに、自ら自己の進み行く途を知ることすらなく、かなたこなたと彷徨する運命の哀れな傀儡に過ぎぬ。すなわち人間にとっては、「運命」テュケーは文字通り「偶然」である。

＊ 痛烈な女性嘲罵でその名を知らるるアモルゴスのイアンボス詩人セモニデス(Sēmōnidēs)も、これと殆んど同じ言葉によって人間の不明不敏を歎いている——(Fr. 1)。

国の内外共に有為転変の実相凄じく、人生の栄枯盛衰また一入あらわなる動乱の時代において、定めなき偶然の浪に揉まれつつ、而もなお人間の高貴なる品位を護持せんと欲せば、人は冷静に沈着にストア的諦念を守るよりほかに世に処する途はないのではなかろうか。

わが心よ、あらがうすべなき数々の苦患に弄ばるる我がこころよ

立ちあがれ、悪意ある者共に堂々と正面きって
たちむかえ。敵圏内に在る時も毅然として
歩武を進めよ。勝ちて衆に誇ることなく
敗れても徒らに閉じこもりて歎き悲しむことなかれ
幸福を獲て喜ぶも、禍患に陥ちてなげくも共に
程をすごすことなかれ。人生有為転変の鉄則を悟得せよ。
(Archil. Fr. 67 a)

とアルキロコスは、有名な「独白」のなかで我れと我が心に言いきかせる。ギリシア抒情詩界きっての狂激なるこの熱情家の裡にも、かかるストア的なものが宿っていたのであった。

しかしながら、より多数の抒情詩人達は、かくの如き冷厳なる諦念によって現実の惨苦を克服し、人生の尊厳を護持するだけの精神力を有たなかった。彼等は全然これとは異なる途を採った。その別途こそ、世に知らるるギリシア的生の悲愁、「ギリシアの憂鬱」なのである。

我れらは繚乱と花咲きにおう春の季節に

降り灑ぐ陽光のもと萌え茂る青葉のごとし。
ただつかの間の歓びに、若き日の花をたのしみて、
神々の心のままに、己が身の幸いも禍いも
絶えて知らなく。されど暗影深き宿命の女神ら我等をかこみて
あるいは憂きことしげき老いをもたらし
あるはまた死をもちきたる。げに青春の木の実は
うつろいやすくして、地を照らす陽の光のごとし。
この青春の束の間の逝焉として去り行かば
生きんより死なんことこそまさりたれ。
(Mimnermos, Fr. 5)

とミムネルモスは逝く春に人生の憂愁を歌う。まことにアルキロコスの教えるごとく、栄枯盛衰は人生の常であり、有為転変は存在界の鉄則であるにしても、これを以て直ちに巍然たる諦念の上に卓立し去るには、イオニア人の詩魂は余りに繊細優美でありすぎた。いな、動揺常なく変転定めなき存在界の現実を徹見すればするほど、彼等の心には暗鬱なるペシミズムが深き翳を拡げて行ったのである。多感なる彼等は、あらゆる存在者を繋縛する生滅無常の運命を即ち己が宿命として痛苦し、全世界に充ちひろがる存在

の苦悩を人間実存の悲劇として己が一心に凝集し、これを甘美なる憂愁の哀歌に抒情した。美わしき青春の輝きは儚く去り、昨日の少年も今日は白頭の老人となって醜き姿を人に慚《は》じねばならぬ。徂年は流れ逝いてやまず、若き日の歓楽いまだつくさざるに早くも死の影はかぐろくも迫り来る。

かつて美貌を謳われし人も、やがて青春の時すぎれば
げにうとましき者となり果つ、己が子らにも、己が友にも。　(Mimn. Fr. 3)

もろ人にめで愛さるる若き日も
はかなき夢のごとくにて、ただ束の間に過ぎてかえらず　(Mimn. Fr. 3)

ミムネルモスの抒情詩に、かの特徴ある憂愁の歔欷を響かせる生の哀傷は、かくて時代精神そのものの慟哭であり、彼の青春の悲歎は存在それ自身の嘆きを象徴するものであった。春の哀歌は、直ちに落寞たる存在の哀歌なのであった。万物流転はイオニア的世界観・人生観の基調である。かつて壮麗なるホメロスの英雄譚に、一抹の哀感をそえた万象必滅の思想——かの「樹の葉の世代」(Ilias VI, 146 ff.) の思想が嫋々たる哀切の調

べをかなでつつイオニア人の世界を涙に浸す。秋風に乱れ散る樹々のわくら葉のごとく、人は束の間の春光を心ゆくまで楽しむひまもなく、はや醜悪なる老人となって死滅の途を急ぎ行く。しかも人間をとりまく現実は無恥と労苦と不義不正に暗く且つ重い。人間にとって生存は一つの重荷である。かくて暗澹たる絶望と憂鬱なる厭世主義が人々の心を支配する。この世に生れないことが人間の最大の幸福である。「地に住む者(人間)にとって、こよなく望ましきは、うつし世に生れ出でざること、天津日の耀《かがよ》いを見ざること」とテオグニスは説く、「されど、ひとたびこの世に生をうけし上は、寸時もはやく冥府の門をくぐり、厚き土塊の衾の下に横たわること」(Fr. Eleg. I, 425–428)。「あまつ日の光に照らさるる人間は、誰一人として幸福ではない」(167–168)。

この厭世的無常観は、イオニアの詩人達においては享楽主義的人生観と直結した。ここに新時代の顕著なる特徴がある。ホメロスも生者必滅の悲哀は痛切に知っていたが、そこから刹那的快楽主義(Carpe diem !)の結論をひき出すことは全く知らなかった。ホメロスにあっては、人生無常迅速の実相を認識することは、ただ偉大なる英雄達の生涯にヒロイズムの悲壮美を加えるにとどまった。しかるにイオニア的憂愁の詩人達は、いずれも濃厚なる享楽主義者なのである。曩に引用せる詩句において、人間にとっては地上に生れ来らざることが最大の幸福、また不幸にして生れし上は、一刻も早く墓土の下に横たわることこそ、こよなき幸福、と教えたテオグニスは、ここに理論の方向を一転し、人間はかくも儚き存在なるが故に、無情の風に青春の花散りしかぬうち、速かに心ゆくまで生を享楽すべし(Fr. Eleg. I, 877–878)と説き、「余は貴き生れの身なれども、無常の嵐には抗すべくもなく、やがて老齢の浪おし寄せ来って死の国に運び去られん時は、なつかしき太陽の光も遠き地の下に、物言わぬ石塊のごとく埋れ伏して、最早いかなるものをも賞玩すること能わざるべしと観念する故に、かくは青春のひとときを享楽するなり」(567–570)と自己の快楽主義を万物必滅の理によって基礎づけんとする。またアモルゴスのセモニデス*は、世人往々にして、己が健康なるにまかせて病患の苦しみを憶わず、青春の元気にまぎれて歳月過ぎやすく死の襲い来るのすみやかなるを忘れ、あたかも永遠に不老不死を保ち得るかのごとく振舞うさまを見て眉を顰め、愚かにも浅ましき者共よ、汝等は迂愚にして生の短かきを知らぬかと嘲り、一刻も早く蒙昧の夢より醒めて人生の儚きを悟り、僅かに許されたる青春の時を充分に享楽せよと説教する(Fr. 29)。

＊　この詩は元来ストバイオスの古代ギリシア抒情詩選集(Bergk 4, 34)に、合唱歌抒情詩人シモニデス Simōnidēs の作として挙げられているものである。この古代伝承が誤りであって、実はイオニアの抒情詩人セモニデス(因みにこの詩人の名はシモニデスともいわれる)に帰属すべきものであることを精密なる文献学的研究によって決定したのは文学史家の功績である。こ

の説には多少反対がないではないが Wilamowitz-Moellendorff (Homerische Untersuchungen, 352), Jaeger (Paideia, 176) をはじめ学界の有力なる人々は殆んど全てこれを支持している。

生の儚さから導出さるるこの享楽主義は、ホメロス時代のギリシア人の夢にも知らぬ奇怪なる結論であった。時代精神はかくまで激しく変転していたのである。ここでは人間は明かに個人の立場から全ての物事を観ている。個人が世界の中心に立っている。然して生の快楽が個人の権利として主張されているのである。これはギリシア精神史上に顕われた新現象であると共に、古典的意味におけるギリシア的倫理思想の発端をなすものでもある。嘗て人間行動の倫理性を基礎づけていた「美わしさ」(カロン)即ち高貴なることの傍に、始めて「快よさ」(ヘーデュ)が人生最高の価値として登場し、これと覇を争うこととなったからである。イエーガーの指摘するごとく(Paideia, S. 179)、ソフィスト時代よりソクラテス、プラトンを通ってアリストテレスに至る倫理思想史は、結局カロンとヘーデュとの相剋闘争の歴史に帰着する。

イオニアの詩人達の享楽主義は、単にその場かぎりの主観的気分を衝動的に表白したものではなくして、既に立派な思想であったことが注意せられねばならない。彼等が内外の現実からひき出したこの結論が正しき倫理観なりや否やは別問題として、快楽主義は確乎たる彼等の人生観であり世界観であった。それは人間的現実に対する彼等の反省が到達した思想であった。すなわち彼等は既に思想家であり哲学者なのである。かくて狭義におけるギリシア「哲学」が処も同じイオニアに発祥すべき地盤は、抒情詩人達によって充分に準備されていたと考えることができるであろう。人間的現実に対する倫理的反省を一転して、自然的現実に対する存在論的反省となすことが、すなわちイオニア自然哲学の始りであったからである。しかしながらこの決定的飛躍を敢行せんがためには、ギリシア精神は更にもう一つの試煉を通過せねばならなかった。そしてその試煉はディオニュソス神の形の下に山深きトラキアの北国から侵入し来ったのであった。

第八章　ディオニュソスの狂乱

ディオニュソス！　人々この恐るべき神の名を喚べば、森林の樹々はざわめき、深山は妖しき法悦にうち震う。秘妙なる忘我の旋風が全地を覆い、人も野獣も木も草も、あらゆるものは陰惨なる陶酔の暗夜に没入帰一し、怒濤のごとき野性の情熱が凄じく荒狂う。全ては流動、全ては激熱、全ては狂騰、全ては灼熱の歓喜。かくの如き放恣なる野性の沸騰は、かの彫塑的ヘラス精神に対して、まさしくローデの言葉通り(Rohde: Die Relig. d. Griech.)外来的異国的要素であった。しかしながらこの純異国的信仰がひとたび襲来するや、あたるべからざる急勢をもって燎原の火のごとくギリシア全土を北から南へ席捲し、伝襲的国家宗教の反抗を粉砕しつつ、駸々としてギリシア精神内に浸透し、内面よりこれを完全に変貌せしむることによって遂にギリシア精神の本質的要素と化するまでは止まなかったのである。アジアの蛮神ディオニュソスは、かくて完全にオリュンポス神族の一員となりすました。ギリシアの神々のうちで最も若い神と、ヘロドトスによって記録されたこの神をホメロス、ヘシオドスは未だ殆んど知らなかった。

紀元前七世紀より六世紀にかけて隆盛の絶頂を極めたディオニュソス信仰は、この大動乱の不安時代に際してギリシア各地に群生せる密儀宗教的傾向の一の顕現として解することができる。然してそれは、苛酷惨烈なる現実苦をつぶさに体験しつつあったギリシア人の胸に、期せずして目覚めた彼岸への憧憬、墓のあなたの浄福にたいする切実なる希求に応じて興隆せるものであった。新しき混沌の時代は正にかかるものを要求しつつあったのである。

我々は前章において、当時のギリシア的知性の精英が如何に惨澹たる苦悩を以て現実世界の矛盾と不正を目覩し、これを思想的に超克せんとして空しき努力を尽したかを見た。紀元前八世紀に端を発する惑乱騒擾の二百年に、人間は伝統の地盤から衝き落され、過去の凡ゆるものは次から次へ崩壊し、存在の根柢はあやしくゆれ動いた。今まで不変不動と信じていた事物が悉く根こぎにされ、人々の見ている目の前で凋落して行った。人々は今さらのごとく世界と人生の無常を痛感するのであった。詩人達の甘美なリラの絃には、慰めなき憂愁が、落寞たる有為転変の嘆きが、求めずして自ずと通い来って、惻々と肺腑にせまる哀傷の歌を奏でた。稀にはアテナイの詩人立法家ソロンの如く、この現実の狂乱変転の空高く、神的正義の閃光を窺見して僅かに心なぐさめるだけの冷静清澄なる精神を保持し得た賢者も居ないではなかったが、大多数の人々にはかかる明徹厳正な観照に安心立命を見出すほどの余裕は毫厘もなかった。一般民衆はもとより、思想界の選良《エリート》ともいうべき詩人達ですら決して例外ではなかったのである。前章にその詩作断片の幾つかを引用したメガラの抒情詩人テオグニスは、いわば当時の代表的人生哲学者であったが、その彼にして、ソロンが未だ視野から見失わなかったゼウスの聖光をもはや何処に尋ねても見出し得なかった。彼は神の存在を、神の世界支配を信じてはいた。万物を包摂する神的統一を信じてはいた。彼は血眼になってそれを尋ね求めた。しかしそれは遂に彼の手にはとらえられなかった。闇のただなかにあって空しく光を求め、光に憧れつつ虚空を握むテオグニスの狂憑の姿こそ、この動乱時代に生きる人間精神の悲劇的典型ではなかったであろうか。彼の抒情詩のいたるところ、突如として湧き起る大波のようにもり上る粗暴な忿恚、燃ゆるがごとき憤懣の怒濤は、ついにみたされざる調和への渇望より自ら発しくる時代そのものの怨嗟の声であり、彼の詩に屢々絶望の陰翳を投ずる生の悲愁は、これまた動揺常なき時代精神そのものの慟哭であり歔欷であるのではなかろうか。

かくて抒情悲歌の絶望は全ギリシアの嘆きであったが、この生の憂愁が決してギリシア人の最後の言葉とはならなかったことを人は忘れてはならない。彼等の潑剌として創造力ゆたかなる民族精神は彼等が生の倦怠、生の厭忌の暗黒裡に銷沈し尽して二度と再び新生の歓喜と希望に甦生することなきまでに自己の生命を否定し去るを許さなかった。現実の生滅成壊、人生の有為転変は彼等の心を悲しませたが、その魂の苦悶はやがて深き反省の機縁となり、新しき生命への憧憬をいやが上にもかき立てた。新しき生命……それは儚くも流れ逝く夢のごとき生命にあらずして、永久に渝ることなき生命、久遠の生命でなければならなかった。故に、新しき生命への熾烈なる要求は、すなわち新しき宗教への要求であった。現世の苦悩は現世そのものを超克することによってのみ、人生の悲愁は人生そのものを超越することによってのみ解消される。しかし本質的に現世の宗教であり、陽の光に輝く此岸の信仰であるホメロス的宗教が、如何にして現世超克をなさしむるであろうか。神話的宗教は多数の人々の眼には既に生ける宗教であることをやめつつあった。かくて新しき生命を齎すべき新しき宗教の到来を時代は痛切に渇仰しつつあったのである。換言すれば、当時ギリシア精神を襲った生の銷沈が、同時にその裏面においては著しき生の昂揚への一歩であり、久遠の宗教的生命に飛躍すべき貴重なる踏石となったのであった。

而も新しき宗教を渇望せるものが、ひとりギリシア的知性の精英たる知識階級のみでなく、それにもまして一般の民衆が新しき救いの光を喘ぎ求めていた事実は、密儀宗教発展のあの驚くべき速度と流勢とを説明するものでなければならない。新興知識階級の思想家達が従来の現世的国民宗教に激しい反撥を感じたと同じように、大衆もまたそれに甚だしく不満であった。変転止まるところなき動乱の渦中にまきこまれ、見渡す限り目に入るものは無常遷流の事物のみ、人間生活は撼惑され、生存もその根基を脅かさるるこの時、外面的典礼的なる公認の国家宗教がもはや人心に宗教的慰安を与えることが出来なくなったのも当然であろう。のみならずこの宗教を主宰するオリュンポスの神々たるや、その行動の不条理、その賞罰の不当不正は何人の眼にも明かである。曩に私は詩人テオグニスの心を襲って、これを擾乱したゼウスの「正義」にたいする深刻なる疑惑について語ったが、この点に関する一般民衆の困惑はさらに甚だしきものがあった。神的正義の存否は、彼等にとっては、一の倫理思想的苦悩ではなくして、直接に自己の生命に関する大問題であった。厳正なる正義の主たるべき神々が人間に対する働きは実に不正不法であって、神的正義とは空虚なる名にすぎないとせば、また、人がひとたび罪を犯せば末代までその禍を蒙り、悔悛も陳謝も神々の愛嘉を確実に保証するところなしとせば、神信仰の意義がどこにあろうか。

しかしながら父祖伝来の典礼的宗教に民衆が著しく不満を抱きはじめた最大の原因は、それが根本において現世の宗教であるという処に存した。ホメロス的人間の視野は主として現世に限定されていた。来世の生活をホメロスも語らぬではないが、それは現世の生活に比すれば薄暗き影の影にすぎぬ。個人の最高の幸福は、ただこの世においてのみ享けられるのであって、ひとたび冥府の門をくぐれば、もはや全ては終りである。かかる教えが若し「宗教」の名に価するものとせば、それはまさに此岸的宗教といわれねばならないであろう。すなわち、それは彼岸の生活の浄福を人々に何等保証するところがなかった。墓の彼方の生活、肉体死滅後の霊魂の幸福についてこの現世的宗教は人々の不安をいささかもなだめることがなかった。いな、それどころか、幸福の島に赴くという叙事詩的英雄達は別としても、一般衆庶の魂魄は、死する肉体を離れて後は、哀れにも慰めなき運命の途を辿るべく定められているらしかった。

ひとたび死すれば、影と化するは人のさだめぞ。
人の魂魄《テユーモス》の白き骨をば棄て行くとき
肉と骨とを結びし筋は解けほぐれ
肉体は炎々たる火焰の猛力に湮滅し
幽魂《プシューケー》は夢幻の如く飄々と飛び去りて跡もなし。
(Odys. XI, 218–222)

とホメロスが語るごとく、肉体と死別する幽魂は幻と化して空を飛び、幽暗の冥府に沈んで、其処に希望の光なき陰鬱な薄暮の生活を続けねばならぬと人々は教えられた。ことさらに、成壊変転の流れ激しき世に生れ合わせて、人生の儚さと存在の無常を、ひとしお身にしみて感じていた人々にとって、かかる死後の運命図は余りにも陰惨にして堪えがたく、余りにも冷酷苛烈ではなかったか。たとえ現世に在るあいだは如何ような禍難を蒙ろうとも、せめて死後には温い慰めがほしい。せめて墓の彼方には明るい希望をつなぎたい。生の現実は苦悩に埋れ、現世の生活は不義不正に充満しておるが故に、而も此等の苦患と不義不公平は現世においては絶対に償われざることが余りにも明白なるが故に、人は来世におけるその完全なる弁済を今から確実に保証して貰いたかったのである。民衆の渇望する新しき宗教はかくて何より先に彼岸的宗教でなければならなかった。久遠の生命を与え、死後の浄福を約束し得る宗教であることがその第一条件であった。然して全ギリシアのこの熱烈なる要望に応ずるごとく、ディオニュソス神が凄じき狂憑の姿をヘラスの蒼穹に現わしたのであった。

しかしながらディオニュソス神信仰の官能的発作的祭礼行事が直ちにそのままギリシア人の彼岸的宗教となった訳ではなかった。ディオニュソス的狂乱の祭祀儀礼は、原始的には死せる自然神を再び生に喚び戻さんとする呪術的儀式であって、それは宗教としては彼岸的でも此岸的でもない。この北方の蛮教がギリシアにおいて、霊魂の不死を保証するところの純然たる彼岸的宗教と化するためには、それが露わに示していた原始の狂熱的野蛮性を密儀宗教の優美なる典礼のかげにひそめて、充分に醇化されギリシア化されることが必要であった。ディオニュソス神は、ギリシア民族が先史時代より伝襲し来った農民的宗教の密儀行事に結合し、その核心に侵入して密儀宗教の象徴となり、更にオルフェウス教団の主神として整然たる秘儀典礼組織と独特なる教義体系を与えらるるに及び、はじめて全ギリシア的彼岸宗教の神になったということができる。しかし私は今ここに、密儀宗教とオルフェウス教団の発展を叙述するに先立ち、ギリシア以前のディオニュソスについて一言語りたいと思う。野性の息吹き荒々しきこの蛮神の原姿について、また彼の狂暴なる祭礼が信徒を捲き込む忘我奪魂の法悦について語りつつ、その精神的意義を考察してみたい。

優雅繊美なる文化人、都市生活の貴族達が始めて目撃せるディオニュソスの狂乱こそ、まことに浅ましくも凄じき光景であったことであろう。悲劇作家エウリピデスは不朽の作「神憑の女群」において、彼には珍らしき興奮の戦慄を示しながら、その恐るべき惑乱狂騰の印象を詩的幻想に描き出している。おどろにふり乱した長髪を肩に流した女達――家事を棄て聖なる狂気に陥った若妻、老女、処女達が野鹿の皮を身にまとい、蔦と蔓草を頭に巻き、狂憑の鋭声ものすごく山野を突風のごとく駆けめぐる。頸には蛇がまきからまって彼女達の頬を舐め、腕に抱かれた仔獣が彼女等の乳を吸う。その悽愴なる叫喚に催されて、大地は重吹《しぶき》をあげて水を噴出し、到るところから酒が流れ乳が湧く。然して彼女等が手に手に打ち振る聖杖からは滴々と蜜がしたたり落ちて、甘き匂いが風に薫る。このもの狂おしき彷徨の途次、附近の山野に草食む牧牛の群に彼女等の眼がとまれば、突風のごとくこれに襲いかかって、肉を引き裂き、骨をうち折り、所嫌わず彼女等の投げ散らす肉片は生きの身の温気消えやらぬ鮮血に紅く染って木々の枝に懸り、砕き割られた肋骨や蹄が地上に散乱して惨虐酸鼻の極をつくす(Eurip., Bakkh. 690 ff.)。

いうまでもなくこの戦慄すべき光景は、エウリピデス当時の実景を詩的誇張において描写したものではなく、寧ろ過ぎし昔に全ギリシアを襲い来った異様なる興奮と妖しき狂熱の歴史的思い出を、詩的想像力によって気分的象徴的に再現せんとしたものに他ならぬ。紀元前五世紀末期のギリシアの現実においては、ディオニュソス崇拝のなまなましき原始的野性は既に失われて、かのアジア的激情の狂焰もようやく下火に向いつつあった。しかしながら、それだけに又、初めてディオニュソス神に接したギリシアの都市生活者達が如何に激烈なる印象を与えられたかを、我々はこれによってまざまざと目前に髣髴せしめることができる。ディオニュソス神の勝利は正にギリシア人にとって精神的一大危機を意味し、その経験はギリシア精神に拭い難き深刻なる影響をきざみつけたのであった。

さてディオニュソス神とは抑《そも》も何を本体となし、また如何なる国、如何なる民族の神なのであろうか。且つそれは何時、如何なる事情の下においてギリシアに入り来ったのであろうか。この問いに対して、人は直ちに用意されたる答えを以て応ずるであろう。ディオニュソスとはもと全然ヘラスの土地と関係なき北の国トラキアの異神であって、大自然の循環的生命を象徴する。あたかも蕭条たる冬枯の草木が、やがてめぐり来る春酣《たけなわ》の麗光と共に再び芽をふき花を咲かせるごとく、この神は死して地下に隠れ、また蘇生して地上に還り来る。然してこの野蛮怪異なる宗教が、ギリシアに来襲し侵入してギリシア民族の生活裡に確乎たる位置を占めたのはホメロス時代以後、ほぼ紀元前七世紀のことに属する、と。かくてギリシア宗教史の教科書は異口同音に、ディオニュソス宗教のトラキア(或はフリュギア)起源と、ギリシアにおけるその若さとを疑うべからざる歴史的事実として語る。しかしながら我々はこれをそのままに承服してよいであろうか。

一体ディオニュソス神が、元来ギリシアには全然関係なき北方蛮国の異神であり、ギリシア神話に語られているディオニュソスの相続く「勝利」の数々は、この異国神崇拝が滔々たる潮流をなしてヘラスの天地に浸潤して行く「征服」の各段階を意味するというのは、歴史的に証明された事実にはあらずして、実はローデ(E. Rohde: Psyche)の大胆なる推測であったのである。然るにこの放胆卓抜なる仮説はペルドリゼ(Perdrizet: Cultes et mythes du Pangée)、ファネル(Farnell: Cults of the Greek States)その他学界の有力なる人々の支持を得て、遂には殆んど常識的事実として一般に通用するに至った。しかしながらその後の研究は、ディオニュソスの問題が、かかる単純な仮説によっては充分に解決できぬことを明示し始めた。第一にギリシアにおけるディオニュソスの年代は、従来考えられていたよりも遥かに古いということである。ホメロスはディオニュソス神を知らぬというが、それは殆んど知らないのであって、全然知らないのではない(例 Ilias VI, 130; XIV, 325; XXII, 460, etc.)。ホメロス叙事詩の中でディオニュソスが中心的位置を与えられていないのは、ホメロスの世界が本質的に貴族階級の世界であり、その宗教が上流社会の公認宗教だからである。それ故、ひとたび貴族社会から民衆生活に眼を転じて見れば、我々はディオニュソスが民衆、すなわち農民の宗教生活に、際涯の知れぬ太古から密接にからみついているのを発見するのである(L. Gernet et A. Boulanger: Le génie grec dans la religion, p. 116 ff.)。有名なディオニュソス祭祀たる「花まつり《アンテステリア》」は、ギリシア民族の小亜細亜移民以前から存在していた。またクレタ島のディオニュソス崇拝のごときは、特徴的なる生肉啖食の行事を有している。このほか無数の歴史的事実は、ディオニュソス宗教がトラキアからギリシアに襲来せる異国信仰にあらずして、寧ろトラキアにもギリシアにも共通な或る先史的基底に所属するものにあらざるやを思わせる節が多分に存するのである。若し然りとすれば、ディオニュソス宗教における所謂「トラキア的」要素は、実は前トラキア的要素、すなわち多島海的亜細亜的要素が歴史時代まで存続せるもの（Nilsson: The Minoan-Mycenaean Religion and its Survival in Greek Religion, p. 495 ff.）と考えられるであろう。ギリシア文化出現以前の遼遠なる過去において恐らく亜細亜から発生せる一大宗教潮流がギリシアを貫通して奔進し各処にバッコス（ディオニュソス）神と、フリュギアの大地母神セメレとの崇拝を残し去ったものと想像される。トラキア、フリュギアからギリシア全土、クレタ島にかけて、互いに極めて類似せる農業祭式、地神祭が歴史時代に入って点々と処々に見出される事実は、かくて甫めて説明されるのである。この先天的宗教潮流の中には、五穀豊饒を祈念する穏和にして平和的なる農業祭祀と、草木自然生命の復活を促す狂暴狂躁の祭典との二つの要素が併存しており、此等二要素が各地に離散する状態は区々として統一がなかった。また其等の祭祀の主神も、或はディオニュソス、或はデメテル、或はアルテミス等であり、従って通常ディオニュソス崇拝の特徴とされる狂躁狂乱の忘我神憑が所によってはアルテミス神祭祀の重要なる要素をなしている場合もあり(Nilsson: Griechische Feste von religiöser Bedeutung. S. 184)、生肉啖食の蛮風すら歴史時代のアルカディアのデスポイナ女神典礼に仄かな名残を止めているのである。しかしながらこの両要素がギリシアにおいて次第にディオニュソスの名の下に統一されて行ったことは事実である。各地の五穀豊饒祈念の平和的農事祭儀には、遅かれ速かれディオニュソスが関係し始め、その多くを遂には完全なる「ディオニュソス祭」に転化せしめてしまった。第二の神憑狂乱的祭祀要素が、特にディオニュソス的であったことはいうまでもない。しかしこの狂乱的祭祀様式を、原始的野蛮性のなまなましき狂熱そのままに、歴史時代の真只中に至るまで保持していたのはトラキア人であった。されば、紀元前七世紀、先史的宗教の残したこの「聖なる狂乱」の余燼が、不安惑擾の時代の風に煽られて再びどっと燃え上り、全ギリシアの空をあかあかと焦がしつつ怖るべき衝迫の火勢が蔓延しはじめた時、ギリシア人はこれを北方異神のギリシア来襲としてうけとったのである。殊に農民の生活からは縁遠い生活を送って来た都市住民にとっては、ディオニュソス神の「侵入」は正に一大事件であった。何者の権勢を以てしても堰止めかねる悪疫のごとく、ディオニュソス的狂憑は都市から都市へ次々と飛火して伝染して行った。ポリスを支配する王は周章狼狽して都市の城門を閉ざしたが無駄であった。悪疫の猛勢はたちまちにして城門を砕破し城壁をつき抜いてポリスの内部深く侵入した。異常なる興奮が空気を充たし、全ギリシアが高熱にうかされ、失神昏惑の状態に捲きこまれんとしていた。民族の将来を憂うる識者達は決然立って警鐘を打発し、「危機」を叫んだ。

「ディオニュソス的危機」——それは、確かに危機と呼ばるるにふさわしきものであった。がしかし、ギリシア民族はこの危機を通過することによってはじめて西欧文化創建者たるの光栄ある聖位に昇り得たのであることを忘れてはならない。ディオニュソス的危機はギリシア精神にとってまさに重大なる危機であり、恐るべき悪疫であったが、他面それはまた深刻なる宗教的体験であった。この宗教的体験の洗礼を受けることなしにはギリシア民族は、彼等が世界に誇る哲学をもアテナイの悲劇文学をも生み出すことがなかったであろう。然らばこの野蛮なる祭祀がギリシア人に齎した宗教的体験とは抑も如何なるものであったろうか。我々はここにディオニュソス祭礼の精神的意義を一瞥しなければならぬ。

この祭礼の情景は既に余りにも有名であって、もはや仔細に描写するを要しないであろう。まことに、それは狂燥混溟の限りを尽したものであり、野性の憑気に渦巻いて想像するだに戦慄を禁じ得ざる光景であった。蕭索たる深夜、あやめもわかぬ漆黒の闇の中を、手に手に炎々と燃えさかる炬火をふりかざした女達が、髪をおどろに振りみだし、狂乱の姿ものすごく、異様なる叫声を発しながら騒擾の音楽に合わせ、嵐の如く舞いくるう。彼女等の踏みしめる足音と、夜のしじまをつんざいて飛響する恐ろしい狂憑の叫喚に、山野は鳴動し、木々も不思議な法悦の共感に包まれておののき慄える。かくて信徒の狂乱陶酔はいよいよ激しく、いよいよ凄じく、奔流をなして噴湧する熱情の火焔はあらゆるものを異常なる緊張の渦中に熔融燃上せしめねばやまぬ。しかしてこの興奮の極、彼等は神に捧げられた犠牲の聖獣めがけて一せいに跳りかかり、生きながらその四肢を引き裂き引きちぎり、鮮血したたる生肉を啖う。ここに忘我荒乱は極限に達し、信徒達は人でありながら人たることをやめ、「自分自身の外に出て」(エクスタシス)神の裡に遺漏なく還滅するのである。すなわちこの時、信徒が陥る状態は、完き意味における「神憑」(エントゥシアスモス或はエントゥシアシス Plat. Tim. 71 E; Phaedr. 249 E)の状態である。狂乱の信徒達が聖獣の生肉を啖い、その血を啜る時、彼等は神そのものの肉を啖い血を飲むのである。神に捧げられた聖獣は神自身と区別されない。エレア地方のディオニュソス祭祀においては後世まで信徒は神に喚びかけるに「牡牛」なる名を用い(Plut. Quest. Graec. 36)、ラコニアでは神は「仔山羊」であった(Wide: Lakonische Kulte)。さればこの生肉啖食の典儀において神と犠牲獣と人間とは完全に融合帰一するのである。即ち、犠牲獣の鮮血滴る生肉を呑下することによって人はそのまま聖獣と化し、聖獣と化することによって神と合一する。かくして限りを知らぬ狂燥乱舞の恍惚裡、神・人・獣は各々その個性の辺際を超絶してあらゆる差別を失い、言亡絶慮の法悦のうちに全ては一となり、一が全てとなるのである。かかる超越的「全即一」の生命体験が如何に深刻なる影響をギリシア精神の上に刻印したかは、もはや縷言を要せずして明かであろう。ミレトスに発祥せるギリシア哲学が、人間にもあらず、相対的個物にもあらず、直ちに全体としての宇宙の考察から出発し、絶対的普遍者の探究を第一義的課題となせる事実は、まことに意義深きものがあるといわなければならない。またイオニア哲学の冒頭を飾るタレスの思想が、著しく汎生命的なることも決して偶然の戯れではないのである。

しかしながらディオニュソス宗教がギリシア精神に同化され、その内部に織り込まれて行く精神史的推移過程を剰すところなく理解せんがためには、上述せる如き原始形態におけるディオニュソス崇拝の祭儀が極度の感情的興奮と集団的幻覚に基く一種のシャマニズムであることが注意されねばならぬ。すなわちこの野蛮なる祭儀は、そのままでは神と人間との人格的合一として信徒の個人的救済を保証するところの人格的宗教でもなく、また墓の彼方における霊魂の不死と浄福とを約束する彼岸的宗教でもない。紅血流るる生肉を噛みしだきつつ、暴れ狂う脱自陶酔の妖気に没溺する信徒の魂は肉身を脱して神の冥暗に帰滅し、生きながらにしてバッコスとなるといえども、ここに実現さるる冥合はあくまで集団的合一であって、真に個人的人格的神人合一ではない。全集団が渾然たる一に帰融し、個人が全体の内に消無して、集団的一者が神となることがその体験のすべてであって、個人が直接に神と面々相対し、神に還滅して永遠の生命に参与する宗教的個人主義に達するまでにはなお相当の距離が存するのである。然るに、伝襲的貴族宗教の形式的国家主義に慊らぬ当時の一般民心が新宗教に期待せるものは、まさしく個人的救済と霊魂不滅の保証にほかならなかった。されば、ディオニュソス崇拝の原始的シャマニズムは、その粗暴醜怪なる蛮性と本質的集団性とを掃蕩され、醇乎たる神秘主義に転成することなくしては、真にギリシア精神の内的要素たることはできなかったのである。しかしてこの掃蕩転化を実現せしめ、以てギリシア精神史の本流に神秘主義の急端を導入せるものは、諸処に発展せる各種の密儀宗教、なかでもディオニュソス自らを主神とするオルフェウス教団の活動であった。

しかしながらディオニュソス的狂乱のギリシア化に断乎として反対する有力なる勢力もあった。如何に醇化され浄化されたにせよ、人間が人間であることを止め、相対者が絶対者に翻転することを終窮の目的とするディオニュソス的「神憑り《エントゥシアスモス》」が、人間の節度を守ることを以て敬虔の徳の最たるものとなす貴族階級の伝統的宗教心と正面から衝突するに至ったことは当然である。徒に不死を仰望することなく、「神にならんとする」ことなく、人間存在の相対性を諦観して、死すべき身の分を守ることこそ神に対する人間の正しき態度でなければならぬという、遥か後世までギリシアの民族的理想たることをやめなかった太古の本能的思考が、人間の分を守らず、人間の矩《のり》を踰破して神に帰没し神に成ることこそ宗教の最高境地なりとなす神秘主義的思潮の不遜放埒なる進出を黙視する筈はなかった。滔々としてギリシア全土を席捲し去らんとするこの危険思想に対抗し、伝来の貴族的人間の高貴なる精神を護持すべく、ディオニュソス打破の烽火を掲げ、反対運動の先頭に立って勇敢に時流と相剋闘争を敢行したのは抒情詩人ピンダロスであった。ギリシア抒情詩史の最後を飾るこの詩人は、時代よりすれば紀元前五世紀の初頭に活躍せる人、従ってイオニア哲学発生以後の人物であるが、伝統的国民宗教及びオルフィズムに対する特殊なる関係の故に、精神史的には寧ろ哲学発生に先立って論じるのを至当と考える。彼は旧き宗教を守って新しき宗教と闘わんとしたが、結局、新しき宗教の魅惑を己が心から払拭し切れなかった。新旧両思潮がこの偉大なる抒情詩人の胸裡に流入しつつ、それを悽愴なる戦場と化して、互いに相衝ち相激する有様に、人はさながら時代精神の絢爛豪華なる活画を観る思いを禁じ得ないであろう。

第九章　ピンダロスの世界——国民伝統と新思想

曩《さき》に私は抒情詩人達の世界観、人生観についてその思想的基盤を説明したが、ギリシア抒情詩の叙述はピンダロスを除外しては絶対に完結しないのである。抒情詩の形式的分類に従えば、彼はアルクマン、ステシコロスの流れを汲む合唱歌の最後の詩人であるが、精神史的見地に立って観れば彼はギリシア抒情詩全体の最高窮極の決着点でもある。古人も既に評せる如く、実にピンダロスこそは「抒情詩人中の抒情詩人」にして「ギリシア人中のギリシア人」すなわち最も高貴なる意味においてギリシア的なる抒情詩人であった。ピンダロスの出現は、ただに二百年に亘るギリシア抒情詩の芸術的技術的完成を意味するばかりでなく、西欧精神史上に燦として輝く、かの古典ギリシア的久遠の人間像の成立をも意味するものであった。彫琢錬磨の極処に達せる詩的技巧によって、神・人間・世界に対する個人的思惟反省が、ヘラス精神そのものを象徴するかのごとき整斉完璧の芸術美の姿をとってここに顕現する。ピンダロスにおいては思惟が直ちに芸術であり、芸術がそのまま思惟である。かくして、初期抒情詩人達の主要なる関心事たりし切実にして生々しき人間的現実の具体性と、嘗て叙事詩に謳われたオリュンポスの神々や神話的英雄達の美しくも輝かしきミュトスの光芒とが、明暗交錯しつつ点滅し、詩人の強靱高邁なる世界観を燦爛たる形象に具現して豪華壮麗比類なきピンダロスの世界を展開し、ここにギリシア抒情詩は目眩く九天の高きに飛翔しつつその歴史を一応完結するのである。

また彼に先行する合唱歌の巨匠シモニデス、バッキュリデスの如き人々は既に全ギリシア世界の名において歌う所の普遍的性格を示し始めていたが、抒情詩のこの汎ギリシア性はピンダロスにおいて絶頂に達し、彼はテーバイを己が「母」と呼び(Isth. I, 1)、自らテーバイの詩人たることを誇りとしたにも拘らず、全ギリシアは挙げて彼を歓呼し、彼の光栄はすなわちギリシア民族の栄誉として迎えられた。ピンダロスが、かく全ギリシア的現象たりし点に、彼の思想が有する絶大なる精神史的意義が認められなければならない。

私は今、冴え渡るこの名匠の彫塑に刻み出さるる清澄絶塵の詩境を芸術的に鑑賞することは、これを文学史の叙述にまかせ、彼においては別ち難き美と思想とを強いて甄別《けんべつ》しつつ、主としてギリシア精神史の観点から彼の宗教・倫理思想を一瞥して見たいと思う。

＊　彼の断片の一に曰く「その名も高きテーバイの都われを育みぬ」(Fr. 198)。

ピンダロスは生粋のギリシア貴族であった。彼の精神は、かの古典ギリシアの崇高なる人間理念像を確立し、西洋文化の基石を指定せることによって永遠にその鴻業を讃美さるべきギリシア貴族精神の窮極的表現である。宗教思想においても、倫理的人間観においても、彼の根本態度は一言を以てすれば、貴族的父祖より連綿と伝承し来った国民精神伝統を浄化向上せしめつつ守護せんとする処に存した。彼は儼乎として伝統の地盤に足を踏みしめ、これを護持して一歩も譲らない。この点においてピンダロスは、彼と時代を等しくする新思想の代表者、特に自然学者・哲学者達と正に対蹠的態度を示す。大胆不敵な哲人達が俗衆を軽蔑し、国民の伝統的信仰と祭祀に傍若無人なる罵詈讒謗の汚言を浴びせかける時、ピンダロスは憤然立って民族の伝統を擁護し、父祖以来の神々の信仰を守る。しかしながら、伝統的信仰を、彼は無智愚昧なる者の如くにではなく、最高の叡智に輝く指導者として守護する。つまり旧き教えの全てを鞠躬如《きっきゅうじょ》として、昔のままに保持せんとするのではなく、これを自己の深邃《しんすい》真摯なる宗教心と、鋭犀俊異なる知性に濾過し精練し、以て窮極の高処にまで索き上げ、旧套を脱せる晶明清澄の新思想に転成せしめつつ守護せんとするのである。

この意味においてピンダロスは、神話的伝承をただ旧きものなるが故に伝来の聖物として無批判に肯定し、これに指一つ加える事すら敢てせぬ保守的退嬰的貴族階級とは根本より隔絶し、却って全く新しき宗教意識の下にあって古き信仰と祭儀とを一挙に葬り去らんとしたクセノファネス、ヘラクレイトスの如き哲学者達に近きものを有っていた。畢竟するに傲岸不遜なる哲人達が伝統宗教を迷妄として蹂躙し、その神々を一途に誹毀《ひき》竄貶《ざんぺん》することによって、破壊的否定的に克服せんとしたのに反して、ピンダロスは幼稚粗笨なる国民伝習を頭から嗤笑し罵倒するの驕傲を犯すことなく、漸進的浄化の途によって肯定的にこれを克服せんとしたのである。

扨てここにピンダロスが全力を竭《つく》して擁護の任に当った国民宗教とはいうまでもなく、ホメロス・ヘシオドス的擬人神族の儀礼的祭祀宗教を指す。もとより前にも一言せる如く、ギリシア抒情詩は叙事詩とは全く異なる現実観の上に立つ新しき精神の芸術的所産であり、抒情詩の隆盛は人々の目覚めた知性が神話的空想の幻のごとき世界の外に、更に身近な切実な現実の世界の在ることに気付き、それを直接に抒情の主題となし始めた事を意味するのであるが、ギリシア民族全体の国民的宗教は依然としてホメロス・ヘシオドス的オリュンポス神の崇拝たるに変りはなかった。曩に引用せるヘロドトスの言葉に、全ギリシア民族に神々とその祭祀儀礼を与えたものはホメロスとヘシオドスであるというごとく、観方によってはこの両者はギリシア「神学」の創始者と考えられぬことはない。然してステシコロスの合唱歌以来、頓に勢力を挽回し来った抒情詩内部の神話的要素はかかる民族宗教に淵源するもの、ピンダロス的神観も畢竟この旧き伝統の基盤上に立つものなのである。

野性の颶風《ぐふう》凄じく太古の眠りより醒めたディオニュソス的狂乱が密儀宗教と結合し、オルフェウス教の形に浄化されギリシア化されつつ、滔々たる民衆的宗教運動の一大潮流をなして全土に通達蔓延し、国民精神を未曾有の危機に陥れた時、而もギリシア知性の先端に立つ第一線の思想家ともいうべき哲学者達が、新思潮の陣営に味方して、あらゆる過去の伝統を截断棄却し、新たなる宇宙的体験によって生死を処決し、以て永遠の生命に参与する途を説く時、ピンダロスはひとり毅然として時代の流行に拮抗し、民族の高貴なる過去と父祖の宗教的伝統を守護せんがために、人間には人間に許されし分がある、新宗教の奇矯なるに眩惑されて、人間の矩を越踰することなかれ、父祖の信仰を忘却することなかれ、死すべき身を以て「徒らに永遠の生命を求覓することなかれ」(Pyth. III, 61-62)と、人々の偏枯邪見に堕するを戒めてやまなかった。かくて当時のギリシア精神はここに期せずして、ピンダロスに代表さるるホメロス・ヘシオドス的国民宗教の「人間よ、己が分を識れ。神にならんとすな」という旧き敬虔と、自然神秘主義に基く超越主義的体験宗教の「人間よ、己が神的本質を識れ。識って直下に神となれ」という新しき敬虔との両旗幟下に分裂して、民族の運命を賭した激烈なる思想戦を演じたのであった。

しかしながらピンダロスの宗教が、かくの如くその外面において著しく保守的であったにしても、その内的精神においては決して安閑として伝統を墨守するものにあらざることを人は看過してはならない。伝統の内部にあって、彼は極めて急進的であった。彼は闘志満々たる敵陣営の空気を知悉していた。オルフェウス教団の秘教が有する深刻味も、ピュタゴラス学派の思想より発する異常なる魅惑も知り抜いている彼であった。旧来の宗教を護持しつつ而もこれをして旧套を脱却せしめ、以て新時代に適合せしめんがためには、いな、更に進んでクセノファネス的批判の破壊力によく対抗せしめんがためには、伝統に対する細慎の批判反省と放胆なる革新とが必要なることを彼は誰よりも明瞭に意識していた。彼はもはや古き詩人達が平然として為せる如く、無頓着無反省に、卑俗賤劣なる神々の像を描くことはできない。彼は自己と父祖達との間に存する深き溝渠を自覚している。彼は神々に関して「我等の祖先とは異なる事どもを物語らんとす」(Olymp. I. 36)と宣言し、「人もし神々につきて語らんと欲せば、ただ美わしきことのみ語るべし」(35)と説く。彼は神話を物語りつつある時も常に峻厳なる道徳的批判の手綱をひきしめ、神々の威信をいささかたりとも誹毀するごとき事柄に近付けば、忽ち自らの心に警声を発して戒むることを忘れない。

かかる言葉を蔑みて
投げ棄てよ、わが唇よ。
神々を竄貶するは
憎むべき人智の戯れぞ、
時をわきまえぬ長口は
狂蒙のわざぞ
されば止めよかかる饒舌を。
(Olymp. IX, 35–40)

それ故、従来神話詩人の好題目たりし惨虐不倫の物語、例えばタンタロスが息子の肉を神々の食卓に供する物語、またはペレウスとテラモンの罪深き行為の如きものは悉くギリシア神話から掃蕩し尽されるのである。伝統的神話にたいするピンダロスのこの消極的態度は、その背後に伏在する彼の高邁な倫理的神観の積極性に照らして評価されねばならない。ピンダロスの神々はホメロス的万神殿の神々とその名を等しくするとはいえ、その内的性格に至っては両者の間に霄壌《しょうじょう》の差が存するのである。いな、寧ろそれらは全然別の神々ですらある。嘗てホメロスにおいては不老不死なることの一事を除いては、肉体的精神的制限の絆累に纏縛せられて、人間と何等えらぶところなかりしオリュンポスの神々、クセノファネスの所謂「窃盗、姦通、欺瞞」など人間すら羞恥慚愧の念を禁じ難き賤劣なる行為を犯して憚るところなき擬人神、全智全能とはただ名ばかりの粗笨陋劣なる存在は、今やピンダロスの雄偉なる美魂を通過することによって剰すところなく浄化純化され、著しき変貌をとげて嘗てなき壮大崇高の境地に導かれる。「全智全能」はもはや空虚なる詩的飾辞にあらずして、真に神の本質的属性となる。

神は望むがままに己が目的を成就す。
翼はやき鷲にも追付き、海原の海豚をも抜き
人々の驕傲の心を砕き
あるはまた永遠の誉れを与う。　　(Pyth. II, 49-52)

神は至高絶対なる意味において全能である。神にあっては、如何なる奇蹟の実現も可

能でなければならぬ。神の御業については、如何なる事も余りに不可思議にして信じ難しということは、少くも自分には絶対にない、とピンダロスは断言する(Pyth. X, 48–50)。あらゆる比類を超絶せる全能の神力の前に不可能なるものはあり得ないからである。

全能なる神は勿論、全智である。畏怖すべき神の眼光は炯々として全世界に遍く透徹しつつ、万能の秘奥を洞見し、「あらゆる事を知る心を以て」(Pyth. III, 29) 全てを一挙に識知する。されば、如何なる人間の如何なる所業もその聖眼を遁るることを得ず(Olymp. I, 64)、大自然の荘厳なる美の真諦も、全宇宙の幽邃なる生命の消息も悉く挙げて神の面前に一埃の隠るるところなく浩蕩と繰りひろげられている。ピンダロスはケンタウロスの一たるケイロンの口を藉りてアポロン神の限りなき明智を次のごとく讃美する。

主よ、汝は万物の帰趨を識り
あらゆる道を知悉し給う御身ならずや。
春されば大地より萌え出ずる嫩葉《わかば》のことごと、
渡津海と河の流れの底深く
湧き立ち騒ぐ浪風に弄ばるる真砂の数も、

はた、いずこより何事の起り来べしと見透し給う御身ならずや。(Pyth. IX, 44-49)

而もこの全智全能の神は、同時に厳粛峻烈なる正義と真実の神(Olymp. X, 3; Pyth. III, 29)でもある。ピンダロスの神観は、この点において著しくヘシオドス的神観に類似する。しかしながら彼の神観の真の類似は、過去の方向にではなく、却って未来の方向、プラトンの方向に求むべきものであろう。ピンダロス的神々の性格を全体として観察する時、それらはホメロス・ヘシオドス的擬人神にあらずして、寧ろプラトン的人格神なることを人は認めざるを得ないからである。「人間的な、余りにも人間的な」オリュンポスの地上的神々は、かくて、今や久遠の荘厳世界に燦爛と耀輝する義と全能の天上的存在となる。ピンダロスの神々は既にあらゆる相対性の繋縛を超脱せる至高至尊、完璧完美のまぎれもなき人格神である。

のみならず、ピンダロスの神観について特に看過すべからざるは、その多神教が一神教への強力なる傾向を明白に顕示している事実である。彼は父祖伝来の多神教を哲学者達の如く冷笑揶揄し、これを昂然として塵芥に委し去るの倨傲を敢てせんとはしなかったが、此等多数の神話的神々の裏に、唯一幽玄なる「神」の働きを考えていた。アレクサンドリアのクレメンスによって伝えられた断片(Fr. 140)において、「神とは何ぞや」

と自ら問い、「全て《パン》」と自ら答える彼の言葉は果して後人の詐造に由来するか否かは俄かに決し難しとするも、彼の多神教が総じて顕著なる一神教的性格を有していることは否定すべからざる事実である。現存する作品によって察するに、ピンダロスは大宇宙を包摂統整する一の人格的神力の存在を信じ、伝統的オリュンポスの神々を以てこの至高なる神力が種々様々に顕現する現象形態のごときものと考えていたのである。彼は自らこの偉大なる宇宙の人格的支配者の前に敬虔尊崇の念を抱いて額ずき、粛然たる祈りを捧げつつその恩寵を乞い求め、恐懼恭順の誠をつくす僕奴の如く、衷心よりその支配に服し、ひたすらその律を越えざらんことを希う(Pyth. VIII, 67 ff.)。

かくのごとくにして彼自らの批判省察と個人的宗教意識とによって穢汚の塵累を棄揚された国民宗教こそ、ピンダロスの精神的主柱であり、彼の魂の救いでもあった。かかる人格神への絶対依属感を脈々たる信仰として生きる彼であったればこそ、かの大動乱の新時代にあって、よく父祖の道を護持し、滔々たる時勢の新傾向に拮抗して国民伝統の聖火を滅尽の運命より救い得たのであろう。また、数ある抒情詩人の中で、ピンダロスただひとり、完全に人生の悲愁を克服し得たことも、彼の人格の偉大さと、彼の信仰の強靱さとを物語るものでなくて何であろう。

抒情詩的世界観の根本特徴ともいうべき「ギリシアの憂愁」を、もとより彼は知らぬではなかった。いな、類いなく繊細なる心の絃を稟け、衆に抽んでて多感なる詩魂を有する彼が生の儚さを痛感することもまた人々より遥かに烈しくなかった筈はない。そして事実彼の詩集を繙く人は、宏壮華麗なるピンダロス的世界にも、かの生の哀傷が黯爾として濃き翳を投げかけていることを見出すのである。眩耀赫奕ときらめき渡る彼の琴線に、しばしば人生の去来転変、生滅無常の痛ましき嘆きが惻々と通い来って人の胸に迫る。万物必滅のこの世にあって淡きいのちの夢を見る人間の運命の悲しさに何人か慟哭の声を抑え得る者があろうか。

　　　　　　げに人の世の歓楽の
花咲くや束の間にして、忽ちに背き行く運意のままに
須臾にして風に散り、地にぞ降りしく。
一日の儚き生にうまれ来し人間はそも何者ぞ。人間は
ただ一場の影の夢のみ。
　　　　　　　　　　　　　　(Pyth. VIII, 92–96)

はかなく脆き人間の、今日ありて明日は知られぬ悲しさは、定めなく吹きすさぶ運命の風に弄ばれて、歓楽から哀傷へ、また悲哀から歓喜へ転々と変じ移って止まらず、そ

して富めるものにも貧しきものにも、幸福なる者にも不幸なる者にも別けへだてなく最後に訪れ来るものは「冥府の波」――暗く恐ろしき死の闇である。

されど冥府の波浪は、へだてなく
あらゆる人に崩れかかりて、世に知られざる人をも、知られたる人をも覆い去る。
(Nem. VII, 30-31)

しかしながら、かくのごとき生の悲愁よりもピンダロスの信仰の力は遥かに優勢であった。彼は神の無限の権能と正義とを確く信じ、人間の分限を守りつつ、心を蝕まんとする憂鬱に雄々しく闘争をいどみこれを克服する。彼の人生観には、ギリシア独特の男性的明朗さが充ち満ちている。

典型的ギリシア貴族なる彼にとっては、人間の真に赦し難き宗教的罪は、人間の限界を無謀に超踰することであった。彼は人と神との間に存する根元的差別を明瞭に意識し、固く人間の分を守って、夢にも「不死なる者」の位を僭取せんと試みはしない。人間は所詮「短命なる種族」(Olymp. I. 66)に過ぎないのであり、死は人間存在の根本的構造に属している。人はこの厳たる生命の事実をまともに直視諦観して、暗鬱なる絶望の厭世主義に堕することなく、さりとて妖しき異教に耽溺して徒らに久遠の生を尋求することなく、ただひたすら敬虔の心を以て神の加護を祈り、廉正なる生涯を送ることによって神の愛嘉を受け、かくして人間に許されたる相応の範囲において栄光の途を登攀すべきである。この点においてピンダロスは、当時ギリシア全土を狂騰せしめつつあった、ディオニュソス的精神の戦士達よりも遥かにギリシア的であった。生者必滅の現実も万物無常の悲痛も彼の心の本然のギリシア的清朗さを根本から攪乱し腐蝕することはできなかった。

もとよりピンダロスにとっても、時代の実相は、より多く苦悩として映じたことであろうが、しかも生の苦渋は彼の堅剛なる精神を衰頽的厭世観に駆り立てはしなかった。彼はまた、人生の悲愁を絶望的死への憧憬によって痲痺させようとは試みなかった。渾沌たる人間現実の動揺と分裂と錯雑に責め苛まれながらも、彼は決して、倦み疲れ精根つきはてた尫弱《おうじゃく》の病人の如くに闘いを抛棄することはなかった。しかしながら、また一方、国民伝統に反する新思潮に帰依せる若き世代の如く、自ら永遠の生命を獲得し、「神になる」ことによってこの苦悩を超克せんとすることも彼の採らざるところであった。「神になる」ことによってではなく、真に「人間である」ことによって人間は神の賜物をうけ、生の無意義にうち克つことができる。人間はその本性上、「天に昇ることはできない」(Pyth. X, 27) けれども、絶えず高貴なるものを追求して奮闘し、雄々しく正しき一生を送ることによって「人間に可能なる限りにおいて、輝かしき業績の絶頂を極め」(Pyth. X, 28–29) ることを得る。かかる英雄的人生観の故に、ピンダロスはまさしくギリシア人中のギリシア人であった。

かくて、後世の註釈家によって「人生にたいする悲嘆」と名付けられた第八ピュティア頌歌にすら、明るき希望の光が、神への信頼の裡にさしかけている。朝に生れて夕に死する蜉蝣の如き人間を影の幻と観ずる前掲の詩句に続いてピンダロスは、

しかれども神より賜う光明の、ひとたびこれに照り出ずれば
煌然たる光、人の頭上に輝きて人生たちまちに朗かなり。
(Pyth. VIII, 96–97)

と歌わずばやまぬ生粋の古典的ギリシア人であった。かくて彼は豪放なる偉丈夫のごとく立ち上り、世界の脆弱、幽暗なる側面より眼を転じて、人生の包蔵する偉大なるもの、厳粛なるものに輝くまなこを注ぐ。その時、力に充ち溢るる彼の眼に現実は何と壮麗宏大なる光景を呈することであろうか。永遠の美と愛に照り映ゆる青春がそこに繚乱と咲きみだれ、富貴、栄光、勝利、権勢の巨濤に沸きたぎる健康の歓喜がそこに湧出す

る。然してそれを讃え賞するピンダロスの歌声は、彼が自らの天才を譬えたゼウスの大鷲の羽搏きのごとく、高らかに朗らかに、鏘々《そうそう》と四周を鳴りとよもしつつ、光まぶしき天涯はるけきあたり目指して飛騰して行く。

畢竟するに、人間はその惨たる儚さにも拘らず高貴なる存在であり、陰雲低く垂れこめる悲しき人生は、窮極においては厳粛且つ清朗なものであるとは彼の固く信じて疑わざるところであった。然して人間のこの究竟的高貴さは、その神的起源に由来するにほかならないのである。人間は直ちに神そのものではなく、神に成らんとの非望を抱くことも絶対に許されないが、神に近付くことは許されているばかりか、人間の至高なる特権ですらある。結局、人間は「精神《ノオス》において、或は形姿《フュシス》において神々に似た何ものかを有しており」神と人との間には不可踰の懸絶が儼として存しながら、而し両者に「同一の息」が通っているのである(Nem. VI, 1 ff.)。

ここに至ってホメロス・ヘシオドス的擬人神観は、原初的状態において示した妄念妄情の夾雑物を悉く掃蕩し尽され、塵雑の遺影なき明徹清澄の極限にまで浄化向上せしめられたものと認めらるるであろう。しかしながら如何に浄められ高められても、擬人神観は最後まで擬人神観である。国民的伝統に対して毫末の尊信をも感ずることを得ぬ新思潮の代表者達の目よりすれば、かかる神々は依然として劣悪頑愚なる架空的存在に過ぎなかった。ピンダロスとほぼ時を同じゅうしてギリシア全土にあまねく活躍した哲学詩人クセノファネスが、国民的宗教に対し如何に痛烈なる批判攻撃の鋭鋒を向けたかは、第五章の末尾に引用する諸断片によって察知せらるるところ、且つ既に哲学史上周知の事実に属する。

されど死朽すべき者共は、神々も生れ出でしものと考え
彼等自らの如く衣服をまとい、声を発し、肉体を有すと思う。　(Fr. 14)

と人々の無智蒙昧を慨歎し愚弄するこの哲人にとっては、如何なる意味においても人間的なる神の姿は到底許容すべからざるものであった。アリストテレスの伝によれば (Rhet. II, 23, 1400 b)、嘗てエレアの住民達が、ルウコテアに犠牲を供げ、喪歌を奉供すべきや否やをクセノファネスに尋ねた時、*彼は、若し汝等にしてルウコテアを神と見るならば、神は喪歌の要なかるべし、又もし彼女を人と考えるならば、人に犠牲の要はなかるべしと答えて、その愚を戒めたという。クセノファネスは「神々が生れたものだと言う人は神々が死ぬと言う人と同じく不敬である」と教えたものとも伝えられている (Arist., Rhet. II, 23, 1399 b)。全て此等の所伝は彼が「神」を人間に類似する者としてで

はなく、却って人間との類似を絶対に拒否するところの窮極的超越者として、不変不動にして時空を超脱する久遠の実在として把握していたことを意味する。ソクラテス以前期の哲学の「神」も決して非人格的ではなく、寧ろ著しく人格的であるが、其処では人格的ということは擬人的意味において人間的ということではないのである。

＊　ルウコテア(Leukothea)はもとイノといいカドモスの娘にして、テーバイ王の妃であったが、夫王が発狂した時、これを遁れんとして、幼児を抱いたまま身を海中に投じ、母子共に海神に化したと信じられていた。

ピンダロスの代表する伝統的世界観が哲人達の新世界観とまさに対蹠的地盤に立つ事実は、ギリシア民族の誇りにして国家祭礼の華ともいうべきオリュンピア競技に対する両者の態度を比較するならば何人の目にも瞭然とするであろう。言うまでもなくピンダロスはオリュンピアを初め全ギリシア的祭典の競技行事に輝く月桂冠を贏た名誉の優勝者を嘆美賞讃する合唱歌「頌讃詩《エピニキア》」の専門詩人として不朽の名を留めた人、されば彼がこの民族の祭典に燃えんばかりなる感激の情熱を捧げたことは縷言を要さぬ所である。而もこの感激たるや彼の個人的情熱にあらずして、まさしく国民的感激であったことも言を俟たぬ。燦然たる栄光に包まれて競技場より意気揚々と凱旋し来る平和の英雄に、絢爛の美目覚むるばかりの頌歌を捧ぐるピンダロスは、全国民的感動の類なき代弁者であった。然るにギリシア全土がオリュンピアの宏大壮麗なる競技式典に騒然として湧き返り、全てを忘れて陶酔狂喜している時、独りクセノファネスは、同胞のかかる空しき騒擾の痴態を苦々しげに打見やり、恐るべき忿怒に眉根を顰めつつ、この馬鹿騒ぎを「愚の骨頂」(Fr. 2, 14)と呼び、痴れ者共よ、哲人の智慧オリュンピアの桂冠に勝ること幾倍なるを識らぬかと罵る。

ここに人あり、走脚の速きにまかせて勝冠を獲、
あるはまた、オリュンピアはピサの流れのほとり
ゼウスの聖域のあたりにて五種競技《ペンタトロン》の勝者となり、
或いは力技に或は苦痛はげしき拳闘に
さてはまた人呼んで綜技《パンクラティオン》という恐ろしき競技に勝ち、
国民はいやます渇仰の目を以て彼を迎え
競技場にあっては名誉の席をゆるされ、
国費をもって饗応の限りを受け、
贈らるる栄誉の品は彼の家宝となるとも、

はた又彼が車馬競走に優勝してかかる名誉を贏るとも、
なおかつその人は、かく申す余のごとく偉大ならざるべし。
人あるいは馬の体力より、われ等が智能はるかに優れり。
(Fr. 2, 1-12)

ホメロス・ヘシオドス的国民宗教を一笑に付し去ったクセノファネスは、ここでも又傲然として民族の誇りを、「真智」の名において蹂躙するのである。ひとりクセノファネスのみではない。国民的伝統と民族の因襲にたいする嫌忌憤懣の態度は、ソクラテス以前期の超人的思想家全般に通ずる一つの時代的特徴である。民衆が聖なるものとして尊崇する宗教的祭祀礼式のごときは、彼等にとっては何等の拘束力を有せざる空虚の形式であるのみか、寧ろ真理への道を礙げ人心を堕落廃頽の泥濘に顚倒せしむる病毒にほかならぬ。超越的自我の自覚に甦生し、生死を截断して永遠の大生命に通達せる此等の巨人より見れば、父祖の聖なる伝襲も、正真正銘の淫祠邪教に過ぎない。さればヘラクレイトスは、人の手に刻まれた偶像を生ある神と誤信して、これに跪拝する善男善女の姿に、憤懣の心抑えがたく、人間の性もとより凡庸脆弱なるを顧る遑もなしに、怒罵を浴せてこれを糾弾譴責する。神社に参詣して血の罪穢を払う浄罪式を目撃するや「まるで泥濘に踏み込んだ人が泥で足を洗わんとするような」「狂気の沙汰だ」(Fr. 5)と批評し、神像の前にひれふして拝み敬う人々を見ては、「神々の何たるやも、聖雄の何たるやも知らずして、徒らに建物とぺちゃぺちゃお喋りする」(Fr. 5)馬鹿者よと罵倒する。故にかかる馬鹿者共が己れの姿になぞらえて想像した擬人的神々は、浅ましくも愚劣なる畸形物以外の何ものでもあり得ない。エンペドクレスが「神球《スファイロス》」を形象化するに当って用いた次の否定的表現には、伝統的擬人神への衝き刺すごときカリカチュアが認められないであろうか。曰く、

そは、背部より二本の枝がとび出した者でなく、
足なく、敏速な膝もなく、また生殖器なし。
そは渾然たる球をなして〔あらゆる側面にお〕いて自己に等し。　(Fr. 29)

父祖の伝統及び伝統の主たる守護者としての民衆にたいする哲人達の態度は超人的驕慢の一語に尽きる。自我覚醒を特徴とする新時代、濃厚なる「我」意識の雰囲気にあって、わけても自我の自覚強烈なりし此等の思想家*、天を摩すばかりの自我高揚の極、遂に個人的我の桎梏を破却して宇宙的我の自覚にまで飛昇翻転せる彼等が昂然として粗放倨傲の態度に出でたとしても何の不思議もないであろう。

＊　ソクラテス以前期の断片集を通読する人は、到るところに散在する「われこそ」「このわれには」「われのみは」等の代名詞の余りにも多きに一驚を禁じ得ないであろう。ヘラクレイトス、クセノファネス、パルメニデス、エンペドクレス、アナクサゴラス、ディオゲネスの表現形式はかくて著しく独断的印象を与える。また彼等の衣鉢を継ぐ原子論者デモクリトスの如きは、一人称代名詞の用法の故に古代文法家の注意を喚起せる程であった(Apollon. Dysc., De pron. 65)。

「神にならんと希うことなかれ」と叫ぶピンダロスの警告を素純に受け容れんがためには、彼等は自己の裡に在る神的なるものを余りに明白に意識し過ぎていた。彼等は完全に神に憑かれていた。いな、彼等のうちの或る者は既に自己が「神に成った」ことを自覚していた。ディオゲネス・ラエルティオス(VIII, 73)の伝えるところによれば、アクラガスのエンペドクレスは、好んで紫紅の色あざやけき衣に身を包み、黄金の頭紐燦然たるを戴き、波なす長髪を薫風になびかせつつ、郷国の若者達を従え、車上の人となって悠然と往還を練り歩くのを常としたという。彼の巨大なる意識においては彼はもはや人間にあらずして「神」そのものなのであった。

聴け、余はいまや死すべき者にあらず、不死なる神なるぞ。

祝いの髪紐を頭に巻き、繚乱と咲き匂う花冠をかざして
もろ人の中を余の歩み行くや、人々余を神の身にふさわしくおろがみ崇い、
賑わえる都に入りて衆人のもとに余の近づくや
おとこ等も、おみな等も余をあがめ、幾千の群集
余の跡を追いつつ、或は冥利の途を問い*
或る者は神託を乞い求め、又くさぐさの病を有てる人々は
治癒の咒言を聞かんとして余に請い尋ねたり、
永き年月を堪えがたき〔苦痛〕に身をえぐられし彼等は。
(Fr. 112, 4-12)

* この部分の原文 hama をクランツ(Kranz)に従って de と読む。

超越的覚者の絶対意識を味得し、「神になる」ことを識った彼等は、民族の過去と伝襲を罵倒するに満足せずして、遂に軽佻浮華にして醜愚癒しがたき人間性そのものに対し超人的憤懣を爆発せしめずんば止まぬ。鳥も通わぬ孤独の高峯上に蟠踞して、此等の巨人は脚下遥かに犇き蠢めく浅ましき俗人達に深き侮蔑と憎悪の眼を注ぎ、霹靂の如き音声を放って Procul este profani！と叱咤する。同胞に対する彼等の態度は傲岸不遜で

あり、驕慢のかぎりをつくしている。

如何なる国、如何なる時においても孤独は常に天才の運命であり、隔離の感は天才の感情である。余りにも時代に先んずる例外者達は、俗流と喜悲を共にすることによって幸福になることはできない。神的なるものへの繋がりを了々と意識するが故に、天才には常に周囲の世界から峻別され、劃別されているという乖離の感がつきまとう。ソクラテス以前期の哲人達は、いずれも自己がギリシア知性の精英なることを確乎として意識し、ルクレティウスの言う如く、先人の未だ嘗て踏みし事なき阻道を分け進み行く悲劇的英雄なることを自覚していた。換言すれば、彼等はいずれも自分が人々から絶対に理解されないであろうことを知り抜いていた。

神々とその他凡て我が語る物事について
確たる認識を得た人は嘗てなく、また今後も無いであろう。
蓋し人あって偶然に最も完全なることを言い当てたとしても
彼は自らそれを知らないであろう。ただ臆見のみ万人に与えられている。

(Fr. 34)

とクセノファネスは言い、

聞け、わが友たちよ、我は知る、真理は
わが語り出でんとする言葉の裡にあるを。さりながら、それは人間共にとりて
まことに解し難く、且つこれを信ぜしめんとするも心の呰は容易に開かざるべし。
(Fr. 114)

とエンペドクレスは歎ずる。かく真理が語り難く、且つこれを一般の人間が解することと殆んど絶望的なる所以のものは、此等の哲人達の語らんとする「真理」が絶対超越的真理であり、全体的一者としての究竟の実在だからである。かかる宇宙的全一は現実的有の立場に立つ者によっては絶対に把住味識さるることはできない。

くさぐさの禍は人間に襲いかかりて、彼等の思慮を遅鈍ならしむ。
されば人々はようやくに己が生命の寸毫を覗見するのみにて、忽ち
儚き定めの身の煙のごとく舞い上りて消え去り行く。
かくて人はみな、所定めぬ彷徨の途すがら、ふと出逢いしこと

のみを真理と思い、以て〔全体〕を剰すところなく見出でたりと誇る。

(Emped. Fr. 2, 2–6)

それ故、一般の人間に、超越的真理を教えんとするも無益である。「黄金よりもむしろ藁を好む驢馬」(Herakl. Fr. 9)の如き彼等は、己が遅鈍たる頭脳に消化する能力なきかかる真理に一顧も与えないであろうし、また強いてこれを呑み込ませようとすれば、「見知らぬ人に吠えかかる犬」(Herakl. Fr. 97)の如く却って恩人の手に嚙みつくであろうから。民衆は一般に愚物であって、極妙窮玄の宇宙的実在の如きは彼等の関知する所ではない。

「このロゴスは永恒不変であるが、人間共はこれを聴かない前も、聴いた後でも理解することはない」(Fr. 1)――アリストテレスによれば(Rhet. III, 5, 1407)この断片はヘラクレイトスの主著の冒頭をなす言葉であったという。己が思想を開陳すべき著書を、かくも傍若無人なる人間侮蔑の言を以て切り出さずにはおられなかったエフェソスの哲人の態度に我々は新時代思潮の極端にして鮮明なる象徴を見ないであろうか。諷刺家ティモンによって「がらがら声《コッキュステース》の民衆嫌い《オクロロイドロス》のヘラクレイトス」(Poet. Philos. Fr. 5)と呼ばれた彼は、深く深く民衆を軽蔑していた。俗衆嫌悪を共通の特徴とするソクラテス以前期の哲人達の中にあっても、彼の徹底的人間憎悪は実に際だっていた。されば大多数の哲人が何れも実生活の野に降り来って民衆と交り、国民の福祉のために奉仕せる実際家であったのに反し、彼はただひとり傲然として孤高を守り、同胞に国法の制定を請われても頑として動かなかった(Diog. Laert. IX, 2)。彼は何人も信ぜず、何者も尊敬せず、*四周の人々を白眼視しつつ世の交際を峻拒して自らの裡に閉じ籠る孤独の例外者であった。

＊「ヘラクレイトスは如何なる人に対しても、その態度驕慢にして且つ侮蔑的であった」とディオゲネス・ラエルティオス(IX, 1)は伝えている。「ホメロスやアルキロコスの如き者は、須く鞭打をくらわして競技場より抛り出せ」(Fr. 42)と叫び、「博覧多識は真智を授けるものではない。若し然らずば、ヘシオドスもピュタゴラスも、否、かのクセノファネスやヘカタイオスの輩すら真智を得たことであろう」(Fr. 40)と説くところの自信強き彼は、愚蒙なる一般民衆はもとより、国民の指導者たる先輩同輩にすら毫厘の尊敬も感じなかった。

ヘラクレイトスの「暗き」思想は高邁にして雄渾であったが、しかし同時に其処には深き孤愁のペシミズムが遥曳しているのを古人も既に見遁さなかった。「侮蔑」と「涙」(Sotion ap. Stob. Flor. XX)とは、この奔放豪快なる哲人の性格を表わすべきギリシア人の標語であった。

高き孤独の絶頂にも、時として酷烈なる苦悩が襲い来る。俗人の夢にも知らぬこの苦渋はかならずしも、世界に誰一人として我が思想を理解するものなしという思想的孤立より来るものではなくして、俗人を蔑む自己を翻って更に蔑む、超人の自嘲なのであった。エンペドクレスは明かにかかる自己厭忌にまで達していた。自他共に「神」たることを認め、足下に群り寄る衆人の哀れにも卑しき姿を睥睨して、これをさげすみ、揶揄嘲笑し、ひとり超然と衆に抽んでて神的真理の自覚に生きる彼ではあったが、顧れば此等の俗物共を踏みにじることに抑も何の誇るべきことがあろうか。人間は、これを超越するを誇ることさえ許されぬ程に低級愚劣なる存在物なのではないか。

しかし、何をこの上さらに駄弁を弄することがあろう。まるであの死すべき者共、幾重にも死に定められた人間共を凌駕することが、さも大した事でもあるかのように。

(Emped. Fr. 113)

ここに至って、ソクラテス以前期の人間軽蔑はその頂点に達し、時代精神の標徴たる「我の自覚」は窮極の限界に達したと考えらるべきである。

抑もイオニアの抒情詩に端を発した現実批判と個人的我の覚醒が、僅か二百年にしてかかる激しき結果にまで成長発展せる原因は何であったか。此等哲人達の限りを知らぬ超人的自信は、そも何処より生じ来ったのであろうか。一言にして尽せば、それは、哲人達の出現と共に個人的我の自覚が宇宙的我の自覚に転じ、社会的現実批判が宗教的現実批判に変じたからである。我々は今、ギリシア精神の動向に現われたこの重大なる転換の深義を理解せんがために、少しく叙述の筆を返し、一度中断せられた糸を手繰って、ディオニュソス的狂乱のギリシアにおけるその後の展開を辿らねばならぬ。

第十章　二つの霊魂観

ディオニュソス的宗教の根基は先史時代からギリシアに存在していたにしても、それが本来のギリシア精神に同化吸収されることなく、永らく異国的要素として民族精神の外周部に留っていた事実は、紀元前七世紀より六世紀に亙る所謂「危機」時代、突如としてそれが興隆伝播しはじめた時、ギリシア人自身がこれを異国神の侵入として解釈した一事を以ても明かであろう。とにかくディオニュソス精神は、この未曽有の動乱騒擾時代を機として、外来的要素たることを止め、次第にギリシア精神の中心部に浸潤して、その本質的構成要素と化するのである。

さてディオニュソス精神「ギリシア化」の過程を、特に哲学発生との聯関において考察する場合に極めて重要な点は、哲学思想に現われた結果から見て、それが明かに異なる二つの途を通って行われたらしいと判断される事である。然してこの推定を根拠付けるための顕著なる手掛りは、ギリシア思想史上に重大な役割を演ずる「二つの霊魂観」

である。周知の如くミレトス哲学発生以来、プラトンに至って遂に一応の結合に達するまで、ギリシア思想界には二種の全く異なる霊魂観が並存する。即ち、その一は内的霊魂観ともいうべきもので、霊魂を以て、肉体の外部より入り来って肉体的に宿り、内部より肉体を生かし、あらゆる精神的意識的活動を営むところの神的実体なりとなす観方である。かかる霊魂観によれば、霊魂はもともとこの世に所属するものではなく彼岸的実在であって、肉体はただ一時の仮りの宿に過ぎず、肉体死すれば直ちにこれを棄て去って永生を保つと考えられる。然るにその二は、外的霊魂観とも称すべきもので、これによれば霊魂とは肉体内に働く内面的自我の原理にあらず、意識的精神的現象の個体的核心にあらずして、寧ろ全宇宙に瀰漫する普遍的生命力、全宇宙的運動の原理である。第一の観方はギリシアにおいては通俗的霊魂観であって、既にホメロスにもその原型は仄かに認められるのであるが、それが特に霊魂不滅の思想として宗教的・哲学的にも著しき意義を示し始めるのは紀元前六世紀以後の事に属する。然るに第二の霊魂観、すなわち霊魂を肉体内に宿る彼岸的実在と見ずして、全宇宙に充ち拡がる生命現象の動力、汎生命的根源力となす観方は、これ又紀元前六世紀、ミレトス自然哲学発生と共に始めて現われた新思想なのであった。かの有名なアリストテレスの、世に所謂「生物学的」霊魂観（De anim. I, 5; II, 2, etc.）はこの哲学的霊魂観の系統を引くものにほかならぬ。

此等互いに対蹠的相違を示す両霊魂観の並存は、ディオニュソス精神がギリシア化さるる同化吸収過程の把握に対して貴重なる示唆を与うるものと私は信ずるのである。すなわち第一の内的霊魂観はディオニュソス宗教が、密儀宗教に接近摂取され、さらにオルフェウス・ピュタゴラス秘儀教団の公式教義として彫琢推敲さるることによって、いわば間接の途を通ってギリシア精神内に滲透して行くに際して醸成された思想であり、第二の外的霊魂観は、ディオニュソスの原始的狂乱陶酔が間接的なる途を通ることなく、そのまま直ちに知性化され精神化された結果として新たに生じ来った思想であろうと思う。果して然りとするならば、畢竟ギリシア哲学は、同一のディオニュソス精神が先ず二分し、二つの別路を通って再び新しき統一に到達せるものと考えられるであろう。ヘラクレイトスに見るごとく、直接の途を通るも間接の途を採るも、結局、その形而上学的終極は同一の境地に登り来るのであるが、途が異なるによって各哲人の思想雰囲気は著しくその色調を異にする。然して人もしこの一事を看過するならば、ソクラテス以前期の全哲学界を截然たる二色に分つところの思想的二大底流を識別することを得ず、従ってギリシア哲学の最古部分はその内的秩序を喪失するであろう。

いずれの道によるにせよ、ディオニュソスの狂乱は、その原始的蛮性を脱却し、もの狂おしく荒れ騒ぐ昏迷惑乱の血汐を澄浄たる諧調にまで静止集定することなしには、真にギリシア的なる精神の中心に流入することは許されなかった。民族の本能ともいうべき秩序への要求は、邪乱溷濁の原始宗教の中から、高貴永遠なる核心を取り出すことに成功したのである。然して又、捷径か迂路か孰《いず》れの道を採るにせよ、終局においては、それがディオニュソス的狂熱の知性化となって思想的に結実せる事実に「諸民族中きっての哲学的民族」と称さるるギリシア人の面目躍如たるを何人か感識せざる者があろうか。

ここにディオニュソス精神ギリシア化の捷径とは、かの未開野蛮なる祭礼において生血したたる聖獣の肉を啖いつつ、神憑の姿浅ましき信徒達が荒れ狂い舞い踊る集団的亢奮の極致、湧きかえり奔騰する凄じき震撼の渦中に互いに捲きこみ捲きこまれて、遂にあらゆる個的限界を破砕脱出し、忘我の激動旋風のうちに渾然として全てが一となるという魔霊的狂激の「全一」体験を、直下に超越的宇宙体験にまで飛躍翻転せしめ、集団的全一感を宇宙的全一感として、狂酔の無時間性を「永遠の今」の超時間性として、蘇生転生せしむる直接の道を指す。かくしてディオニュソス神崇拝の原始的形態に伏在する穢汚の鉱滓は完全に淘汰払拭され嘗てこの野蛮なる祭礼に纏綿して妖しき呪気をこれに与えていた発作的官能性の戦慄は自ら断除されて、原初の渾沌と暗黒とは燦爛たる霊性の光明と化しつつ全宇宙を光被するに至ったのである。曩に第二章においてその大綱を説明せる自然神秘主義 Naturmystik が精神史的現象としてギリシアに出現する由来は凡そかくの如きものであり、その最初の哲学的所産が紀元前六世紀イオニア人の首都ミレトスに誕生せる自然学、更にその論理的形而上学的発展の結果がエレア学派の存在論であるにほかならぬ。自然神秘主義体験とは尽天地に浩渺として遍満する大生命の脈動を直下に自己の生命として感得し、自己の心臓の鼓動をそのまま宇宙的生命の脈搏として直証する超越的全体生命の体験であり、この宇宙的生命統一において人も事物も自然も全てが根源的「一」に消融還没し去る「全即一」の超意識的意識である。されば、かかる方向を突き進んだエレア学派が真実在としての「一者」を挙揚するの余り遂に現象的生成の多者界を虚妄として撥無するに至ったことは寧ろ当然の論理的帰結と考えるべきであろう。又、かかる汎生命的体験に基く思想界において、個体に宿る相対的生命の原理としての個人霊魂の如きは殆んど問題とさるるに至らなかったのも全く怪しむに足りぬところであろう。ここでは個人的自我ではなくして全宇宙にまで拡散せる宇宙的大我が、個体の生命ではなくして宇宙の生命が、個人霊魂にあらずして宇宙霊魂が唯一の関心事であったのである。然してこの宇宙霊魂はその性湛寂として恒常不変、それ自体が超時超空の絶対生命なのであるから、ここではもはや霊魂不滅という如きものが問題となる筈がなく、従って霊魂輪廻転生の思想が発生すべき余地は全然あり得ない。

しかしながら容易に想像さるるごとく、この超越的神秘体験の道は、民族的知性の絶頂に在る極少数の選良にのみ開かれた嶮峻の道であって、決して万人の道ではなかった。勿論、神秘主義は、その頃の顕著なる時代風潮であり、精神的流行現象ですらあったが、かかる例外者の神秘主義が直ちに一般民衆の神秘主義たり得る道理はなかった。民衆は彼等の宗教的要求を有っており、従って、その要求をみたすべき彼等の神秘主義を欲した。ここに、紀元前六世紀における通俗的神秘主義の全ギリシア的興隆の原因がひそむのである。然して民衆の切実なる宗教的要求とは、曩にも一言せる如く彼岸の浄福にほかならなかった。惨憺たる現実の暗闇裡に呻吟する彼等が唯一つ希求するところは、個人の救済、すなわち墓の彼方の世界における個人霊魂の浄福ということのみであった。自然神秘主義の代表的思想家達が限りなき矜持を以て唱道力説する超個人的宇宙我の超意識的自覚、不生不滅なる絶対生命の時空を超越せる永遠的現成の如きは民衆の全然感知するところではなく、また望んで望み得ざる妙玄の極処であって、かかるものを以てしては彼等の現実的煩悶は到底截断さるべくもなかったのである。民衆一般の宗教的悩みを解消処決し、伝統的貴族宗教の現世主義によっては最早絶対に与えられぬ安心立命をあらゆる人に分け隔てなく賦与するには、余りに高く超越的なる神秘主義にはあらずして、荘重厳粛なる典礼《サクラメント》の象徴的形態を通し、これに参与する信徒の全てに直下に彼岸の至福を約束するところの通俗的神秘主義が必要であった。この通俗的神秘主義のギリシアにおける具現形式がいわゆる密儀宗教にほかならない。されば、七、六世紀の大動乱時代、殆んど唐突として各地に擡頭し、隆盛の一路を競った大小各種の密儀宗教団は、その頃漸く活潑なる働きを示しはじめた民主主義的勢力の、宗教的分野における現われとも考えることができる。然して密儀宗教が象徴的儀礼によって、一種の縹渺たる情緒的体験として信徒の胸に喚起せる霊魂不滅の確信を、明瞭なる教義教説として固定思想化しかくして民衆的通俗的神秘主義を思想的哲学的神秘主義にまで昇華転成せしむる端を開いたものが、ほかならぬオルフェウス・ピュタゴラス的秘儀教団であった。

本章冒頭に一言せる内的霊魂観が、かかる秘教の思想圏内に発祥せるものであることは言うまでもない。然して通俗的神秘主義の時代思潮に対する影響が如何に深刻且つ強烈であったかは、この内的霊魂観がピンダロスの宗教思想にまで深く浸透している一事を以てしても充分に推察せらるるであろう。前章に詳説せる如く、ピンダロスは伝統的ギリシア精神を擁護せんがために自ら民族の先頭に立って神秘主義的風潮に果敢なる闘争を挑んだ保守陣営の輝く戦士ではなかったか。然るにギリシア人中のギリシア人と謳われたこの詩人にして、既に滔々たる時代の趨勢に超然たることを得なかったとすれば、ましてや一般民衆の状態は如何様なるものであったろうか。駸々乎として全ギリシアに浸潤しつつあったディオニュソス精神に拮抗し、断乎として伝襲的国民精神と聖なる父祖の信仰とを護持せんとして力を竭したピンダロスではあったが、その彼の確乎たる自覚を以てしても、早くも時代精神そのものと化して創造的に働きつつあった秘教の勢力をよく防ぎ得なかったのである。新しき真理を啓示し、新しき魂の救済を齎す「異神」ディオニュソスは、それに帰依せる人々はもとよりのこと、それに敵対しそれと闘った敵陣営の人々にも深刻なる影響を与えたのであった。かくてピンダロスは、あたかもオルフェウス教徒或はピュタゴラス学派の思想家であるかの如く「凡そ人間の肉体は至強なる死に遭いて壊滅するといえどもいのちの像(*αἰῶνος εἴδωλον*)のみは神々に淵源するが故に、なお生き続く」と肉体死滅後の霊魂の永生を、その神的起源より説明し、更に語を続けて、「四肢活動する時は霊魂は眠る。されど人眠る時は屢々夢の裡に、来るべき禍福の審判を予見せしむ」(Pind. Fr. 131)と説く。この断片の後半において、彼は明かに、霊魂と肉体とを異質的なる二物となし、肉体内に宿る霊魂は、それに繋縛されて本来の自由を障礙妨害され、ただ肉体の睡眠中のみ肉の桎梏を独脱して真の霊性を発揮し得ると考えている。* またオリュンピア第二頌歌(Olymp. II, 63 ff.)の長き一節においては、彼は霊魂の彼岸の生活と、輪廻転生について希望に充ちた美しき叙述を繰りひろげている。すなわちそれによれば、現世にて犯された罪障は彼岸の国で罰を受け、彼岸で犯された罪は、その霊魂が次に地上に生れかわる時に罰される。然して贖罪成った後、三たび地上に転生して、而も全く罪障の穢悪汚染を受けずに清浄を保ち得た霊魂は窮極永劫の恵福に入ることを許される、と。凡そかくの如き霊魂観はギリシア古来の伝統的現世宗教には嘗て見ざるところ、これによって我々はピンダロスもまた新時代の児たりし事を知ると同時に、密儀秘教的思潮の勢力が実に絶大なりし事実を察知し得るのである。

＊　セクストス・エンペイリコスはヘラクレイトス(Fr. 26)の霊魂観に関してこれと同じ解釈を下している。曰く「ヘラクレイトスに依れば、我々が生きている間、我々の霊魂は死の状態において我々の裡に埋葬されておるのであるが、我々が死ぬや、霊魂は蘇生して真に生き始める」と——Sext. Emp. Pyrrh. Hypot. III, 230.

扨て密儀宗教《ミュステリオン》というのは、元来はディオニュソス祭礼と関係なき五穀豊饒祈念の農業祭祀であって、その起源を辿れば恐らく先史時代まで溯るものと思われる。地に播かれた枯種子を、呪言と呪作によって再び新しき生に蘇らせんとする農民の宗教儀式がその原始形態であったに違いない。それ故、この農民祭祀の主宰神は、大地の生産力と、地から生れる穀物を象徴する地母神《デーメーテール》であり、後に草木花実の四季循環生命を体現する処《コ》女《レー》神(即ちペルセフォネ)が第二の主神としてこれに加えられたのである。紀元前七世紀に作られたものと推定される有名な「地母神に捧ぐるホメロス讃歌」を通覧すれば、既にこの時代までには此等両自然神を祀る原始的農民祭礼が、断食、清浄式、夜禱などの固定化した典礼体系を有し、而も典礼の内的意義を説明すべき独特なる神話をも発達させて、明かに密儀宗教的性格を帯びつつある事を如実に知ることができる。すなわち、元来は農民が地母神を祀り、五穀の豊饒を祈念することを目的とするこの農事祭儀は、時代の変遷と共に次第に当初の農業的性格を喪失忘逸し、新たに精神的意義を賦与されて純然たる彼岸宗教に変貌するのである。ひとたび死枯せる草木がめぐり来る春と共に自ら蘇生して繁茂し、花を咲かせ実を結んで再び死滅する、生から死へ、死から生へ、この植物的生命循環の奇蹟は人々の胸に深き驚嘆と畏怖の念を与えると共に、また人間的生命の不滅循環の希望を吹きこむものでもあった。霊妙不思議なる大自然の法則によって年々歳々死しては蘇る植物の復活は恰も人間に対して、肉体死滅後の永遠の生命を保証するかに思われた。かくて農民的宗教の主神達は生と死を宰《つかさど》る彼岸宗教の神となり、もと農業祭儀に関聯して発達せる諸種の祭式典礼は、霊魂の不死と彼岸の浄福を恵賜すべき密儀的秘蹟に転成した。

地に棲む人間の内にて、この秘蹟に接したる者は幸いなるかな。

されど、嘗てこれに参与することなく、関わることなかりし人は
冥闇暗き死の国に至るときかかる恵福を享くること絶えてなかるべし。

と、ホメロス讃歌(eis Dem. 480–482)は断じている。人はここに地母神崇拝がディオニュソス神崇拝の一面と著しき類似を示すに至ったことを認めるであろう。事実、この時代、ギリシア全土に亙って、此等の両祭礼は明白に接近融合し始める。換言すれば、各地の密儀宗教の中にディオニュソス神が堂々と侵入し、地母神と結合して行くのである。例えばデルフォイにおいてはディオニュソスは地母神と並んで聖座に祀られ(Pind. Isth. VII, 5–6)、レルナ密儀の主神は此等男女神の聖組である(Nilsson: Griech. Feste. S. 288 ff.)。またアッティカにおける地母神崇拝の中心、「冬祭り《ハローア》」では、同時にディオニュソスも祀られていた(Gernet et Boulanger: Le génie grec dans la religion, p. 127)ことが明かにされている。更にギリシア最大の密儀宗教たるエレウシス秘儀においては、ディオニュソスが新参神であるにも拘らず、地母神、処女神と並んで信徒の圧倒的帰依尊信を受けたのであった。かくのごとく、全国各地の密儀祭礼内にディオニュソスが混入包摂された事実は、密儀宗教そのものが原初の農業祭礼的性格を棄却して、純粋なる彼岸宗教に転換せる事の象徴と解してよいであろう。密儀宗教はディオニュソス祭礼と結合

する事によって甫めて彼岸的個人宗教に転成したと見るべきではなく、彼岸的性格を獲た後、その彼岸性の象徴としてディオニュソス神を摂取同化せるものと解さるべきであろう。しかしながら他面ディオニュソス宗教の側より観れば、密儀宗教の内に取入れられ、来世信仰の中心的要素と化することによって甫めて、その本来的特徴たりし蛮性を清澄の域にまで高め、狂暴未開なる集団的狂乱と盲目的興奮を人格的個人的宗教情緒の湛寂たる浄福にまで静定し、かくして盛り上る民衆的宗教思潮の波に乗りつつ、遂にギリシア精神の深奥部に透徹することを得た事実も看過されてはならない。一般民衆の絶大なる支持を受けたればこそ、曩に述べた直接の神秘主義とは違って、それは伝統的国家祭祀とも衝突せず、却って国家的宗教に内面から同化合体して民族生活の動向に深き影響を及ぼし得たのである。

さて、かくの如くに彼岸宗教として成立せるギリシア密儀宗教とは抑もいかなるものかというに、その本質は一定の秘蹟《サクラメント》に参与せしむることにより、身分、階級の如何を問わずあらゆる人に永遠の生命と、霊魂の彼岸の至福を賜与するところに存する。すなわち各密儀宗団は世俗社会から精神的に隔離聖別された一の特殊社会なのであって、人はこの霊的世界の一員となることによって、直ちに超自然的聖寵を与えられるのである。入会を許可され、その秘蹟に与るを許可されること自体がその人を聖別するのである。

今、この入会式の模様を、エレウシス密儀によって覗見するに、入会を希望し、それを決意せる個人はエレウシス司祭王家の一人、即ちこの宗教祭式の奥義を極めた錬達の人のもとに自ら赴いて、これに「入聖導師《ミュスタゴーゴス》」として所要の儀式を指導してくれるよう懇請する。この願いが容れられた場合、入聖導師は請願者に対して俗世の穢汚を清める払浄式《カタルモス》を執行し、かくて清浄の身体になったその人を掛りの高級会員のところへ引具して行き、入聖を推薦する。これが受理されてはじめて入聖式が行われるのである。この式において初入者は、厳粛荘厳なる緊張の裡に、神の秘名を開示され、秘蹟的意義を有する聖句が伝授され、且つ密儀の象徴的所作事の意義を理解せしむべき聖伝承が朗誦される。彼はそれから数日間の大斎を守った後、聖飲料キュケオンを飲み、聖別されたパンを食し、一定の咒言を誦しつつ(Clem. Alex., Protr. 18)「聖物」(恐らく女性の陰部を表わしたクテイス)に手を触れ、ここに入聖式をとどこおりなく終って初心会員となるのである。会員には二つの階級があって初めて入聖せるミュステースは、次第に熟達研鑽の功を積んだ後に奥義会員《エポプテース》の階位に進められる。エポプテースには、初心会員に開示されぬ特別の秘儀が明かされることになっていた。扨てエレウシス密儀の祭礼は、毎年アテナイの郊外アグラの丘で行われる春の小祭と、エレウシスで盛大に挙行される秋の大祭とがあって、未だ小祭に参与せぬ初入者はエレウシスの本祭に列することを許されなかった。この大祭は八日から九日に亙って行われる大掛りなもので、その中心的行事は第五日目にアテナイからエレウシスまでイヤッコス即ち「稚児ディオニュソス」の神像を運んで行く聖体行列であり、祭の終局は三千の信徒を集める大会堂において演じられる象徴的密儀式であった。秋期大祭の終尾を飾るこの壮麗な典礼は聖物の開顕と、所謂レゴメナ(咒誦言)とドロメナ(咒作事)との二つを重要なる要素として含んでいた。レゴメナというのは恐らく聖物の意義を説述する典礼的言句であったものと思われるが、ドロメナとは、周知の如くギリシア演劇の萌芽となった一種の劇的所作事で、冥府神による処女神ペルセフォネの攫浚、娘を喪った母神デメテルの悲歎、処女神の地上復帰、幼児イヤッコスの誕生等の如き密儀神話中の主要なる説話が宗教劇として帰依者の前に演じられた。かくしてこの盛大な儀式に参与せる数千の信徒達は、秘蹟の力によって自らも神々の復活に与ることを許されたと信じ、未来永劫に亙る霊魂の浄福を確信して、この世のものならぬ融和と平穏の歓喜に包まれるのであった。

かかるものを観て、然るのち
黄泉に赴く者は幸いなるかな。
彼は人のいのちの終焉を識り

神賜の(生の)発端を識る故に。　(Pind. Fr. 137)

とピンダロスによって讃えられた「幸いなる者」は、すなわちこのエレウシス秘儀に列席してその魂を祝福された密儀会員にほかならない(Clem. Alex., Strom. III, 518)。峻厳なる国民伝統の詩人ピンダロスにしてかかる言ありとするならば、我々は密儀宗教が紀元前五世紀初頭既に国民的伝統の一部として完全に同化吸収されていたものと推定せざるを得ないであろう。然して同時に我々はこれを以て六世紀における密儀宗教隆盛の様を想像することができるであろう。

密儀宗団としては、エレウシス秘儀がペロポンネソスに幾つかの支系分派を有していたほか、特にサモトラケの住民達の間に行われていたカベイロス諸神密儀が最も古く且つ大規模なものであった。ヘロドトス(II, 51)の説明によれば、この密儀宗教はギリシア人が先住民ペラスゴス人から承継せるものとされているが、太古の事情は知らず、歴史時代においては既にカベイロスは地母神及び処女神と結合し、エレウシス秘儀と大同小異の典礼を発達させていたものと思われる。

此等大小様々の密儀宗団に入会し、その典礼に参与せる人々の胸には、自ずと霊魂不滅の確信が生起したのであった。しかしながら、アリストテレスも言う如く(Arist. Fr.

45）密儀典礼の目的は、信者に何らかの思想を教え、或は一定の教義を与えんとするのではなく、彼等の宗教的感情を刺戟して、或る種の気分にひき入れることにあったから、其処に生ずる霊魂不死の確信も飽くまで情緒的気分的信念なのであって、霊魂不滅説という如きものでは決してなかった。密儀宗教によって与えられる安心浄福は情的安心であって、未だ知的安心ではなかった。密儀宗教の典礼に参与し秘蹟を授けられる間に浩蕩たる情緒の波にのって湧き来るこの浄福の確信を、組織的教義教説の形式によって固着せしめ、情的体験の結果を知性に濾過して思想化し、霊魂不滅の信仰を霊魂不滅の学説にまで集定し、以て新たなる哲学への途を準備したのは主としてオルフェウス秘儀教団、続いてピュタゴラス秘儀教団の働きである。此等の秘儀教団によって、ギリシア宗教は甫めて一定の教義《ドグマ》なるものを有つことになった。わけてもピュタゴラス学派は顕著なる思想的傾向を有し、宗教的教義の外に数学及び音楽の学的研究によって、自己独特の神秘哲学を生み出すまでに至ったのであった。しかしながら、両者共に、本質的には一種の彼岸的宗教団体であり、その中核には依然として濃厚なる密儀宗教的要素が躍動していることを人は看過してはならないのである。

かくてギリシア哲学の発生は二つの相異なる方向から考察されねばならぬことが、ほぼ明かになったと思う。即ち、その第一は、曩に述べた直接的自然神秘主義の方向であって、この系統に属する哲学思想は汎生命的、汎神論的にして著しく超越的性格を示し、結果においては極めて論理的形而上学的であるに反し、第二の密儀宗教、秘儀教団を通る間接の途に生れた思想は、最後まで彼岸宗教としての色彩を喪失せず、個人霊魂の行方を追うことを中心的主題となし、且つ全体の印象が情緒的であり具象的である。又第一の系統より来る思想が窮極する処は詩味索漠たる険峻枯拙の抽象的弁証となるに反して、第二の系統に在っては最も抽象的なる存在論的思想すら常にミュトスの形をとって表現されることも両者の特徴となすべきであろう。人はパルメニデス・ゼノンの明徹厳正なる論理の抽象性と、エンペドクレスの情緒的ミュトス的思惟形態とを比較して見るがよい。而も、ひとたび確立された両傾向の対蹠性は、決して単にソクラテス以前期のみの問題ではないのである。ミュトス的思惟か非ミュトス的思惟か、この対立は一応プラトンに至って融和調停されるのであるが、その後再び分裂しあるいは互に影響し合い、あるいは相互に乖離拮抗して、結局ギリシア思想史の最後まで跡を絶つことはなかった。この意味において、ソクラテス以前期哲学の起源を探ることは、畢竟、全ギリシア哲学史を支配する二大思想潮流をその源泉にまで遡って検察することにほかならないであろう。私はここに先ず、第一の思想系統の発端をなすミレトス学派から考えて見たいと思う。

第十一章　新しき神を求めて――形而上学への道

西洋哲学史はミレトス学派の自然哲学を以て始まる。紀元前六世紀、イオニア植民地十二都市中の母都ミレトスに興った哲学思想は、永きギリシア哲学伝統の光輝ある出発点となったのであった。我々はこの出発点の更に遠き淵源を辿りつつ此処まで探究の歩を進めて来たのである。

扨てミレトス学派の哲学は、自然の学的認識を根本目的とするものであるといわれる。即ちこの哲学は本質上、自然学である。何人もこれに異議はないであろう。しかしながら、問題の全重心はかかって「自然」の二字に存するのである。自然とは抑も何であろうか。又後にアリストテレスが採用した術語に従って、彼等は「根源」を探究したともいわれる。果して然りとすれば、如何にして「自然《フュシス》」が直ちに、宇宙万有の「根源《アルケー》」なのであるか。宇宙万有の超越的原理にはあらずして、却って宇宙万有自体こそ「自然」と呼ばるるに適わしきものではないか。蓋しこの問題の充分なる解決を提示することなくしては、ギリシア哲学の発生を人は論ずることができないのである。

曩《さき》に我々は、野蛮陰惨なる集団的シャマニズムの全一体験から深奥幽邃の極を窮むる超越的全一体験への転換飛躍に自然神秘主義の成立を見たのであるが、全一体験の絶対化とも言うべきこの転換は、質的或は量的変化推転にあらず、実は存在的転換なることが先ず注意せられねばならぬ。すなわち前者から後者への転換は、いわゆる存在領域の飛躍なのである。換言すれば、存在の最下層において生起せる全一現象が、そのまま直ちに眩めくばかりの存在最高領域に飛躍翻転されるのである。然してこの飛躍的転換に伴って、渾一としての「自然」も同じものでありながら、而も根本的転換を成就する。嘗て存在の最下領域において集団的忘我陶酔の極、人も野獣も神も全てが自己の限界を忘逸し、あらゆるものが渾然として狂熱の波に消融湮滅する事によって実現せる脱自奪魂の「全一」は、ここに存在の超越的絶頂に移され、この絶塵の高処において、絶対超越的全一として再び浩渺と顕現する。これが即ち自然神秘主義といわるるものの端的にほかならない。自然神秘主義に所謂「自然」とは、常識的日常的意味における自然ではなくして、最高度最濃度に達せる「存在」そのもの、即ち世界万有万象を超越しつつ而も一切を収摂し一切を開叙するところの純一絶対の真実在、全てを含みながら全てを超え、作り作られずして万有を作る恒常普遍の創造者としての自然なのである。すなわち自然神秘主義的体験の潑剌たる汎生命的緊張裡、忽然として超意識的に意識さるる存在最高領域においては、自然はそのまま神である。

イオニアの自然学者達が、彼等の「自然」を「神」として明瞭に意識していたことは、彼等が、自然《フュシス》に不老、不死、不滅の如き形容詞を附加する学統を創った一事によっても充分に証明される。アリストテレスの証言(Phys. III, 4, 203 b)するところによれば、アナクシマンドロスは「無限者《ト・アペイロン》」を不死《アタナトン》にして不滅《アノーレトロン》と主張したが、彼のみならずアナクシメネスも(Doxogr. 302 b 5; 531 a 17 b)更に大多数の自然学者もそうであったと伝えられている。又イオニア哲学をアテナイに輸入せる紀元前五世紀ミレトス系の思想家アナクサゴラスに学んだものと思わるる悲劇作家エウリピデスが学的研究の本来的対象を「不死にして不老なる自然の秩序」(Fr. 910)と規定しておる事実は、夙にバーネット(Burnet: Early Greek Phil., p. 10)の指摘せる如く、ミレトス学派の人々が自然の名の下に如何なるものを理解していたかを示唆して余りあるものと言わなければならないであろう。周知のごとく、叙事詩的伝統をひくギリシア国民宗教においては、不死(或は不老)なることは神の単なる一属性であったのではなくして、神たることの根本的特徴、否、唯一の徴表でさえあった。

ἐπεὶ οὔ πως οὐδὲ ἔοικεν
θνητὰς ἀθανάτῃσι δέμας καὶ εἶδος ἐρίζειν

死すべき身にして、不死なる者と姿の美を争うは
もとより、ゆめかなうまじきことなれば　(Odys. V, 212–213)

ἡ μὲν γὰρ βροτός ἐστι, σὺ δ' ἀθάνατος καὶ ἀγήρως

わが妻は死すべき者なるに君は不死不老の身にしあれば　(ib. 218)

とオデュセウスは言い、また抒情詩人カッリノスは、

οὐ γάρ κως θάνατόν γε φυγεῖν εἱμαρμένον ἐστὶν
ἀνδρ', οὐδ' εἰ προγόνων ᾖ γένος ἀθανάτων

人間の身の、如何にするとも、ただ死のみは遁れ難きが
定めなり、たとい不死なる者の後胤たりとも。　(Kallinos Fr. 1—Diehl)

と歌う。神は不死なるものにして、人は死すべきものという、ただこの一事に神と人

とは根源的差違を見出すのである。他の点においては何等人間と異なる所なきホメロスの神々と、偉大なる力量と性格において殆んど神に等しき叙事詩の英雄達は、「不死」の属性を最後の一線として截然と別たれている。「不老不死」は古来、ギリシアの神々の本質属性であって、それが余りにも自明的常識的なるために、叙事詩的発想法においては寧ろ陳腐の感を伴う紋切型の形容詞ですらあった。故にミレトス学派が、その探究し発見せる「自然」を不老不死と形容する時、彼等は恰も自明の事としてそれを神と見做しているのである。すなわち、彼等が神を不老不死と呼んだことは、少しも珍らしいことではなかったが、自然を不老不死と呼び、自然即神論を主張するところに、ミレトス学派の絶対的斬新さが在る。自然が神と同一視されたことは、ギリシア精神史上未だ嘗てなかった。然してこの大胆不敵、一見すこぶる奇矯なる自然観こそ、上に述べた自然神秘主義体験の直接の所産なのである。この超越的体験の堰き止めんとして止め得ざる激流に押し進めらるることなくしては、彼等といえども、かかる独脱無依の奇説を標榜して国民宗教の伝統を誹毀蹂躙することを敢てしなかったであろう。

自然即神ということが、単なる文学的比喩としてではなく、形而上学的真理として、すなわち最も充実せる現実性において成立するのは、存在の最高領域のみである。曩に説明せる形而上的全一体験の脈々たる生命緊張の極、絶対超越的全一者として超意識的に自覚せらるる自然のみ直ちに神そのものなのである。存在性の絶頂において神と自然とは完全に一致する。

しかしながら、凡そかかる所説は、存在の領域的構造と自然の類比的性格との考えを基礎として甫めて充分に主張せらるべきものであるから、私はここにその一応の説明を試みて置きたいと思う。自然が類比的性格を有つということは、極く簡単に言えば幾つかの自然があるということ、すなわち自然は単純にして、いわば一重の実体ではなく、実は多くの自然が層々相重って整然たる秩序を成しているということを意味する。今、日常的人間の観点に立って、人間に最も近い領域、即ち最も感性的なる領域を最下層とし、其処から順次感性度の稀薄なる(従って抽象度の濃厚なる)領域を上に向って辿って行けば、その極限において、遂に最高度の抽象性における自然に到達する。この極度の抽象性における自然こそ、形而上学的には具体性の極限における自然なのである。常識的人間にとって最も抽象的なるものが、実は存在的には最も現実的なのである。この存在的現実性は、人間が常識的立場を固守する限り絶対にその儘では捉えられぬ故に、これを超越的自然という。然して日常的人間知性が極度の抽象性においてしか把握することを得ぬこの最高領域を、原初の現実性その儘に毫厘も減損することなく超越的に把住実証することが、すなわち自然神秘主義体験であるにほかならない。もとより、かかる最高領域の自然を直下に味識することは、万人に可能なる常事ではないが、自然が類比的性格を有するということ、即ち自然は決して単一なるものではなく、幾つかの自然領域があり、而も其等の自然は互に別のものでありながら同じものであるという事は、何人もこれを反省的に証得できるのである。例えば、我々が日常卑近の生活において問題とする自然は、科学者が自然科学的研究の対象とする自然と同じであって同じでない。また、その同一の自然科学者が研究室を出でて春の野に熙々たる陽光を楽しみ、あるいは秋の海辺に深邃なる寂寥を味わう時、彼がその詩的情趣を以て感得する自然は、既に一の偉大なる生命体としての自然であって、決して物理的自然ではないのである。かくの如く、今ここに一例として考察した場合だけでも、すでに三つの自然が領域的に区別されることがわかるであろう。此等三つの異なる自然が、かく相互に異なりながら而も同じ自然であるということは、「自然」なるものが、単層的構造を有するものでなく複層的であり、一義的でなくして類比的であるということなのである。然して此等の多数なる領域的自然のうち、人間の感性から最も遼遠にして、物質的原理と相距ること最も大なる最高窮極の領域がすなわち神としての自然である。かくて「自然」概念は、上は絶対超越的究竟者から下は物質的感性的世界に及ぶ全てを包摂するところの位層的類比概念と考えられねばならない。西洋哲学後世の用語に従えば、かかる広義の自然は畢竟

「存在」ということであるが、ミレトス学派の代表的思想家達は、彼等が至高窮極の領域において超越的に把握せるこの「存在」を、未だ「存在《エオン》」と呼ばずして「自然《フュシス》」と呼んだ。ミレトス学派以後、クセノファネスを経てエレア学派に進むにつれ、哲人達の興味の焦点はいよいよこの超越的最高領域に集中し、エレア派のパルメニデスに至っては、ただそれのみが唯一の真実在にして、一切の下位領域は悉く虚妄として実在性を拒否されたことは哲学史上周知の事実に属する。不生不滅にして恒久不動、「永遠の現在」の裡に寂寞として時空転変を超越する最高領域の自然を、「存在」として規定せる最初の人はパルメニデスであった。形而上学としての存在論はここに端を発するものということができる。しかしながら、「存在」を「自然」と呼ぶミレトス学派の慣わしも一の哲学的伝統として、近世的自然哲学の成立までは永く存続したのであった。例えばかのスコトス・エリウゲナが「自然」を四つの種に分って、「創造して創造されざる自然」(Natura quae creat et non creatur)、「創造されて創造する自然」(N. quae creatur et creat)、「創造されて創造せざる自然」(N. quae creatur et non creat)、「創造することもなく創造もされざる自然」(N. quae nec creat nec creatur)となし、宇宙万有がその窮極的淵源たる第一の自然より発出して究竟的帰源たる第四の自然に還没する「創造」過程を、万物が神より出でてまた同じ神に帰る一種の円環運動として説明せる「自然分類論」(De divisione naturae = *περὶ φύσεως μερισμοῦ*) の自然とは正にミレトス的伝統による自然である。また単に用語法の問題のみならず、エリウゲナのこの自然生成論を、アナクシマンドロスが、全存在者の生成の始源たると同時に生成の還没すべき根源としての「無限者」を説くかの有名な断片と比較するならば、何人も彼の思想の深きミレトス的性格を否定し得ないであろう。スコトス・エリウゲナの自然論が恐るべき異教思想として当時の基督教会内に囂々たる糾弾譴責の声を捲き起したことは当然の結果と考えられなければならぬ。

扨てかくの如く最高窮極の領域において直接に自己を開顕する自然(すなわち存在)は絶対超越的存在であり、ここでは自然が直ちに神なのである。然してこれが所謂「汎神論」の本源的形態であるにほかならぬ。汎神論とは、その名(全《パン》・神《テオス》)が示す如く神が全てであり全てが神であるということであるが、それは感性的物質的最下層の存在領域における全ての存在者(自然的事物)がそのまま悉く神であるという主張であるべきではなく、ただ存在性の超越的極処においてのみ本来的に、即ち何等の留保なしに成立する絶対的事実なのである。「全ては神にして神は全て」といい「自然即神」というのは、存在最高領域の現実的事態を端的に表現せるものに過ぎない。感性的物質的世界の全存在物を直ちに神として跪拝するところの悪しき汎神論、乃至は未開民族の木石信仰は、自然の類比的性格を把握することなく、従って存在諸領域を区別せずに全てを同一平面に並置して眺めるところに由来する。しかしながらその反面において、真に宗教的達識の人が路上の平凡なる石塊にも道のべの名もなき草にも神の輝く姿を拝するといわるるのは、感性的物質的世界の自然が超越的絶対的自然と決して無縁無関係ではなく、両者は懸絶しながら而も同時に融和しており、ここでもなお「自然即神」は類比的には完全に妥当するからである。それ故、タレスが「全宇宙は神々(或は精霊)に充つ」と言ったと古伝(Arist. De anim. I, 5, 411 a)が語り遺しているのもいささかも怪しむに足りないであろう。全即一の絶対体験によって最高現実度の生命的自然を直証する神秘家の眼より観れば、万物は正に神の世界であり、全ては脈々と搏動する神的生命に生きているのである。万物は神々に充つというのは、かかる意味における汎生命主義にほかならない。ところでタレスは、この自然(存在)の類比性を意識していたかというに、全く意識していなかった。いな、タレスのみならず、彼の後継者達も、更にこれを継承発展せしめたエレア学派においても存在の類比性は嘗て明確に意識された事はなかった。最高極限の存在領域の絶対超越者から出発しながら、存在の位層的構造を認識しなかったところに、ソクラテス以前期哲学一般が示す思想的混乱の源泉があるといえるであろう。ミレトス学派の自然神秘主義的起源はギリシア思想に形而上学建設の基礎を提供したが、同時にそれは後世の思想的動向に対して宿命的欠陥を用意するものであった。超越的一者を激揚するの余り、現象的多者を否定するに至ったエレア派の論理的帰結は、ある意味において既にタレスその人の裡に潜在していたとも考えられるのである。タレスが万物の根源は「水」であると説いた時、彼は最高領域において捉えた窮極的全一としての自然を、最低領域の自然によって無差別的に表現したのであった。固より絶対超越的領域は言説以前の真実界であって、言語文字を以て詮表し得べきものではないから、強いてこれを言語に表現せんとすれば何人といえども象徴によるほかはない。しかしながら、タレスの「水」が超越的真実在の象徴として採用されたものとは絶対に解することができない。近代の優秀なギリシア学者が殆んど全て一致して主張する如く、またアリストテレス自身(Metaph. I, 3, 983 b)の証言によっても推察される如く、彼の「水」は形而上的象徴的なる水にあらずして明白に物質的なる「水」であった。主体的体験において捉えたものは、物質性から最も遠き至高領域の自然であるにも拘らず、これを直接無媒介に質料的原理としてロゴス化した処に彼の思想の根本的混乱が萌しているのである。形而上学的実在を体験的に把握することと、これを反省的にロゴス化することとは全然別物である。タレスが原体験の「全一」を如何なる方向にロゴス化したにせよ、彼が主体的に証得した本来の対象は物質的実体ではなく、絶対超越的覚存である事を看過してはならない。タレスに限らず一般にイオニア系思想伝統においては、哲学の出発点は常に超越的一者、すなわち存在の最高領域であった。諸他の下位領域、即ち現象的多者の世界を措定するにせよ、否定するにせよ、多者に関する考察は、一者確立の後に来るのみならず、多くの場合、一者の超越界と多者の現象界とは混同錯雑して時に殆んど拭捨すべからざる溷濁の相を呈するのである。故に若しこの事実を念頭に置くことなくして、例えばタレスの「水」を考察するならば、原体験の超越性を重視するかロゴス化の結果を重視するかに依って、人は好むままに同一のタレスから唯心論者の祖をも唯物論者の祖をも造り出すことができる。

又、古伝によれば(Doxogr. S. 286—Diels)、タレスは霊魂を不断に動くところの自己運動者と考えたと言われるが、その彼が「磁石は鉄を動かす故に霊魂を有っている(＝生きている)」と主張したとすれば(Arist. De anim. I, 2, 405 a)其処には明かに存在領域の無媒介的混同がある。同じミレトス学派のアナクシメネスの断片からも推定さるる如く、この学派の霊魂とは元来宇宙大に拡散せる大我の生命原理として措定されたものであった。万有の生命を一点に凝集し、極度の生命緊張に在る「無限者《ト・アペイロン》」にして甫めて、その「永遠の運動《アイディオス・キネーシス》」が直ちに永遠の生命を意味するのであって、物質的領域においては直接無媒介的に自己運動即生命ということが成立するのではない。更にまた、ヘラクレイトスが有名な「万物流転」を唱道する場合にも、屢々そこに存在領域の混同が起って、流転は或る時は現象的多者の実相として、また或る時は恰も超越的本体世界の実相として高調されている如き観を与えることがある。

いずれにしても、かかる次第であるから、タレス自身の主体的観点よりすれば、彼がアルケーを「水」としたことは、アルケーにたいして何等の本質的意義を有するものではない。彼が体験的に把握せるものは、言詮不及の超越的実体としての自然であって、元来言語に表現すべからざる形而上的窮極者を強いて質料的自然物の一を以て具象化したに過ぎぬ。要するに、水という物質そのものに全ての意義が懸かっているのではないのである。さればこそタレスの学統を直接に継承するミレトス派内部においてすら、彼の後継者は忽ちに「水」を全く離れて、或る者は同じく物質的領域から「空気」(アナクシメネス)を選び、或る者はかかる物質的領域を遠く超脱する「無限者」(アナクシマンドロス)を以て万物の根源なりとする。更にクセノファネスに至ればこの超越的色彩はいよいよ濃厚となって、「アルケーは唯一にして一切なる存在者」(Theophrast. ap. Simpl. Phys.)と言われ、且つ「唯一なる神」(Fr. 23)と言われ、最後にエレア派のパルメニデスに至って端的に「存在」と成るのである。ミレトス学派からエレア学派に亙る此等の種々様々なるアルケーの奥底にあって、その体験的基体をなすものが始終渝《かわ》ることなく超越的絶対者としての「自然」であることは疑いを容れる余地がない。

西洋哲学の全歴史は、いわばタレスの「水」から始まるというところから、古来多数の人々がこの「水」の由来を説明せんと試みたが、其等の全ては勿論単なる臆測の域を出ない。自己の理想を一切書き遺さなかったタレスについては、既に古代ギリシアの人々も何等確実な知識を有し得なかった。かかる試みの最古の例に属するアリストテレス(Metaph. I, 3, 983 b)すら、「万有がそこに淵源し、最初にそこから発生し、最後にそこへ還滅し行くところの根源実体」としての不変恒常なる自然をタレスが水とするに至った事情に関しては、可能なる臆測として生物学的根拠を挙げておるに過ぎない。しかしいずれにしても、タレスの「水」の確立と共に、或る重大な方向転換がギリシア精神史に起ったことだけは確かである。それは観方によっては、ギリシア精神史伝統の中絶と飛躍を意味するものであった。アリストテレス(ibid.)も指摘している通り、元来ギリシアにおいては、水を万有の始源と見ることは決して哲学と共に創始された考えではなく、例えばホメロスにも、

これより我れは肥沃なる地の涯に赴きて
神々の始源たる太水《オーケアノス》を見ん。　(Ilias XIV, 200–201; 301–302)

万物の生誕の始源なる
太水の河流……
(Ilias XIV, 245–246)

とある如く、太古の神話的思惟も夙に水を以て神々を初め宇宙万物の源と観じており、またかかる聖なるものなるが故に詩人ピンダロスはかの人口に膾炙せるオリュンピア第一頌歌の冒頭に、

げに水はよろずにすぐれて貴し。

と讃えたのであると説かれている(Schol. Hom.—Eustath.)。ひとり古代の研究家のみならず現代の最も精緻晶明なる学識を具現する優れたヘレニストの中でも、ギリシア精神の連続的発展を高調するイエーガー(Paideia, S. 207–208)の如き学者は、万象を太水の流れより淵源せしむるこのホメロス的見解と、水を宇宙の根源となすタレスの思想との間に実質的差違を見出すことは難しいと主張して止まぬ。しかしながら外形の類似、いな、同一にも拘らず叙事詩人の神話的思考とタレスの自然学的思考の間には、その深底に霄壌《しょうじょう》の差が存することを看過しては、ミレトス哲学の発生を根柢から理解することは

できないのである。神話と哲学とを結ぶ表面的連続の背後には、一の絶対的鴻溝が生じている。然してこの根本的懸殊隔絶を成立せしめたものこそ、上述せる自然神秘主義体験の澎湃たる生命感であった。表現上の形式は殆んど同一であっても、「水は万物の根源」というタレス的思想の根柢には、強烈なる宇宙的生命体験の伏在することを、我々はイオニア哲学のその後の発展経路によって明瞭に推知し得るのである。タレスをして真に哲学史的人物たらしめたものは、彼の「自然科学」ではなかった。自然科学に関する限り、彼は単に東洋先進諸国の学問をイオニアに輸入したに過ぎないであろう。近世的自然科学の観点よりすれば、タレスはもとより、全ソクラテス以前期の自然学の如きは粗笨幼稚であって、現代に対して何らの積極的意義を有するものではない。タレスの思想に永遠の意義を賦与するものは、「万物は水」という自然科学的断定の底に潜むところの形而上学的根基であり、更にその秘奥に在って無窮の生命を生きる悠遠宏大なる宇宙的体験である。しかしながら、曩に一言せる如く、ミレトス学派においては、この宇宙的体験によって自覚された絶対超越的実在を直接無媒介的に質料的世界に引き下ろし、全てを一義的に説明し去るという致命的欠陥があった。彼等は「自然」をその最高領域において捉えながら、この領域性に気付かず、ためにその超越的自然を直ちに質料的自然と同一視した。タレスが「全ては水である」と言ったとすれば、その全て、とは、彼の主体的体験においては、質料的世界の全ての存在物という意味ではなく、寧ろ万有の散乱ただ一処に止息し、ありと凡ゆる個別的存在者の差別が杳然として湮滅せるところに顕現し来る絶対的生命統一としての全てなのである。かかる超越的全一者が、そのまま巨大なる霊魂であり、そのまま脈々と生きているのである。古来タレスが全宇宙に瀰漫する宇宙霊魂を説いたと伝えらるるのも当然であった。然るに彼は存在の領域性を意識せず、この超越的世界霊を直ちに物質的自然世界の霊魂として解釈したために、結局、物質一般を精気あり、生命あるものとして説く結果となった。近代の西洋哲学史家がミレトス学派の特徴ある思想として屢々「物活論」(Hylozoismus)なるものを指摘する所以は此処に存する。物活論とはミレトス学派の思想に伏在する体験的形而上的根源を看過して、それを単に成立せる学説として考察せる結果に過ぎない。人もし物活観の表面的意義に拘繋されて、その背後にひそむ形而上的核心を忘逸するならば、ミレトス学派の自然論よりエレア学派の形而上学に進展生長して行くギリシア思想史の内的生命を把住し得ないであろう。

かくてミレトス学派の始祖の裡に典型的形を採って現われた存在の一義化は、畢竟するに存在の最高領域において捉えられ、最高領域にのみ本来的に適合すべき原理を無差別に全存在界に拡散せしめた結果であることは明かであるが、若し存在の類比性に気付くことなく、而も存在諸領域のかかる同一化と混淆錯乱とを犯すまいとすれば、存在性の絶頂において把握せる超越的生命統一をその原領域のみに固く封鎖し、下位領域がこれに参与することを絶対に禁止する外はない。パルメニデス・ゼノンが、自然の最高領域たる超越的一者のみを「存在」となし、感性的現象界の多者に断乎として実在性を拒否したことは、その端的なる現われと見るべきである。然してこのエレア的超越存在論に至る道を拓いた者が哲学詩人クセノファネスであった。

「全一」なる真実在界が相対的雑多の世界から截然と分たれるに至ったのはクセノファネスの偉大なる形而上学的功績である。ミレトス学派においては未だ混然として区別されることのなかった二つの根源的存在領域が彼の詩人的直観によって初めて明確に分離された。真にギリシア形而上学の名に価する思想が、幽玄繊細なる詩的感覚より生誕せることは決して単なる偶然ではないであろう。彼は天禀の詩魂を有つ詩人であることによって、ギリシア形而上学の予言者となった。「一にして一切」なる窮極的真実在に対して彼の胸は切なき思慕に燃えていたのであった。哲学者であるより先に、また、国民宗教の痛烈なる批判者である以上に、彼が一個の詩人であったことを人は忘れてはならない。二十五歳にしてイオニアの故国コロフォンを去ってより、「深き愁いをいだきつつ、ギリシアの彼方此方を漂浪すること六十七年」(Fr. 8)と歌い、「されども我れは国より国へ身を運びつつ漂泊の旅を続けたり」(Fr. 45)と述懐する遍歴の人で彼はあり、齢九十の坂を越してもなお歌作をやめなかった天成の詩人で彼はあった。然して一所不住の彼の羇旅は、同時に魂の遍歴であり精神の漂泊でもあったのである。それは、天地自然の秘奥を探り、無常遷流の現象界の底深きところに生滅成壊を超脱する永恒不変の「一者」を求めんがための旅であった。この情熱的なるコロフォンの吟行詩人こそ、久遠の実在「一なる神」への憧れにその長い生涯を賭せるギリシア最初の求道者なのであった。

クセノファネスの出現はたしかにギリシア思想史上異常なる大事件である。ホメロス・ヘシオドス的国民宗教の神々に不平憤懣の声を洩らす者は彼の前にもあったが、彼ほど明らさまなる言葉を以て父祖の信仰を誹譏排斥せる人は嘗てなく、また彼ほど儼乎たる信念と沸きたぎる情熱を以て超感覚的究竟的現実の実在を高唱せる人はなかった。クセノファネス出現を転機として、ギリシア思想は超越的一者の神耀耿々たる形而上学の途を登り始めた。彼は厳密なる学的意味においては形而上学者ではなかったが、「形而上的なるもの」は脈々たる始源的生の躍動するままに彼によって見事に捉えられていた。されば彼の終ったところから直ちに形而上学が始まったのである。形而上学本来の対象たるべき真の超越者は思惟の直接に把捉し得るところではない。いな、思惟は己が独力のみを以てしては、かかる絶対的超越者の存在そのものすら気付くことはないであろう。人間的思惟の途を如何に上昇しても、遂にその登り道は知的直観に至って停止する。知的直観は人間知性の終極であり、思惟はこれを越えて思惟自らを超越することは出来ない。思惟は、思惟を越えた或る全く他のものによって上から否定されることによって甫めて絶対否定的に形而上的実在に飛躍翻転することができるのである。形而上学を保証するものは思惟ではなくして上から働きかけるこの「或るもの」なのである。故に形而上学に関しては人間的ロゴスが先なのではなく、超越的実在が先なのであり、この超越的一者が直証された後に甫めてこれをロゴス化せんとする思惟活動が始まり、其処に形而上学が成立すると考えられねばならぬ。クセノファネスはその詩的体験において、まさにこの論理以前のものを直接味識せる人であった。

扨てかかる論理以前の究極的真実在が直証せられんがためには、いうまでもなく人間の側にも超越的絶対的体験が起らなければならない。これすなわち私が上来、自然神秘主義的体験の名を以て指示せるものにほかならぬ。しかしながら、ここに絶対的体験といわるるものが、決して個人的人間の意識現象、或は一の心理状態のごときものにあらずして、存在的基礎の上に立つ超越的事態であることが注意される必要がある。自然神秘主義における絶対的体験とは、絶対者の体験であり、超越的体験とは超越者の体験を意味する。然して絶対者（超越者）の体験とは、絶対者（超越者）を体験することではなくして、絶対者（超越者）それ自身が体験することなのである。超越者を体験することは被超越者にはその本質上不可能であり、限定された相対者が無限なる絶対者を体験することはできない。超越者を体験するとは、超越者が超越者を体験することでなければならぬ。若し人が絶対者を直証するというならば、それは既に人ではなく、体験の主体は絶対者である。人の意識が杳然と消滅して蹤跡をとどめぬ絶対空無の超越的境位において、絶対者が縹渺と露現することを超越的体験と仮りに名付けるのみ。曩に一言せるスコトス・エリウゲナの所謂「神化」deificatio とは、かかる超時超空の絶対者の渺々として辺涯なき自己露顕を指すものに他ならぬ。神化とは相対有限なる人間が直接向上的に絶対無限なる神に転成するということではなく、現実的人間が徹底的に無化棄揚され、人間的意識の光りが剰すところなく消拭せられて点埃をも残さぬ暗黒の極所、眩耀赫奕たる絶対者が浩蕩として出現すること、すなわち人間意識が消滅する処に絶対者の超越意識が生ずることなのである。

かくて絶対的体験とは、人間の主体的自覚ではなくして、却って人間が尽滅帰無し去った超越的空無の境において絶対者が完全無欠に自己を顕現する事、絶対者が絶対者を自覚する事を意味する。しかしながらこの絶対者の自己顕現が、人間意識の帰無を否定的契機として甫めて現証される限りにおいて、少くとも反省的には、それは人間の体験と見られぬことはない。古今東西の神秘家が屢々「我なくしては神も在り得ず」というのはこの意味である。さればこの人間的契機の観点よりして絶対者の超越的自己意識を解釈するならば、人間は絶対者の側面に翻転し来り、絶対者と合一融和し、自ら絶対者と化して自己を意識するというほかはない。即ち神秘主義的意味においては、人が完全に消滅することは、人が無限大になるということと同一である。この時、人は個人的自我の凝滞拘繫を一挙に截断して無限大に拡散し、無窮なる宇宙そのものとなる。而もここに実現せる宇宙我は相対的個人我意識の湮滅を機として煌々と点火され、全てが渾然たる宇宙的意識と化して自己を自覚するのである。曩に絶対者の超意識的意識と呼んだのはかかる宇宙的覚存の謂いであった。故にこの境涯においては全宇宙がそのまま一の了々たる「意識」であり、森厳巨大なる覚体なのである。この絶対無制約的、渾一の覚存をクセノファネスは、「全体が視、全体が識り、全体が聞く」(Fr. 24)ところの「一なる神」(Fr. 23)となした。ここに彼の所謂「全体」なるものが、単にあらゆる存在物の雑然たる総体の意にあらずして、却って其等全ての存在者を包摂し、凡る現象的差別の相を遺漏なく己が奥底に還帰消没せしめつつ悠久なる大生命の脈律に搏動する超越的渾一体であることはいうまでもないであろう。

唯一なる神、神々の内においても人間の内においても最大なる者、
その形姿も、その思惟も死すべき者共とは全然異なる者。　(Fr. 23)

と彼の説く、「一神」はかくて、存在しつつ意識し、いな、存在が直ちに意識である如き超越的生命体である。然して窮極の存在が窮極の意識であるということ、換言すればクセノファネスの神が宇宙的覚体であるということは、それが存在の最高領域である事を如実に物語っている。蓋し存在性の絶頂、超意識的意識の主体においてのみ、存在そのものが意識であり、意識は直ちに存在であるから。クセノファネスを継承せるエレア派のパルメニデスは、最高領域における存在即意識の関係を更に明確に「存在と思惟の一致」として思想化した。嘗てバーネット(Burnet: Early Gr. Phil. p. 173)によって提示せられた精緻鋭犀なる言語学史的解釈をめぐって学界の論議を集めたパルメニデスの言葉 *τὸ γὰρ αὐτὸ νοεῖν ἐστίν τε καὶ εἶναι* (Fr. 5—Diels; Fr. 3—Diels-Kranz)が果してクランツに従って「思惟と存在とは同一である」(Denn dasselbe ist Denken und Sein)と訳さるべきか、或はツェラー・バーネットに従って「同一のものが思惟されることも存在することもできる」(Denn dasselbe kann gedacht werden und sein—Zeller: Die Philosophie d. Gr. I:

For it is the same thing that can be thought and that can be—Burnet: op. cit.)と訳さるべきか遽《にわか》にこれを決し難しとするも、その結果はバーネット等が早急に考えたほど重大な影響を及ぼすものではない。何とならばここにパルメニデスが問題としている存在とは、常識的意味における存在、即ち存在の下位領域の一ではなくして、今まで本章に論じ来った存在の最高領域、超意識的全体意識としてのみ自己を顕現する所の純一絶対の真実在だからである。従来、この断片を取扱った論者の多くはこの点を看過している。さればこそ人はバーネットの如く、かの超越的形而上学者パルメニデスを平然として唯物論の遠祖となすことを得るのであろう。なお、パルメニデスは他の箇所に、「思惟することと思惟の対象とは同一である」(Fr. 8, 34)と説き、且つ「存在者は思惟の対象と同じである」(Fr. 6, 1)ことを教えているが、全て此等の言葉の真意は、それが絶対超越的覚存について語られたものであることを無視しては正しく理解されることはないであろう。ここでパルメニデスの言わんとするところは畢竟、存在はノエマ*的性格を有するという事であるが、それは日常的感性的多者界において、存在するものは思惟されたもの、或は、思惟されるもののみ存在するという単純素朴な意味ではない。存在といい思惟といっても、それは去来転変して止むことなき生成の世界の事態を指すのではなく、感性的世界を離絶せる超越的形而上的存在領域の自体的渾一について語られているのである。

一般にパルメニデスの論理は自同律の論理であり、ゼノンのそれは矛盾律の論理であって、ゼノンは矛盾を論証の根拠として生成界の矛盾を曝露し、多と動とを否定することによって、いわば消極的に裏面からパルメニデスの自同的存在を確立挙揚せんとしたものであると説かれているが、パルメニデスの、それ自らによって、又それ自らにおいて同一なる存在は、自同律をも矛盾律をも越えた超脱無依の真実在である事に注意せねばならぬ。パルメニデスの原思考は自同律も矛盾律も触れることのできない超越的世界に展開しているのである。元来、存在者の自己同一性(A＝A)が、その反面に矛盾的否定的側面(A≠non A)を予想せねばならぬということは、その存在者が最高究極のものでないことを示す。パルメニデスの究竟的存在はA≠non Aを予想せぬ絶対のA＝Aであり、いな、より正しくはA＝Aですらなくしてただ端的なるA一なのである。然してこの端的なるA一こそ、自己自らを煌了と自覚するところの無時無空の窮極的存在、すなわちノエマとエオンとの、思惟と存在との絶対同一そのものである。

＊ノエマといっても、この時代のギリシア語では近世哲学におけるノエマ・ノエーシスの対立に見らるる如く客観的側面と主観的側面とが峻別されている訳ではない。それは思惟の対象であると共に思惟活動そのものでもあるのである。ノエマとは、いわばノエインという動詞をそのまま名詞として凝固せしめたものに過ぎない。それ故、パルメニデスも「思惟の対象」を

表わすために「ノエマ」の一語によらず、「それのためにノエマがあるところのもの」(Fr. 8, 34)という複雑な表現法を用いている。

超越的覚存としての「宇宙我」において存在と思惟の絶対同一が成立するという事は、要するにこの境地が Cogito ergo sum の真に本来的本源的なる領域であることを物語っている。対象を認識するとは、或る意味においてその対象に成ることであると言わるる如く、苟も認識のあるところ、必ずその基底には、意識さるるとされざるとに拘らず、「賓主未分」が存するのであるが、この「賓主未分」は上に述べた超越的窮極の領域に至って充実の極限に達する存在密度を得ると共に、「賓主未分」そのものが一の了々たる明証性の意識に転ずるのである。この超越的明証性こそ、主体即客体、客体即主体の存在的自覚にほかならない。Cogito ergo sum はかかる絶対覚存の立場において甫めて真理それ自体の表現となる。コギトから出発する限り人は「究竟するところバークレイかカントに至らざるを得ない」(Gilson: Le réalisme méthodique, Philosophia perennis, J. Habbel)と思われるのは、コギトの本来的領域から出発せずして、個人的人間の相対的思惟、即ちその非本来的領域から出発するからである。コギトは個物的現実世界の個人的思惟に関しては窮極的充実性を以て成立するものではなく、宇宙的自我の超越的意識においてのみ完全なる直証性を以て現成するものである。またかかる超越的領域において、主客未分が生ける絶対真理として成立すればこそ、凡る下位領域における類比的真理が保証せられるのである。この意味よりすれば、後に中世スコラ哲学が、パルメニデス的テーゼを採用し、真理を「物と知性の契合」(adaequatio rei et intellectus)と定義して、最高領域における存在と思惟の絶対同一を真理の源泉、生ける真理、至上究極の真理自体となした事は、パルメニデスを恣意に歪解せるものにはあらずして、却ってエレア派の巨匠の深意を完全に生かしたものと言うべきであろう。パルメニデスの存在論「自然について」の冒頭を飾る壮麗な序詩において、太陽の乙女達の御する馬車に運ばれた若き哲学者が、昼の国と夜の国を分つ境門の内部に見出した昼の道が「真理の道」であったことは偶然ではなかった。形而上学の道はまさに「真理」への道にほかならないからである。

さて、かくの如くギリシア思想史は、クセノファネスからパルメニデスに至る一線の上に、「一即一切《ヘンカイパーン》」としての形而上的窮極者を見出すのである。一切処に遍満し全天地を貫通して脈動する不生不滅の真実在、存在の根源にして生命の久遠の源泉、超然として渾一なるこの「全意識」が彼等の新しき神であった。クセノファネスは渺漠たる蒼穹の全体を眺望しつつ、この「一者《ト・ヘン》」こそ「神《ホ・テオス》」なりと説いた、とアリストテレス

(Metaph. I, 5, 986 b) は伝えている。かかる渾一無相の神が不生不死 (Fr. 14) なることは勿論、それはまた一切を満たし一切なるが故に、湛寂として不変不動、かなたこなたに去来転変する如き物ではない (Fr. 26)。

　わしが、どっちの方へ心《ノオス》を向けて見てもな、みんな
　同じ全一のなかに消融して了うのじゃ。そしてあらゆるものは
　どんなふうに動かして見ても結局、同一の自然に来てしまうのじゃ。

(Timon, Fr. 60)

と諷刺家ティモンは作中のクセノファネスをして嘆ぜしめている (Sext. Emp., Pyrrh. Hypot. I, 224)。

然してこの「全一」がそれ自身、無限大なる超越的自己意識なることは曩に詳説せる通りである。「気層に囲繞された地球は、私には譬えば一の巨大なる生きもの、永遠に吸気し呼気しつつある生物と考えられる」と近代の生んだ典型的宇宙我の体験者ゲーテがエッカーマンに語る言葉の如く、古代ギリシアの全一体験においても、宇宙は一の巨大なる生命体として、際辺なき一の有機体として把握されるのである。「我々の魂が

空気《アエール》であることによって我々を把持しているように、世界全体をもまた気息と空気とが繞持している」(Fr. 2)とミレトス派のアナクシメネスが説いたのも、また後にアナクサゴラスが、「如何なる物も他のものに等しくはないが、ただ精神《ヌース》のみは大きい方も小さい方も同様である」(Fr. 12)と言うのも、等しくかかる宇宙体験の所産に他ならない。プラトン哲学の一大テーマとなる大宇宙《マクロコスモス》と小宇宙《ミクロコスモス》との対比聯関の問題は遠くソクラテス以前期の宇宙観に淵源するのである。ホメロス・ヘシオドス的擬人神観を儼乎として否定し去った自然学者達の思想に、それとは全然違った意義内実においてではあるが、再び濃厚なる擬人神観の色彩が揺曳し来る原因はここに存する。我々はこれを叙事詩の素朴なる擬人神観に対して、超越的擬人神観と名付け得るでもあろうか。より一般的に言って、ソクラテス以前期の思想全体に著しき「人の類比」analogia hominis の雰囲気が横溢氾濫している事は、既に多くの学者によって指摘されたところである。故にクセノファネスが「神の本体は球形であって、人間と何等の共通点なし」と言っても、それは単に相対有限なる人間との類似を否定するに過ぎない。さればこの思想を伝えたディオゲネス・ラエルティオス(Diog. Laert. IX, 19)はこれに直ぐ続けて、神は「全体がそのまま視、全体がそのまま聴であるが空気を吸うことはない。また全身これ精神《ヌース》にして思慮《プロネーシス》であり、且つ永恒不変」と彼の教説を要約している。これすなわちクセノファネスの所謂「全一」者が、曩に詳説せる如き否定的意味において、超越化され絶対化された人間、死して蘇り、相対的意識に滅して絶対的意識の主体となり、十万虚空に瀰漫しつつ自己を自覚する宇宙的人間であるからに他ならぬ。かのパルメニデス的「思惟と存在の一致」は、かかる「人の類比」を存在論的形而上的極処にまでひき上げたものと考えることができるであろう。

「汝、真実在は生れたりとなすや。然らばその出生はそも如何なるものぞ。そも如何にして、そもいずこより、そは成育せりとなすや。〔存在する者より来れりとか。然らば他の何者か既に在りしこととなるべし。〕非有より来れりとか。余は断乎として汝がかかる説をなし、いな、かかる事を考えることすら禁ず。実在が存在せずとは言うに由なし、考うるに由なし。また(然りとせば)実在は如何なる必要に促されて、ある一定の時点において、非有より発し、生育せりとなすや。かくて、そは絶対に存在するか、或は全く存在せざるかのいずれかならざるべからず」「(実在は)厳として存在す。……それは生れ出でたるものにあらず、死滅すべきものにあらず、渾然として単姿、不動にして無窮なり。そは嘗て在りしものにもあらず、向後に在るべきものにもあらず。まことにそは(永遠の)現在に存在し、ただちに全体

にして渾一、離絶するところなし」　(Fr. 8, 6–11; 2–6)

と、ギリシア最初の弁証家と評さるるパルメニデスが、息づまる短文を次から次に積みかさね畳みかけつつ威圧的に論敵に迫り行く熱情的ディアレクティークの裡に、「全一なる神」は存在論的に昇華結晶し、更にこの真実在と絶対思惟との同一が措定せらるるに及んで、クセノファネスがその詩魂によって把住味得せる「一即一切」の超意識的自覚は完全に形而上学化されたと言わるべきである。

顧れぱタレスに始まる形而上学の途は、畢竟するに新しき神、知られざる神の探求史ではなかったであろうか。古き神話の神々はもはや知性すぐれし新時代の知識人を満足させることは出来なかった。しかし、さればとて、唯物的無神論に堕すべく彼等の胸中には余りに偉大なる生命が躍動していた。この生命の衝迫は彼等の狭細なる胸の障壁を打破り、堰切って奔騰しつつ全宇宙にまで充ち拡がらずんばやまなかった。全宇宙が、大自然が、人間霊魂が、悉く一挙に渾然と捉えられなければならなかった。いずこか、世界の目に見えぬ深処に潜んで森羅万象を支配し、万物を生み万物を収摂する根源的力は抑も何者か。彼等はいずれもその一生を賭してこの「知られざる神」の探究に身を捧げた精神界の英雄であった。タレスの「水」に端を発するイオニアの自然学も、決して近代的意味における自然的物理的原理の探究を目的とせるものではないのである。「水」といい「空気」といい、或は「火」という物質的形態の下に彼等がやみ難き知性の衝迫と、痛ましき焦燥を以て捉えんとしたものは、生命と存在の太源であり、全宇宙に爛々と支配の眼を放ち、自然万物を貫き生かすところの「見えざる神」の正体であった。タレスからエンペドクレスに至るソクラテス以前期全ギリシア思想の中心的課題は、物質にあらず、自然にあらず、実に「生命」それ自体であった。然して其処にこの一種独特なる「自然学」が抒情詩に対して有する深き縁が認められるのである。抒情詩人達が、全人間的懊悩の内に提示せる生の根源的諸問題に、自然学者達は解答を与えんとした。その解答がすなわち自然学となって結実したのであった。さればこそ、ソクラテス以前期の自然学は常に霊魂論を核心として展開しているのである。そして彼等においては、霊魂論は常に生命論であり、生命の根源は即ち宇宙の根源であった。諸説紛々として帰するところなき近代文献学者の各人各様なる見解は別であるが、此等の博学なるギリシア研究家より遥かにソクラテス以前期の思想と年代的に近くして而も多くの完全なる原本を手にする機会に恵まれていた古代の註解者達は、この点に関して殆んど一致せる方向を指示している。古伝の精神に従えば、タレスの思想が実に顕著なる汎生命主義的色彩を有するものとして解釈されることは既に指摘せるところ、又アナクシメネスの「空気」が万有生命の根柢なることは彼の断片自らが最も雄弁に物語るところである。更にミレトス学派の思惟系統において、一見殆んど生命原理に関係なきかに思わるるアナクシマンドロスの「無限者《ト・アペイロン》」も、実は単に時間的空間的に無限なる世界、無限定者ということではなくして、滾々と湧き出でて止まぬ存在の源泉、瞬時も休むことなく万有を生起せしむるところの限りなき生の根源であったことを古人(Aet. De plac. I, 3)も明瞭に証言している。ミレトス学派以後クセノファネス及びエレア学派更に降ってアナクサゴラスの思想的展開において、存在即思惟としての万有生命的渾一者が如何に枢要なる位置を占めるに至ったかは上に叙述せる如くであるが、この系統に直接所属せぬ思想家達もこの点については全然例外でなかった。例えばエフェソスの「暗き哲人」ヘラクレイトスが生滅成壊の世界の只中にあって常住不変の真実在として火を選んだ時、それは正に窮極的生命原理なのであった。世に有名な「永遠に生きる火《ピュール・アエイゾーオン》」(Fr. 30)の語によっても明かなるごとく、また彼が火をアルケーとしたのは、それが「最も非物体的なるもの」すなわち最も霊魂的なるものであるからというアリストテレス(De anim. I, 2, 405 a)の証言からも推知せらるる如く、ヘラクレイトスにとって、火は生であり、霊魂なのである。故にここでは、火が万有の根源であるということは、霊魂が万有の根源として措定さるることと全く同一事を意味する(Themist. De anim. I, 24)。火は端的に霊魂であり、生命である。従って、万有が火より発出して水となり、水より変じて土となる「下り道《ホドス・カトー》」と、其処から更に逆転して水を通り、火に還滅する「上り道《ホドス・アノー》」、ヘラクレイトス独特のこの世界生成過程は「霊魂にとっては、水と成ることは死であり、水にとっては土となるは死である。而して土から水が生じ、水から霊魂が生れる」(Fr. 36)という人口に膾炙する断片に観らるるごとく、霊魂から世界へ、世界から霊魂へ、絶えず交換変転するところの普遍生命的過程に他ならなかった。

更にエンペドクレスに至っては、その哲学的世界像に、人間の熱き血汐のほとぼり生ま生ましきを感得せざる者は一人としてないであろう。其処では、宇宙の規則正しき循環過程が、世界領有をめぐって相激し相衝つ「愛」と「憎」との凄じきドラマとして捉えられている。すなわちエンペドクレスの自然学においては宇宙を支配し宇宙を動かす根源力が盲目的機械的自然力としてではなく、人間性あざやかなる情熱的生命力の二原理として具象化されているのである。かくてここでもまた宇宙的過程は人間的過程に他ならなかった。而もこの宇宙が、時の定流につれて完全に「愛」の支配に帰し、

　そはあらゆる側面において等しく、絶対に際辺なく
完璧なる球体をなして円き孤独に休らぎたり。　(Fr. 28)

と、深奥秘妙の静謐に寂然たる諧調の球体を現成するとき、それは再び、あらゆる個物存在者の散乱惑動を一に収め、絶塵の明証裡に帰没せしむるところの渾一的全意識なのである。

次に私は、直接に本章の主題として取扱わなかった第二の精神史的潮流について、その思想的発展の経路を辿り、以て他の側面からソクラテス以前期哲学の神秘主義的核心を照明して見たいと思う。それによって人は、この時代の哲学思想が、いずれの途より入り来るにせよ、結局同一の精神に生かされ裏付けられている事実を認知するであろう。

第十二章　輪廻転生より純粋持続へ

ミレトス学派の業績を継承し、これを思想的に展開せしめたものはクセノファネス(及びエレア学派)ばかりではなかった。ペルシア軍の来寇によってさしも栄華を誇ったミレトスの都が惨たる廃墟と化し(Herod. VI, 18)、その自然学も一応の終焉に達した後、この学統は二人の傑出せるイオニア人に承け継がれ、各々異なる道を採りつつ学的発展を続けることを得た。その一人がクセノファネス、他がピュタゴラスなのである。而もイオニアの生んだ此等二人の天才的思想家は、数奇を極めた運命の導くがままに遠く故国を後にして、一人は転々と流浪しつつシケリアに漂来し、他の一人は南部イタリアに渡ってクロトンを主たる活躍の舞台としたのであった。

ピュタゴラスの驚嘆すべき学識は紀元前五世紀には早くもギリシア全土の話の種であったらしく、ミレトス学派以後の思想家は、積極的にせよ消極的にせよ、ともかく多少とも彼及び彼の学派の影響を蒙らざるはなかった。* 曩に引用せるクセノファネスの「一者」思想に関する古伝(Diog. Laert. IX, 19)について「全体が視、全体が聴」なる宇宙が特に「呼吸はしない」と言われているところより推察すれば、彼は明かにピュタゴラスの思想に親昵《しんじつ》していたものと考えられなければならないであろう。宇宙呼吸説はピュタゴリズムの特徴ある宇宙観であった。また、この同じクセノファネスは「人の噂によると、或る日のこと(ピュタゴラスは)一匹の仔犬がひどく虐められて居るところを通りかかって大いに憐みの心を催し、「止めてくれ、打たないでくれ！　その犬の啼声には確かに聞きおぼえがある。それは俺の友人の霊魂じゃ」と申されたそうな」(Fr. 7)と皮肉っているが、ここに痛烈なカリカチュアに包まれて表現されたものが、有名なピュタゴラスの霊魂輪廻説であることは言うまでもない。実に霊魂の輪廻転生こそ、ピュタゴラス教団の宗教思想を根本的に規定する中心点であると同時に、ピュタゴリズムを、先行するオルフィズムに直結する接触点でもあるのである。我々はこの極めて特徴的なる霊魂観の由来を探るために、オルフェウス教団にまで溯ってディオニュソス精神の行方を辿って見なければならぬ。

＊　前章に述べたエレア派のパルメニデスも、オルフィズム・ピュタゴリズムと密接なる関係を有した。その点については、種々なる古伝に証跡が見出されるばかりでなく(Diog. Laert. IX, 21; Doxogr. 146, 148 その他)、彼の詩歌発想法を一瞥しただけで明瞭である(Diels: Über die poetischen Vorbilder des Parmenides)。

紀元前七世紀より六世紀に亙ってギリシア全土を風靡せるオルフェウス教団の新宗教運動が、密儀宗教的傾向の最も旺盛なる発芽生長であった事は曩に一言せる通りであるが、この教団の爾余の密儀集団と異なり、己が宗教的体験を一種独特なる教義教説の形に固定し思想化した点において、著しき精神的意義が認められるのである。深き伝説の霧に隠れた「トラキアの詩人祭司」オルフェウスなる人物が抑も何時いずこより来って何を為し何を説いたのか、その具体的形姿は最早今日の我々には全く知る由もないが、とにかく彼の名によって出現せる強力な彼岸宗教が、ディオニュソス宗教の野性を琢磨して精神化し、霊魂不滅と霊魂輪廻の教義を形成し、秘儀的典礼と一定の禁欲的生活様式とによって永生の浄福を確保する道を説教宣伝したことだけは確実なる事実である。彼等の活潑なる宣教運動によって澎湃たる神秘主義的気運がギリシア各地に興ったのであった。幾多の根拠よりして、オルフェウス運動の総本拠地は恐らく南イタリアのクロトンであったらしいと推定されているが、その他、シケリア島のカマリナやシュラクサイにおいてもオルフィズムは隆盛を極め、またギリシア本土にも、デルフォイ、テーバイ、アテナイなどいずれ劣らぬ有力な大中心地を持っており、その全ギリシア的性格は何人もこれを否定することができない。

扨て思想史的観点より見て、オルフェウス運動の最も重大なる意義は、いうまでもなくそれがギリシアに始めて決定的形態において齎した個人霊魂不滅思想である。原始的ディオニュソス崇拝の狂乱の祭祀は、既にかかる思想の萌芽を含んではいたが、これに明瞭なる意識の照明を与え、輪郭鮮かな思想として刻み出したのは疑いもなくオルフェウス秘儀教団の仕業であった。然して原ディオニュソス体験の思想化への決定的一歩を劃したものは、肉体と霊魂との截然たる分離甄別である。ここに甫めて確立された人間の霊肉二元化がその後の西洋思想史上如何に重要なる意義を有するものであるかは、プラトンの思想におけるその位置を一瞥するのみでも充分に認証せられるであろう。

曩に詳説せるところによって明かなる如く、原ディオニュソス体験は、野蛮にして血腥き集団的狂騰惑乱の極、人間が個人的自我を完全に喪失して恍惚たる忘我無意識の波に呑まれ、一種の超越的全体緊張の只中に剰す所なく消融還没し去ることであるが、この狂熱的自己忘逸は一面において所謂「エントゥシアスモス」(神に充たされること)であると共に、他面において「エクスタシス」として把握された。エクスタシス ek-stasis とは「外に出ること」すなわち人間の内なる霊魂が肉体の外に脱出して、真の太源に帰没することを意味する。ディオニュソス神崇拝の信徒達にとっては、この忘我奪魂が直ちに人間の神化なのであった。狂乱神憑の陶酔状態に在る信徒は自ら神と冥合し神になり、その証左として神の聖名バッコスを許される。かかる戦慄すべき帰結を匿していたシャマニズム的狂燥耽溺の形態の下に原ディオニュソス体験は二つの注目すべき帰結を匿していた。すなわち、その一はエントゥシアスモスの系統をひく全一観ならびにそれに基くところの汎神論的一神観であり、その二はエクスタシスに由来する霊魂神聖観とそれに基くところの輪廻転生説である。ここでは叙述の都合上、後者から先に取り上げて、その思想的意義を究明することにしたい。

ディオニュソス的原体験の核心をなすエクスタシスは、上述の如く霊魂が身体の「外に出」でて神に帰一することであるから、この体験を追体験しつつ反省的に把握せんとすれば当然、霊肉二元の絶対分離とならざるを得ない。霊魂と肉体とは全く異質的なる二物である。換言すれば、現実的人間は相互に何等本質上の聯関なき二つの原理がいわば偶然に結合して成立せる二元的存在であり、人間は結局二つの我に截断されるものと考えられるのである。而も肉体が人間の死と共に壊滅し去る儚き存在であることは何人の眼にも明瞭なる経験的事実であり、他方これに反して、霊魂のみはディオニュソス的狂乱の旋風に乗って肉体を超脱し、神に冥合し不死に与るとするならば、肉体は地上的、霊魂は天上的、すなわち肉体は地に由来する相対的存在にして霊魂は天に由来する絶対的存在という結論の生じ来ることもまた怪しむに足りないであろう。

　　我れは星かげ清き蒼穹と大地の子なれども
　　我が属するは天の種族なり。おんみら自ら知り給うごとく。
　　　　(Diels: Frag. d. Vors. II, Anhang. 66, 17)

とオルフェウス教徒の古墳に発見された碑文には刻まれていた。天上的なると共に地上的なる人間のこの二元性をオルフェウス教団は特徴ある神話として寓意的に物語った。神話の細目については、ギリシア全土に散在する夫々の支派によって相当の差違が見出されるが、その根幹をなす部分は大約次の通りである。

オルフェウス的神話においてはディオニュソス神はディオニュソス・ザグレウス(Dionȳsos Zagreus)という奇怪な名をもって現われる。ザグレウスは地母神の娘ペルセフォネと大神ゼウスとの間に生れた子供で、嬰児ながら早くも世界統治を父神より委託されていた。然るにゼウスの仇敵ティタン達は嘗て褫《ち》奪《だつ》せられた世界支配の権能を奪還せんとして嬰児ザグレウスを執念深くつけねらい、彼が骰石遊びに我れを忘れているところを不意に襲って(Orphica. Fr. 192, 200—Abel)これをずたずたに引裂き食殺して了った*。しかし彼の心臓のみは女神パッラス・アテナの手にあやうくも救い出され、ゼウスに返されたので、父神はこれを呑み下し、今度はカドモスの娘セメレとの間の子供として再び誕生せしめる。かくて「死してまた蘇った」ザグレウスは、神にして人間の形姿をそなえ、遂に昇天して最高神となる。又これよりさき、ゼウスは愛児を八裂きにしたティタン達に仇を酬いんがため、霹靂を放って彼等を撃死せしめたが、その焼灰から人間が生じた。人間の二元性はここに淵源するものと説明された。すなわち、人間の肉体はティタンより生じたが、霊魂は焼灰中に含有されていたザグレウス(ディオニュソス)の聖なる要素に由来する、というのである。

＊ オルフェウス教団の秘儀において、この骰石遊び最中の聖なる「嬰児」ディオニュソスの受難は極めて重要なる典礼的意義を有するのである。新入団者に示される種々の「聖物」の中に骰石があった事が特に注意さるべきである(Macchioro: Zagreus, p. 106; Eraclito, nuovi studi sull'orfismo, p. 35; Clem. Alex., Protr. II, 17)。なおヘラクレイトスの断片に「時は骰石遊びに打ち興ずる嬰児にして、世の支配は嬰児に属す」(Fr. 52)とあるのはティタン達に裂き殺される以前のザグレウスを描いたものである。「時《アイオーン》」とは、ディオニュソスを呼ぶ密儀宗教特有の隠語的表現であった(Damasc., Dubit. et solut. II; Epiphan., Adv. Haer. 21, 22; cf. Bousset: Kyrios Chrystos)。それ故この断片を“Die Zeit ist ein Knabe, der spielt, hin und her die Brettsteine setzt: Knabenregiment !” (Diels: Frag. Vors.) 或は“Le temps est un enfant qui s'amuse, qui joue aux dés: le gouvernement divin est un gouvernement d'enfant" (Diès: Le cycle mystique) と訳しこれを以て現象世界の去来転変定めなき有様を表現せるものと解する従来の代表的解釈は根本的に是正さるるを要する。「神の経綸は子供の経綸」となすが如きは、Macchioro (Eraclito, p. 34) の指摘する通り全然ヘラクレイトスの精神を理解していない証左というほかはない。

かくの如く肉体は純ティタン的なる悪の要素であり、霊魂は純ディオニュソス的なる善と聖の真我であるとすれば、現世の生活において肉体中に宿る霊魂は、天上界より堕し来った悲しき流竄の身でなければならぬ。「我れもまた神のもとを追われて流浪する者」(Fr. 115) と言い、

あわれ、いかばかり輝ける栄光の高みより、いかばかり大いなる浄福の国より
この地に顚落し来って、我れは人間共と生を共にすることぞ。　(Fr. 119)

と慟哭の声を絞るエンペドクレスの嘆きに見らるるごとく、この世に生を稟けることは譬えんかたもなき悲運なのである。神のもとを追われ彷徨の旅路についた哀れな霊魂にとって、肉体《ソーマ》は一の墳墓《セーマ》であり、不幸にして現世に生れ来った者には一刻も早く肉体

の拘繋を脱することこそこよなく望ましい。かくてオルフィズムの人生観には深き憂愁の翳がさしかける。かのイオニアの詩人達が惻々として胸にせまる抒情の調べに歌った生の悲愁が再びここに仄かな響きを伝えているのを人は聞きのがさないであろう。しかしながらオルフェウス的人生観のペシミズムは、抒情詩人達のそれより更に一層深刻である。詩人達にとっては、彼等の死と共に全ては終了し、如何なる現世の苦悩患禍もその人の肉体の死滅と同時に消滅するが、オルフェウス教団の教えに依れば、苦しみは肉体の死と共に終らないからである。不死なる霊魂は肉体が死亡する時、一旦これを離脱するけれども、或る一定の期間を黄泉《ハデス》に過した後再び地上に現われて他の人間、或は動物の肉体に宿り、かくて転々と「生成の円環《キュロス・テース・グネセオース》」の苦悩多き羈旅を永遠に続けねばならぬ。されば神秘主義的体験の瞬間において己が霊魂の荘厳なる神性を親しく目覩せるエンペドクレスは、暗澹たる人間現実の世界に流謫の身となった我が悲運を憶い、怛《だっ》焉《えん》として寤《ご》歎《たん》する。

　この見知らぬ郷をまのあたり見し時、我れは涙滂沱として慟哭せり。　(Fr. 118)

と。然らば、もと神聖にして天上的存在なる霊魂が抑も何の故あって天より堕し、地上の肉体・墳墓に埋められて悲しき虜囚の身となったのであろうか。それは、罪のため、前世に犯した罪の償いのためである。「昔の神学者達や預言者達の証言によれば、霊魂は何か犯した罪の罰のために肉体に繋縛され、肉体をいわば墓としてその中に埋められているのである」とピュタゴラス学派のフィロラオス(Fr. 14)は言う。元来、人間はザグレウス神を殺害啖食せるティタン達から生れたものであるから、霊魂には初めから逃れ難き原罪の呪いが懸かっており(Procl., In Plat. Rempub. 372)、その為に一時肉体の牢獄に幽閉されて罪を償わねばならないのである。然るに一旦肉体に宿って地上生活に入った場合、人間生活に伴う様々の穢汚は避け難く、その上に大小種々なる新しき罪を犯せば、罪は罪に積って永劫、輪廻の苦悩を離脱することはできない。オルフェウス教説に従えば、地上生活の期間のみが霊魂の贖罪の時なのではなく、肉体の死滅後、冥府に下って新しき誕生を待つ(約千年の)間もまた悔悛浄穢の期間であり、而も前世の生活如何によっては、次の受肉に際して必ずしも人間として生れかわることが許されるわけではなく、「あるいは馬の体に入り、あるいは羊の体に入り、また見るもおぞましき鳥の体に入る。或は吠声重き犬となり、あるはまた冷き蛇となりて地に匍匐す」(Orphica. Fr. 223 A—Abel)と言わるるごとく、禽獣はおろか爬虫類の浅ましき姿に転ずることとすら少しとしないのである。*

弑殺の罪を犯して己が手を染汚し、
あるいは訌争に加わりて偽誓をなすときは、
永きいのちを稟け獲たる霊魂の身なれども、
浄福の故国を追われ、三万劫がそのあいだ、
次々に、死すべき物のあらゆる形姿に生れかわりて
苦しみ繁き生の道を転々と移り行くべき定めなり。
空気の力はかれを海が方に逐い
海はこれを大地に吐き上げ、地はまたこれを眩耀まぶしき
太陽の熱光に投じ、太陽はそを渦なす空気に返す。
かくて、かたみに受け渡しつつ、みな慊焉としてこれを容るることなし。
今やこの我れもまたその一人、神郷を逐われて離流す。
狂おしき紛争に心を寄せし報いにて。

(Emped. Fr. 115, 3 ff.)

輪廻転生の光景を描くこのエンペドクレスの詩句の内に、人は西洋思想史上余りにも有名な彼の「自然学」四元素説の生ける根基を眺めることができるであろう。

＊　宗教運動としてのオルフィズム・ピュタゴリズムは、霊魂に附着する罪障の穢れを拭い浄

め、以て霊魂を長く苦しき輪廻転生の「必然の円環」「運命の車輪」の拘繋より徹底的に解放し、永遠の神性に帰還せしめることを目的とする。然して、この目的のために密儀宗教独特なる「浄穢式」その他一切の典礼的儀式が定められており、更に一生の間、清浄なる生活を守り通さんがために、信徒は一種の禁欲的アスケーシスの生活戒律を実践することを要求された。所謂「オルフェウス的生活法」或は「ピュタゴラス的生活法」なるものがそれである。この点に関してはオルフェウス教団もピュタゴラス教団も殆んど同様で何等根本的差違を示さないが、ただ後者においては、サクラメント的儀式と禁欲的生活戒律の他に、特に霊魂浄化の手段として音楽の調和が尊重され、且つ純粋学問殊に数学研究のテオリアが重要視されていたことを顕著なる特徴とする。

しかしながら我々は、これを以てエンペドクレスが単に輪廻転生の秘教的教義を外面的に描いたものと考えることはできない。輪廻の固定せる教義形式の奥底に、生々しく躍動するエンペドクレス個人の体験を看過しては、我々は此等の詩句を正当に評価することはできないであろう。また彼が、

余は嘗て若き男の児にも乙女にも成り、
茂みにも鳥にも、さてはまた渡津海の物言わぬ魚となりしことあり。　(Fr. 117)

と歌い、同様にヘラクレイトスが「不死なる可死者、可死なる不死者、彼等かたみにその死を生き、その生を死す」(Fr. 62)或は「火は地の死を生き、空気は火の死を生き、水は空気の、地は水の死を生く」(Fr. 76)と説く時、彼等はただ輪廻転生の教義を機械的に述べているのではなく、秘儀宗教の教義を藉りて自分自身の内的体験を語っているのである。然してその内的体験とは、ディオニュソス精神の根本的契機として、エクスタシスと共に曩に指摘せるエントゥシアスモスの「万物一如」体験にほかならなかった。

元来オルフィズムの核心をなす霊魂転生教説の成立そのものが、既にかかる神秘主義的体験の基盤を予想しているのである。換言すれば、輪廻転生とは、渾然たる万物一如の神秘体験によって親しく証得せられた全一的霊魂の神性を通俗的ミュトス的形象を以て釈義説明せるものにすぎない。上来屢々叙述せるところによって明かなるごとく、自然神秘主義体験におけるエントゥシアスモス(神に充たされること)とは、単に個人的人間が独り神の霊気に充たさるることにはあらずして、全てが一挙にして剰すところなく神に充たされることを意味する。すなわち全てが神に充ち、全てが神に包まれ、全てが神の裡に消融帰没し、この浩渺たる神的統一の中において一切が一切となり、一切が一に帰するのである。ここに生起する超越的「全一」を万物一如と名付ける。故に万物一如体験の主体は、個的自我を棄失すると共に、自らあらゆるものに成るのである。この体験の灼熱する渦中にあっては、人の霊魂は野獣とも草木とも、また海波に躍る魚類とも、地上を匍う爬虫類とも、その他ありとあらゆるものと渾一不可分に合一融合することを親しく実証味得する。元よりかかる体験は、超時超空の絶対的境域においてのみ成立するものであるが、「永遠の今」におけるこの「一即一切」も、これを体験の主体が、後から反省的に追求検察しつつ時間の一線上に展開すれば、幾万劫の期間に亙って霊魂が転々と一から他へ生れかわり変形して行くという輪廻転生の形をとらざるを得ないのである。秘儀教団の神話的教説は、これを更に通俗化したものにほかならない。世の因襲を超脱し、世上の衆庶を遥かに抽んでていた達識の哲人達が素純愚直な一般信徒と共に、輪廻転生のかかる通俗的形態をそのまま文字通り奉受し得なかったことは当然であろう。彼等はこの卑近通俗なるミュトス的形式の下にひそむ深き神秘主義的精神の根柢を洞見していた。尤もエンペドクレスにおいては多分にこの通俗形式が残存し、彼の思想に纏綿して、万物一如の真相を隠蔽しているが、斯界の達人ヘラクレイトスにおいては、神秘主義的体験の生気溢るる源泉が殆んどそのまま露わに顕示されている。故に彼が、「生ける者も死せる者も、また醒めたるも眠れるも、また若きも老いたるも一にして同じである。なぜならば、これ等のものが転変すればあれ等のものとなり、あれ等のものが転変すれば再びこれ等のものであるから」(Fr. 88)と言い、「神は昼夜・冬夏・戦争平和・豊饒飢餓であって、たださまざまに変貌するのみ」(Fr. 67)また「冷寒の物は温暖になり、温暖の物は冷寒になる。湿濡の物は乾燥し、枯乾せる物は潤う」(Fr. 126)と断ずる言葉は最早転生といわんより寧ろ万物一如の具象的表現なのである。「昼と夜とは絶対に同一である」(Fr. 57)「善と悪とは一である」(Fr. 58)「円周上にあっては始点と終点とは一致する」(Fr. 103)等の断片が証する如く、彼は存在の最深最奥の窮玄処における万物の矛盾的帰一を考えているのである。彼は毫末の疑惑も容るる余地なき明瞭さを以て、「一切より一者は来り、一者より一切は来るのである」(Fr. 10)と説き、「一者は一切である《ヘン・パンタ・エイナイ》」(Fr. 50)と断言している。

　ヘラクレイトスの主著「自然論」第一部は「全体論《ペリ・トゥ・パントス》」であったと伝えられる(Diog. Laert. IX, 5)。全体すなわち宇宙は抑《そもそ》もいかなるものであろうか。人は宇宙いたるところに限りなき去来変転と多様性を見る。然るにヘラクレイトスによればこの現象的多様性は一の虚見にすぎぬ。「全体」の真実相は超越的「一」なのである。「人間にとって、目や耳は実に悪しき証人である。若し人々の心が純正ならざる場合には」(Fr. 107)と彼は言う。相対界に在って相対の見に捉われ、深き現実を徹見することなくば、人は世界のいずこにも絶対的なるものを見出さないであろう。かかる人々にとっては全ては相対的にして、あらゆるものは観点の推移にともない転々と価値を変じて止まらぬ。「神より観れば一切は美しく、善く、正しいが、人間共は或るものを正しからずとなし、また或るものを正しと思う」(Fr. 102)と。神眼ひらけぬ俗物達は世界のいたるところに多種多様なるものの流動のみを見る。彼等の迂愚なる目に入り来るものは凡てこれ現象界の千姿万態であり、諸物の際涯なき矛盾対立である。しかるに人もし相対界を超脱して現象の彼岸に翻転し、超越的覚者の眼光を以て世界を俯瞰すれば、万物は洞然として「一」であり、全ての反対は一致する。善と悪、生と死、睡眠と覚醒、昼と夜、冬と夏、寒と暖、湿と乾、戦争と平和は現象的表面の矛盾対立に拘らず、存在の深層においては渾然たる一者に帰する。しかしながらこの「全一」は飽くまで反対の一致であり、相矛盾し相対立する両極の動的緊張であることが看過されてはならぬ。全てが渾然として一に帰するといっても、それは、あらゆるものが無差別に、平面的に混融して一つになるということではない。矛盾し対立する諸物が、その矛盾対立の儘、動的統一にまで高められるのである。即ち種々雑多なる諸物が互に拮抗し対立する現象界の存在緊張を、ヘラクレイトスは極度にひきしめつつ、これを一挙に存在の最高領域まで衝き上げる。この時、諸物は対立したまま動的緊張の極限に至って矛盾的に帰一するのである。存在性の絶頂において顕現するこの矛盾的全一こそヘラクレイトスがロゴスと呼び「神」と名付けた純一絶対の真実在に他ならぬ。
一即一切としてのこのヘラクレイトス的神の系譜は明かにオルフェウス神統記の「万有神」に直属するものであるが、両者の間にはまた根源的なる懸隔裂罅が厳存する。

神は万有の初源と終末と中間とを収摂す。
ゼウスは頭、ゼウスは中、ゼウスより万有は円成す。
ゼウスは大地の源底にして、星光る蒼穹の源底。
ゼウスは男の児となりしことあり、永遠の花嫁になりしことあり。
ゼウスは万有の気息、ゼウスは燃え止まぬ火焔の奔騰。
ゼウスは海洋の源基、ゼウスは太陽にして月。
ゼウスは王者、万有の主なり、雷霆の閃光凄じきゼウスは。

(Orphica, Fr. 46 A; Kranz: Vors. Denker, S. 18)

一なるゼウス、一なるハデス、一なる太陽、一なるディオニュソス
　一切において一なる神。

(Orphica, Fr. 7A)

とオルフェウス詩人の讃美する万有神が、いわば無差別的平面的なる「一即一切」にして、寧ろ万有平等の一者であるに反して、ヘラクレイトスの一如神は著しく動的であり、極度に緊張している。オルフェウス的世界の縹渺たる情緒からヘラクレイトス的一者の世界に踏入る時、人は突如として襲い来る異様な緊迫の雰囲気に包まるる思いを禁じ得ないであろう。この恐るべき緊迫の雰囲気こそ、存在の至高領域そのものの空気なのである。「世人は、(全一者が)異なりつつ《ディアフェロメノン》而も自己同一《ヘアウトー・ホモロゲエイ》であるということを理解できない。それは弓や竪琴に見らるる矛盾的調和《パリントロポス・ハルモニエー》である」(Fr. 51)と言い、「矛盾対立するものは帰一し、種々異なるものから窮玄なる美の調和が生起し、万物が相剋から生れる」(Fr. 8)という彼自らの証言によって、人はヘラクレイトスの一者が、竪琴の絃や弓の糸が形象的に顕示する動的緊張の極限における一致であることを認知することができる。彼は宇宙の深奥幽邃なる秘域に潜む「こよなく美わしき調和」「顕わなる調和に優る不可見《アファネース》の調和《ハルモニエー》」(Fr. 54)を証得していたが、それはピュタゴラスの静的数学的調和にあらずして、動的実存的調和であった。「余は余自身を検覈《けんかく》した」(Fr. 101)と昂然として放言する彼の矜持が何ものにもまして明瞭に証しする如く、ヘラクレイトスの神秘道は所謂「内面への道」であり、彼の「調和」に纏る実存的緊張は正にこの内面性に由来するのである。神的実在としての霊魂を人間の内部に認め、人間の外ではなく人間の奥底に真我を覓求する内的霊魂観は、ヘラクレイトスにおいてその絶頂に到達せるものというべきであろう。内に沈潜し内に向って深まる事が同時に、外に拡散し、外に向って伸張する事を意味するのが神秘体験の本質構造である。全人的力を心一点に凝集し、内的存在の最深部に滲徹せる極処が、即ち外面に向って拡大し寥廓として全宇宙に瀰漫充溢する極処なのである。神秘主義における内外一如とは内と外との無差別同一を意味するのではなく、かかる動的立体的同一に他ならぬ。かくの如き内外一如を自己の上に現証し、これを形而上学化せるヘラクレイトスは真にソクラテス以前期最大の神秘家と呼ばれねばならないであろう。宇宙の究竟的統一は、この時代の思想家が全て例外なく考究せる根本的主題であるが、その中にあって、ヘラクレイトスの「一者」が如何に情熱的であり激動的であるかを人は見なければならぬ。ディオニュソス祭礼の気狂い騒ぎを軽蔑したヘラクレイトスは、自ら深くディオニュソス的なる人物であった。宇宙の本源に永遠の火を観た彼は、自ら炎々と燃えさかる火焔なのであった。

かくてヘラクレイトスの神「一者」は現象的多者の流動界を撥無しつつ、凝然と静止せる絶対不動の実在にはあらずして、寧ろ却って、流動そのものの極致である。彼は一者を挙揚せんがためにエレア派のごとく現象界の流動を単純に否定し棄却するのではなく、流動そのものを、いわば極限にまで緊張せしめて一者の境位に引きあげる。換言すれば彼の「一者」は、現象界の非本来的領域から、本来的領域に還された「純粋持続」durée pure であり、本源的境位において把握された純粋動性なのである。

エレア学派のパルメニデスが絶対静として捉えた究竟的一者を、ヘラクレイトスは絶対動として把捉した。しかしながら静といい動というも、畢竟する所同一なる超越的事態の二側面に過ぎない。蓋し存在の最高領域においては静と動とは完全に一致するからである。動の極限は静であり、静の極限は動である。恰も名人の手によって投ぜられた独楽が、その廻転の極処に至る時、湛寂と澄み切って微動だになき動即静の妙境を示す如く、形而上的世界においても絶対的に動なることがとりもなおさず絶対的に静なのであり、静の窮極するところが純粋動、動の窮極するところが純粋静なのである。後世の西洋哲学に所謂 actus purus とは、かかる究竟的動と究竟的静とのディナミックな生ける統一を指すものである。パルメニデスとヘラクレイトスとは、微動だにすることなくして無限に働き、無限に働きつつ毫厘も動くことなき根源的一者を、一方は向外の途により、他方は向内の途によって両側から徹見したのである。かくて、互に全く対蹠的立場に立つ此等ソクラテス以前期思想界の双璧によって、ギリシア的形而上学はその巨大なる一歩を踏みいだしたのであった。

附録・ギリシアの自然神秘主義　終り

解説

納富信留

一　井筒俊彦とギリシア哲学

イスラーム哲学の泰斗として知られる井筒俊彦が、ギリシア哲学の著作でデビューしたことは、あまり知られていないかもしれない。戦後間もない一九四九年に公刊された『神秘哲学　ギリシアの部』は、『アラビア思想史――回教神学と回教哲学――』(一九四一年)につぐ第二の著作で、広く井筒の名を世に知らしめるきっかけとなった、初期の主著である。当初の計画や予告とは異なり、結果として「ギリシアの部」のみの刊行に終わったが、若き井筒渾身の著作であり、後年の思索を胚胎する原点であった。

井筒のギリシア哲学への関わりについては、まず初版に付された「序文」が参照される。執筆時に三五歳であった井筒は、「序文」の最終部で自身の精神遍歴を少年期から振り返る(九―一三頁)。

本書が扱うギリシア哲学を「他のなにものにもまさる懐しい憶い出の源」とする理由は、若き日の経験にあった。「東洋的無」の雰囲気に満ちた家庭に育った井筒は、東洋の精神主義を体現する父・信太郎との間で、矛盾を抱えていた。一方で、霊魂の深淵へと沈潜しつつ、絶対的な清浄の境地を渇望する父親こそ、「根源的分裂に魂をひきさかれた」矛盾の人であった。その父から「東洋」を叩き込まれた井筒は、禅仏教の「言詮《ごんせん》不及《ふきゅう》」に代表される、言葉と思惟を許さない絶対的な境位をひたすらに求めた。他方で、その凄愴な尋求が死に追いやる様を父親に見た彼は、神秘主義の体験を活かし極める「生命」の途を見出す。その途は、神秘体験と哲学の矛盾を語りだす言葉、「ロゴス」にあった。井筒はそうして、自己の「東洋」を乗り越える明るいギリシアに出会う。

然るに、後日、西欧の神秘家達は私にこれと全く反対の事実を教えた。そして特にギリシアの哲人達が、彼等の哲学の底に、彼等の哲学的思惟の根源として、まさしく Vita Contemplativa の脱自的体験を予想していることを知った時、私の驚きと感激とはいかばかりであったろう。私はこうして私のギリシアを発見した。(一二頁)

後年、とりわけ欧米での様々な知的交流と帰国を経て「東洋」へ回帰していく井筒は、若き日に「ギリシア」と出会い、自身の「東洋」を解放し、完成する可能性を見出した。こうしたギリシア哲学への没頭が、慶應義塾での講義をつうじて『神秘哲学　ギリシアの部』に結実する。

この時期の井筒は、師である西脇順三郎の影響もあり、田中美知太郎、神田盾夫、高津春繁ら西洋古典学の研究者とも積極的に交流し、ギリシア哲学を自らの研究の一環に位置づけていた（納富信留「ギリシア神秘哲学の可能性―井筒俊彦『神秘哲学』のプラトン像―」『慶應義塾大学言語文化研究所紀要』四六号、二〇一五年参照）。

戦前から戦後をつうじて培われた井筒のギリシア哲学研究は、一つの大きな精神史プロジェクトとして、今日の私たちにも重要な視野を与えてくれる。井筒は欧米の研究文献を広く渉猟し、自らギリシア語原典を読み解き、時に翻訳で紹介しながら独自のギリシア哲学史を展開していく。個別専門研究はその後七〇年間におおいに進歩し、見方や解釈も多く更新されてきたことから、現在本書を専門研究の文献としてそのまま用いることはできない。だが、ギリシア哲学を「自然神秘主義」として読み解く、力強く魅力的な読解とそれが与えるギリシア哲学の全体像は、今日もなお私たちを魅了し、哲学的精神を刺激してやまない。日本におけるギリシア哲学の研究がどのような方向を目指すべきか、未来へのヒントも含まれている。

二　神秘哲学という三重の矛盾

「神秘哲学」と題された本書の試みは、重層的な矛盾の上に成り立っている。「神秘主義」という言葉は、周知のように、問題含みの語ではあるが広く普及している。それに対して「神秘哲学」は、井筒による独自の強調が込められた概念である。若き日の実存経験が反映した、三重の矛盾が込められた語である。

まず、「神秘主義」はそれ自体が矛盾のうちにある。無限の彼方に超絶してある神に関わろうとする人間には、極限の緊張が強いられる。すなわち、神と人とのパラドクスである(九一―九二頁)。本来不可能とも思われる事態を、体験によって我がものとする試みが「人間の神秘主義的実存」をなす(三頁)。神秘主義とは一人の魂の内で、それを引き裂く矛盾として、かろうじて現れるものだからである。したがって、例えばプロティノスが打ち立てた「内的緊張に漲る一元論」の存在論体系は、神秘主義的体験そのものに内在する実存的緊張が孕む矛盾性として読み解かれる(二九七頁)。

次に、その神秘主義と言葉との矛盾がある。人間の知恵を超絶した経験は、言葉や理論を受け付けず、哲学とは真っ向から対立する。言葉はつねに経験に遅れ、それを捉えきれない。いや、経験の純粋性を損なう恐れすらある。にもかかわらず、語れないものをあえて語る営みとして哲学が遂行される(三〇〇頁)。黙考に沈潜する神秘家にも、「敢てこの言詮不及なるものを知解によって論考し言語によって詮表せずにはおられぬ激しい欲求に駆られることがある」という(五頁)。神秘・哲学へのその内的欲求こそ、井筒が若き日に感じた衝動であった。彼はその矛盾の克服を、例えばプラトンの弁証法(ディアレクティケー)に見て取る。それこそが、「あらゆる智解の測知を峻拒するところの深奥幽邃なる世界」なのである(一一五頁)。

第三に、東洋と西洋の矛盾に向き合う。瞑想の秘境を尋求する東洋の神秘主義の伝統とは対照的に、西洋の伝統はあくまで言葉で語り定義を与えることを求める。だが、「東洋」とは何か。また、一般にプラトンの影響で受け継がれ展開された「西洋」の神秘主義とは、何だったのか。神秘哲学を論じることは、これらの矛盾に直面して応答することでもあった。こうして、井筒「神秘哲学」の試みは、それ自体が重層的な矛盾の遂行となる。

主舞台は古代ギリシアである。そこでは、「哲学は、驚きに始まる」という形で、この世界があるという神秘に、私たち人間の視線と思考が向けられた。そこでは、人間という果てしない謎に出会った哲学者たちが、人類の稀なる経験を明晰で生き生きした言葉で語っていた。彼らの言葉は、あれこれを整理し体系化する理論ではなく、哲学を生きる体験そのものであった。

三　実践としての哲学史

井筒が辿る初期から後期までのギリシア哲学は、歴史として客観的な叙述であるというより、多分にヘーゲル的な弁証法的発展の過程である。それは一九世紀以来の哲学史の一つの型であったが、井筒のギリシア哲学史の特徴は、その弁証法的な発展が神秘体験の進行として自身で体験されていく点にある。

例えば、通常哲学史的に必ずしも重視されないクセノファネスに注目したあと、ヘラクレイトスへの展開を次のように描く時、それは実際に二人の間で起った変化というより、その歴史に内在しつつ追体験する著者の神秘哲学の体験に見える。

超越的覚知を獲た卓立無依の自在人は、全感性界に遍満する存在流動を次第にひきしめつつ霊魂の秘奥に集中し、無限に拡がる動性を実存の深処に凝縮して、一挙に宇宙的動性そのものの本源にまで飛入するのである。(五〇頁)

この叙述をヘラクレイトス哲学の解釈としてそのまま評価することは難しい。にもかかわらず、哲学者たちの思惟に内在しつつ、自らそこで体験する迫力は、私たち読者を圧倒する。

なぜ初期ギリシアの哲学者をそう読むのか。井筒は昔の衝撃を振り返る。

私は十数年前はじめて識った激しき心の鼓動を今ふたたびここに繰り返しつつ、この宇宙的音声の蠱惑に充てる恐怖について語りたい。(四〇六頁)

ヘルマン・ディールスの『ソクラテス以前の哲学者断片集』を通読したその時から、「其処に濛々と立罩める妖気のごときもの」が井筒を捕えて離さない。それを究明し、淵源を辿る精神の旅路が、この著作であった(井筒が基本にしたのはディールス自身が最後に編集した一九二二年刊の第四版であり、その後に加えられたクランツによる改訂の採用には慎重である)。

ソクラテス以前期の哲人達の断片的言句に言い知れぬ秘妙の霊気が揺曳し、そこから巨大なる音響の迸出し来るごとく思われるのは、彼等の思想の根基に一種独特なる体験のなまなましい生命が伏在しているからである。すべての根源に一つの宇宙的体験があってその体験の虚空の如き形而上的源底からあらゆるものが生み出されて来るのである。彼等の哲学はこの根源体験をロゴス的に把握し、ロゴス化せんとする西欧精神史上最初の試みであった。（四〇六頁）

井筒はそれを「直観」と呼び、その根源体験を「自然神秘主義」として解明を始める。

四　自然神秘主義の完成

『神秘哲学』最大の特徴は、紀元前八世紀から紀元後三世紀までのギリシア哲学を、一貫して「自然神秘主義」の発展として見る視点にある（四〇六―四一〇頁）。その試みは、通常は合理的精神の華と見なされるギリシア哲学への過剰の神秘化とも、現代の研究動向に逆らう旧式のロマン主義とも、批判されるかもしれない。だが、二〇世紀後半の英米中心の研究状況で看過されたギリシア哲学の或る側面を、一筋の光で照らし出し、鮮やかに浮かび上がらせた功績は大きい。

まず、「ソクラテス以前」と呼ばれる初期のギリシア哲学については、タレスらによる「哲学」誕生以前に遡り、ホメロスやヘシオドスや抒情詩やディオニュソスの宗教を検討することで、ギリシア文明の全体を視野に置いた点が特徴である。通例では神話的世界観を打破し、自然科学の理論を生み出したとされる初期哲学者たちが、宇宙全体の神秘への合一という視点から捉え直される。その宇宙体験の自然神秘主義を起点に、ギリシア精神に胚胎した可能性が開花し、プラトンからアリストテレスを経てプロティノスで完成されるという発展史が叙述される。初期ギリシア哲学の基本理解は「附録」でダイナミックに描かれており、より早い時期に書かれたことが分かる。井筒にとって「自然」の神秘体験、つまり、自我が否定され、無化される中で宇宙的に成立する生命が、「神秘主義」理解の基礎となっていた(四二五頁)。

「ギリシア神秘哲学」の中心部は、プラトン、アリストテレス、プロティノスという三哲学者からなる。プラトンに西洋神秘主義の本質を見ることは、井筒の独創ではない。だが、彼を「真正なる神秘家」(九五頁)と呼び、その真の魅力を全体として分析する論述は、「パトスとロゴスとの奇しき合一」(六六頁)であるその哲学をギリシア神秘哲学の要に位置づける。他方でプラトン哲学は、魂の輪廻など、個人的体験や内面を重視するオルフェウス・ピュタゴラス派密儀宗教の系統に属する。井筒が重点をおく「自然神秘主義」は、むしろイオニア哲学からアリストテレスの「宇宙的神秘主義」を経て、プロティノスにおいてはじめて完成にもたらされるものである。

イデア論に反対した経験主義者アリストテレスは、通常は神秘主義とは程遠い、現実的眼差しの科学者として理解されている。だが、井筒は彼の中に、イオニア的な「一者即一切者」という自然神秘主義を見る。現代のアリストテレス研究では、体験の欠如による無理解が支配的であるという(二四一―二四二頁)。アリストテレスの知性論は、根源体験の超越性を最大限に表した言論なのである。例えば、井筒はこう叙述する。

神に恋慕し神を渇求してやまぬ万有の衝動を己が心内深き一点に凝集し、全存在界に瀰漫する宇宙的動性の真諦を直接端的に己が精神の動性として捕捉しつつ、謂わば宇宙そのものを実存化し得るところにアリストテレスは人間の尊厳を認めたのであった。(一九八頁)

井筒が焦点を当てるのは、アリストテレス哲学の中核にある「知性」であり、それが神秘主義において持つ本来の意味である。彼の能動的知性論が合理性に照らして不整合に見えるのは、体験的矛盾に由来する本質だからである(二四一頁)。私たちは、自らの体験知によって、生きた姿で実在の超越性を捉えなければならない。

こうして、プラトンとアリストテレスを総合する者として、最大の神秘家プロティノスが登場する。井筒はその哲学の全体像を描くことで、西洋において自然神秘主義がどのように合理主義に純化されたかを、見事に示したのである(納富信留「井筒俊彦とプロティノス」『道の手帖：井筒俊彦―言語の根源と哲学の発生―』、河出書房新社、二〇一四年参照)。

五　本書の成立と出版

最後に、本書の成立と出版の経緯について簡単に紹介しよう。

『神秘哲学　ギリシアの部』は、光の書房から一九四九年に出版された。「序文」で謝辞が寄せられる光の書房社主・上田光雄は、ポルフュリオスの伝記とプロティノス「第一エネアデス」の仁戸田六三郎訳(一九四八年)、稲富栄次郎『プロチノスの神秘哲学』(一九四九年)などを出版しており、ギリシア神秘主義にとりわけ関心が強かったようである(若松英輔『井筒俊彦　叡知の哲学』慶應義塾大学出版会、二〇一一年、第一章参照)。井筒の『神秘哲学』には、「附録」として、本来独立に出版する予定であった「ギリシアの自然神秘主義」（一九四七年執筆）が加えられた（「序文」一四頁参照）。光の書房版では段組を変えて印刷されており、明瞭に附録の体裁を示していた。

しかし、哲学史の年代順では附録が本論に先行する時代を扱うことから、一九七八年に人文書院から『神秘哲学』二分冊として新版を刊行した際に、順序を逆転させ、第一部「自然神秘主義とギリシア」、第二部「神秘主義のギリシア哲学的展開」として時代順に編集し直した。一九九一年に中央公論社から刊行された『井筒俊彦著作集』第一巻でも新版の順が踏襲されており、井筒本人は再版がより自然な論述であると考えていたようである。新版にあたり、論述が整理され、文言が多く書き換えられている。だが、若き日の躍動感ある緊張した論述を生の形で示すという観点から、本文庫（ならびに、二〇一一年に慶應義塾大学出版会から出された単行本）は光の書房の初版を再現している。なお、『井筒俊彦全集　第二巻』（慶應義塾大学出版会、二〇一三年）に収められたのは、井筒がオーソライズした新版であるが、そこに諸版の異同もまとめられている。

一九四九年の初版出版時に本書は、三部構成の第一巻として構想されていた。第二巻として「ヘブライの部」を、第三巻で一六世紀スペインのカルメル会的神秘主義、とりわけ十字架の聖ヨハネまでのキリスト教神秘主義を論じることになっていて、ある程度準備を進めていたようである。その後、独立の論文「神秘主義のエロス的形態――聖ベルナール論――」(一九五一年)が発表されたが(『井筒俊彦全集 第二巻』所収)、続巻が刊行されることはなく、結局は「ギリシアの部」だけが独立した形で『神秘哲学』として普及する。

西洋の神秘主義を辿る壮大な計画で始まった『神秘哲学』が、結局第一巻のみで打ち切られたことは、井筒の関心がその後アラビア、イスラームにより傾斜していったことを示す。その過程で「西洋/東洋」の枠組みの捉え直しが起ったのであろう。

一九九一年に中央公論社「著作集」で井筒は自著を振り返り、「ギリシア」における「東洋」を次のようにまとめている。

> 私は先ずギリシヤ哲学の中に、そのような、真に生き生きとした流動的かつ有機的な思索の流れを探ろうとした。プリソクラティックからネオプラトニズムに至るギリシヤ哲学の展開の中に、東洋的とも言えるその、情意《パトス》的・「心《プシュケー》」的、な主体性の哲学の典型的な顕現の一例、を私は見たのであった。(「「著作集」刊行にあたって」、中央公論社『井筒俊彦著作集 一』四七二頁)

この叙述は、若き日に「西洋」を発見したそのギリシア哲学を「東洋的」と位置づける、別の見方を反映している。古代ギリシアが「東洋」の原点でもあるという趣旨を、井筒はこの時期、折に触れて発言している。最後の著書『意識の形而上学――『大乗起信論』の哲学――』を「その一」とする「東洋哲学覚書」では、「プラトニズム」も計画に含まれていた。「言語アプリオリ」という形相（イデア）的存在地平は「ギリシャを含む東洋哲学の諸構造に通底するメタ的構造」であり、ギリシアを「東洋古典」に含む計画が立てられていた。西洋哲学からイスラームへと関心が移った後にも、古代ギリシアを改めて「東洋」の原点に据えるという方向が、井筒晩年の基本方針であった。生涯をつうじた思索の故郷を初期の代表作『神秘哲学』に見ることは、その意味で正当であろう。

人名索引

・本書に出てくる人名，神名を，頁数で示した．

ア　行

カ　行

サ　行

タ　行

マ　行

ヤ　行

ラ　行

【編集附記】

一　本書は、一九四九年九月、光の書房刊を底本とした。

一　原則として漢字は新字体に、仮名づかいは現代仮名づかいに改めた。

一　漢字語のうち、使用頻度の高い語を一定の枠内で平仮名に改めた。平仮名を漢字に変えることは行わなかった。

一　適宜、漢字語に振り仮名を付した。

一　本文内に［注］で注記を入れた。

一　明らかな誤記は、訂正した。

一　巻末に「解説」を付した。

一　本書中には、今日では不適切とされる表現・例示もあるが、原文の歴史性を尊重してそのままとした。

（岩波文庫編集部）

神秘哲学《しんぴてつがく》—ギリシアの部《ぶ》

2019年2月15日　第1刷発行
2024年8月 6 日　第4刷発行

著　者　井筒俊彦《いづつとしひこ》

発行者　坂本政謙

発行所　株式会社 岩波書店
〒101-8002 東京都千代田区一ツ橋 2-5-5

案内 03-5210-4000　営業部 03-5210-4111
文庫編集部 03-5210-4051
https://www.iwanami.co.jp/

印刷・三陽社　カバー・精興社　製本・中永製本

ISBN 978-4-00-331853-9　　Printed in Japan

読書子に寄す

——岩波文庫発刊に際して——

岩波茂雄

真理は万人によって求められることを自ら欲し、芸術は万人によって愛されることを自ら望む。かつては民を愚昧ならしめるために学芸が最も狭き堂宇に閉鎖されたことがあった。今や知識と美とを特権階級の独占より奪い返すことはつねに進取的なる民衆の切実なる要求である。岩波文庫はこの要求に応じそれに励まされて生まれた。それは生命ある不朽の書を少数者の書斎と研究室とより解放して街頭にくまなく立たしめ民衆に伍せしめるであろう。近時大量生産予約出版の流行を見る。その広告宣伝の狂態はしばらくおくも、後代にのこすと誇称する全集がその編集に万全の用意をなしたるか。千古の典籍の翻訳企図に敬虔の態度を欠かざりしか。さらに分売を許さず読者を繋縛して数十冊を強うるがごとき、はたしてその揚言する学芸解放のゆえんなりや。吾人は天下の名士の声に和してこれを推挙するに躊躇するものである。このときにあたって、岩波書店は自己の責務のいよいよ重大なるを思い、従来の方針の徹底を期するため、すでに十数年以前より志して来た計画を慎重審議この際断然実行することにした。吾人は範をかのレクラム文庫にとり、古今東西にわたって文芸・哲学・社会科学・自然科学等種類のいかんを問わず、いやしくも万人の必読すべき真に古典的価値ある書をきわめて簡易なる形式において逐次刊行し、あらゆる人間に須要なる生活向上の資料、生活批判の原理を提供せんと欲する。この文庫は予約出版の方法を排したるがゆえに、読者は自己の欲する時に自己の欲する書物を各個に自由に選択することができる。携帯に便にして価格の低きを最主とするがゆえに、外観を顧みざるも内容に至っては厳選最も力を尽くし、従来の岩波出版物の特色をますます発揮せしめようとする。この計画たるや世間の一時の投機的なるものと異なり、永遠の事業として吾人は微力を傾倒し、あらゆる犠牲を忍んで今後永久に継続発展せしめ、もって文庫の使命を遺憾なく果たさしめることを期する。芸術を愛し知識を求むる士の自ら進んでこの挙に参加し、希望と忠言とを寄せられることは吾人の熱望するところである。その性質上経済的には最も困難多きこの事業にあえて当たらんとする吾人の志を諒として、その達成のため世の読書子とのうるわしき共同を期待する。

昭和二年七月